电子商务

法律与实务

李爱君 徐林海 ◎著

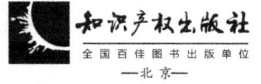

知识产权出版社
全国百佳图书出版单位
—北京—

图书在版编目（CIP）数据

电子商务法律与实务 / 李爱君，徐林海著 . -- 北京：
知识产权出版社，2021.8
ISBN 978-7-5130-7626-5

Ⅰ . ①电… Ⅱ . ①李… ②徐… Ⅲ . ①电子商务—法
规—研究—中国 Ⅳ . ① D922.294

中国版本图书馆 CIP 数据核字（2021）第 145087 号

责任编辑：薛迎春　　　　　　　　　责任校对：潘凤越
封面设计：云羽视觉　　　　　　　　责任印制：刘译文

电子商务法律与实务
李爱君　　徐林海　著

出版发行：	知识产权出版社 有限责任公司	网　　址：	http：//www.ipph.cn
社　　址：	北京市海淀区气象路 50 号院	邮　　编：	100081
责编电话：	010-82000860 转 8724	责编邮箱：	471451342@qq.com
发行电话：	010-82000860 转 8101/8102	发行传真：	010-82000893/82005070/82000270
印　　刷：	三河市国英印务有限公司	经　　销：	各大网上书店、新华书店及相关专业书店
开　　本：	710mm×1000mm　1/16	印　　张：	23.25
版　　次：	2021 年 8 月第 1 版	印　　次：	2021 年 8 月第 1 次印刷
字　　数：	350 千字	定　　价：	89.00 元

ISBN 978-7-5130-7626-5

主要法律规范"全称—简称"对照表

全　称	简　称
中华人民共和国电子商务法	电子商务法
中华人民共和国电子签名法	电子签名法
中华人民共和国消费者权益保护法	消费者权益保护法
中华人民共和国民法典	民法典
中华人民共和国民事诉讼法	民事诉讼法
中华人民共和国反不正当竞争法	反不正当竞争法
中华人民共和国广告法	广告法
中华人民共和国反垄断法	反垄断法
中华人民共和国公司法	公司法
中华人民共和国涉外民事关系法律适用法	涉外民事关系法律适用法
中华人民共和国海关法	海关法
中华人民共和国进出境动植物检疫法	进出境动植物检疫法
中华人民共和国国境卫生检疫法	国境卫生检疫法
中华人民共和国货物进出口管理条例	货物进出口管理条例
中华人民共和国网络安全法	网络安全法
中华人民共和国电信条例	电信条例
中华人民共和国产品质量法	产品质量法
中华人民共和国刑法	刑法
中华人民共和国企业破产法	破产法
中华人民共和国商标法	商标法
中华人民共和国专利法	专利法
中华人民共和国合伙企业法	合伙企业法
联合国国际贸易法委员会电子商务示范法	电子商务示范法

前　言

近年来，随着《电子商务法》及《电子签名法》的实施，我国电子商务法律制度的构建逐渐完善，极大地促进了电子商务业务的发展。本书以《电子商务法》的相关规定为脉络，结合电子商务业务中的问题，对电子商务法律与实务做了系统研究。全书共分为十章，第一章、第二章是对电子商务和电子商务法的概述；第三章至第六章系统介绍电子商务中各类经营者的准入、权利、义务、责任及其终止的相关制度；第七章介绍电子商务合同及与其相关的电子签名制度；第八章介绍电子商务的促进方式；第九章介绍电子商务监管；第十章介绍电子商务运行过程中的争议解决机制。

第一章"电子商务概述"主要介绍电子商务概念、特征与模式。在电子商务概念方面，围绕"电子"和"商务"经济学与相关国际组织、国家法律文件的定义有所不同，我国立法采取折中立场。电子商务模式多样，可从主体、数字化程度、地域范围角度分类。此外，相较于线下商务活动，电子商务因交易活动和形式等变革而具有鲜明的特征，进而影响电子商务法律关系要素呈现虚拟化、电子化等特征。

第二章"电子商务法概述"围绕电子商务法展开，主要介绍其内涵、性质、调整对象、适用范围、立法目标、基本原则等。电子商务法的核心是电子商务，无论是其概念与特征，还是其调整对象和适用范围，均是围绕这一核心。电子商务法属于传统民商事法律部门的特别法，在立法目标与基本原则方面，既有民商法领域的共性也有电商领域的特性。

第三章"电子商务平台经营者法律与实务"阐述电子商务平台经营者的权利、义务与法律责任。电子商务平台经营者可分为纯粹型、混合型和中介型，依照其不同的运营模式承担法律责任。同时，对行为进行规制最便捷的方式即划定其边界以明确权利义务关系，在对多部法律、行政法规的规定进行综合分析后，明晰平台、平台内经营者与消费性用户之间的权利义务体系，才能解决竞争是否正当，规则是否合理，以及风险如何分配的问题。

第四章"平台内经营者法律与实务"阐述电子商务平台内经营者的权利、义务与法律责任。平台内经营者相对平台而言处于弱势地位，依法应当享有相应补偿性、对抗性的权利，对平台内经营者权利义务的明晰是电子商务在市场规制领域的具体化，这些规则联结形成体系性制度。

第五章"自建网站电子商务经营者法律与实务"阐述自建网站电子商务经营者的法律地位、权利、义务、责任及其终止的相关法律制度。自建网站经营者是电子商务交易的直接参与者，是商品或服务的提供者，仍然属于传统买卖合同法律关系的主体，只是采取了数字化与电子化的方式从事经营。商务手段和环境的改变，并没有改变商务的本质。

第六章"其他电子商务经营者[1]法律与实务"阐述其他电子商务经营者从市场准入到终止过程中的重要法律制度和司法实务案例。重点展示经营者对平台、消费性用户、支付机构、其他经营者等主体的权利、义务和责任，经营者作为信息获取强势一方和维护市场秩序的重要主体，法律赋予其的义务和责任要远多于权利。

第七章"电子商务合同"围绕电子商务合同订立和履行过程中的问题展开。首先，整体阐述电子商务合同的概念、特征、分类以及合同中存在的法律关系；其次，阐述电子商务合同的订立、成立、成立后的效力需具备的条件，以及电子商务合同及其履行过程中应当承担的违约责任；最后，阐述电子商务合同在订立过程中涉及的电子签名和电子认证法律制度。

第八章"电子商务促进"阐述《电子商务法》对促进电子商务发展的规定。《电子商务法》从立法之初就确定鼓励、支持和促进电子商务发展的根本目的，当然，电子商务的蓬勃发展既需要法律制度的保障，也离不开各方主体协同推进和积极实践。

第九章"电子商务的市场监管"阐述市场监管的基本原则、立法体系、监管主体、监管客体、监管手段和协同共治模式。市场监管本质上属于行政监管，除遵循行政监管的既有模式外，需结合电子商务的特征，尤其是注重在监管和发展

---

〔1〕 本书所称"其他电子商务经营者"全称为"其他网络服务销售商品或提供服务的电子商务经营者"，下文为论述方便，除引用法律条文和特别指出外，均使用简称。

中找到平衡，以促进电子商务的持续健康发展。

第十章"电子商务争议解决"就电子商务争议解决进行详细阐述。首先，介绍电子商务争议解决的特点和机制；其次，详细介绍和解调解、投诉举报、诉讼和仲裁这几种《电子商务法》中规定的争议解决机制，以及目前电子商务中常用的在线争议解决机制（online dispute resolution，ODR)；最后，阐述电子商务争议解决机制中必然存在的电子证据法律制度。

目　录

第一章

——

电子商务概述

第一节　电子商务的概念和特征

"互联网 +"不断演进并催生崭新的经济社会发展形态，许多传统行业与日新月异的网络信息技术深入融合。互联网在经济社会诸多领域被广泛应用，从以往局限于信息消费领域逐步扩大至生产领域，不断激发与释放传统产业和服务业等领域的创新潜力。电子商务行业是网络信息技术与传统商务行业相互结合并迅速崛起的新兴商业模式典型，认识和把握电子商务，有必要首先从电子商务的基本概念和特征开始。

一、概念

电子商务的发展与网络技术的发展紧密联系，网络通信技术被应用于商务活动，改变了企业运营、交易的手段与环境，网络通信技术的创新与变革不断影响着电子商务的具体内涵。

（一）经济学界定

从字面来看，电子商务的构词为"电子 + 商务"，因此对电子商务的界定可转换为对"电子手段"和"商务活动"的内涵界定。

对"电子手段"的界定主要是定义商务活动的通信技术基础范围，狭义的电子通信技术仅指以互联网为平台，中义的电子通信技术是指以互联网、内联网、外联网以及其他广域网、局域网为平台，而广义的电子通信技术则包括一切电子手段，如电子邮件、电报、传真等。围绕"商务活动"，狭义的商务活动是指以商品和服务的交易为主要内容的经济活动，限于经营性活动和契约性活动。广义的商务活动是指为达到一定的商业目的并由商务关系所引起的活动的总和，覆盖企业活动的各个环节，如企业内部的财务管理、客户联系、信息查询、培训、展览与报告等活动。有些定义甚至将电子商务扩展到电子政务、线上课程学习、电子军务等活动，如美国《统一电子交易法》就将政府事务纳入商务活动的范围。现代网络通信技术是经济社会发展的新引擎，几乎任何行业均可采用电子手段。实际上,尽管电子政务、电子军务等可能存在与商事活动有关的部分,但将其纳入"电子商务"的范畴, 则逾越了"商务活动"的界限, 某种程度上甚至与人们的常识不符。

电子商务是社会需求和经济发展紧密结合的产物之一。由前述可知, 电子商务的经济学界定围绕构词存在狭义和广义之分,"电子手段"的狭义、中义和广义三种界定, 与"商务活动"的狭义和广义两种界定相搭配, 可形成数十种电子商务的基本概念。而且随着电子通信技术的不断革新, 商务活动内容不断变化, 电子商务的概念也必然会不断丰富。

(二) 法律文件的界定

从经济学角度界定电子商务主要是围绕构词, 偏重客观描述电子商务的表现形式和活动内容。从法律角度界定电子商务则可以从法律文件的规定出发, 这里主要介绍国际组织与部分国家(包括我国)有关电子商务的立法文件对电子商务所做的定义。

1. 国际组织及部分国家对电子商务的界定

电子商务以网络信息技术为凭借, 在全球迅速发展, 成为一种全球现象。为了适应蓬勃发展的电子商务, 为其提供良好的制度环境, 联合国国际贸易法委员会、国际商会、经济合作与发展组织、世界贸易组织、欧盟、美国等纷纷进行电子商务相关的立法, 对电子商务作出界定。电子商务法的立法过程较为特殊, 传统立法是各国国内先行立法再逐步协调形成统一的国际立法, 而电子商务立法则逆向为之, 起初是国际组织积极推动和制定有关文件, 再逐步推广到各国, 并影响国内立法。因此, 各国际组织关于电子商务的定义具有较强的借鉴意义。

联合国国际贸易法委员会主要负责国际贸易法的协调与统一, 其制定了《联合国国际贸易法委员会电子商务示范法》和《联合国国际贸易法委员会电子签名示范法》, 将电子商务界定为通过数据电文所进行的商业活动。"数据电文"是指经由电子手段、光学手段或类似手段生成、储存或传递的信息, 这些手段包括但不限于电子数据交换(electronic data interchange , EDI)、电子邮件、电报、电话或传真, 几乎将所有的电子通信手段涵盖进来。"商业活动"包括契约性活动或非契约性活动的一切商业性质的关系所引起的各种事项, 包括但不限于下列交易:

供应或交换货物的任何贸易交易，分销协议，商业代表或代理，客账代理，租赁，工厂建造，咨询，工程设计，许可贸易，投资，融资，银行业务，保险，开发协议或特许，合营或其他形式的工业或商业合作，空中、海上、铁路或公路的客货运输。

经济合作与发展组织在《全球电子商务行动计划》中认为，电子商务是指发生在网络上的商业交易，包括基于文本、声音、可视化图像在内的数字化数据传输、处理方面的商业活动。欧洲经济委员会全球信息社会标准大会认为，电子商务是参与各方通过电子方式完成的任何形式的商业交易，电子方式包括电子数据交换、电子支付手段、电子订货系统、电子邮件、电子公告系统、条码、图像处理、智能卡等，排除了实体性交换和面对面的实际接触方式。世界贸易组织在《电子商务与世界贸易组织的作用》中提到，电子商务是以电子化方式进行的商品和服务的生产、分配、营销、销售、支付。欧盟理事会认为，电子商务是通过电子手段进行的商务活动，包括对货物和服务的电子贸易、电子资金转移、电子股票市场、商业拍卖、设计开发以及广告和售后服务等各种商业行为。联合国国际贸易程序简化工作组认为，电子商务是电子形式的商务活动，包括在供应商、客户、政府及其他参与方之间通过任何形式的通信工具等共享商务信息，管理和完成在商务活动、管理活动和消费活动中的各种交易。

欧盟所制定的《电子商务指令》认为，电子商务是特定的在线经济活动。首先是指在线销售货物；其次是指向用户提供免费服务，如在线信息通信或商务通信服务以及搜索服务；最后是指信息传输服务、接入服务以及为服务接受者上传的信息提供宿主的服务。

韩国《电子商务基本法》认为，电子商务是指部分或全部利用电子数据进行货物或服务交换的交易行为。新西兰则指出，电子商务是"通过电子方式而非纸质方式所订立的商事交易"的概括性词语。美国在《统一电子交易法》中指出，电子交易是双方或多方之间有关企业经营、政府事务的一系列行为。

各国际组织以及部分国家制定的有关电子商务的法律文件对"电子商务"的界定，大多采取概念加列举示例的方式，取广义理解。国际组织的界定分歧主要在于对"电子手段"范围和"商务活动"内涵的认识不同，但也存在一定的共识，例如：电子商务的交易方式区别于实体性、物理性交易；利用的技术手段均涉及互联网；商务活动内容均包括商品和服务交易。

2. 我国《电子商务法》对电子商务的界定

2021 年 2 月 3 日，中国互联网络信息中心（China Internet Network Information Center，CNNIC）在京发布第 47 次《中国互联网络发展状况统计报告》，报告指出，截至 2020 年 12 月我国网民规模达 9.89 亿，较 2020 年 3 月增长 8540 万，互联网普及率达 70.4%，较 2020 年 3 月提高 5.9 个百分点。我国网络购物用户规模达 7.82 亿元，占网民整体的 79.1%。我国互联网应用进入大繁荣、大发展时期，一是商务交易类应用打通线上线下，不断扩大产品渠道、创新营销形式，推动网络购物和网络支付用户规模分别较"十二五"末期增长 89.3% 和 105.3%。二是网络娱乐类应用推陈出新，内容工艺显著提升，极大地丰富了人民群众的业余生活。其中网络视频用户规模达 9.27 亿，较"十二五"末期增长 83.9%，成为第二大网络应用。三是公共服务类应用如在线教育、在线医疗等不断涌现，不断推动优质公共资源向贫困边远地区延伸，促进全国各地网民协同发展、共享互联网发展成果。可以说，电子商务正在以极其具有生命力的姿态影响我国居民生活的方方面面，中国已成为世界领先的电子商务市场。

早期针对电子商务的立法仅有全国人大常委会制定通过的《电子签名法》以及《合同法》《消费者权益保护法》少量涉及电子商务的条款，《电子签名法》中将"数据电文"界定为以电子、光学、磁或者类似手段生产、发送、接受或储存的信息，确立了可靠的电子签章与传统签章的同等法律效力。国务院及国务院各部委还制定了一系列行政法规以及部门规章对互联网电子商务进行规制，如我国信息产业部发布的《互联网信息服务管理办法》《电子认证服务管理办法》《互联网电子邮件服务管理办法》等。

针对我国蓬勃发展的电子商务与法律规定相对缺位的状况，我国电子商务领域的首部法律《电子商务法》历经全国人大常委会 4 次审议、3 次公开征求意见，历时 5 年最终出台与施行。根据《电子商务法》第 2 条可知，电子商务是指"通过互联网等信息网络销售商品或提供服务的经营活动"。我国立法从所利用的电子手段、电子商务交易行为以及行为性质三个方面确定了电子商务的概念。从电子商务的构词来看，我国对"电子手段"的界定采折中的立场，而对"商务活动"的界定则采狭义的立场。首先，对电子商务所利用的电子手段未作直接限定，属概念为"信息网络"，但是列举了信息网络的典型形式为"互联网"，较为平衡地考虑了电子商务所利用的技术手段的现状与未来发展的可能性。其次，将电子商务活动内容规定为商业交易行为，具体来说是电子商务经营者与消费者之间的商品销售与服务提供行为。最后，将电子商务行为性质认定为持续性的经营活动，即商务活动的开展以获取利润为目的，排除非经营性活动和偶发性的商业行为。

二、特征

随着网络技术的飞速发展，以信息化为基础的信息网络也呈现出商业化与社会化的发展趋势，其应用范围不断扩展，市场规模不断扩大，向传统商务模式提出挑战。相较于传统的线下商务活动，由于互联网等网络信息技术的介入，线上商务活动的交易方式和交易形式等发生改变，具有其自身鲜明的特征。本书认为，电子商务具有虚拟性、技术性、跨时空性、无形性和高效便利性的特征。

（一）虚拟性

虚拟性贯穿电子商务的始终并体现在诸多方面。从商务活动的地点来看，电子商务展开的地点为网络虚拟空间；从具体的商务活动内容来看，电子商务平台内用户搜索合意方、达成合意、签订协议、履行协议等活动均可线上完成，一个交易活动的事前、事中、事后的全部阶段均能够在一个独立于实体交易市场的虚拟网络交易市场中完成；从商务活动参与方来看，电子商务交易双方以虚拟方式存在，交易各方的实体性、物理性特征被统一为数字化的信息符号，传统商务活动中交易各方的性别、年龄、社会身份等刻画交易主体的信息均被淡化，相反，主要依靠网络展示的图片、账号以及信用评价等认识交易对方。

（二）技术性

传统商务活动的开展并不以信息技术的发展和完善为前提，脱离了信息技术，线下商务活动的主体仍旧可以正常参与、开展交易活动。但是，电子商务的起源、建立与运行却离不开网络通信技术，电子商务活动与网络信息技术之间是密不可分的关系。电子商务经营者与消费者之间交易、支付、物流等的顺利完成均有赖于稳定运行的网络平台。然而，电子商务的技术性也使得该行业具有一定的脆弱性。电子商务活动依靠计算机系统使得交易展开高效便利，但过于依赖技术也会受限于技术，如在火热的"双十一"活动中，巨大的用户流量一度造成平台服务系统崩溃，严重阻滞了买卖的开展。此外，网络上的数据传递、处理安全依赖于技术支持，却也因此易遭受计算机病毒破坏、计算机黑客攻击等。中国互联网络信息中心的统计报告显示，网民遭遇的各类网络安全问题包括个人信息泄露、网络诈骗、设备中病毒、账号或密码被盗等，几乎超过一半的网民在上网过程中遭遇过网络安全问题。2020 年，国家计算机网络应急技术处理协调中心监测发现，我国境内被篡改的网站数量为 243709 个，境内被植入后门的网站数量为 61948 个，国家信息安全漏洞共享平台收集整理信息系统安全漏洞 20721 个。信息网络依托技术带来巨大效益的同时，信息网络系统的安全问题也招致潜在的交易风险。

因此，我国《电子商务法》明确规定，电子商务平台经营者应当采取技术措施和其他必要措施保证网络安全，妥善处理信息系统中的欺诈、病毒和黑客攻击等网络安全事件，为电子商务开展提供一个稳定运行的技术系统。

（三）跨时空性

电子商务运行的虚拟网络交易市场不同于实体交易市场，其虚拟性决定了电子商务活动能够突破线下商事活动在时间和空间上的局限性。很多情况下，电子商务是交易双方通过自动电文系统等交互式应用程序达成交易合意，无须对交易进行人工复查或干预。因此，从时间层面来看，电子商务活动的开展并不限定营业时间，消费者可以随意选择何时进入电子商务平台查询商品或服务的信息、下单或支付款项等。电子商务主体的交易活动可以随时开始、随时中止、随时终止。

除此之外，从空间层面来看，电子商务跨越物理空间的界限，让世界变得更小，让市场变得更大。网络空间是一个由网址和密码组成的虚拟的客观存在，没有物理性的实体边界。因此，虚拟网络交易市场对电子商务经营者与消费者实际位处何地并无特别要求，电子商务经营者可以在全球性市场提供商品与服务，消费者亦可在全球各地进行购买与消费。

（四）无形性

不同于传统商事活动，电子商务活动主要以无纸化方式交易。电子商务活动参与各方发送或接收信息均以数据电文形式实现，摆脱了纸面文件的限制，以电子文件数据为载体的电子信息代替了原有的纸面信息。正是基于电子商务的无纸化特点，电子合同对传统的纸质文书提出挑战，引发了数据电文、电子签名等是否为书面形式以及是否具有纸质文书所具有的法律效力的争议。纸质文书能够白纸黑字地记录下当时当地的交易情况，使得交易有据可查。而电子记录的可靠性、不可更改性均弱于纸质记录，因为前者能够轻易地被复制、修改、删除。目前，我国《民法典》第 469 条明确规定了书面形式是指合同书、信件、电报、电传、传真等可以有形地表现所载内容的形式。法律明确了电子记录属于书面形式，但是不能由此认定电子记录具有纸质文书所具有的证据效力，即书面形式与有效的书面证据是两个不同的概念，数据电文本身并不能起到传统纸面文件所能起到的全部作用。

（五）高效便利性

电子商务活动的高效便利性主要体现在三个方面：降低成本、提高效率以及拓展市场。与传统商务活动相比，电子商务活动的信息传递摆脱了物理空间距离远近的限制，减少了交易中的等待时间，人们的交往和交易效率显著提高。电子商务活动中的交易环节也大大简化，甚至可跳过销售者实现生产者与消费者的直接交易。传统交易活动中，无论是通过信件、电报还是传真进行信息交流，在信息传递速度上均低于网络通信；而在电子商务活动中，网络信息技术的应用大大提高了交易各方对市场的反应灵敏度，交易各方通过电子商务平台发送与接收信息几乎是即时完成。而且，除非特殊情况（如缔约当事人特别约定采用传统纸面方式签订）或者特殊领域（如法律、行政法规强制性要求合同采用传统纸面方式签订），电子商务合同都是通过自动信息系统订立的，极大地提高了交易效率。电子商务活动参与各方借助自动信息系统按照事先设定的算法与程序指令订立或者履行合同，一定程度上避免了人工确认、审核以及干预的烦琐程序和冗长的联系工作。

利用互联网等信息网络技术开展交易对经营者与消费者而言十分便捷。对经营者而言，电子商务市场的准入门槛低，传统经营活动开展所需的租赁费用、水电费用、装修费用、人工费用、商品或服务宣传费用等在电子化背景下均可节省。此外，电子商务经营者可合法利用大数据技术掌握消费者的喜好，提供与消费者需求相匹配的商品和服务，提高商品或服务的针对性，极大地节约消费者的信息搜索成本。对消费者而言，电子商务市场为消费者提供海量的商品或服务，可选择的商品或服务种类齐全，足不出户即可买卖全球商品。针对海量的同质化程度高的商品或服务，消费者也可以简便地在网络上货比三家，找到高品质、低价格的理想商品或服务所耗费的时间成本更低。

第二节　电子商务的分类

随着信息网络技术与商务活动全方位而深入的融合，电子商务模式不断创新和丰富。电子商务模式指的是在信息技术和互联网环境下商务活动的运作方式与盈利模式。根据已有的文献总结，从价值链角度，电子商务可分为电子商店、电子拍卖、虚拟社区、价值链整合商、价值链服务供应商、信用服务、信息中介等；从混合分类的角度，电子商务模式可分为九大类，包括经纪商、信息中介商、销售商、广告商、制造商、社区服务提供商、合作附属商务模式、内容订阅服务提供商、效用服务提供商；从控制方角度，电子商务模式可分为买方控制模式、卖方控制模式和第三方控制模式；从互联网商务功能的角度，电子商务模式可分为基于服务销售的商务模式、基于产品销售的商务模式以及基于信息交付的商务模式。本书主要从以下几个角度进行分类：

一、根据数字化程度分类

依据数字化程度可将电子商务分为完全的电子商务与不完全的电子商务。一个完整的电子商务活动包括交易前的磋商沟通与签订协议、交易中的商品或服务提供与价款支付、交易后的物流配送与售后保障等内容。如果整个电子商务活动均以电子化的方式完成，则为完全的电子商务；如果仅是电子商务活动的部分阶段以电子化的方式进行，则为不完全的电子商务。从此角度出发，不完全的电子商务扩展了电子商务的外延，某些仅仅是采用了电子支付方式的线下交易也可纳入电子商务的范围。这无形中增加了电子商务的适用性，同时也降低了传统企业与电子商务对接的门槛。完全的电子商务与不完全的电子商务会有其各自适用的法律规范，规范不完全的电子商务行为常常涉及其他部门法的内容。

二、根据地域范围分类

依据电子商务活动所涉及的地域范围，可将电子商务分为境内电子商务与跨境电子商务。相比于境内电子商务，跨境电子商务由于跨越国境，提供的商品可能会遇到到产品合格标准差异、账款收付与管理风险，而且跨境交易需要特别处理税收与海关问题，尤其是其更易受国内政策与国外政策规定的影响。整体而言，跨境电子商务潜在交易风险更高，消费者权益保障难度更大。其中，跨境电子商务对我国《电子商务法》最为直接的挑战是适用范围。

三、根据参与主体分类

根据商务部制定的《电子商务模式规范》，基于互联网技术和网络通信手段进行货物或服务交易并提供相关服务的商业形态（电子商务）按照交易主体的不同可细分为：企业（或其他组织机构）之间（Business to Business，简称"B2B"）、企业（或其他组织机构）到消费者（Business to Consumer，简称"B2C"）、消费者之间（Consumer to Consumer，简称"C2C"）。除此之外，较为新型的其他电子商务交易模式还包括消费者到企业（Customer to Business，简称"C2B"）以及线上到线下（Online to Offline，简称"O2O"）。

（一）B2B 模式

B2B 模式是最早发展起来的电子商务模式之一，以企业为主体，是企业与企业之间利用互联网等网络通信技术所进行的商务活动。具体来说，在 B2B 模式下，企业内部以及上下游企业之间依托计算机技术可以便利地实现信息的交换和整合、资金的结算与商品的交付。B2B 模式下，企业与企业之间的关系可以从横向和纵向两方面划分。横向层面上，将行业中产品关联度较高或互补性较强的企业聚集到一个电子商务平台，可形成较强的规模效应；纵向层面上，将行业的上下游包括生产商、供应商以及销售商聚集到一个电子商务平台上，可形成较为完整的产业链。除了划分横向与纵向的企业关联，还有以某一行业中的领头企业为核心向上、向下延伸而搭建的电子商务平台。与传统商业模式相比，整体而言，

B2B 模式有助于聚合大量知名商家，实现从生产、运输到销售等各阶段资源的全面整合，提升品牌影响力。除此之外，B2B 模式在聚合商家的同时也在突破地域和时间限制，聚集着最大的客户群。

依照商务部制定的《电子商务模式规范》，B2B 模式可进一步分为网上交易市场（web trade market）和网上交易（web business）。网上交易市场是指提供给企业（或其他组织机构）法人或法人委派的行为主体间进行实物和服务交易的由第三方经营的电子商务平台。网上交易是指企业（或其他组织机构）法人或法人委派的行为主体在互联网上建立网站，向其他企业（或其他组织机构）法人或法人委派的行为主体提供实物和服务的电子商务平台。

（二）B2C 模式

B2C 模式是指电子商务经营者通过互联网等信息网络技术销售商品或提供服务给个人消费者，即通常所说的网络零售模式。B2C 模式是人们日常生活中最为常见的电商模式，其为消费者搭建了一个线上的百货市场、物流配送系统以及货款支付结算系统。

B2C 模式可进一步分为网上商厦（web hall）和网上商店（web store）。网上商厦是指提供给企业（或其他组织机构）法人或法人委派的行为主体在互联网上独立注册开设网上商店，出售实物或提供服务给消费者的由第三方经营的电子商务平台。网上商厦模式下，电子商务平台类似于现实生活中的购物商场，电子商务平台经营者为平台内经营者提供商厦内的铺位供其销售商品或提供服务。网上商店是指企业（或其他组织机构）法人或法人委派的行为主体在互联网上独立注册网站、开设网上商店，出售实物或提供服务给消费者的电子商务平台，类似于现实生活中的大型超市。

（三）C2C 模式

C2C 模式是指消费者与消费者之间的网上交易。C2C 模式搭建了一个网上个人交易市场，是一个以消费者个人为核心的在网上进行商品和服务交易的由第三方经营的电子商务平台。电子商务模式本身是灵活多变的，C2C 模式就类似于传统商务活动中的跳蚤市场。C2C 模式以消费者个人为核心，看似并无与"消费者"对应的经营者，实际上电子商务平台经营者在该模式中的作用举足轻重，其为消费者在平台独立、自主开展交易活动提供技术支持，常常扮演监督管理者的角色。C2C 模式可以分为收费模式与免费模式，收费模式下准入门槛高，进入网络交易平台需要支付一定的费用，交易诚信度较高，相应的交易风险较低；免费模式下，进入平台的门槛较低，可以吸引更多的用户入驻。

（四）其他电子商务模式

除了上述常见的电子商务模式，还存在其他商务模式。C2B 模式是一种新型的电子商务模式。与 B2C 模式相似，C2B 模式主体亦是消费者与企业，但两种模式的核心主体不同。与 B2C 模式下经营者占主导地位不同，C2B 模式是以消费者一方为核心，首先利用网络信息技术将分散的消费者及其购买需求聚合起来，其次由企业按照所收集的消费者需求有针对性地开展生产活动，是一种"需求引导生产"的逆向商业模式。

O2O 模式也是一种新型的商业模式，是一种线上与线下相结合的电子商务营销模式，意在将线上消费者吸引到线下实体店。O2O 模式采用了"线上购买 + 线下消费"的模式，它的具体运作可以分为两个方面：一方面，商家通过电子商务平台为消费者提供商品或服务信息展示、线上折扣、预订以及其他信息服务；另一方面，消费者可以在线上进行比对、择优选择符合其需求的商品或服务，消费者依据线上所掌握的信息，前往线下实体商店购买商品或接受服务。O2O 模式推动了线上消费与线下消费的有机结合，将线上经营者与线下经营者的竞争关系转变为和谐的共生共存、互帮互助关系。我国的餐饮、电影、旅游等行业均已广泛地采用 O2O 模式，线上对商品或服务开展宣传、推广、营销，吸引消费者线下体验，消费者再将消费体验反馈至电子商务平台，消费者的反馈为优化下一回合的交易提供指引。

第三节　电子商务的法律特征

电子商务以信息和网络技术取代传统商务活动的交易手段和方式，因此，电子商务的基本法律特征即基于电子商务法律关系由交易手段和交易环境的电子化、虚拟化而产生。电子商务法律关系是电子商务法律规范在调整电子商务经营者与消费者等参与方在电子商务活动中所形成的具有法律意义的权利、义务关系。电子商务的法律特征具体表现为电子商务法律关系的主体、权利义务、标的、场所等要素受网络信息技术的影响而虚拟化、数据化以及电子化。鉴于此，本书认为电子商务的法律特征主要为交易主体虚拟化、交易场所电子化、交易内容信息化、交易标的数字化以及高交易风险性。

一、交易主体虚拟化

电子商务的主体主要包括电子商务经营者（电子商务平台经营者，平台内经营者以及通过自建网站、其他网络服务销售商品或者提供服务的电子商务经营者），消费者以及物流配送等辅助机构。交易主体虚拟化主要是指交易主体的存在形式虚拟化与交易主体的交往虚拟化。交易主体的存在形式是虚拟而非实体性的。在电子商务活动中，交易主体虽然在现实世界客观存在，但是在网络交易市场，交易主体的表现形式不再是活生生的人，而是不同的 ID 账号、电子图片或其他数字符号，交易主体的年龄、性别、外貌、声音等物理性特征均被淡化甚至省去。交易双方识别、判断对方不再通过物理性特征，而是根据信用评价等要素。交易主体之间的交往是虚拟性的，交易双方的接触、磋商、沟通并不是采用面对面的方式，而是借助平台服务通过网络通信技术完成。整个交易过程的完成无须各方见面，线上操作即可。

由于电子商务所具有的交易主体虚拟性的特征，电子商务参与方在判断对方的意思表示、行为能力、资格标准等方面均存在潜在的风险：一旦发生交易纠纷，经营者可以迅速隐匿，消费者难以找到维权对象。因此，针对电子商务领域的特殊问题，我国法律规定在电子商务中推定当事人具有相应的民事行为能力，除非存在足以推翻的相反证据。此外，我国电子商务法鼓励电子商务平台经营者建立商品、服务质量担保机制，设立消费者权益保证金，保障弱势的消费者利益。

二、交易场所电子化

不同于线下商业活动的展开依赖物理空间，电子商务活动的场所是一个现实世界之外客观存在的网络社会空间。在网络社会空间交易的商品或服务以图片、声音、视频形式存在，使网络成为一个形式丰富、即时互动的虚拟空间。

　　交易场所电子化的特征，使电子商务活动不存在地域边界和营业时间限制，经营者的经营成本显著降低，经营效率提升，这也对我国《电子商务法》的适用范围提出挑战。我国《电子商务法》第 38 条第 2 款明确规定，电子商务平台经营者对关系消费者生命健康的商品或服务若未尽到安全保障义务，造成消费者损害的，依法承担相应的责任。但是，"吴永宁与花椒直播侵权纠纷案"二审判决指出，网络空间作为虚拟空间，其与现实物理空间还是存在明显差异，能否扩大解释《侵权责任法》第 37 条第 1 款，将有形的物理空间的安全保障义务扩张到无形网络空间尚存争议。电子商务活动交易场所的电子化引发了电子商务平台经营者是否在网络空间承担安全保障义务的学术讨论。《民法典》第 1198 条第 1 款规定："宾馆、商场、银行、车站、机场、体育场馆、娱乐场所等经营场所、公共场所的经营者、管理者或者群众性活动的组织者，未尽到安全保障义务，造成他人损害的，应当承担侵权责任。"从"宾馆、商场、银行、车站、机场、体育场馆、娱乐场所等经营场所、公共场所"可抽象出交互性与社会性两个要素，所以不应将场所的物理性作为认定公共场所的标准，因此，侵权责任法关于安全保障义务的规定可涵摄虚拟网络空间。同时，学者们大多从危险控制、收益与风险平衡、网络用户的合理期待与信赖、社会总成本以及平台所具有的资金、技术与信息优势等多个角度论证平台经营者应当承担安全保障义务。[1]

三、交易内容信息化

　　不同于传统商事活动的交易内容多以纸质载体显示，电子商务的交易内容大多以电子数据形式存在，信息的发出、传输、到达均借助网络信息技术进行。在电子商务交易活动中，人们利用计算机网络技术实现了信息流、物流、资金流的系统化整合，基本实现了以数据电文取代传统交易中的纸介质信息载体。

　　交易内容信息化的特征使得电子商务交易中隐私保护、电子证据的保留、信

---

[1] 参见王思源：《论网络经营者的安全保障义务》，载《当代法学》2017 年第 1 期；张新宝、唐青林：《经营者对服务场所的安全保障义务》，载《法学研究》2003 年第 3 期；陈访雄：《浅析网络服务提供者的安全保障义务——以"网红坠亡"案为例分析》，载《法律适用》2019 年第 16 期；刘文杰：《网络服务提供者的安全保障义务》，载《中外法学》2012 年第 2 期。

息到达时间的确定等事项的重要性凸显。我国电子商务法针对电子商务行为中的信息化特征要求电子商务平台经营者应当记录、保存平台上发布的商品和服务信息，且保存时间不少于三年。同时，合同标的如果采用在线传输方式交付的，合同标的进入对方当事人指定的特定系统并且能够检索识别的时间为交付时间。

四、交易标的数字化

电子商务法律关系的标的为销售商品或提供服务的行为，指向的客体为商品或服务。电子商务的交易标的具有数字化的特点，一方面体现为销售商品或提供服务行为的数字化，即平台内经营者与消费者从沟通磋商、达成协议到履行协议均可在线上完成；另一方面体现为部分商品或服务本身即以数字化的形式存在，数字化商品如电子书、电子游戏、软件、影视与音频资料等，在线服务如线上法律咨询、网上预约等。这些数字化商品或服务并不是实体性存在，无须依靠物流配送系统完成配送或交付。基于电子商务法律关系客体的数字化特征所引起的特殊问题，我国《消费者权益保护法》规定在远程购物中，消费者可以自收到商品之日起七天内无理由退货，但如果该商品是在线下载或者消费者拆封的音像制品、计算机软件等数字化商品，则不得援引该规定。数字化商品一旦拆封，其可复制性导致其价值已经被消费者获得。因此，在以消费者权利为主要内容的消费者权益保护法中，该条款反而较为例外地限制了消费者权利，这充分体现了电子商务独特的法律特征。

五、高交易风险性

电子商务的交易风险明显高于线下交易模式，高交易风险性主要体现在磋商阶段、签约阶段以及权利救济阶段。具体来说，在磋商阶段，由于交易主体的虚拟性，准确判断对方的行为能力、履约能力以及赔偿能力等难度大，而且非面对面的交流方式导致消费者与经营者之间的信息不对称愈发严重；在签订协议阶段，因为依托网络信息技术如预设的自动信息系统完成订立电子合同，在要约的发出、到达以及有效识别方面风险较大，很大程度上依赖网络交易系统的稳定运行；在追索权利阶段，由于电子商务平台准入门槛低，且非实际接触的交易模式为违约方隐匿提供了便利，商品或服务的质量难以实际把关，消费者维权的成本较高，其合法权益遭受侵害的风险更大。除此之外，电子商务活动中，电子商务平台及其经营者可以轻易获取消费者的个人信息，借助大数据分析，电商企业可以了解消费者的个人偏好，但信息不当使用将会对消费者权益产生危害。

电子商务开展的基础是网络信息技术，网络信息技术不断创新变革也深刻地影响着电子商务，有关电子商务的法律规范频繁地面临制度缺位或规范空白。交易安全是电子商务可持续健康发展的重要前提，也是电子商务蓬勃发展的生命力之源。我国《电子商务法》的立法目标与指导思想之一便是规范电子商务行为、维护市场秩序，许多条文的规定也由此出发，可以说，该立法目的切实考虑了电子商务活动所具有的高交易风险性的特征。

第二章

一

电子商务法概述

第一节　电子商务法的概念、性质与特征

一、概念

（一）广义的电子商务法与狭义的电子商务法

近年来，我国网络交易市场蓬勃发展，对激发社会创新活力与满足人民日益增长的美好生活需要发挥了重要作用。但不可忽视的是，我国电子商务行业经历过一个野蛮生长的时代，假冒伪劣产品充斥网络交易市场，虚假广告令人眼花缭乱，网络刷单行为危害电子商务诚信，大数据杀熟现象频发，消费者个人信息泄露事件层出不穷……针对这些侵犯消费者合法权益的行为，我国消费者权益保护法明显力不从心。除此之外，电子商务活动所具有的技术性、匿名性等特征为平台内经营者逃避税收提供了土壤，也给我国税务登记以及税务监管带来难题，税务机关获取税务信息的难度陡增，难以追踪、管理电子商务纳税人。这些由电子商务所带来的特殊问题，传统法律部门应对无力，电子商务行业的乱象与规范缺位共同召唤电子商务法的出台。因此，我国现有电子商务法律体系是由迅猛发展的电子商务推动建立的，电子商务法的任务在某种程度上就是填补传统法律部门无法有效处理的空白和漏洞。

由前述可知，电子商务法的概念与电子商务密不可分，甚至电子商务的概念决定电子商务法的概念。电子商务法是调整电子商务活动的法律规范的总和。广义的电子商务法与广义的电子商务概念对应，具体来说，广义的电子商务法是调整以数据电文形式进行的各种类型的活动的法律规范的总称，其所包含的内容极其广泛，涵盖了远程教育、企业内部信息管理等活动。狭义的电子商务法与狭义的电子商务概念对应，具体而言，狭义的电子商务法是指调整以互联网为交易手段所进行的经营性活动、契约性活动的法律规范的总称。根据我国《电子商务法》对电子商务概念的界定，电子商务法的概念是指因调整通过互联网等信息网络销售商品或提供服务的经营活动而产生的社会关系的法律规范的总称。

（二）形式意义上的电子商务法和实质意义上的电子商务法

除了从狭义和广义的角度界定概念，我们还可以区分形式意义与实质意义的电子商务法以确定其概念。形式意义上的电子商务法是指经由立法机关依照立法程序制定、通过的系统化的电子商务法律规范体系，如《电子商务法》《电子签名法》，法律规范名称中往往包含"电子""商务"。实质意义上的电子商务法则指一切调整电子商务法律关系的法律规范，不仅限于《电子商务法》《电子签名法》等，还包括其他制定法中有关电子商务的法律规范，例如《民法典》合同编、《消费者权益保护法》关于网络服务提供者义务与责任、消费者七天无理由退货的规定，《民事诉讼法》关于电子商务争议解决的规定，《反不正当竞争法》关于互联网不正当竞争的规定，《广告法》关于互联网广告的规定等，这些均属于实质意义上的电子商务法。

二、性质

电子商务是一种新的商业模式，《电子商务法》的出台与实施意义重大，将引领电子商务行业在可持续健康发展的道路上前进，同时也为电子商务创新发展保留了必要的空间。法律制定完成后，留给我们的课题便是如何正确把握与适用《电子商务法》，其中了解与明晰电子商务法的性质是重点内容。法的性质又称法的属性，一部法可作公法与私法之分，探讨电子商务法的性质会涉及电子商务法的属性分析。进入20世纪，由于社会问题日益复杂以及国家对社会的干预加强，大陆法系国家公私法区分的传统日趋动摇，出现公法私法化、私法公法化的现象，同时还形成了所谓独立于公私法之外的"社会法"。《电子商务法》到底属于私法范畴还是公法范畴，抑或公、私法融合，争议颇多。同时，探讨电子商务法的性质其实也是在探究电子商务法的法律地位，即电子商务法是属于单独的法律部门，还是属于传统法律部门的特别法，在我国法律体系中处于何种地位。

（一）电子商务法是否为单独的法律部门

电子商务法是电子商务领域的综合性立法，其调整范围及对象几乎涵盖了与电子商务相关的所有行为，电子商务法所涉及的内容较为广泛。由于电子商务法具有普遍性以及渗透性，其与许多传统法律部门的内容存在交叉之处，包括反不正当竞争法、合同法、消费者权益保护法、知识产权法、行政法、经济法等。正是基于电子商务法所具有的综合性，部分学者认为电子商务法的内容既然涉及社会生活的各个领域，绝非任何传统法律部门可以容纳其中，如果生硬地将电子商务法纳入某一法律部门将冲击传统法律的法律体系、法律原则等，也不利于维护法律稳定。[1] 也有学者认为电子商务法的调整对象具有特定性和独立性，因而能够与其他部门法的调整对象相互区分，成为一个独立的法律部门。[2] 电子商务法调整对象的特定性是指电子商务法调整的电子商务行为具有法律上要求的特定性，其调整因信息流、物质流和资金流而产生的社会关系；独立性是指电子商务法的调整对象不同于其他部门法的调整对象，具体体现为主体存在表现形式上的虚拟性、信息传递的无纸化与规则的国际性。

主流观点还是否定电子商务法作为完全独立的新兴法律部门，认为其属于传统法律部门的特别法。本书也认为电子商务法属于传统法律部门的特别法。电子商务法需要处理的法律问题大致可分为以下三类：第一类是传统法律部门囿于时代局限根本无法规定的法律问题，如电子商务法律关系主体之一电子商务平台经营者的法律地位及其权利义务的规范；第二类是传统法律部门有所涉及但其规定无法直接调整电子商务法律关系而产生的法律问题，如《民法典》关于合同的要约、承诺、意思表示以及合同标的的交付等内容；第三类是传统法律部门的条文有所规定但其规定事实上无法适用，进而产生的法律问题。由电子商务法需要解决的法律问题可知，电子商务法的法律规范包含的内容虽然较为广泛，但更多是查漏补缺性质。

电子商务是一种新兴商业业态，它的商业模式、交易方式与传统交易活动相比有很大变化，比如网上交易、电子合同、电子支付、电子票据、税收征管等内容，也给传统法律部门带来了挑战。然而，电子商务法所调整的这些法律问题尚不足以支撑电子商务领域"另起炉灶"建立一个独立的法律部门。事实上，针对

---

[1] 贺大伟、杨国志：《我国电子商务立法定位的审思与重构》，载《广西社会主义学院学报》2017年第4期。

[2] 齐爱民、崔聪聪：《论电子商务法的地位与学科体系》，载《学术论坛》2006年第2期，第118—122页。

电子商务法所要处理的法律问题，如何利用电子商务法填补空白与如何实现电子商务法与其他传统法律部门的良好衔接、互动才是立法的关键。抛弃现有法律基础、从无到有构建电子商务法律体系实属高成本而低效益的行为。电子商务法不应当试图涉及所有的商业领域，重新建立一套商业运作规则，而应将重点放在探讨因交易手段和交易方式的改变而产生的特殊商事法律问题上。网络信息技术的介入改变了交易媒介，进而改变了部分法律关系的表现形式与运行方式，但是并未改变法律关系的本质。电子商务法立法缘于网络通信技术与商事活动深入结合，线上商务活动的交易介质、交易形式以及交易环境均发生了较大的变化，传统法律部门应对这些问题力不从心。所以说，电子商务法律关系是民商事法律关系的特殊表现形式，电子商务法是传统法律部门的特别法。

（二）电子商务法的具体性质

虽然主流观点认为电子商务法属于传统法律部门的特别法，但是电子商务法是传统民商法的特别法，还是传统经济法的特别法，抑或是其他传统法律部门的特别法，也存在许多争议。本书认为，电子商务法应当是传统民商法的特别法，电子商务法究其本质是民商法在电子商务领域的具体应用。

《电子商务法》的具体规范里既有商法性质的规范，也有民法性质的规范和经济法性质的规范。将电子商务法确定为传统民商事法律部门的特别法，并不是否定《电子商务法》内具体规范所具有的多样性。"电子商务法是一部调整电子商务法律关系、规范电子商务行为的综合性法律。既是一部主体法，也是一部行为法；既是一部监管法，也是一部促进法。但按照主要性质，《电子商务法》应定性为商事规范。"[1]有学者从领域法学的视角出发[2]，认为电子商务法是一个较为庞杂的法律体系，涉及知识产权保护、消费者权益保护、不正当竞争规制等许多领域的内容，单一地从某视角界定电子商务法的性质有失偏颇。但就电子商务活动的发展现状以及主要内容来看，其更多的内容体现为传统民商法的要素，辅之以监管等其他法律部门的规则。尽管电子商务法内存在其他性质的法律规范，包含了一些必要的公法规范，但这并未改变电子商务法的商事特别法的本质。其他性质的规范也是以保护个体利益为出发点，未脱离意思自治以及民商事法律的本

---

〔1〕赵旭东主编：《电子商务法学》，高等教育出版社 2019 年版。
〔2〕朱晓娟编著：《电子商务法》，中国人民大学出版社 2019 年版。

质范畴。纵览我国商事法律规范，商事监管性质的规范并不是电子商务法独有的现象，保险法、票据法、证券法均包含了监管性质的法律规范。可以说，强制性规范在商事法中出现顺应了时代发展的要求，也逐渐成为商事法律的新特征——为了维护必要的秩序价值，商法允许一定程度上的国家干预与政府介入。正如学者所认为的，"商法中特定监管规范与其他主体规范和行为规范的融合，这种三位一体或诸法合体的结构恰好成为中国商事单行法的典型构成"。[1]

民商事特别法是指适用于特殊领域、特殊主体、特别的民商事活动事项或特殊时间的民商事法律规范。电子商务活动是发生于互联网等信息网络领域的民商事活动，因此电子商务法为民商法的特别法。电子商务行为尽管具有互联网特征，但作为一种现代商业活动，与传统商业行为并没有本质的不同，就是通过电子化手段来经营传统的商事活动。交易媒介、交易环境的改变使电子商务法律关系的主体、权利、义务等内容有所不同，具有主体虚拟化、内容信息化、标的数字化、场所电子化等特征，但这些尚不足以构成对传统商务活动的本质改变，例如合同的达成仍然需要交易双方发出要约与承诺。电子商务活动是传统商事活动在网络空间的延伸与发展。尽管电子商务法涉及的内容繁杂，但是其仍旧以商事活动为主线，主要是按照商法的目的与价值构建电子商事活动的法律规范体系。商事行为是商主体所实施的以营利为目的，能够引起商事权利义务关系设立、变更或者终止的经营行为。无论是电子商务活动的主体、电子合同、电子支付的规定，还是电子商务物流以及争议解决，均可明显看出电子商务法规定的主线是商事行为。我国电子商务法仍然是以传统法律为基础，同时充分考虑了网络空间的特性差异，并未脱离传统民商事法律制度的本质和精髓。

其实将电子商务法视为民商事法律部门的特别法也体现出一种开放包容的心态。"互联网+"正在推动各行各业的创新与发展，技术的创新发展，必然不断给我国传统的法律部门带来冲击与挑战，传统法律部门应当始终持有开放包容的心态，如何以特别法的形式吸收时代的新要素以提高法律制度的适应性显得尤为重要。新的商法领域正在不断形成，证券法、信托法、期货法等先后成为商法体系的重要组成部分，电子商务也是经济发展与产业创新过程孕育出的新的商事关系。将电子商务法作为民商事法律部门的特别法，彰显了我国法律规范的开放性。

---

[1] 赵旭东主编：《电子商务法》，高等教育出版社 2019 版。

三、特征

电子商务法是传统民商事法律部门的特别法，具有传统法律部门的一些共性，但其与网络信息技术相结合而发展出来的新型的商业模式使得电子商务法具有自身鲜明的特征。本书认为，电子商务法具有基本性、综合性、公私融合性、国际性以及开放性的特征。

（一）基本性

《电子商务法》是电子商务领域的基本法、一般法，是目前效力等级最高的电子商务活动基本法律。我国最终颁布出台实施的《电子商务法》，对迄今为止已经颁布的，与电子商务活动相关的行政法规、部门规章、地方性法规和行业标准等，可以起到一种整合和统领的作用。

由于《电子商务法》的基本性特征，其在某些方面修改并更新了现有的部分法律规范。例如，《电子签名法》是规范电子签名行为与确立电子签名法律效力的一部法律规范，其规定"收件人指定特定系统接收数据电文的，数据电文进入该特定系统的时间，视为该数据电文的接收时间；未指定特定系统的，数据电文进入收件人的任何系统的首次时间，视为该数据电文的接收时间。当事人对数据电文的发送时间、接收时间另有约定的，从其约定"。但是《电子商务法》则规定合同标的采用在线传输方式交付的，合同标的进入当事人指定的特定系统并且能够检索识别的时间为交付时间，就指定系统的交付时间的确定增加了"可检索识别"这一条件。

除了更新部分规范内容，许多与电子商务有关的行政法规、部门规章、地方性法规以及其他规范性文件也依据《电子商务法》的内容发布或作出调整。例如，我国国务院于 2006 年 5 月 18 日公布了《信息网络传播权保护条例》，该条例规定信息网络传播权是指以有线或者无线方式向公众提供作品、表演或者录音录像制品，使公众可以在其个人选定的时间和地点获得作品、表演或者录音录像制品的权利。而《电子商务法》的出台与实施更新并完善了电子商务平台的知识产权治理措施，可适用于除著作权、表演者权、录制者权之外的其他各类知识产权保护。

（二）综合性

《电子商务法》是一部综合性的法律，其综合性体现在电子商务活动参与主体、法律规范涉及的内容与领域等方面。从电子商务活动的参与主体来看，电子商务主体可分为三大类：第一类是电子商务经营主体，包括自建网站，或通过其他网络服务销售商品或者提供服务的电子商务平台经营者，平台内经营者，消费者等；第二类是辅助主体，包括具有网上支付结算功能的金融机构、提供当事人身份认证与核验信息的认证机构、提供物流配送服务的物流配送机构等；第三类为电子商务监管者，包括市场监督管理机构、行业自律协会等。从法律规范内容来看，《电子商务法》所涉及的内容极其广泛，包括电子商务经营主体的市场准入与退出程序；电子商务经营者的权利义务如资质审核义务、安全保障义务等内容；电子商务监管的内容如监管机关与监管程序；电子商务产业促进的内容如国家促进农业生产、加工与流通环节的互联网技术应用。从涉及的领域来看，电子商务法也具有综合性，其涉及合同、税收、知识产权、交易安全、消费者权益保护、证据制度等多个领域的内容。

以电子商务法与竞争法的关系为例，《反不正当竞争法》第 8 条规定，"经营者不得对其商品的性能、功能、质量、销售状况、用户评价、曾获荣誉等作虚假或者引人误解的商业宣传，欺骗、误导消费者。经营者不得通过组织虚假交易等方式，帮助其他经营者进行虚假或者引人误解的商业宣传"。《电子商务法》第 17 条也规定了"电子商务经营者不得以虚构交易、编造用户评价等方式进行虚假或引人误解的商业宣传"，第 17 条的规定可以说是《反不正当竞争法》第 8 条关于虚假宣传在电子商务领域的具体细化。除了完善、补充或细化其他法律规范，《电子商务法》的部分规范内容超越了原有的法律部门。《电子商务法》第 19 条规定，"电子商务经营者搭售商品或者服务，应当以显著方式提请消费者注意，不得将搭售商品或者服务作为默认同意的选项"。相比《反垄断法》关于搭售的规定着重强调信息公开与经营者的市场支配地位，《电子商务法》更强调电子商务经营者的信息提示义务以及禁止默认勾选，而且对搭售行为规定了专门的行政处罚。

基于综合性特征，《电子商务法》的具体条款大多以链接条款或援引条款的形式存在，包括与规范市场行为的法律法规相衔接、与专业监管部门的法律法规相衔接。例如《电子商务法》第 18 条规定，"电子商务经营者向消费者发送广告的，应当遵守《广告法》的有关规定"；根据该法第 47 条，电子商务当事人订立和履行合同，也适用《民法典》等法律的规定。

（三）任意性规范与强制性规范并存

电子商务法的公私融合性特征是指《电子商务法》内既有任意性的私法规范，又存在强制性的公法规范。调整不平等主体之间的法律关系，以公共利益为本位，采取命令与服从、管理与被管理等强制性调整方法的法律部门具有公法性质。因此，强制性规范是必须依照法律适用，不能根据个人意志予以变更或排除适用的规范。而调整平等主体之间的法律关系，以私人利益为本位，以意思自治为核心的法律部门具有私法性质，因此任意性规范允许当事人依意思自治排除或变更法律规范的适用。《电子商务法》作为民商事法的特别法，其主要是规范自然人、法人以及其他组织这样的平等主体之间通过互联网等网络通信技术所开展的商务活动，绝大多数情况下尊重当事人的意思自治。如《电子商务法》规定，合同当事人对交付方式、交付时间另有约定的从其约定；电子商务当事人可以约定采用快递物流方式交付商品；电子商务平台经营者可以制定平台服务协议与交易规则。除了任意性规范，《电子商务法》为实现规范电子商务行为与保障商务市场秩序的目的，还设置了一些不允许当事人变更或排除适用的规范，例如电子商务经营者从事经营活动，依法需要取得相关行政许可的，应当依法取得行政许可；电子商务经营者自行终止从事电子商务的，应当提前 30 日在首页显著位置持续公示有关信息；电子商务经营者销售商品或者提供服务应当依法出具纸质发票或者电子发票等购货凭证或者服务单据。

（四）国际性

电子商务本身就具有跨越地理空间和时间的特性，是一种全球性现象，因此各国的电子商务法所面临的法律问题大都相似，电子商务法的内容也不得不考虑这些共同的问题。同时，电子商务法的内容充分考虑电子商务的技术性，法律规范的内容吸收了许多国际性的客观技术性规范。从此意义上看，电子商务法具有国际性。

截至目前，全球有超过 100 个国家进行了与电子商务相关的立法。但是回望电子商务的立法轨迹，其基本上呈现为国际立法先行于国内立法。主要是因为电子商务在短时间内迅速发展但是法律缺位导致许多法律问题产生，电子商务的全球性、无边界性也使得任何国家难以单独制定国内法。因而，电子商务法的立法是先制定国际法规再逐步推广到各国，许多国家的电子商务法内容在考虑本国国情的同时，积极吸收了国际条约、国际惯例的内容以及其他通行做法，如避风港原则、功能等同原则、红旗规则等。我国也不例外，在《电子商务法》的制定过程中全面借鉴吸收了全球电子商务立法的经验。

（五）开放性

电子商务法的立法基础技术性很强，随着电子商务技术的日新月异，电子商务的内容与形式也会发生相应的变化。因此，电子商务法需要保持开放性，其内容是无法终极确定的，总是处于不断发展的状态。电子商务是正处于发展阶段的新兴产业，需要为其营造自由发展的空间。因此，我国《电子商务法》既需要妥善处理好现有问题与基本问题，也应适当兼顾前瞻性问题。对此，电子商务法具备的开放性特征能为电子商务发展留有空间，有利于实现"发展中规范、规范中发展"。

电子商务法的开放性体现在具体的法律规定中，例如《电子商务法》第38条规定，"对关系消费者生命健康的商品或者服务，电子商务平台经营者对平台内经营者的资质资格未尽到审核义务，或者对消费者未尽到安全保障义务，造成消费者损害的，依法承担相应的责任"。"相应的责任"本身并不是一个法律概念，但是在"连带责任"与"补充责任"的反复利益博弈中，最终采用了"相应的责任"的表述，在电子商务产业健康发展与消费者权益维护之间实现了平衡。

第二节　电子商务法的调整对象和适用范围

确定电子商务法的调整对象与适用范围是电子商务法的重要内容，其关系着电子商务法的法律框架与具体法律规定。电子商务法的调整对象及其范围应当审慎确定，不宜过宽，也不宜过窄。合理确定电子商务法的调整对象及其范围，应当综合考虑我国电子商务发展现状与前景、我国的现实国情，并做好与国际接轨、与国内其他法律法规的衔接。

一、调整对象

任何法律部门或法律领域均以一定的社会关系作为调整对象。电子商务实现了生产力、生产方式以及生产关系的全新组合，电子商务法有其独特的调整对象，即电子商务法律关系。

（一）电子商务法律关系主体

电子商务法律关系主体是参与电子商务法律关系并享有权利、承担义务的自然人、法人或非法人组织。广义的电子商务主体既包括直接参与电子商务活动的相关方，也包括保障电子商务活动顺利开展的电子商务辅助服务提供者。参与电子商务法律关系并在电子商务活动中销售商品或提供服务的经营者，具体包括电子商务平台经营者、平台内经营者以及通过自建网站、其他网络服务销售商品或提供服务的电子商务经营者。电子商务平台经营者是电子商务法的核心主体，也是新型主体，其为电子商务活动提供网页空间、虚拟经营场所、交易规则、交易撮合、信息发布等服务。电子商务法律关系主体还包括一些不直接参与交易活动，但是交易活动的顺利开展有赖于其辅助支持的主体，如金融机构、征信机构、认证机构、物流配送机构等。

（二）电子商务法律关系内容

电子商务法律关系的内容是电子商务行为，是指利用互联网等信息网络进行商品销售或服务提供的经营活动。电子商务行为可以从三个方面进行界定："互联网等信息网络""销售商品或提供服务""经营活动"。

1. 交易手段：互联网等信息网络

"互联网等信息网络"采用定义加列举的方式确定电子商务活动开展的手段。信息网络包括互联网、物联网、移动互联网、电信网、移动应用商店等，互联网是最为典型且最为常见的交易手段，将其明确列举出来充分考虑了网络技术发展的现实，但落脚于不明确的"信息网络"则是尊重互联网技术和应用的未来前景，也侧面体现了电子商务法的前瞻性与开放性。

2. 交易内容：销售商品或提供服务

电子商务法调整销售商品的行为，不仅包括销售有形商品的行为，也包括销售无形商品的行为。就销售有形商品而言，除与线下交易活动交易手段不同外，并无其他显著差异，主要涉及销售食品、护肤品、衣饰、手机等数码电子产品。销售无形商品则包括提供知识产权、技术、信息以及数字产品等。关于销售无形商品，有人认为其应当属于提供服务。关于此争议应当回归"商品"的本质来分析，商品是人类生产力发展到一定历史阶段的产物，是用于交换的劳动产品。数字产品如电子书、软件等均凝结了人类的劳动，无形商品也属于商品范畴。因此，销售商品包括有形商品与无形商品，均可纳入我国电子商务法的调整对象范围。

电子商务法调整的提供服务的行为可分为两种类型：第一种类型是电子商务经营者通过互联网等网络技术提供服务，如电子家政、线上租房、网络约车，交易双方借助电子商务平台提供的交易机会相互匹配。其还可以进一步细分为两种情况：一种情况是整个服务的内容完全由电子商务平台提供、实现，如网页游戏、云存储等；另一种情况是仅在电子商务平台完成服务的部分内容，如线上匹配供需与签约，但具体的服务提供在线下开展与体验，如影院门票预订、景点门票预订等。第二种类型是为保障电子商务经营者顺利销售商品或提供服务而提供的服务，包括电子支付结算、信用评价、物流快递、网络认证以及商业推广等。简而言之，提供服务包括交易对象本身即是服务的情形和可支撑服务交易顺利进行的服务的情形，二者均是电子商务法的调整对象。

3. 交易性质：持续性的经营活动

电子商务行为的性质应是持续性的、营利性的活动。营利性是指电子商务法调整的电子商务行为应当以获取利润为目的，不以获取利润为目的的活动如公益捐款不属于经营活动。值得注意的是，依据日常生活经验，消费者所使用的基础信息网络服务绝大多数由平台经营者免费提供，但这并不意味着电子商务平台经营者提供交易平台的行为不具有经营属性，仍然应当将其纳入电子商务法的调整范围。主要原因如下：一方面，"以获取利润为目的"仅仅强调主观上要求营利，不等同于结果上必然获取利润。目的与现实之间常常存在差距，目的并不必然能够转化为现实。另一方面，互联网具有双边市场的性质，判断电子商务活动的经营性需要整体考察，面向接受基础服务的网络用户，电子商务平台经营者的确是提供免费的网络基础服务，但是其借此获取了巨大的用户流量池，进而可以凭借用户流量收取广告费。因此，整体而言，平台经营者提供网络交易平台的行为具有经营性。电子商务行为还应当具有持续性，自然人临时地、偶尔地出售二手物品、闲置物品的行为不具有持续性，不属于电子商务法的调整范畴，但是这类行为可以适用《民法典》等民事法律的规定。

根据电子商务行为所具有的持续性与营利性标准，电子政务、电子军务以及公司内部管理活动如客户管理、人力资源管理、会计财务管理、质量控制等均不宜纳入电子商务法调整的范围。与此同时，电子商务行为的经营性也使得电子商务活动区别于其他网络活动，成为电子商务法的基本调整对象。

面对不断涌现的新业态与新模式，电子商务法是否可以适用，需要把握"利用网络销售商品或提供服务"的本质特征。近年来，部分依托社交媒体开展的电子商务活动以及新兴的共享经济模式如共享单车能否纳入电子商务法的调整对象引发了许多争议。有学者认为，"既然在特殊电商服务领域，已经存在诸如外卖送餐、共享单车等特殊性法规的专门立法规制，电商法作为基本法应该为专门性规章留出适用空间"。[1] 实际上，如果从电子商务行为的本质出发，共享经济模式或社交电商模式归根结底仍是利用网络销售商品或提供服务的经营活动，电子商务法所具有的基本性反而肯定了其能够适用于调整共享经济模式等新兴领域。例如，同一个社交账号上长期、持续、频繁地发生了交易确认或转账活动，符合电子商务行为的经营性特征，应视为电子商务活动。因此，面对共享经济、社交电商等新模式，可以援引电子商务法进行调整和规范，这样的做法对电子商务领域尽量形成统一的规范亦大有裨益。

（三）电子商务法律关系客体

电子商务法律关系的客体是电子商务活动参与各方的权利与义务所指向的对象，包括财产、物品、行为以及智力成果。如前所述，电子商务法律关系的客体包括商品、服务以及销售商品或提供服务的行为。其中，数字产品、信息、在线服务是电子商务法律关系所特有的客体。

---

〔1〕朱巍：《电商法适用范围不宜过窄》，载《检察日报》2018 年 8 月 22 日，第 7 版。

二、适用范围

明晰电子商务法的适用范围是电子商务法实施的首要问题，关系着电子商务法的立法目标能否顺利落实。随着互联网等信息网络技术的全球普及，电子商务活动涉及的内容与范围愈发广泛，电子商务法的适用范围也相应地呈现出复杂性特征。电子商务法的适用范围是指其效力范围，即在什么地域和时间范围内对什么主体的什么行为适用。根据《电子商务法》第 2 条可知，适用范围可以分为三种情形：首先，中华人民共和国境内的电子商务活动适用该法；其次，法律、行政法规对销售商品或提供服务有规定的，适用其规定；最后，金融类产品和服务，利用信息网络提供新闻信息、音视频节目、出版以及文化产品等内容方面的服务不适用该法。在时间效力上，根据《电子商务法》第 89 条可知，该法自 2019 年 1 月 1 日起施行。在对事效力上，前文关于"电子商务行为"已有详细论述。

（一）中华人民共和国境内的电子商务活动

电子商务法的适用范围首先采用属地原则框定，即我国境内的电子商务活动适用我国电子商务法。但是，由于电子商务活动的高效便利性，可以轻松地实现异地交易，电子商务活动的发生地可能包括交易主体所在地、交易行为发生地、交易结果发生地等许多地点。境内电子商务活动究竟是要求电子商务行为的全部要素均位于境内，还是部分要素处于境内即可？如果只需部分要素属于境内，那应是电子商务活动的哪些要素位于境内？

为了确保该条规定的可适用性与确定性，对"境内的电子商务活动"有必要进行进一步解释、分析。

1. 关于"境内的电子商务活动"

在立法过程中，首次提交审议的《电子商务法（草案）》曾将适用范围规定为"在中华人民共和国境内发生或有境内电子商务经营主体、消费者参与的电子商务活动"。但是考虑到电子商务法适用的复杂性，最终删除了"境内电子商务经营主体、消费者参与的电子商务活动"。不论行为主体是中国主体还是外国主体，只要是发生在中华人民共和国境内的电子商务活动就应由我国电子商务法规制；反之，境外的电子商务活动，即使有中国主体参与，也不适用我国电子商务法。本书认为，"境内的电子商务活动"并不要求电子商务活动的全部要素都在境内。因为将电子商务活动的要素全部限于境内，从法的实施效果来看，会导致电子商务法的适用范围过于狭窄，极大地限制电子商务法发挥其应有的规范与促进作用。

具体来说，"境内的电子商务活动"可分为以下情形：

（1）依据我国《公司法》以及其他法律法规登记并取得相关行政许可的法人、非法人组织，均属于我国境内的经营者，电子商务法适用于我国境内电子商务经营者的电子商务活动。

关于"境内电子商务活动"的理解，有人直接将其扩句解释，认为在我国境内的电子商务平台上开展的商务活动即属于"境内的电子商务活动"，此时并不要求电子商务交易主体中的自然人具有中国国籍或法人、非法人组织在我国境内登记、设立，无所谓交易双方是否为我国境内的自然人、法人和非法人组织。该种解释其实是强调了电子商务经营者之一（平台经营者）的境内性。实践中，"境内的电子商务平台"其实难以判断，因为电子商务平台并不实体性地存在于现实世界，它是一个独立于现实世界的网络虚拟空间，境内与境外这种现实世界的地域划分根本无从谈起。网络交易市场无法划分所在地，判断其所在地的标准应转化为判断电子商务平台经营者依法进行登记并取得相关行政许可的登记地或者服务器所在地等。因此，该种扩句解读属于表面解读，实质上，在我国境内的电子商务平台经营者提供的商务平台上开展交易活动属于"中华人民共和国境内的电子商务活动"，此时不区分交易双方是否有中国国籍。

此外，还存在三种较为特殊的电子商务活动适用我国电子商务法，分别是：在我国境内建立的外商投资企业与我国公民、法人、其他组织之间或相互之间进行的电子商务活动；在我国取得经营性互联网信息服务许可证的电子商务网站平台从事电子商务活动，不论实际投资人或所隶属的企业是否在我国境内；在自贸试验区内进行的电子商务活动。

（2）电子商务活动打破了疆域的限制，境外电子商务经营者在境外建立网站或通过境外交易平台所开展的交易活动的适用情况较为复杂，需视其情况适用我国电子商务法。

第一种情况是当事人有约定的情形。电子商务法的性质为民商事法的特别法，在法律适用方面尊重当事人的意思自治。因此，如果交易双方当事人一致自愿同意适用我国电子商务法，则境外电子商务经营者在境外建立的网站或通过境外交易平台所开展的交易活动可以由我国电子商务法进行规制。当事人对适用范围有特别约定的，则无论电子商务活动是否在境外电子商务经营者所提供的交易平台开展，从其约定。

第二种情况是符合我国涉外法律适用法规定的情形。例如，由《涉外民事关系法律适用法》第 42 条可知，消费者合同，适用消费者经常居所地法律；消费者选择适用商品、服务提供地法律或者经营者在消费者经常居所地没有从事相关经营活动的，适用商品、服务提供地法律。因此，如果境外电子商务经营者在我国从事相关电子商务活动，并向我国消费者销售商品或提供服务，则有可能适用消费者经常居所地的法律，即由我国电子商务法规范。其中，"境外经营者在我国从事相关电子商务活动"需要综合考虑实际情况予以判断，一般来说，如若境外电子商务经营者（包括自建网站经营者、平台经营者与平台内经营者）所使用的语言文字、支付的货币、物流配送等均明确指向中国境内的消费者，则可视为面向我国消费者从事相关电子商务活动，此时消费者经常居所地在我国的，显然可纳入我国电子商务法的适用范围。

第三种情况是存在国际条约或国际惯例的情形。电子商务是一种全球现象，因此各国均在积极推动建立与不同国家、地区之间跨境电子商务的交流合作。因此，如果我国与其他国家、地区缔结或参加了国际条约、协定，条约或协定规定境外电子商务经营者在境外建立网站或通过境外交易平台所开展的交易活动适用我国电子商务法的，则依照规定处理。在此情况下，无所谓销售商品或提供服务的交易活动是否在境外网站或境外电子商务平台上开展。

2. 跨境电子商务活动

电子商务与传统的商务并无本质区别，但是电子商务所依托的技术不断更新变革为法律实施带来挑战，电子商务法的适用范围需要不断调整。其中，最为显著的便是由电子商务的跨国界性与跨地域性所催生的跨境电子商务活动。

跨境电子商务活动，从字面上看明显不属于"中华人民共和国境内的电子商务活动"，不符合《电子商务法》第 2 条第 1 款的规定，但这并不意味我国《电子商务法》完全不规范跨境电子商务活动。相反，我国《电子商务法》第 26 条明确作出了与跨境电子商务有关的规定，即电子商务经营者从事跨境电子商务，应当遵守进出口监督管理的法律、行政法规和国家有关规定。此外,《电子商务法》第五章为"电子商务促进",要求国家推动电子商务基础设施和物流网络建设,依法支持设立的信用评价机构开展电子商务信用评价活动,制定合理产业政策促进电子商务创新发展,跨境电子商务明显是其中应有之义。

跨境电子商务活动不属于"境内的电子商务活动"也不意味着其不能适用我国《电子商务法》内关于境内电子商务经营者的规定。电子商务法尊重交易双方当事人的意思自治,跨境电子商务活动完全有可能按照当事人的约定适用我国《电子商务法》。例如,当出现买卖合同纠纷时,依据《涉外民事关系法律适用法》,当事人可以协议选择合同适用的法律;当出现侵权纠纷时,当事人协议选择适用法律的,按照其协议;当出现产品责任纠纷时,适用被侵权人经常居所地法律;被侵权人选择适用侵权人主营业地法律、损害发生地法律的,或者侵权人在被侵权人经常居所地没有从事相关经营活动的,适用侵权人主营业地法律或者损害发生地法律。

最后需要厘清一点,跨境电子商务活动不属于我国电子商务法的适用范围,但其不是法外之地,仍旧需要受其他法律规范的规制。我国的《海关法》《进出境动植物检疫法》《国境卫生检疫法》《货物进出口管理条例》等法律法规均可规制跨境电子商务活动。

(二)适用除外

我国《电子商务法》从正面界定该法适用范围的同时,也从反面列举排除该法适用的情形。根据《电子商务法》第 2 条第 3 款,法律、行政法规对销售商品或者提供服务有规定的,适用其规定。金融类产品和服务,利用信息网络提供新闻信息、音视频节目、出版以及文化产品等内容方面的服务,不适用该法。

1.金融类产品、服务和有关网络内容的服务

金融类产品、服务属于特殊的商品、服务,关系着金融安全与社会经济稳定。金融风险极具破坏力。现实生活中,一家金融机构因经营不善出现危机,有可能对整个金融体系的稳健运行构成威胁;而一旦发生系统风险,会导致整个金融体系运转失灵,造成全社会经济秩序的混乱,甚至可能引发严重的政治危机。金融领域的高风险性以及金融危机的多米诺骨牌效应使得金融领域需要特别的法律法

规进行规制。为了维护国家经济全局的稳定，国家对金融类产品与服务出台了一系列专门的法律规范进行规制，例如《关于促进互联网金融健康发展的指导意见》《电子银行业务管理办法》《网络借贷信息中介机构业务活动管理暂行办法》等。目前，我国互联网金融迅速发展，互联网借贷、互联网彩票、互联网众筹、互联网基金销售等互联网金融产品、服务层出不穷，这些特殊产品不能将其简单地等同于传统商品或服务，这超越了《电子商务法》的调整能力。

利用信息网络提供新闻信息、音视频节目、出版以及文化产品等内容方面的服务，这些监管对象也较为特殊，某种程度上这些网络内容关系到国家的意识形态、文化安全以及精神文明建设等，对整个国家和社会影响重大，因而不能简单地将其作为一般民商事活动予以规范。《电子商务法》作为电子商务领域的一般法，采取了排除适用的方式，将其交由国家专门机构，由更为全面的法律、行政法规与部门规章加以管理和规范，从而实现《电子商务法》与专业监管部门的法律法规相衔接，这些规定包括《互联网新闻信息服务管理规定》《互联网视听节目服务管理规定》《网络出版服务管理规定》等。

同时，适用除外不是绝对地排除适用，不宜将例外情形的适用范围不当扩大。适用除外的具体内涵需要在司法实践中不断细化与完善。就金融类产品和服务而言，电子支付也属于金融服务，但不应机械地将其排除在我国《电子商务法》的适用范围之外，而且我国《电子商务法》在"电子合同的订立与履行"一章也对电子支付作了规定。关于新闻信息、音视频节目、出版以及文化产品等内容方面的服务，国家专门性法律规范主要是针对网络内容质量的规定，要求网络内容提供者应当具备相应的资质，所提供的内容应当合法。如若出现以上述内容为交易标的的电子商务合同，仍应当适用《电子商务法》中关于电子合同的规定。同时，现实中许多新闻信息其实是商业信息打着新闻信息的幌子，这类信息也应当适用我国《电子商务法》。除此之外，金融类产品和服务的提供者，新闻信息、音视频节目、出版以及文化产品等内容方面的服务提供者仍然需要履行《电子商务法》所确立的电子商务经营者的义务，如履行资质审核义务、报告义务、安全保障义务等。

总而言之，在电子合同签署、电子支付以及消费者权益保护等方面，即使是金融类产品、服务及新闻信息、音视频节目、出版和文化产品等内容方面的服务也应当适用《电子商务法》。

2. 法律、行政法规另有规定

电子商务法具有综合性的特点，合同的签订与履行、争议解决、侵犯知识产权的行为、市场不正当竞争、消费者权益保护、电子支付、物流配送等内容与其他法律、行政法规存在交叉，电子商务行为很有可能同时受其他法律调整。我国《电子商务法》第2条第3款规定，法律、行政法规对销售商品或者提供服务有规定的从其规定，明确了《电子商务法》与其他法律、法规的适用关系。将电子商务领域内其他法律、行政法规有规定的内容链接、转引到适用的其他法律，首先避免了电子商务法与其他法律法规之间的内容交叉、重复适用以及法律后果的冲突；其次，有利于构建电子商务法律体系，有效协调《电子商务法》与其他法律法规的关系，避免前者法律条文的烦琐、冗长；最后，这在一定程度上扩大形式意义上的电子商务法的范围，对保证电子商务法的稳定意义重大。

该适用除外规定同样不应当作机械、简单的理解，在电子商务法的法律适用上仍然应当根据法律位阶冲突规则解决《电子商务法》与其他法律、行政法规的适用冲突问题。具体包括同一位阶的法律渊源冲突和不同位阶的法律渊源冲突。同一位阶的法律渊源冲突主要针对特别法与一般法、新法与旧法的冲突，其解决原则为特别法优先于一般法予以适用，新法优先于旧法予以适用。例如，《民法典》合同编与《电子商务法》处于同一效力位阶，前者与《电子商务法》相比属于一般法、旧法，因此就电子合同的签订与履行而言，《电子商务法》优先适用。不同位阶的法律渊源冲突主要针对上位法与下位法的冲突，其效力取决于制定机关的等级，上位法优先于下位法适用。具体来说，当上位法与下位法在内容与精神上存在冲突时，上位法优先于下位法予以适用；当上位法与下位法在内容与精神上不存在冲突，即下位法本身不违背上位法时，下位法作为上位法的细化规定，应当得到优先适用。例如，《网络安全法》中已经对个人信息保护作了较为全面而细致的规定，其内容与立法精神并不违背我国《电子商务法》，应当优先适用《网络安全法》的规定。

综上所述，电子商务法的调整对象与适用范围内涵极其丰富，是电子商务法实务应用的起点。把握电子商务法的调整对象与适用范围应当避免机械化、简单化，需综合考虑立法目的、现实情况等因素。

第三节　电子商务法的立法目标

随着电子商务行业的持续繁荣发展，电子商务已经成为我国国民经济的重要组成部分。与电子商务蓬勃发展伴随而生的是个人信息被非法收集、滥用事件频发，利用网络销售假冒伪劣产品与侵害知识产权的行为层出不穷，原有的法律法规明显捉襟见肘，不能完全适应电子商务的快速发展，网络交易安全亟待加强保护。电子商务是先进的信息技术对传统商业模式的一次革命，它的可持续健康发展离不开完善的法制。因此，通过制定电子商务法回应电子商务行业的发展现状显得尤为必要和重要。2013 年年底，我国正式启动电子商务法的立法工作，成立专门的工作小组开展前期调研与草拟工作。《电子商务法》经过三次征求意见、四次全国人大常委会审议，历时五年完成，于 2018 年 8 月 31 日通过，2019 年 1 月 1 日正式施行。电子商务逐步向纵深发展，正在成为我国经济发展的新动力，通过立法规范电子商务秩序具有重要意义。《电子商务法》可以从制度规定层面弥补电子商务活动中的法律空白或不明晰之处，为电子商务行为提供明确的法律依据，促进电子商务有序健康发展。除此之外，《电子商务法》有助于控制交易风险，为交易当事人提供明确稳定的预期，为人们开展电子商务活动提供行动指引。

各国制定电子商务法的目标基本上是规范电子商务行为、保障电子商务主体权益以及维护市场秩序。根据我国《电子商务法》第 1 条，电子商务法有三大立法目标：保障电子商务各方主体的合法权益；规范电子商务行为，维护市场秩序；促进电子商务持续健康发展。法律接受来自实践的检验，具体的条文依据实践中出现的具体问题而被理解和适用，与此同时，基于立法的精神和原则而展开的法的续造也逐渐开始。把握和了解《电子商务法》的立法目标，有助于理解法律规定并促进法律规范的适用。

《电子商务法（草案）》一审稿中对立法目标的阐述为"促进电子商务持续健康发展，规范市场秩序，保障电子商务活动中各方的合法权益"。三大立法目标与最终出台的《电子商务法》是一致的，但是立法目标的位置与重要性排列不同：《草案》一审稿将"促进电子商务持续健康发展"置于首位，而到了《草案》

二审稿，立法目标的顺序排列有细微的改变，将"保障电子商务活动中各方主体的合法权益"置于首位，其具体规定是"为了保障电子商务活动中各方主体的合法权益，规范市场秩序，促进电子商务持续健康发展"。在后续的审议和修改中，关于电子商务法立法目标的阐述，基本保持二审稿确定的精神。

一、保障权益：保障电子商务各方主体的合法权益

我国《电子商务法》的立法目标之一为保障电子商务主体的合法权益，该立法目标是电子商务法的首要目标。《电子商务法》的制定始终坚持以问题为导向，针对电子商务市场假冒伪劣产品、隐私泄露、恶性竞争等违法现象，我国将保障电子商务各方主体的合法权益作为首要的使命与任务。

良好的电子商务法律秩序的核心在于保护与电子商务有关的各方主体的正当权益，既包括消费者，也包括电子商务经营者。电子商务主体之间的法律地位是平等的，电子商务活动各方主体的权益均受我国《电子商务法》保障。电子商务法主要是通过明确各方主体的权利、义务、责任等内容，以保障各方主体的合法权益。对于电子商务经营者而言，公平竞争权、数据权利与经营自由是其合法权益，是我国电子商务法保障的权益内容之一。

当然，尤其应当重视保障消费者的权益，因为电子商务具有主体虚拟、交易跨时空、技术手段复杂等特征，消费者无法实际接触商品或服务，无法实际考量接触经营者，仅凭借网页上的商品描述以及图片信息下单交易，信息不对称严重，交易风险极高。而且一旦消费者权益遭受损害，由于电子商务平台的准入门槛低且网络背景下经营者真实身份易于隐蔽，消费者维权索赔难度高，存在主体确认难、违法行为查处难、法律执行难等问题。除此之外，互联网等信息网络所具有的开放、互通性，使得损害后果被成倍放大，短时间内能危及数以万计的消费者。基于上述理由，我国电子商务立法非常重视消费者的权益维护，明确电子商务经营者的义务尤其是平台经营者的义务与责任，保障作为弱势群体的消费者的权益。

《电子商务法》的"保障电子商务各方主体的合法权益"的立法目标在法律条文中有多处体现。在保障电子商务经营者方面，《电子商务法》第22条是关于排除行政垄断行为、保障经营者公平竞争权的规定，要求电子商务经营者因其技

术优势、用户数量、对相关行业的控制能力以及其他经营者对该电子商务经营者在交易上的依赖程度等因素而具有市场支配地位的，不得滥用市场支配地位，排除、限制竞争。在保障消费者方面，我国《电子商务法》有关于消费者个人信息保护的条文规定，要求电子商务经营者收集、使用其用户的个人信息，应当遵守法律、行政法规有关个人信息保护的规定。电子商务经营者应当明示用户信息查询、更正、删除以及用户注销的方式、程序，不得对用户信息查询、更正、删除以及用户注销设置不合理条件。再如，规定了电子商务经营者销售的商品或者提供的服务应当符合保障人身、财产安全要求和环境保护要求，不得销售或者提供法律、行政法规禁止交易的商品或者服务。电子商务经营者应当全面、真实、准确、及时地披露商品或者服务信息，保障消费者的知情权和选择权。

二、规范秩序：规范电子商务行为，维护市场秩序

《电子商务法》作为我国电子商务领域的基本法，其大多数规定属于行为规范，规制各个方面与各个环节的电子商务行为，包括电子合同、电子支付、交付数字产品等，特别是破坏市场秩序的行为，如侵犯知识产权、互联网不当竞争。电子商务法规范电子商务行为与一般民商事行为相比，两者在行为内容、行为后果等方面均有所不同。例如，《电子商务法》第 83 条就平台经营者对平台内经营者侵害消费者合法权益行为未采取必要措施、违反安全保障义务与资质审核义务，规定了限期改正、停业整顿以及 5 万元到 200 万元不等的罚款等行政责任。

电子商务作为新兴的商业业态，过去缺乏统一的、权威的电子商务法律，损害消费者权益的行为滋生，交易纠纷和商业冲突较多，电子商务交易的市场秩序亟待规范。考虑到电子商务行业的乱象，为了实现电子商务行业的高质量发展，构建良好的营商环境，我国明确将"规范电子商务行为，维护市场秩序"作为立法目标。该立法目标的确立符合我国电子商务的发展要求。规范秩序的立法目标同样体现在许多具体条文中，如针对平台罔顾商业道德的不法竞价排名服务，《电子商务法》规定对于竞价排名的商品或服务应当显著标明"广告"；针对侵犯消费者知情权与选择权的大数据"杀熟行为"，规定电子商务平台经营者应当根据商品或者服务的价格、销量、信用等以多种方式向消费者显示商品或者服务的搜索结果；针对电子商务领域的知识产权侵权行为，电子商务平台经营者有采取删

除、屏蔽、断开链接、终止交易和服务等必要措施的义务。

三、促进发展：促进电子商务持续健康发展

促进发展要求《电子商务法》规范电子商务行为、维护市场秩序，该立法目标符合法律规范的内在逻辑。通过规范电子商务行为、维护市场秩序，《电子商务法》保障各方主体的合法权益，为电子商务的发展提供了良好的制度环境，最终有益于实现促进电子商务持续健康发展的目的。

促进电子商务持续健康发展既强调规范也鼓励发展。可持续健康发展要求合理规范电子商务行为，不能让《电子商务法》事无巨细地规定，需结合现有立法的不足以及未来可能的发展，给予电子商务行业创新与发展的充分空间。李克强总理反复强调对新业态新模式监管应当包容审慎："对于这种新业态、新模式，不能简单任性，要么不管，要么管死。所以我们这几年一直采用的是包容审慎的原则。包容就是对新的事物，我们已知远远小于未知，要允许它发展，对发展中出现的问题加以纠正。所谓审慎监管，就是要划出安全的底线，也不允许打着'互联网+'、共享经济的招牌搞招摇撞骗。要给创业者提供一个能够成长的空间，给企业一个发展新动能的环境。"[1] 其中管理的底线以社会公共利益为标准，对于危害国家利益、社会公共利益以及人身安全的经营行为，无论其是否属于科技创新，均应当采取处罚措施。

促进电子商务可持续健康发展需处理好规范与发展的关系，其中电子商务市场的规范与监管须以适度为界限，在必要情况下予以规范与监管。电子商务法的制定，不是为了管理而管理，而是为了促进电子商务健康稳健的发展。促进发展的立法目标要求国家营造宽松的环境以鼓励创新，其中需要发挥市场配置资源的决定性作用，合理地发挥政府作用。换言之，为电子商务的发展和创新创造环境和留有足够的空间，强调划清政府与市场的界限，但绝不是在否定政府的监管作用。《电子商务法》的制定初衷主要是考虑以鼓励创新和竞争为主，兼顾规范和管理的需要，不能让平台负担无限责任，也不能将政府应该承担的责任交由平台来承担。

---

〔1〕李克强：《以包容审慎的原则对待新业态、新模式》，载新华网，http://www.xinhuanet.com/politics/2019lh/2019-03/15/c_1210083405.htm，最后访问时间：2021年5月27日。

促进电子商务持续健康发展是贯穿《电子商务法》始终的重要目标，渗透在许多具体条款中。例如，"电子商务促进"专章规定：国务院和省、自治区、直辖市人民政府应当将电子商务发展纳入国民经济和社会发展规划，制定科学合理的产业政策，促进电子商务创新发展；国务院和县级以上地方人民政府及其有关部门应当采取措施，支持、推动绿色包装、仓储、运输，促进电子商务绿色发展。

第四节　电子商务法的基本原则

一、概述

基本原则具有一般指导、统率引领作用，体现一部法律的根本价值，贯穿于整个法律活动过程中。电子商务法的基本原则的效力贯穿于整个电子商务法律制度和规范之中，是指导电子商务立法、司法及守法的具有普遍意义的基本行为准则，构成电子商务法的基础。探讨电子商务法的基本原则具有重要的理论价值与实践意义。

法律的基本原则应当区别于法律的指导思想，指导思想更具宏观性、政策性，而基本原则更具可操作性与法律性。"立法的指导思想是观念化、抽象化的立法原则；立法的基本原则是规范化、具体化的主要立法思想。立法的指导思想是通过立法的基本原则等来体现和具体化，立法的基本原则须根据立法指导思想等来确定。"[1] 鼓励创新或促进发展，属于立法目标范畴。法律的基本原则应当区别于立法方法。"立法技术是指在法的创制活动中所应体现和遵循的有关法的创制知识、经验、规则、方法和操作技巧等的总称。"[2] 因此，最小程度原则（电子商务立法应该在最小的程度上对电子商务订立新的法律）和程序性原则（电子商务立法应倾向于程序性而非实体性）虽然称作原则，但是属于立法技术范畴。法律基本原则还应当区别于具体原则，具体原则在特定的领域内具有基础性的指导作用，但是缺乏足够的普遍性，因此其体现着基本原则的要求并受基本原则的指导，例

---

[1] 孙占利：《论电子商务法的基本原则——以全球电子商务立法为视角》，载《现代法学》2008 年第 3 期，第 118 页。

[2] 同上。

如功能等同原则属于具体原则。[1]

电子商务活动是典型的商事活动，电子商务法吸纳民商法领域的基本原则有利于保持民商事法律制度体系的融洽与完整；电子商务活动也有其特殊性，这决定其特有的基本原则。因此，结合《电子商务法》第一章"总则"的规定，本书认为，电子商务法的基本原则主要包括民商法领域的基本原则以及电子商务领域特有的基本原则。

二、基本原则

（一）自愿、平等、公平、诚实信用

根据《电子商务法》第 5 条，电子商务经营者从事经营活动，应当遵循自愿、平等、公平、诚实信用的原则，遵守法律和商业道德，公平参与市场竞争。自愿、平等、公平、诚实信用原则是民商事活动的基本原则，《电子商务法》是民商事法律部门的特别法，民商法的基本原则在电子商务法领域同样是司法者、执法者和守法者应当遵循的根本准则。

自愿原则是指电子商务经营者可以依意思自治从事电子商务活动，按照自己的意愿决定是否设立、变更、终止电子商务法律关系，独立自主地选择交易对象与交易条件。平等原则是指在开展电子商务活动时，电子商务经营者与其他经营者、消费者以及辅助服务提供者等电子商务活动各参与主体法律地位平等。公平原则是指电子商务活动中的权利、义务分配以及经营行为应当符合社会正义。诚实信用原则是指电子商务经营者从事电子商务经营活动不应当为谋求自己的利益而损害他人利益与社会公共利益。

电子商务与传统商务的核心区别在于活动各方的交易媒介，传统商务活动中交易双方可面对面互相感知，但电子商务交易双方无法实际接触，需要通过高信用弥补虚拟化的交易对象所带来的不确定感。如果无法构建一个诚信的营商环境，不仅会增加交易成本与交易风险，而且可能会出现"劣币驱逐良币"的情况，损害整个行业的商业信誉，危及可持续发展，进一步损害电子商务产业。考虑到电

---

[1] 孙占利:《论电子商务法的基本原则——以全球电子商务立法为视角》，载《现代法学》2008 年第 3 期，第 119 页。

子商务领域交易的高风险性，电子商务法的执法、司法与守法等更应当坚持自愿、平等、公平、诚实信用原则。

（二）安全

商法的基本目标是保障商事交易安全，因此，安全原则也应成为电子商务法的基本原则。安全原则要求从事电子商务活动必须符合技术安全措施以及有关安全的法律规范。国际立法实践也将安全原则作为基本原则。保障电子商务交易安全贯穿于电子商务活动的各个环节，具体包括：信息安全，如个人信息以及企业信息不应遭受非法拦截、泄露；消费者的人身安全与财产安全，如电子商务平台经营者知道或者应当知道平台内经营者销售的商品或者提供的服务不符合保障人身、财产安全的要求，或者有其他侵害消费者合法权益行为，未采取必要措施的，依法与该平台内经营者承担连带责任；技术安全，如电子商务平台经营者应当采取技术措施和其他必要措施保证其网络安全、稳定运行，防范网络违法犯罪活动，有效应对网络安全事件，保障电子商务交易安全；财产安全，如电子商务经营者按照约定向消费者收取押金的，应当明示押金退还的方式、程序，不得对押金退还设置不合理条件，消费者申请退还押金，符合押金退还条件的，电子商务经营者应当及时退还。

安全是电子商务健康发展的重要前提，没有安全，就没有电子商务的存在及发展。电子商务活动的无纸化、数据化等特征，使得电子商务交易活动的风险高于线下交易活动，因此电子商务法更需要贯彻安全原则。

（三）线上线下平等

1. 对功能等同原则、技术中立原则合理内容的吸收

功能等同原则是指在法律上对功能相同的制度或行为赋予相同的法律效力的原则。在电子商务法领域，合同、签名等大多以电子数据的形式表现出来，电子商务领域的功能等同原则是在分析书面文件、签名等的目的和作用后，赋予电子文件与电子签名一定的法律效力。功能等同原则将"功能相等"作为判断核心，因此适用于传统纸质媒介的法律规范可以直接适用于具有相同功能的新媒介中。线上线下平等原则吸收了功能等同原则的合理成分，抽象出功能标准，赋予电子签名和电子文件相应的法律效力。同时，功能等同原则可以进一步延伸为判断利

用互联网等信息网络所实施的法律行为有效与否的标准。功能等同原则蕴含了平等对待线上与线下活动的理念，只有在平等对待各种电子商务活动的前提下，才能赋予电子商务行为和传统商事行为同等的法律效力。

技术中立原则是指电子商务立法应当以开放、中立的姿态对待各类技术、软件以及媒体等，防止因技术而限制电子商务的发展。技术本身并不存在善恶、利弊之分，能够以善恶评判的只有利用技术的具体行为以及技术应用的后果。电子商务法如果以现存的某一特定技术为基础，反而会导致电子商务落后于时代，影响法律的稳定性与连续性。同时，每一种技术都不应当在电子商务法中被歧视，法律不应当成为一种技术排斥另一种技术的工具。技术有自身的发展逻辑和模式，法律原则上不评价技术，而是保障技术按照自身的逻辑和规律进行发展，所以国家的法律、政策和标准应当对各种技术平等对待。

电子商务行为与线下传统商务活动的主要差异是，其利用互联网等信息网络开展交易活动。从技术中立的角度出发，电子商务活动与传统商务活动并不存在本质差异，不能因其所使用的技术特殊而被区别对待，进而可论证线上线下平等原则的合理性。

2. 线上线下平等原则的内涵

根据《电子商务法》第 4 条，国家应当平等对待线上线下商务活动，促进线上线下融合发展，各级人民政府和有关部门不得采取歧视性的政策措施，不得滥用行政权力排除、限制市场竞争。电子商务活动与线下的传统交易活动尽管在具体交易方式上存在差异，但是二者均属于市场经营活动，都应当遵守市场经营的基本规范。国家在法律和具体政策上应保证线上与线下主体之间的法律地位平等，平等地享有权利、承担义务，不宜因交易媒介的差异而区别对待。此外，"平等对待"要求保障线上线下主体都有公平参与市场竞争的权利以及遭受侵害均有请求法律救济的权利，以构建公平公正的营商环境。

尽管电子商务行业的蓬勃发展给传统的商业模式造成了较大的冲击，但是线上的商业活动与线下的交易活动之间不宜截然对立，而应当促进二者之间形成相互依存、共生共存的和谐关系。随着互联网和其他信息网络技术的发展，电子商务平台与线下商务活动之间可以实现优势互补，将线上交易活动的简便高效、信息集中等优势与线下商务活动所具有的体验性和亲历性等优势相结合，使两者由互相竞争转变为合作互补。线上经营者与线下经营者可以开展信息共享、商品存量调配等合作活动，推动我国产业转型。可以说，平等对待线上线下商务活动是电子商务法的前提，但推动二者的相互融合则是我国商务活动进一步发展的方向。

值得注意的是，线上与线下平等对待既不是僵化地、形式上地平等对待，也不是粗暴地忽视二者之间的差异，将线上线下的商务活动完全等同。线上线下平等对待主要强调的是为线上线下交易活动营造平等的法律环境，提供平等的机会和起点，不得偏向性地给予线上经营者一方或线下经营者一方税收、行政许可等方面的歧视或优待。在此前提下，应当尊重电子商务活动与传统交易活动的差异，针对线上的违法现象可以适用技术发展创新监管模式。例如，国家发展改革委、财政部、农业部等部门制定的《关于进一步促进电子商务健康快速发展有关工作的通知》提出，财政部应当会同有关部门组织开展会计档案电子化工作，充分发挥电子会计档案在电子商务领域会计信息数据管理和利用等方面的作用；税务总局应当加快建立与电子商务交易信息、在线支付信息、物流配送信息相符的网络（电子）发票开具等相关管理制度，促进电子商务税务管理与网络（电子）发票的衔接。

（四）协同共治

根据《电子商务法》第7条与第8条，国家应推动建立符合电子商务特点的协同管理体系，推动形成有关部门、电子商务行业组织、电子商务经营者、消费者等共同参与的电子商务市场治理体系。其中，电子商务行业组织应当注重开展行业自律，建立健全行业规范，监督、引导本行业经营者公平参与市场竞争。协同共治原则要求国家有关部门、电子商务行业组织、电子商务经营者以及消费者等共同参与电子商务的治理，形成多元共治的局面。具体来说，有关部门应当加强合作，严格依法监管，规范电子商务行为；电子商务行业组织可推动制定行业规范引导本行业的经营者公平竞争；消费者作为违法行为的直接受害者，可以积极投诉举报违法行为，监督有关部门开展执法活动。消费者是多元共治中力量最为强大也最应当持续挖掘的治理主体。在电子商务环境下，交易信用在网络交易中占比大，而交易信用的很大一部分来源于消费者的评价与打分。因此通过消费者自发地评价与打分，可以影响平台内经营者的信誉，有助于督促电子商务经营者优化商品或服务。电子商务领域的违法行为多变、复杂，大大增加了电子商务市场监管和治理的难度。协同共治原则可以充分调动各方力量，团结协作，发挥不同主体的不同作用，共同推进电子商务行业的可持续健康发展。

协同共治原则主要包括三个层次：第一个层次是监管部门内部的共同治理，即政府各部门之间在行使职权时要加强协调配合，分工协作；第二个层次是监管部门与其他专业监管部门之间的协作，即多部门协调配合，数据共享；第三个层次是与社会协作方面，强调建立多方参与的治理体系，加强与行业组织的合作，加强与电子商务平台经营者的监管协同。其中需要重点强调的是第三个层次——电子商务平台经营者的治理以及电子商务行业协会的治理。电子商务平台经营者拥有双重身份，除了一般的市场主体身份，还在一定程度上兼有市场秩序维护者的身份。在电子商务市场上，电子商务行为的跨地域性、信息海量性，导致国家监管机构对违法行为以及违法经营者的查处难度陡增，监管执法成本加大。一般而言，电子商务平台经营者具有完备的技术设施、雄厚的资金实力以及丰富的数据和信息，电子商务平台经营者的优势使其成为政府展开监管的重要助手。将电子商务平台经营者纳入多元共治的体系中，可以有效缓解政府部门的监管执法压力，将监管对象由网络市场上数量巨大的违法者转变为数量有限的电子商务平台经营者。

电子商务行业协会的治理是协同共治的重要内容，属于行业自律，是政府监管和社会监管之外的第三种监管手段，可以减少行政管理的成本与压力。电子商务行业协会能够制定行业自律公约、行业标准以及行业规范等，这些"软法"的制定基础来自行业协会成员充分的电子商务实践，而且制定与修改的程序较为简便、灵活，适合充满活力的电子商务产业。同时，相较于法律规范，行业协会所制定的行业规范更直接地体现了协会成员的共识，协会成员更愿意接受与遵守。面对时代发展所催生的新兴商业模式和业态，电子商务法不可避免地存在一定的预见性不足，引入行业协会所制定的"软法"有助于实现弹性治理，引导经营者合法、有序、公平地参与市场竞争。诚如学者所言，"电子商务立法只能够为电子商务经营者划定一个底线，这个底线需要企业的自律来提高相应的保护标准和保护水平"。[1] 偏向民主、灵活的行业自律是更高的要求，而偏向权威、法定的政府监管是底线，二者相结合对电子商务活动形成有效的监管。

---

[1] 蒲晓磊：《电子商务法草案将提请全国人大常委会审议》，载环球网，http://china.huanqiu.com/article/9cakrnJYKYg，最后访问时间：2021年5月27日。

● **案例研析**

福州九农贸易有限公司与上海寻梦信息技术有限公司合同纠纷案

【基本案情】

2016 年 7 月 4 日，福州九农贸易有限公司（以下简称"九农公司"）与上海寻梦信息技术有限公司（以下简称"寻梦公司"）在其电商平台上签署协议约定：商家售假需按涉假商品历史销售额的十倍承担违约金，平台有权直接冻结并自商家账户扣款；商家在接到平台通知后不能证明疑似假货商品为正品的，平台将以商家账户内的保证金对消费者进行赔付。因九农公司在寻梦公司平台出售假货，寻梦公司遂冻结其账户并将扣款全额赔付给涉假订单对应的消费者。九农公司认为其并无售假行为，寻梦公司单方制定十倍违约金等苛刻的处罚规则并冻结账户，侵犯其合法权益，故诉至法院要求被告寻梦公司退款并赔偿损失。

【法院裁判】

法院在本案中认定，商家在入驻电商平台时有充分的选择自由，平台公司在合同签订时充分履行了提示义务，故原告九农公司入驻被告寻梦公司运营的平台时，网签合同的条款有效。原告九农公司的销售行为属于平台规则规定的售假行为，违反了双方合同约定，无权要求被告寻梦公司退款并赔偿损失。被告寻梦公司电商平台设置的消费者赔付金制度与传统违约金制度在受益主体、权利来源、责任承担对象及适用标准等方面均有区别，其目的并非营利，而是为了维护诚实信用的网络交易环境、保护消费者合法权益，符合公序良俗原则，故应对其效力予以肯定。

上海市长宁区人民法院于 2018 年 5 月 31 日判决驳回原告全部诉讼请求。一审宣判后原告提起上诉，但未按时缴纳上诉费，二审法院裁定按撤诉处理，本案判决已发生法律效力。

【典型意义】

基于网络平台发生的购物活动，具有买卖迅速、交易量大、跨地域、主体分散等特点，行政部门监督难度不断加大，网络平台自治规则的作用不断增强。本案明确平台与商家在入驻协议中约定"消费者赔付金"属于平台自治行为，且协议内容不违反法律、行政法规的强制性规定。协同监管原则的一个重要方面即为鼓励电子商务平台经营者的治理与行业自律。当商家在平台上发生售假行为构成违约时，平台有权按照约定的"消费者赔付金"规则，直接扣付相关钱款给消费者。该判决肯定了互联网平台自治规则的效力，尊重了电子商务平台经营者的治理。

冯某购买食品纠纷案

【基本案情】

2019 年 3 月，冯某在某平台自营"品牌特卖"频道下单购买一瓶"德国鱼子酱蛋白粉"，并付款 588 元。冯某签收案涉商品并食用 1 个月后，发现案涉商品容器内有白色蠕动小虫。冯某诉请：某平台退还货款 588 元，并赔偿十倍价款损失 5880 元。

【法院裁判】

法院认为，某平台既是案涉跨境电子商务商品的境内提供者，亦是跨境电子商务中个人报关服务的提供者，属于消费者权益保护法规定的经营者以及电子商务法规定的电子商务经营者。冯某提交的商品实物图片显示，案涉蛋白粉内确有肉眼可见的蠕虫。在冯某已经对案涉商品存在食品安全问题初步举证的情况下，某平台作为案涉商品的销售者，应当举证证明其已履行了作为食品经营者的法定义务，其经营的商品符合食品安全标准。案涉商品保质期 2 年，冯某发现案涉商品内有蠕虫时，商品尚处于保质期内。在未有证据显示系因冯某自身原因导致案涉商品长虫的情况下，某平台作为经营者，应履行法律规定的质量担保义务。因某平台未提交有效证据证明案涉商品在销售前已经出入境检验检疫机构检验合格，故不能认定某平台已尽查验义务，应当推定某平台明知案涉商品存在质量问题。

【典型意义】

电子商务活动的跨时空性，催生了跨境电子商务经营者的出现。我国《电子商务法》明确规定，其法律适用范围为境内的电子商务活动，这使跨境电商主体的法律适用存在诸多争议。本案中明确了某平台既是案涉跨境电子商务商品的境内提供者，也是跨境电子商务中个人报关服务的提供者，属于消费者权益保护法规定的经营者以及电子商务法规定的电子商务经营者，可适用电子商务法。此外，关于跨境电商经营者主体身份认定问题，商务部等六部门于 2018 年 11 月 28 日联合发布《六部门关于完善跨境电子商务零售进口监管有关工作的通知》，明确跨境电商四类主体的定义及责任，以对跨境电商交易实施有效监管。关于跨境电商经营者对商品质量问题明知的判定，依《食品安全法》，食品经营者采购食品，应当查验供货者的许可证和食品出厂检验合格证或者其他合格证明。食品经营企业应当建立食品进货查验记录制度，如实记录食品的名称、规格、数量、生产日期等内容，并保存相关凭证，否则应承担相应的法律后果。由此可见，虽然受限于电子商务法的"境内性"，跨境电子商务经营者的法律适用存在局限，但绝不是法外之地。

—

第三章

电子商务平台经营者法律与实务

第一节　电子商务平台经营主体的概念与法律地位

一、概念

电子商务平台经营者是指在电子商务活动中为交易双方或多方提供网页空间、虚拟经营场所、商品或服务推荐、交易规则、交易撮合、信息发布等服务，供交易双方或者多方独立开展交易活动的信息网络系统。在实务中，电子商务平台经营者身兼平台规则制定者、规则执行者、买卖关系参与者、信息审查义务者和增信服务提供者多重身份。电子商务平台经营者既是服务提供者，又是具有一定自决权的管理者，在为入驻平台的经营者提供交易撮合、信息传递等服务的同时，负有一定的信息真实度审查、规则制定、秩序管理和纠纷解决的职能。一般来说，平台的构建要有规则体系，从平台内经营者的入驻审查、信息保管，到消费者纠纷解决、惩戒制度和退出机制，甚至可以扩展到市场流通与物流配送等方面。

依据我国《电子商务法》第9条，电子商务平台经营者，是指在电子商务中为交易双方或者多方提供网络经营场所、交易撮合、信息发布等服务，供交易双方或者多方独立开展交易活动的法人或者非法人组织。与《电子商务模式规范》《网络购物服务规范》《第三方电子商务交易平台服务规范》等相比，《电子商务法》根据经营方式、经营内容及其在交易中的角色将电子商务经营者划分为电子商务平台经营者、平台内经营者以及通过自建网站、其他网络服务销售商品或者提供服务的电子商务经营者。

二、法律地位

关于电子商务平台经营主体的法律地位，学界尚未形成通说。作为电子商务法规范的电子商务经营者类型之一，根据其定义，电子商务平台经营者的法律地位当具有以下特点：

第一，电子商务平台经营者当为法人或者非法人组织。此处采取与电子商务经营者定义不同的限缩设置，将自然人、个体工商户等排除在"平台经营者"外，将电子商务平台经营者限缩在"法人"和"非法人组织"。由于新兴事物在发展中其行为往往能对应多种法律规则,《电子商务法》在某种程度上是国家以行政处罚权为基础采取的特殊化规则,旨在规制市场秩序,维护较弱势群体权益,保障电子商务发展,具有国家干预、行政干预的公法特色。个人通过社交媒体等手段售卖商品或提供服务,此类行为往往具有小额性、非经常性,交易主体较平等性等特点。当"电子"仅仅作为一种工具或技术手段,而法律关系本质更接近传统民法中平等主体间的交易行为时,适用民法中的"意思自治""不当得利返还"等基础法律制度更利于纠纷的解决和电子商务的发展。

第二,电子商务平台经营者为交易双方或者多方提供网络经营场所、交易撮合、信息发布等服务。《电子商务法》第9条将电子商务经营者分为电子商务平台经营者、平台内经营者以及通过自建网站、其他网络服务销售商品或者提供服务的电子商务经营者。电子商务平台经营者及平台内经营者作为对应概念在实务中往往同时出现,一般来说,处于较弱势地位的平台内经营者权利有受到电子商务平台经营者不合理规则侵害的风险。然而近年来也出现了部分平台内经营者利用平台漏洞侵害平台利益的案例。《电子商务法》用了整整一节的篇幅对平台经营者规则制定、纠纷解决、自营竞争等方面进行了规制,对平台经营者和平台内经营者进行权利义务的倾斜性配置体现了经济法"实质正义"的立法理念,同时通过市场规制的方式介入调整,防止平台经营者利用其优势性地位对平台内经营者进行不正当限制和侵害。

第三,作为电子商务的重要参与者,电子商务平台经营者往往具有经营者、中介人、增信主体、用人单位等多重角色。如《电子商务法》第27条规定:"电子商务平台经营者应当要求申请进入平台销售商品或者提供服务的经营者提交其身份、地址、联系方式、行政许可等真实信息,进行核验、登记,建立登记档案,并定期核验更新。"这为电子商务平台经营者规定了一定的形式审查义务。从另一个角度来说,如电子商务平台经营者允许商家入驻,则可默认该平台进行了一定的审核,设置了"入驻保证金"等保障制度,消费者出于对平台经营者的信任可在平台上选择商家进行购物。在此类法律关系中,平台经营者以"技术中立""成本过高"辩称自己对平台内经营者不负任何鉴别责任的时代早已过去。由于电子商务的特殊性,平台经营者收集、甄别和发布信息都应当更为谨慎确切。作为电子商务的一般法,《电子商务法》已然对信息搜集的准确性和流程标准化提出了进一步的要求，为金融产品售卖、医疗服务提供等具有特殊性行业的信息搜集发布等提供了参考和范本。可以说，电子商务平台经营者的规则制定等在制度形成和纠纷解决实务中已经有了显著成效，平台经营者公平、审慎的经营是促进电子商务进一步发展，保障交易秩序的重要环节，反过来也可以说是商业发展和法治社会和谐运行的结果。

第二节　电子商务平台模式与法律关系

一、平台模式

（一）纯粹型平台

在电子商务中，纯粹型平台仅在交易中提供信息服务和配套规则，而不参与具体交易。尽管平台作为经营者有自己的盈利模式，在实质上要求平台完全置身事外过于严苛，但从形式上来说，纯粹型平台的特点就是仅为电子交易的双方提供一个平台，在保障交易安全和市场秩序的基础上，为买卖双方缔约提供机会和信息。如苹果手机应用商店和微信的小程序。苹果手机应用商店允许开发人员自行应用软件，开发人员会将开发好的软件按照苹果公司的制式要求进行上架申请，苹果手机应用商店进行审核后具有 Apple ID 的用户可以登录应用商店有偿或无偿下载应用。同样，微信小程序也允许用户在未下载软件的情况下通过微信内置框架使用软件的功能，接受其服务。

（二）混合型平台

混合型平台，指既从事自营业务，又提供网络信息服务的平台模式。目前来说，此种模式已成为混业经营的重要发展趋势，大型电商平台基本上都有线上线下的联动布局。从商务角度来说，具有充分的信息源、财资实力的大型电商平台，构建自己的产业布局，控制进货出货渠道，是打造品牌、控制质量、吸引客源及利润最大化的普遍选择。尽管部分大型电商选择将业务进行拆分隔离，但本质上仍是采用混合型平台模式。

在实践中，此类平台模式最容易出现《电子商务法》中类型化规制的行为，因为其身份特殊，既是信息服务的提供者，又是经营者。在混合平台模式中，平台经营者具有天然的信息、资信和财富优势，更有可能进行资源的最优配置；同时，在信息搜集的过程中，通过数据筛选和分析也很容易甄别平台内经营者的货源和买家群体。尽管可能会在风险控制和商品质量上花费更多管理成本，但是更低的原始成本、更多的购买推送和更高的资信评级，使得大型电商平台的自营业务拥有巨大的逐利空间和发展前景。与此同时，平台内其他经营者面临的可能就是削减利润吸引顾客，甚至花钱购买平台的引流增值服务。混合型平台模式具有双面性，一方面，自营业务的存在不可否认地挤压了平台内其他经营者的利润空间；另一方面，平台用自身的资信担保了商品的质量，同时促进经营者寻找更优化的资源配置。如将自营业务比作跑得最快的"狮子"，那么其他经营者便是处于弱势地位的"羚羊"，"狮子"吃掉了跑得最慢的"羚羊"，却使整个生态系统焕发生机与活力。当然，资源全球化配置的时代已经到来，大数据的充分应用可能使得平台经营者的自营商品具有超出平台内其他经营者的可竞争范围，这时候便需要法律通过设置特殊规则、税收等方式进行规制。

（三）中介型平台

中介型平台模式在提供信息撮合场合的同时，通过提供中介服务收取佣金。但中介型平台提供的中介服务比起传统的居间法律行为有更多的要求，因为电子商务的特殊性使其对信息准确性有更高要求。如二手车、二手房的交易平台，往往会雇用相应提供服务的人员，对发布的交易信息进行审核、确认和推销，旨在消除资信障碍，以平台自身的信誉，佐以信用凭证与保证制度，帮助双方达成交易收取佣金。此类平台的核心特点是作为增信主体从事中介业务并收取服务费用，可比照传统的居间行为进行权利义务分配。

在形式上，中介型平台模式与纯粹型平台模式具有明显的区别，然而两者依然可能出现混淆。如百度搜索引擎的广告投放，平台内经营者通过支付广告位服务费使得更多通过关键词搜索的引擎使用者能够接收到信息甚至是要约邀请，导航类地图在搜索餐饮、休闲场所时也会出现对地点和场合的描述和评论。此类平台很难被传统的居间关系吸收，两类平台模式的厘清更有利于权利义务的分配，如"魏则西事件"中出现的权益纠纷，如果平台选择从事中介的模式，便必须承担其相应的义务，对信息的真实性和完整度承担更多的保证义务。

值得注意的是，而今出现了新型的"社交电商"模式，在此类商业模式中，平台经营者持有的是直销平台牌照，但用协议、规则和外观模糊了平台内经营者与消费者的界限，在购买会员等增值服务后，消费性用户本人或受其推介的用户（不要求同时注册为该平台用户）购买其平台指定商品会获取一定的返现和信用、积分等奖励，而后用"创业""收益"等词汇鼓励消费性用户发展"下家"。在此种盈利模式中，原有用户与被推广用户可能在现实生活中是已经相互认识的人，但在平台、平台内经营者与消费性用户的定性分类下，作为"创业渠道"的消费性用户不应当仅作为消费者进行保护，还应当作为平台内经营者履行义务和接受约束。平台内经营者过度推广等不规范操作，令平台接连遭受"传销"质疑。大量社交电商因盈利模式涉嫌传销，工商行政管理部门对其采取了冻结相关账户、处以罚金甚至没收违法所得等措施。因此，对平台来说，应当建立健全平台内的处置规则，在对平台内经营者进行合理约束的同时，尽快完成基础用户的积累，在盈利模式方面尽快实现商业化、成熟化的转变，而不仅仅限于收取会员费和提供增值服务。

二、各种模式的法律关系

（一）纯粹型法律关系

纯粹型法律关系要求平台作为信息服务主体承担最基本的形式审查义务，《电子商务法》第 9 条规定，电子商务经营者是指通过互联网等信息网络从事销售商品或者提供服务的经营活动的自然人、法人和非法人组织，即成为普遍意义上的电子商务经营者并不要求其具有工商注册资质，在平台中可能只需一个手机号码、一个电子邮箱，甚至一个 IP 地址，就可能成为平台内的经营者。然而再复杂的法律关系都围绕人来展开，纯粹型法律关系在提供信息的同时，对不同的参与者也应当做不同的区分。在纯粹型法律关系中，平台经营者应当承担对注册用户，尤其是平台内经营者的基本信息核验的义务，尽可能确保联系方式、行政许可等信息准确无误，妥善保管并且定期更新。另外，纯粹型平台经营者还要在保障信息传输、交易安全的前提下设立配套规则并依法定程序公示。纯粹型平台虽然不必承担销售者的责任，但作为市场搭建者具有一定的监管责任，如特殊物品的售卖需要核验行政许可，非法物品售卖应当在形式审查中予以甄别，接受监督和举报，维持市场秩序，遵守相关法律法规。《电子商务法》第 38 条规定："电子商务平台经营者知道或者应当知道平台内经营者销售的商品或者提供的服务不符合保障人身、财产安全的要求，或者有其他侵害消费者合法权益行为，未采取必要措施的，依法与该平台内经营者承担连带责任。对关系消费者生命健康的商品或者服务，电子商务平台经营者对平台内经营者的资质资格未尽到审核义务，或者对消费者未尽到安全保障义务，造成消费者损害的，依法承担相应的责任。"

（二）混合型法律关系

混合型平台作为服务提供者时与纯粹型平台经营者的权利义务没有区别，较为特殊的是平台经营者自己可以参与经营业务。从主体上来说，混合型平台经营者既是平台提供者，又是电子商务经营者；从经营者的角度来看，混合型平台经营者与其他普通经营者存在着竞争关系且具有天然的竞争优势，除承担提供信息检索、物流查询和支付交易等服务外，混合型平台经营者作为场下的竞争者却兼任裁判员的职责，这对平台规则制定有更高的要求，如强制的平台规则修改公示期和特殊的信息披露义务。

混合型平台经营者直接参与到买卖关系中来，就形成经营者和消费者的关系。《消费者权益保护法》第 28 条规定，采用网络、电视、电话、邮购等方式提供商品或者服务的经营者，应当向消费者提供经营地址、联系方式等经营者身份信息。混合型平台自身作为交易的参与者，应当依照法律规定向消费者提供自身的身份信息，具体包括营业许可证明、联系方式、营业地址和维权地址等。混合型平台经营者的分类作用始于对不正当竞争的规制，在混合型法律关系中要着重识别平台身份，不论其是直接参与买卖关系，还是仅为平台内经营者提供信息技术支持和规则解决机制，都应承担相应的责任。

（三）中介型法律关系

中介型平台经营者除应当承担作为中介人的义务和责任外，应同时承担信息服务提供者的义务与责任。中介人向委托人报告订立合同的机会，提供订立合同的媒介服务，负有如实报告义务，并享有报酬请求权。中介人故意隐瞒与订立合同有关的重要事实或者提供虚假情况，损害委托人利益的，不得要求支付报酬并应当承担损害赔偿责任。我国《民法典》第 963 条规定："中介人促成合同成立的，委托人应当按照约定支付报酬。对中介人的报酬没有约定或者约定不明确，依据本法第五百一十条的规定仍不能确定的，根据中介人的劳务合理确定。因中介人提供订立合同的媒介服务而促成合同成立的，由该合同的当事人平均负担中介人的报酬。中介人促成合同成立的，中介活动的费用，由中介人负担。"在中介型平台模式中，中介人还负有信息保密义务以及法定的公示义务和程序正当义务。尤其是 P2P 借贷模式中，中介人规避相应金融法规格式合同和声明性条款，规避义务和责任，立法和司法机关当抓住中介平台模式的实质进行规制。

第三节　电子商务平台经营者准入与登记

一、准入的概念

《电子商务法》第 10 条规定："电子商务经营者应当依法办理市场主体登记。但是，个人销售自产农副产品、家庭手工业产品，个人利用自己的技能从事依法无须取得许可的便民劳务活动和零星小额交易活动，以及依照法律、行政法规不需要进行登记的除外。"电子商务平台经营者属于电子商务经营者。电子商务经营者的市场准入制度在《电子商务法》中并没有过多的规定，仅仅通过工商登记和法人制度来确立。从一定程度上来说，在商事登记改革，实缴制变为认缴制，信息公示平台仍未充分完善的情况下，"发照"等行政前置限制依旧保持简政放权的改革态势，采取谨慎的态度，仅在特殊行业如医药、金融等行业设立。

根据《电信条例》《互联网信息服务管理办法》等行政法规文件，我国目前在备案许可方面区分经营性互联网信息服务和非经营性互联网信息服务两种，如要筹备搭建、合法运营电子商务平台，则应当取得通信管理部门颁发的增值电信业务经营许可证（ICP 证），经过商事登记、域名备案等流程后，才有可能成为合法的平台经营者。对非经营性互联网信息服务，仅采取备案制管理，依照《非经营性互联网信息服务备案管理办法》申请备案即可。在实务中，常常出现未持有经营性互联网信息服务牌照的主体从事电子商务相关行为的情况，行政管理部门对此往往无力甄别规范。无证经营当属违法行为，但除直接设置平台商户或从事销售商品、提供服务等行为容易认定外，非经营性互联网信息服务提供者很可能辩称其只是充当信息传递的角色，主张其仅作为信息推广中介而非参与方。事实上，现行 ICP 证并非开展增值业务的必要条件，相关行政管理部门对非经营性互联网信息服务主体的信息审核、服务监督等方面仍存在一定的改进空间。

为保障市场秩序，采取登记制度确实有其理论依据，毋庸置疑的是，电子商务经营者正在向多元化、临时化转变。尽管为经营者们提供科技服务、信息传递的平台依旧有其技术门槛，但电子商务平台经营者和"留言板""社区"等信息交流场所的转变并不存在明显的标志，如音乐制作交流社区的服务拆分外包，社区搭建者和管理者并不因此收取佣金，更不亲自参与经营，而在具体行为的识别上，电子商务平台经营者仍有可能被识别为"平台内经营者"。总之，由于现行制度过于严格的准入区分，导致了实质上较为宽松的准入制度；同时，一定程度上，平台经营者与平台内经营者之身份也存在相互转化，如淘宝平台存在提供 QQ 会员增值服务的商铺，在微信公众平台和其官方推广中，也会有淘宝平台的主题账号。故平台经营者之身份，应当于具体实践中进行识别区分。

二、登记的内容与效力

关于这个问题，其他规范性文件中有进一步要求，如原国家工商行政管理总局《网络交易管理办法》第 7 条规定："从事网络商品交易及有关服务的经营者，应当依法办理工商登记。从事网络商品交易的自然人，应当通过第三方交易平台开展经营活动，并向第三方交易平台提交其姓名、地址、有效身份证明、有效联系方式等真实身份信息。具备登记注册条件的，依法办理工商登记。从事网络商品交易及有关服务的经营者销售的商品或者提供的服务属于法律、行政法规或者国务院决定规定应当取得行政许可的，应当依法取得有关许可。"商务部发布的《电子商务模式规范》中明确："经营者必须是经过工商行政管理部门登记注册的法人，必须进行税务登记，且在网站首页下方刊登企业营业执照、税务登记证、特殊业务许可证、真实的企业经营地址、联系电话等信息。服务对象必须是经过工商行政管理部门和税务机关登记注册的法人。""网上交易市场的经营者必须通过合法的途径取得独立的固定网址，网站必须按照 IP 地址备案的要求以电子形式报备

IP 地址信息，并将备案信息刊登在网站首页下方。在网站首页下方还应刊登营业执照、税务登记证、特殊业务许可证（如涉及特殊业务）、真实的经营地址、联系电话等信息。"

三、不同类型电子商务平台经营者的准入登记区分

国务院颁布的《互联网信息服务管理办法》第 3 条规定："互联网信息服务分为经营性和非经营性两类。经营性互联网信息服务，是指通过互联网向上网用户有偿提供信息或者网页制作等服务活动。非经营性互联网信息服务，是指通过互联网向上网用户无偿提供具有公开性、共享性信息的服务活动。"第 4 条规定，国家对经营性互联网信息服务实行许可制度；对非经营性互联网信息服务实行备案制度。在实务中，经营性互联网信息服务牌照申请难度较大，行政许可制度对主体准入具有决定性作用。然而，在定义层面区分经营性和非经营性信息服务并不合理，确实存在因为兴趣或者其他原因设计网页并向他人分享的情况，事业单位和政府部门信息公开也离不开互联网信息服务的方式。在大多数情况下，信息服务平台的架构是为了经营谋利，如开设公司，设计介绍公司的网站，在网站中展示自己的商品货物、服务提供及联系方式等在实务中并不会被认定为"经营性互联网信息服务"。更进一步说，如果一个网站的原创内容得到足够多人的关注，从而有其他经营者愿意在该网页投放广告，即使是弹窗、颜色暗示，或者在内容表达时有所强调，都实际上形成了较为成熟的产业链，但因为经营性互联网信息服务牌照的"高门槛"，这些行为往往都只被认为在非经营性网站出现。

第四节　电子商务平台经营者的权利

一、对平台内电子商务经营者的权利

（一）准入审核权

电子商务平台对电子商务平台内经营者具有准入审核权，电子商务平台为交

易双方或者多方提供信息交流、商品交易撮合等服务，由于电子商务的特殊性质，电子商务平台的身份具有多样性和层次性，其对应的法律地位亦较为特殊。《电子商务法》第 27 条规定："电子商务平台经营者应当要求申请进入平台销售商品或者提供服务的经营者提交其身份、地址、联系方式、行政许可等真实信息，进行核验、登记，建立登记档案，并定期核验更新。"

电子商务平台与平台内经营者存在多重法律关系。最基础的就是双方签订合同，平台设置后允许经营者入驻，双方达成契约，为实现效率与安全的有机统一，电子商务平台经营者享有一定程度上的准入审核权，在增信、金融等较特殊的领域，平台享有对平台内经营者入驻的特殊审核权。如某平台《非遗类目入驻资质标准》中便将招商说明明确为："旗舰店及专卖店店铺类型为邀约制入驻，专营店暂不招商。即日起，非遗类目采取自荐品牌入驻，暂不接受商家自主入驻申请。"[1] 在平台经营者收集相关信息后，监管部门和平台经营者共同负责平台内经营者的身份审查，以保证交易安全。

网络交易具有天然的信息获取缺陷，交易标的无法即时直接占有，消费者、平台内经营者和平台经营者亦很可能从未会面，故信息核查、增信、交易安全维护和担保等制度尤为重要。《电子商务法》第 27 条为电子商务平台经营者规定了核验建档义务，如未能合理履行此义务将面临法律责任。在法律实务中，常有以平台经营者"未能提供平台内经营者的地址、身份、联系方式和行政许可"为由要求平台经营者承担法律责任的案件。尽管《反垄断法》《反不正当竞争法》《电子商务法》均对"准入"附加不合理限制和"区别对待"等行为作出规定，但平台经营者作为商主体，其契约自由仅在一定程度上受到限制；与此同时，平台方处于天然的优势地位，既是规则制定者，又是技术服务提供者。在基础的民法法律关系中，不存在一方发出要约，另一方就一定要接受的权利义务模式，但随着时代的变迁和发展，垄断和不正当竞争等问题在电子商务领域相继浮现。在一定程度上，平台经营者的准入审核权是平台经营者"契约自由""审慎经营"的体现，也是市场经济运行的核心。

（二）交易规则制定权

电子商务平台经营者制定平台规则应当符合形式要件和实质要件，形式要件

---

[1] https://rule.jd.com/rule/ruleDetail.action?ruleId=4273/，最后访问时间：2020 年 6 月 10 日。

包括公示方式、公示时长等，实质要件包括不得侵害平台内经营者权益、合理竞争等。《电子商务法》第 36 条规定："电子商务平台经营者依据平台服务协议和交易规则对平台内经营者违反法律、法规的行为实施警示、暂停或者终止服务等措施的，应当及时公示。"

电子商务平台经营者作为平台的搭建方、技术的提供方，具有天然的优势。为保护平台内经营者利益，《电子商务法》为电子商务平台经营者规定了一系列的义务，然而在实务中，电商平台对平台内经营者进行管理和限制，制定平台运营规则是私法自治的应有之义。消费者利益、平台内经营者利益和平台经营者自身利益的平衡和维护，仅依靠法律是远远不够的。在类型化"平台经营者"和"平台内经营者"之时，便应当考虑到二者之间的复合关系。平台经营者调整费率、增删规则时，应当充分考虑平台内经营者的可接受程度，秉持诚信经营的原则，不得侵害平台内经营者与消费性用户的利益。

电子商务平台经营者可以制定内部规章制度以应对复杂易变的现实情况，各平台制定的服务质量担保机制、消费者权益保护机制、纠纷解决机制均在实务中起到化解矛盾纠纷、优化电子商务交易环境的作用。与此同时，电子商务平台经营者在特殊的领域，如金融、医疗、食品、慈善、知识产权等领域进行特殊的规则创制和具体限定也有利于行业的稳定和发展；特殊规则创制还需要对接现有的法律、行政法规。在管理的过程中发现问题，秉持审慎经营的原则对问题类型化并寻找对策是平台经营者的权利，也是义务。电子商务平台在经营时具有多重属性，在管理平台内经营者时，平台经营者采用的是格式合同，实践中主要通过一般原则、行业习惯和平台经营者提供的格式合同来确定双方的权利义务关系，平台内经营者入驻平台所付出的成本和积累的资源致使平台经营者具有天然的优势。因此在规则的制定、发布、修改等方面，《电子商务法》对平台经营者进行了一系列的实质要件限制和形式要件限制，以期在维持市场秩序的同时充分保护平台内经营者的利益，形成公私二元的博弈。

（三）收益权

如果过多地使用实质平等概念，罔顾传统民商事法律中要求的意思自治和形式平等，不加区分地滥用穿透式、预先性执法，势必会加大创新风险，扰乱市场秩序，造成"一放就乱，一管就死"的两难局面。在电子商务实务中应当重申的是，平台经营者作为商事主体具有合理安排自身经营模式、获取经济利益的权利。互联网平台建设在前期需要投入大量的搭建成本、运营成本和竞争成本，小型电子零售撮合领域、网约车行业、外卖行业均在积累平台内经营者和用户资源方面投入了大量的人力物力，如滴滴和 Uber 的"补贴大战"，美团和饿了么的"负成本铺面开设"，共享单车的"现象级投放"等。在用户"薅羊毛"、商家"吃补贴"的阶段过后，平台经营者积累了足够多的平台内经营者，形成规模，并使平台内经营者对该平台的用户资源、评价、流量和资信证明等产生相应依赖性后，平台会逐渐将前期用于掠夺竞争资源过度消耗的经营模式进行转化，对平台内经营者或用户逐步加以限制，提升其平台使用成本。

在《电子商务法》出台后，有专家学者认为要用第 35 条"电子商务平台经营者不得利用服务协议、交易规则以及技术等手段，对平台内经营者在平台内的交易、交易价格以及与其他经营者的交易等进行不合理限制或者附加不合理条件，或者向平台内经营者收取不合理费用"，来规制电子商务平台经营者强制平台内经营者"大幅提升扣点"和入驻平台"二选一"等行为[1]。然而在美团集团近年来的财报中，其直到 2019 年才刚刚扭亏为盈，因此，在平台经营者、平台内经营者与消费性用户之间应当保持利益平衡，而不能一味保护某一方主体。现阶段的电子商务除类型化需要规制的行为外，立法应当保持一定程度的谦抑，让市场充分发挥作用。

（四）数据收集使用权

电子商务平台经营者对平台内经营者享有信息收集使用权。《电子商务法》第 27 条规定："电子商务平台经营者应当要求申请进入平台销售商品或者提供服务的经营者提交其身份、地址、联系方式、行政许可等真实信息，进行核验、登记，建立登记档案，并定期核验更新。电子商务平台经营者为进入平台销售商品或者提供服务的非经营用户提供服务，应当遵守本节有关规定。"大数据时代已然来临，数据作为国家战略资源和新型无体财产成为商业主体甚至是国家的重点关注对象。电子商务具有跨国性、高交互性，是数据监管的重要领域。《电子商务法》第 29 条还要求电子商务平台经营者对平台内经营者所售商品和提供的服务进行规范和约束。在实务中，电子商务平台往往会对平台内经营者售

---

[1] 焦海涛：《电商平台"二选一"的法律适用与分析方法》，载《中国应用法学》2020 年第 1 期。

卖的商品和提供的服务进行信息填报、核查和排查。为识别假冒商品，平台经营者通常会对产地来源相同或者相似的商品进行交叉对比，以保障平台的运营秩序。

与此同时，电子商务平台经营者也承担着向有关主管部门提供电子商务数据信息的义务。由于电子商务跨国性、高交互性，对于从事跨境电子商务的平台经营者的信息收集使用，将会存在更多的限制。尽管如此，电子商务数据已成为重要的参考数据，如何在保障个人权利的同时，充分读懂数据、使用数据成为各企业策略研究的重要参考。数据分析从金融等特殊行业逐渐蔓延开来，在提升商业决策水平、激活企业创新力等方面发挥着重要作用。

（五）监督权

《电子商务法》第 29 条规定："电子商务平台经营者发现平台内的商品或者服务信息存在违反本法第十二条、第十三条规定情形的，应当依法采取必要的处置措施，并向有关主管部门报告。"即当电子商务平台经营者发现并未取得行政许可却从事相关交易或销售，提供法律、行政法规禁止交易的商品或服务时，有依法采取必要措施并向有关主管部门报告的权利和义务。由于电子商务活动的灵活性、效率性，仅依赖行政机关对违法违规行为进行查处是极其困难的，如涉及毒品、枪支弹药等禁止流通物或限制流通物，一旦存在执法滞后极易产生严重后果，因此需要电子商务平台经营者充分发挥社会共治的作用。可以看到，电子商务平台在打击违法交易、保障平台交易秩序特别是知识产权保护方面取得了一定成效。如淘宝平台规则将市场管理及违规处理的判定方式分为国家行政管理部门及司法机关的认定、平台自身判定、大众评审判定三种，而数据来源则明示包括基于大数据的排查、行政管理部门的通报通知、司法机关的法律文书、举报投诉、媒体曝光、检测报告等。[1] 在平台经营者与平台内经营者之间，平台经营者享有的监督权能更好地约束相关市场行为和维持良好电子商务环境，也降低了工商行政管理部门的执法成本，保障了消费者的利益。

《杭州市网络交易管理暂行办法》规定，平台经营者可以采取制止交易和终止服务等措施。电子商务平台经营者可以直接终止有特定违规行为的交易，还可

---

[1] https://rule.taobao.com/detail-14.htm?spm=a2177.7231193.0.0.2e6317eaS9X4LH&tag=self/，最后访问时间：2020 年 6 月 10 日。

以单方面采取措施终止平台内经营者的信息服务协议，取消其在平台内部的交易资格。体系较为完善的电商平台已然建立了相应的处罚机制，将违规行为进行分类，使用积分制、三振出局等各种机制对平台内经营者的违规行为进行警示并加以处置，达到了较好的效果。

二、对消费性用户的权利

（一）信息收集使用权

电子商务平台经营者对消费性用户的信息具有收集使用权。相较于其对平台内经营者信息的收集使用权，电子商务平台对消费性用户信息的使用权明显具有更复杂的属性，由于涉及个人，电子商务平台经营者针对消费性用户收集到的信息数据兼具财产权和人格权属性。[1]《网络安全法》中规定网络运营者应当对其收集的用户信息严格保密，并建立健全用户信息保护制度。网络运营者不得泄露、篡改、毁损其收集的个人信息；未经被收集者同意，不得向他人提供个人信息。但是，经过处理无法识别特定个人且不能复原的除外。事实上，"经过处理无法识别特定个人且不能复原的数据"作为除外条款，是对实务中的数据交易合法性的确认。

在数据处理和个人信息、隐私保护方面，我国甚至全球的制度都需要尽快完善。以"经过处理无法识别特定个人且不能复原"为例，经营者在依法收集数据，并摘除个人敏感信息后，联系简单的信息依据，依旧可以做到广告的精准投放，推至具体个人。如 A 账户 IP 地址处于 B 地区，A 账户购买了 C 物品，购买 C 物品的用户画像显示在 B 地区的用户仅有一人，这几条信息联系起来就很难对 A 的个人信息进行保护。在数据作为战略资源被攫取开发的时代，个人信息的脱敏处理越来越难，也越来越值得重视。除直接摘除个人信息外，最常见的数据处理方法就是使用特殊算法对数据加入"噪音"，将原始数据进行人为干预和修改，在不影响实质的情况下，将数值控制到两者的平衡位置。我们无法对算法、对科技加以规制，法律的核心本质在于其规制的是行为，就平台经营者而言，如其实施了侵害平台内经营者或消费性用户的隐私权的行为，或是对于某些侵害行为未采

---

〔1〕李爱君：《数据权利属性与法律特征》，载《东方法学》2018 年第 3 期。

取相应措施，则可能会承担民事责任、行政责任甚至刑事责任。

目前，我国电子商务平台经营者的信息收集使用权、用户隐私权之间形成了博弈平衡的关系。一方面，在保障国家数据主权的前提下，大型电子商务平台经营者早已开始了数据资源开发布局，形成了多方竞争的局面。经营者收集、处理数据已成为数据产业开发的必要环节。另一方面，《消费者权益保护法》规定，经营者未经消费者同意或者请求，或者消费者明确表示拒绝的，不得向其发送商业性信息。《民法典》第 1036 条 [1] 规定了处理个人信息的法定豁免情形，是个人信息保护机制构建的基础，也是平台经营者信息收集使用权与用户个人信息保护平衡的体现。

（二）安全监督权

《电子商务法》第 9 条规定："本法所称电子商务经营者，是指通过互联网等信息网络从事销售商品或者提供服务的经营活动的自然人、法人和非法人组织，包括电子商务平台经营者、平台内经营者以及通过自建网站、其他网络服务销售商品或者提供服务的电子商务经营者。"一般情况下，电子商务平台经营者天然地处于优势地位，法律不再需要特别为其规定权利，然而在某些第三方支付、网络信贷、募集投资等特殊领域，电子商务平台经营者对消费性用户具有一定的监督权，如某用户存在信用风险或者曾有违规行为，电子商务平台经营者可在交易撮合时对平台内经营者或其他消费性用户进行提示，必要时还可以对该用户所持有账户进行处罚、封停。

三、其他权利

首先，电子商务平台经营者享有充分的自主经营权。尽管法律法规给平台经营者规定了各种义务，要求其不得侵害平台内经营者权利，不得误导消费者，但电子商务平台经营者已成为我国经济发展、科技创新的中坚力量。电子商务平台

---

[1]《民法典》第 1036 条规定："处理个人信息，有下列情形之一的，行为人不承担民事责任：（一）在该自然人或者其监护人同意的范围内合理实施的行为；（二）合理处理该自然人自行公开的或者其他已经合法公开的信息，但是该自然人明确拒绝或者处理该信息侵害其重大利益的除外；（三）为维护公共利益或者该自然人合法权益，合理实施的其他行为。"

经营者在经营、创新过程中，应与行政机关、其他利益相关方形成动态的博弈平衡，行政机关在进行相应的认定、取缔和处罚时应保持一定的谦抑性。

如余额宝作为蚂蚁金融服务旗下的子服务板块，主体架构是将天弘基金旗下发行的增利宝直接嵌入支付宝的余额宝中进行销售。支付宝公司同时成为直销平台和结算工具。虽然在形式上余额宝是蚂蚁金融服务的子业务板块，但实质上消费性用户的资金已全额流进天弘基金的增利宝中。《证券投资基金销售管理办法》第 54 条规定，"未经注册并取得基金销售业务资格或者未经中国证监会认定的机构，不得办理基金的销售或者相关业务"。支付宝公司本无基金销售资格，理应不得代销基金，却为规避监管风险，在业务流程设计时把模式定义为直销，仅收取管理费。在优化消费性用户购买金融产品的前置页面提示后，余额宝也开放了消费性用户对不同基金的转入选项，其本身作为网络购物、手机充值、"花呗"等资金流动性的保障，在增强消费性用户的理财体验的同时，得到了证监会的肯定和支持，成功打破了传统商业银行对金融业务的多方面垄断。[1]

其次，电子商务平台经营者通常具有诸多知识产权，从搭建互联网平台的软件著作权，到打造品牌价值投入的商标权。电子商务领域极容易出现知识产权侵权情况，在作品复制、传播的过程中，通过流量截取、广告屏蔽等方式侵害电子商务平台经营者正常经营权益的，应停止侵权并承担相应责任。

第五节　电子商务平台经营者的义务

一、对平台内电子商务经营者的义务

（一）合理制定规则义务

《电子商务法》对电子商务平台经营者规定了一系列的义务，其中最核心的部分就是合理制定规则义务。《电子商务法》第 35 条规定："电子商务平台经营者不得利用服务协议、交易规则以及技术等手段，对平台内经营者在平台内的交易、交易价格以及与其他经营者的交易等进行不合理限制或者附加不合理条件，或者

---

〔1〕郑联盛：《中国互联网金融：模式、影响、本质与风险》，载《国际经济评论》2014 年第 5 期。

向平台内经营者收取不合理费用。"《电子商务法》为电子商务平台经营者规定了形式要件和实质要件。服务协议和平台规则都是形式上的规则。技术手段可以理解为广义的规则。在电子商务实务中，交易规则制定权是平台经营者对平台内经营者和消费性用户最核心的权力，平台很容易通过规则的制定、改变，改动原有的框架服务协议，侵害他人权利，获取不正当利益。

实质要件包括"进行不合理限制""附加不合理条件""收取不合理费用"。可以对接《民法典》有关格式条款、无效合同的规定，在行政处罚上可对接《电子商务法》第 82 条。除此之外，《电子商务法》第 32 条规定："电子商务平台经营者应当遵循公开、公平、公正的原则，制定平台服务协议和交易规则，明确进入和退出平台、商品和服务质量保障、消费者权益保护、个人信息保护等方面的权利和义务"，该条作为原则性条款申明方向。

在实务中，某些平台经营者为增加自身竞争力，对平台内经营者进行限制，抬高其经营成本，挤占其利润空间，在主体上形成相对优势地位，进而利用服务协议和平台规则的形式平等，侵害平台内经营者合法权益。平台内经营者维权难度大、周期长，加之依照现行法律，行政处罚明显偏轻，民事诉讼定损方式局限颇多，平台内经营者的利益难以得到保障。

（二）修改服务协议和交易规则的通知义务

电子商务平台经营者对平台内经营者具有公示义务，包括终止前三十日持续公布义务、服务协议交易规则公示义务、处置处罚公示义务。《电子商务法》第 33 条规定，平台服务协议和交易规则等，应当保证经营者和消费者能便利、完整地阅览和下载。第 34 条规定，平台经营者修改服务协议或交易规则，应当公开征求意见，确保各方意见的充分表达；变更内容至少在实施前七日予以公示，平台内经营者不接受修改内容欲退出平台的，则按照修改前协议和规则承担相关责任。

在实务中，电子商务平台经营者的交易规则制定权受到一定限制。平台经营者制定的服务协议、平台规则等涉及平台内经营者进入、运营及退出，是对接法律权利义务，分配法律责任的重要依据。而规则的制定、修改往往由平台经营者单方面决定，平台内经营者的选择非常有限，或接受或退出，如平台退出规则的修改对平台内经营者不利，就会对平台内经营者的自由选择权产生进一步的限缩。故《电子商务法》为平台经营者规定了一系列程序上的义务。公示义务包含的"意见表达公示"和"先公示至少七日后实行"等规则，能在平台单方面修改基础合同时，提供一段时间的"缓冲期"，平台内经营者可以通过舆论、举报和诉讼等方式维护自己的合法权益，一定程度上保障了平台内经营者的选择自由。

另外，商务部颁布现行有效的《网络零售第三方平台交易规则制定程序规定（试行）》中要求对平台经营者"制定、修改、实施的适用于使用平台服务的不特定主体、涉及社会公共利益的公开规则"进行备案管理，行政机关可以依据职权对平台经营者的规则进行公布、建议、监督、限期改正。

（三）信息保护义务

电子商务平台经营者对平台内经营者负有信息保护义务。《电子商务法》第24条规定，平台经营者不得对用户的信息查询、更正、删除、注销等操作设置不合理条件，其中除外条款中写明"依照法律、行政法规的规定或者双方约定保存的，依照其规定"。第31条规定："电子商务平台经营者应当记录、保存平台上发布的商品和服务信息、交易信息，并确保信息的完整性、保密性、可用性。商品和服务信息、交易信息保存时间自交易完成之日起不少于三年；法律、行政法规另有规定的，依照其规定。"第39条规定，平台经营者不得删除消费者对商品或服务的评价。

平台经营者作为技术服务提供方，信息数据的收集处理乃日常活动，而商品服务信息和交易信息作为基础记载材料对于确保交易安全和定分止争具有重要意义，因此，要求平台经营者自交易完成之日起开始保存其商品、服务信息和交易信息，期限不少于三年，且要求信息完整、保密、可用。同时，平台负有如实记录消费者评价的义务。对于平台内经营者而言，消费者对其的评价也是一项重要的信息。信息保护义务是技术中立原则的体现，作为世界各国共同遵守的基本原则，平台经营者应当采取充分的技术手段保障交易信息数据的真实性、完整性、安全性、保密性。实务中，电子证据也因其难以篡改、记录翔实等特点逐步得到信赖和认可。

（四）维护竞争秩序义务

电子商务平台经营者对平台内经营者负有维护竞争秩序的义务。一方面，平台经营者作为规则制定者和技术服务提供者，应制定完善的管理规则，规制不正当竞争行为；另一方面，平台经营者开展自营业务下场竞争，负有依法标识"自营"的义务。

与传统实体商业相比，电子商务更是一种信用经济、注意力经济，因消费性用户无法直接接触商品和服务，其购买决定很大程度上与平台内经营者的信用记录挂钩。"刷单炒信"等已经成为电子商务的灰产弊病。实务中已有将"刷单炒信"行为认定为"破坏生产经营罪"的案例。平台内经营者利用信用记录规则，或通过虚构交易增加自身信用评级，或通过"反向刷单"恶意降低竞争对手信用评级，从刑法角度，以兜底性质的"以其他方法破坏生产经营"定罪，其内部逻辑自洽性尚且存疑；从私法角度，"导致信用评级降低"的定损、侵权要件认定，也存在诸多待厘清的问题。平台经营者有义务自纠自查，通过技术手段甄别不正当竞争行为，处罚违规经营者，达到维护竞争秩序的目的。

电子商务中的平台经营者可能兼具管理者和竞争者双重角色。《电子商务法》第 37 条规定："电子商务平台经营者在其平台上开展自营业务的，应当以显著方式区分标记自营业务和平台内经营者开展的业务，不得误导消费者。电子商务平台经营者对其标记为自营的业务依法承担商品销售者或者服务提供者的民事责任。"该条款旨在防止平台利用管理者身份操纵搜索结果和流量配比，对消费性用户产生误导。然而设置"自营"标识，以平台经营者的资信为背书，往往更能获得消费者的信赖和关注，当价格、品类等信息差异在消费者可接受范围内时，消费者往往会选择货品来源、售中售后服务更有保障的自营商品。平台经营者自营商品服务质量及配套措施增加成本，使售价略微抬升，但其通过品牌合作和限时促销，在客观层面上造成了平台内经营者成交机会的相对减少。《第三方电子商务交易平台服务规范》中规定了业务隔离原则，即要求平台经营者同时在平台上从事站内经营业务的，应当将平台服务与站内经营业务分开并予以公示。然而在电子商务领域对自营业务进行强制性业务隔离既不必要，也不可能。在公平竞争问题上，一方面，受侵害的平台内经营者可以根据《电子商务法》第 35 条对接《民法典》中有关格式条款、合同无效规则进行规制；另一方面，《反垄断法》《反不正当竞争法》《电子商务法》等一系列的法律法规为平台经营者规定了相应的义务。总之，在电子商务领域存在混业经营的空间，但平台经营者应注意在谋取自身利益的同时履行维护竞争秩序之义务，促使多种业务相互促进，优势互补。

二、对消费性用户的义务

（一）告知义务

电子商务平台对消费性用户负有告知义务。《电子商务法》第 50 条规定："电子商务经营者应当清晰、全面、明确地告知用户订立合同的步骤、注意事项、下载方法等事项，并保证用户能够便利、完整地阅览和下载。电子商务经营者应当保证用户在提交订单前可以更正输入错误。"保证用户阅读和下载是电子商务平台经营者关于电子合同告知事项的特殊义务，在电子商务领域，大多数合同都是格式合同，电子商务平台经营者在电子合同的制定中起着决定性的作用，而用户处于被动地位，选择权受到诸多限制。因此，《电子商务法》特别规定了电子商务经营者在订立合同时应当遵守的两项义务。

其一是电子合同中特殊事项的通知义务。与其他法律规定相比，《电子商务法》的规定不仅要求电子商务经营者履行合同内容的告知义务，而且要告知其签订合同的步骤和下载方式。关于通知义务，第 50 规定了三项原则性要求，即清晰、全面、明确。告知义务是否充分履行应该根据理性人的普遍认识来判断，即应使不具有专业知识的普通用户能在一定时间、一定程度上理解合同中规定的内容。如合同中设置过多过于专业复杂的语汇，则可认定其未充分履行告知义务。实践中，常有将授权和要约链接以参与抽奖甚至是对关闭按钮加以伪装侵害用户知情权和选择权。以清晰、全面、明确三个标准对通知义务进行评价，即清晰要求便于理解，全面要求重要事项不得隐瞒，明确要求不得有不确定内容，应主动对选择内容及结果充分说明解释。

其二是平台经营者还需要保证用户能够便利、完整地阅览和下载电子合同。此项义务的履行对于民事取证，确定当事人之间的权利义务关系有重大意义。对于一般消费性用户而言，用户协议等相关电子合同因其选择权的限缩，阅读和下载需求并不明显，但是对于认为自身权利已经受到侵害的用户而言，则可以此对合同约定的权利义务进行再确认，通过对接相关制度保护自身利益。

另外，《电子商务法》第 53 条还为电子支付服务提供者设置了特殊的告知义务，要求其告知用户电子支付服务的功能、使用方法、注意事项、相关风险和收费标准等事项。电子支付是技术性的，服务功能也产生了部分变化。收费标准应由电子支付服务商制定、调整并向社会公布，具体服务费用以用户使用本服务或双方达成其他书面协议时产品网站或页面所列的收费方式为准。就服务协议中充值、取款、转账等相关中介服务的管理而言，因参与服务的主体并不一定都是个人消费性用户，电子支付服务除有代理支付、投资理财和信用卡管理功能外，还参与代销保险、基金、证券等，因此，除遵守国家相关法律外，电子支付服务平台经营者应向用户告知电子支付的潜在风险以及犯罪分子利用电子支付实施犯罪的手段，以提高客户的安全意识和防范能力。

（二）消费者权益保障义务

电子商务平台经营者对消费性用户负有保护义务。电子商务中消费者权益的保护有其特殊性。电子商务依赖于网络，网络本身的匿名性、虚拟性、开放性和非直接接触性，增加了交易风险和消费者权益保护的难度。传统交易中格式条款不公、虚假促销、出售假冒伪劣产品等现象，在电子商务中已经演变成更加复杂的形式。为更好地保护消费者利益，行政机关、电子商务平台经营者等多方主体共同承担相应义务。《电子商务法》第 17 条规定："电子商务经营者应当全面、真实、准确、及时地披露商品或者服务信息，保障消费者的知情权和选择权。电子商务经营者不得以虚构交易、编造用户评价等方式进行虚假或者引人误解的商业宣传，欺骗、误导消费者。"第 38 条规定："电子商务平台经营者知道或者应当知道平台内经营者销售的商品或者提供的服务不符合保障人身、财产安全的要求，或者有其他侵害消费者合法权益行为，未采取必要措施的，依法与该平台内经营者承担连带责任。对关系消费者生命健康的商品或者服务，电子商务平台经营者对平台内经营者的资质资格未尽到审核义务，或者对消费者未尽到安全保障义务，造成消费者损害的，依法承担相应的责任。"

尽管我国未将消费者限定于自然人，但一般来说，消费者享有人身、财产不受损害的权利，以及知情权、选择权、公平交易权、依法求偿权等相关权利。《消费者权益保护法》第 26 条规定："经营者在经营活动中使用格式条款的，应当以显著方式提请消费者注意商品或者服务的数量和质量、价款或者费用、履行期限和方式、安全注意事项和风险警示、售后服务、民事责任等与消费者有重大利害关系的内容，并按照消费者的要求予以说明。经营者不得以格式条款、通知、声明、店堂告示等方式，作出排除或者限制消费者权利、减轻或者免除经营者责任、加重消费者责任等对消费者不公平、不合理的规定，不得利用格式条款并借助技术手段强制交易。格式条款、通知、声明、店堂告示等含有前款所列内容的，其内容无效。"

实践中，电子商务经营常常存在多方主体，电子商务平台经营者往往也具有多重身份，但毋庸置疑的是，平台经营者对消费性用户的消费者权利要进行保护，不仅要审查管理平台内经营者主体信息经营资格、商品服务基本信息，还要对消费性用户的知情权提供进一步保障，对平台内经营者违规、违法的经营行为进行处置、处罚，如违反此项义务，造成消费者损害，应依法承担责任。平台经营者承担部分消费者权利保护责任，是保障消费者权益，促进电子商务稳定健康发展的必经之路。

（三）保障消费性用户个人信息权益的义务

平台经营者负有保障消费性用户个人信息权益的义务。《民法典》设人格权编，第 1034 条规定："自然人的个人信息受法律保护。个人信息是以电子或者其他方式记录的能够单独或者与其他信息结合识别特定自然人的各种信息，包括自然人的姓名、出生日期、身份证件号码、生物识别信息、住址、电话号码、电子邮箱、健康信息、行踪信息等。个人信息中的私密信息，适用有关隐私权的规定；没有规定的，适用有关个人信息保护的规定。"这为个人信息保护立法奠定了基础。

《电子商务法》第 23 条规定："电子商务经营者收集、使用其用户的个人信息，应当遵守法律、行政法规有关个人信息保护的规定。"第 25 条规定："有关主管部门应当采取必要措施保护电子商务经营者提供的数据信息的安全，并对其中的个人信息、隐私和商业秘密严格保密，不得泄露、出售或者非法向他人提供。"现阶段对个人信息保护的规定较为分散、混乱，个人信息泄露严重，存在保护机制不完善、保护程度不充分、保护措施缺位等问题。实名制认证的网络环境下，脱敏机制日益失效，平台强大的数据整理与分析能力也为个人信息的非法获取与扩散带来了诸多挑战。平台经营者在进行数据收集、处理、交换等行为时，对个人信息应依照相应法律进行充分的脱敏、处理，明示处理信息的目的、方式和范围，公开处理信息的规则，并承担个人信息泄露的法律责任。

三、其他义务

（一）依法纳税及协助纳税义务

电子商务平台经营者应当依法履行纳税义务，并依法享受税收优惠。电子商务经营者作为从事经营活动的主体，依法负有纳税义务。但在《电子商务法》颁布前，大量电子商务经营者没有进行工商登记。对未经工商登记的电子商务经营者，无法实行税收管理。《电子商务法》颁布后，工商登记成为电子商务经营者取得主体资格的必要程序，对电子商务经营者进行税收管理变得可行。电子商务经营者应当依法纳税，平台经营者应当协助、报送相关信息并依法办理税务登记。目前，我国还没有系统的电子商务经营者税收制度，对电子商务经营者的税收规制仍然遵循其线下民事主体的性质。电子商务经营者是企业的，适用企业所得税法及其有关法律、行政法规；而作为自然人、合伙企业、个体工商户的电子商务经营者，适用个人所得税法及其有关法律、行政法规。

整体而言，我国的电子商务税收征管体系日趋完善。《电子商务法》第 10 条列明，"个人销售自产农副产品、家庭手工业产品，个人利用自己的技能从事依法无须取得许可的便民劳务活动和零星小额交易活动"，以及依照法律、行政法规不需要登记的主体，不需要进行工商登记；而第 11 条第 2 款则规定，"依照前条规定不需要办理市场主体登记的电子商务经营者在首次纳税义务发生后，应当依照税收征收管理法律、行政法规的规定申请办理税务登记，并如实申报纳税"。

（二）安全保障义务

电子商务平台经营者负有安全保障义务，其中，除《电子商务法》第 13 条"电子商务经营者销售的商品或者提供的服务应当符合保障人身、财产安全的要求和环境保护要求，不得销售或者提供法律、行政法规禁止交易的商品或者服务"规定的对消费性用户的人身、财产负有安全保护的义务外，还负有信息安全保障、网络安全保障、交易安全保障等义务。平台经营者作为技术服务提供方，首先应当保证平台的安全、稳定运行。电子商务平台作为电子交易发生的场所，与宾馆、商场、银行、车站、娱乐场所等线下公共场所一样，应当依法承担安全保障义务。

《电子商务法》第 38 条规定："电子商务平台经营者知道或者应当知道平台内经营者销售的商品或者提供的服务不符合保障人身、财产安全的要求，或者有其他侵害消费者合法权益行为，未采取必要措施的，依法与该平台内经营者承担连带责任。对关系消费者生命健康的商品或者服务，电子商务平台经营者对平台内经营者的资质资格未尽到审核义务，或者对消费者未尽到安全保障义务，造成消费者损害的，依法承担相应的责任。"

同时，平台经营者应当按照国家有关信息安全的规定建设、运营和维护交易系统，建立健全安全防护技术措施，制定保障交易安全的应急预案。《电子商务法》第 30 条规定："电子商务平台经营者应当采取技术措施和其他必要措施保证其网络安全、稳定运行，防范网络违法犯罪活动，有效应对网络安全事件，保障电子商务交易安全。电子商务平台经营者应当制定网络安全事件应急预案，发生网络安全事件时，应当立即启动应急预案，采取相应的补救措施，并向有关主管部门报告。"保障电子商务安全是全球性的重要议题，也是电子交易市场进一步发展繁荣的基础保障。

（三）形式审查义务

电子商务平台经营者负有对平台内经营者提交的身份、地址、联系方式、行政许可等信息进行核验、登记建档和定期检验更新的义务。平台经营者在电子商务活动中为多方主体提供虚拟经营场所、交易撮合、信息发布等服务，其法律地位较为复杂，依据现行法律对其进行定性从而分配权利义务，实践中并无统一的标准，学术界也存在多种学说。现实中，平台经营者甚至会主动以"创新"为手段意图规避相关义务和责任。但平台在运营过程中无法背离"租赁""合营""中介"等基础法律关系。在电子商务经营的过程中，商事登记制度已然不做强制要求，平台经营者作为一手信息收集者，负有检验核查信息真实性的形式审查义务，不履行此义务，有关部门可依法责令其限期改正、停业整顿，并可处最高额为 50 万元的罚金。

与此同时，《消费者权益保护法》第 44 条规定了网络交易平台在未能提供有效信息时应连带承担的不真正连带责任，《网络安全法》第 24 条也要求接入网络时须实名认证。除对平台内经营者的身份具有形式审查义务外，平台还应对平台内销售的商品、提供的服务进行形式审查，对违反法律及相关规定的商品、服务进行前置性约束和长期排查处置。

（四）知识产权保护义务

平台经营者负有知识产权保护义务，平台经营者应当建立知识产权保护规则。在电子商务领域，侵犯知识产权案件频发。平台经营者一方面对平台内经营者的知识产权负有保护义务，对于其他经营者侵害平台内经营者知识产权的行为负有采取必要措施的义务；另一方面，其对于平台内经营者侵犯他人知识产权的行为同样负有控制和制裁的义务。《电子商务法》第42条第1款规定："知识产权权利人认为其知识产权受到侵害的，有权通知电子商务平台经营者采取删除、屏蔽、断开链接、终止交易和服务等必要措施。通知应当包括构成侵权的初步证据。"从主体上看，知识产权权利人可能是平台内经营者，也可能是外部经营者；从行为规则上看，知识产权权利人有权向电子商务平台经营者发出通知，提出删除、屏蔽、断开连接、终止交易和服务等要求，在接受提供的初步证据后，平台经营者有义务及时采取必要措施制止可能的侵权行为并通知平台内经营者，同时对恶意通知和损失扩大等进行了具体的规定。对平台经营者而言，如能自证为善意且采取了必要措施，根据"避风港"原则中的"通知—删除"规则，则不承担责任。

第六节　电子商务平台经营者的责任

一、民事责任

（一）侵害平台内电子商务经营者权利

一般情况下，电子商务平台经营者与平台内经营者明显呈现出管理者与被管理者的关系，这就意味着在传统尊重形式平等的民事法律关系里，平台内经营者面临的是格式条款的普遍适用。《电子商务法》第35条规定："电子商务平台经营者不得利用服务协议、交易规则以及技术等手段，对平台内经营者在平台内的交易、交易价格以及与其他经营者的交易等进行不合理限制或者附加不合理条件，或者向平台内经营者收取不合理费用。"这意味着平台内经营者可对接格式条款、合同无效法定情形来确认合同效力。《民法典》第186条规定："因当事人一方的违约行为，损害对方人身权益、财产权益的，受损害方有权选择请求其承担违约责任或者侵权责任。"即平台内经营者如认为其权益受到损害，可以在侵权和违约中选择，对自身利益进行维护。与此同时，平台经营者对平台内经营者负有规则变更公示、信息保护、维护竞争秩序等义务，如未充分履行，平台内经营者亦可以要求平台经营者承担相关民事责任。

（二）侵害消费性用户权利

电子商务平台经营者对消费性用户负有告知义务、消费者权利保障义务和个人信息保护义务。平台经营者作为经营者应当保障消费性用户的民事权利。在消费者利益保护方面，《电子商务法》较为注重平台经营者的形式审查义务，以"未尽审核义务"为切入点要求其依法承担相应责任。消费性用户的人身财产安全、个人信息及隐私保护等在《民法典》《消费者权益保护法》《网络安全法》等诸多法律中均有体现。

以个人信息保护为例，《电子商务法》明确了电子商务经营者保护个人信息安全的义务，《消费者权益保护法》第29条规定："经营者收集、使用消费者个人信息，应当遵循合法、正当、必要的原则，明示收集、使用信息的目的、方式和范围，并经消费者同意。经营者收集、使用消费者个人信息，应当公开其收集、使用规则，不得违反法律、法规的规定和双方的约定收集、使用信息。经营者及其工作人员对收集的消费者个人信息必须严格保密，不得泄露、出售或者非法向他人提供。经营者应当采取技术措施和其他必要措施，确保信息安全，防止消费者个人信息泄露、丢失。在发生或者可能发生信息泄露、丢失的情况时，应当立即采取补救措施。经营者未经消费者同意或者请求，或者消费者明确表示拒绝的，不得向其发送商业性信息。"《民法典》第111条规定："自然人的个人信息受法律保护。任何组织或者个人需要获取他人个人信息的，应当依法取得并确保信息安全，不得非法收集、使用、加工、传输他人个人信息，不得非法买卖、提供或者公开他人个人信息。"第1036条规定："处理个人信息，有下列情形之一的，行为人不承担民事责任：（一）在该自然人或者其监护人同意的范围内合理实施的行为；（二）合理处理该自然人自行公开的或者其他已经合法公开的信息，但是该自然人明确拒绝或者处理该信息侵害其重大利益的除外；（三）为维护公共利益或者该自然人合法权益，合理实施的其他行为。"平台经营者若为用户画像、个性化定制等行为收集个人信息等数据，应当注重脱敏处理，遵守相应法律法规，保障消费性用户的权益。

二、行政责任

（一）侵害平台内经营者合法权益

《电子商务法》第 82 条规定："电子商务平台经营者违反本法第三十五条规定，对平台内经营者在平台内的交易、交易价格或者与其他经营者的交易等进行不合理限制或者附加不合理条件，或者向平台内经营者收取不合理费用的，由市场监督管理部门责令限期改正，可以处五万元以上五十万元以下的罚款；情节严重的，处五十万元以上二百万元以下的罚款。"平台经营者利用平台服务协议、交易规则或技术手段限制平台内经营者交易自由以及向平台内经营者收取不合理费用要承担行政法律责任。

作为新产业形态，电子商务从体量上已然改变了现有的商品和服务交易方式格局，也对民法中传统的合同、侵权规则提出了巨大的挑战，平台内经营者的选择权被进一步限缩，仅依赖平台经营者自我约束是远远不够的。在权利义务的互动关系中，平台内经营者的权利体系需要进一步明晰确认，只有进行具体确权，才能进一步明晰平台经营者、内部经营者和消费性用户三者之间的关系。同时，《电子商务法》为平台的规则制定、修改权规定了一系列的程序义务、实质义务，对平台内经营者的合法权益提供了更多的保障，也为行政机关依法行政提供了指引和依据。

（二）侵害消费性用户合法权益

电子商务平台经营者对消费性用户负有告知义务、消费者权益保障义务以及个人信息保护义务，未充分履行义务会产生法律责任。《消费者权益保护法》中规定，工商行政管理部门或其他有关行政部门对侵犯消费者权益的行为可处最高违法所得额十倍的罚款，还可以责令违法者停业整顿、吊销其营业执照。对实施虚假宣传，拒绝或拖延相关措施，侵犯消费者人身自由或个人信息等行为，《消费者权益保护法》中罚款上限相较于《广告法》《网络安全法》《电子商务法》额度更高，但是惩罚倾向于已经构成实际损害或是拒绝配合的行为；《电子商务法》要求平台经营者更为注重平台运营过程中的审慎经营。

平台经营者应当建立消费者权益保护体系和纠纷解决机制，承担对平台内经营者的资质资格审核义务，对平台内经营者侵害消费者合法权益行为未采取必要措施，如未充分履行消费者权益保障义务，则依《电子商务法》第 83 条，有关行政管理部门可责令限期改正，甚至停业整顿，并处最高额 200 万元的罚款。平台经营者还负有告知义务，为保障知情权，相较于相关主体知情权受侵害后提供救济，告知义务前置性的履行可以有效规制部分平台经营者利用交易规则制定权侵害消费性用户权益的行为。如未充分履行，则有关部门可责令限期改正，并处最高额 50 万元的罚款。在数据的采集、处理和交换过程中，平台经营者应当对个人数据进行脱敏和处理，明确数据处理的目的、方法和范围，公开数据处理规则。如平台经营者未充分履行个人信息保护义务，则须承担个人信息泄露的法律责任，依《网络安全法》第 64 条规定可责令其整顿关停，并最高可处违法所得十倍的罚款。

（三）侵害其他法益

电子商务平台经营者是工商、税务登记的协助主体，是知识产权保护的重要参与者，还作为经营者参与竞争。同时，平台经营者作为个人数据收集吸纳主体是个人信息保护的义务主体，也是数据保存和协助监管报送的义务主体。除相关企业经营应当遵守的《产品质量法》《广告法》《消费者权益保护法》外，还应当重视电子商务的网络虚拟性，遵守《网络安全法》及相关行政法规，遵循诚实信用原则，保护社会公共利益，审慎经营。一般情况下，平台经营者可能承担三种不同程度的行政责任。最轻的是有关部门责令其限期改正。在逾期不整改的情况下，有关部门可以根据情节的严重程度，对平台经营者进行罚款处罚，通过财产罚的方式震慑违法活动，防止侵权行为的再次发生。如还未能进行有效规制，则可能处以责令停产，甚至吊销许可证、执照。

2018 年 4 月，中华人民共和国国家市场监督管理总局成立。国家市场监督管理总局整合了原来的国家工商行政管理总局、国家质量监督检验检疫总局、国家食品药品监督管理总局、国家发展和改革委员会价格监督检查与反垄断执法机构、商务部的经营者集中反垄断执法以及国务院反垄断委员会办公室等多个国家机构的职责，具体包括：市场综合监督管理，统一登记市场主体并建立信息公示和共享机制, 组织市场监管综合执法工作, 承担反垄断统一执法, 规范和维护市场秩序, 组织实施质量强国战略, 负责工业产品质量安全、食品安全、特种设备安全监管, 统一管理计量标准、检验检测、认证认可工作。《电子商务法》第 82 条规定的内容即属于市场监督管理总局的职责范畴。国务院机构改革职能整合, 有利于避免实践中可能出现的职责不明与监管缺位的现象, 使监管主体具体、职责明确。

三、刑事责任

我国《刑法》分则第三章破坏社会主义市场经济秩序罪及第六章妨害社会管理秩序罪规定了一系列的刑事责任, 如平台经营者触犯刑法, 则应当承担相关刑事责任。《电子商务法》第 88 条规定: "违反本法规定, 构成违反治安管理行为的, 依法给予治安管理处罚; 构成犯罪的, 依法追究刑事责任。"在实践中, 有不法分子利用网络平台搭建技术, 以正常经营掩盖其非法目的, 此时应当适用有关单位犯罪的规定, 依《刑法》第 150 条, "单位犯本节第一百四十条至第一百四十八条规定之罪的, 对单位判处罚金, 并对其直接负责的主管人员和其他直接责任人员, 依照各该条的规定处罚"。以非法经营罪为例,《刑法》规定可以并处或者单处违法所得一倍以上五倍以下罚金, 最高可以没收财产。

在民事责任、行政责任和刑事责任发生竞合时, 依照《刑法》第 36 条优先承担对被害人的民事赔偿责任。在《刑法》语境下, 对主体行为的识别具有穿透性和直接性, 如平台帮助、参与实施违法犯罪行为, 已知或应知其行为及结果, 则直接负责人应当承担相应刑事责任。

第七节　电子商务平台经营者终止

一、终止事由

电子商务平台经营者终止可分为主动退出和强制退出, 强制退出指法律规定的情形出现时, 主管机关撤销电子商务经营者的主体资格; 主动退出指没有出现法律规定情形, 电子商务经营者依照自己的意愿终止从事电子商务活动。我国《公司法》中规定，公司终止的原因主要为因不能清偿到期债务，被依法宣告破产并对其进行强制清算。电子商务平台经营者在行政许可备案的过程中其主体资格会受到一定限制，其作为从事电子商务经营的"法人或者非法人组织"应当依法进行工商登记，如出现需终止的情况则遵循《公司法》的退出机制。

然而，电子商务具有网络空间的虚拟性和交易主体辐射性，牵涉法益众多，许多问题仍待厘清解决。如平台经营者之间签订的开放平台（OpenAPI）协议后期的数据共享无法实现，退出后平台积累的数据和大数据保护义务应当由谁承担，众多依赖平台与生产者、经营者进行沟通甚至牵涉平台许诺的消费者利益当如何保护，都是目前立法尚未解决的问题。整体而言，电子商务平台经营者的退出终止事由由两部分组成：其一为行政管理部门依法吊销营业执照、责令关闭，其二为主动申请退出，包括破产或倒闭、自愿解散和司法解散。

二、终止程序

目前，电子商务经营者的市场退出机制仍未完善，平台经营者强制退出终止之法定程序，仅能依赖现行《公司法》和《破产法》的程序进行，《电子商务法》第16条规定："电子商务经营者自行终止从事电子商务的，应当提前三十日在首页显著位置持续公示有关信息。"在我国《公司法》第180条[1]的规定中，公司解散分为自愿解散和强制解散。自愿解散以公司内部章程和股东会决议为核心，同时第182条规定持有公司全部股东表决权百分之十以上的股东，可以"请求人民法院解散公司"。强制解散则分为司法解散和行政解散。行政解散是对经营者作为单位而言最为严厉的处罚之一。平台在运营和退出过程中，不仅涉及债权人和股东利益，还涉及平台内经营者、消费者和其他经营者，这决定了平台退出应当承担比一般企业破产更多的义务。然而目前，平台内经营者购买信息订阅、流量等增值服务应当如何履约，对消费者售后维修义务和产品质量保证责任继受主体如何约定和限制，经营者退出后是否仍要由原平台内部主要负责人承担连带责任，都没有相对细致的规定。在已有的平台破产重组案件中，平台经营者的投资者成

---

[1]《公司法》第180条规定："公司因下列原因解散：（一）公司章程规定的营业期限届满或者公司章程规定的其他解散事由出现；（二）股东会或者股东大会决议解散；（三）因公司合并或者分立需要解散；（四）依法被吊销营业执照、责令关闭或者被撤销；（五）人民法院依照本法第一百八十二条的规定予以解散。"

为主要的债权申报人和主要保护对象，而忽略了平台内经营者和广大消费性用户的利益。

现行法律规定的破产程序包括和解、重整和破产清算三种，在破产宣告前，三者之间可以相互转换。经债权人或债务人申请破产，人民法院若裁定受理，应同时指定管理人并通知公示相关信息，后进入协商阶段；如达成和解或重整，则程序终止，如宣告破产则进入清算程序；出现法定情形，管理人向人民法院请求才确定破产程序终结。

三、法律关系及法律后果

平台经营者退出会产生多种法律关系，然而相关文件层级低，规则模糊，未能起到很好的效果。首先，平台经营者与平台内经营者签订合同，因主体消灭合同无法继续履行应对接《民法典》合同编中的相关规则处理；其次，平台经营者与消费性用户存在服务协议，应对接虚拟财产保护和个人信息保护等规则处理；再次，平台经营者如接受投资、融资或作为上市公司，则可依照《破产法》现有制度处理，倾斜性地保护职工权益、担保权人利益；最后，因电子商务的特殊性，其在退出前应给予各方主体充分的缓冲期和处置自身权益的选择权。此外，平台收集积累的大量数据应如何清算，广大消费性用户购买的增值服务终止应当如何补偿，平台内经营者积累的数据信息和用户资源能否携带等，都需要进一步明晰。就目前实务经验而言，已然终止的平台往往牵涉大量融资项目，在破产过程中金融监督管理机构及相关监管主体也很有可能参与决策。《第三方电子商务交易平台服务规范》规定："第三方交易平台歇业或者其他自身原因终止经营的，应当提前一个月通知站内经营者，并与站内经营者结清财务及相关手续。涉及行政许可的第三方交易平台终止营业的，平台经营者应当提前一个月向行政主管部门报告；并通过合同或其他方式，确保在合理期限内继续提供对消费者的售后服务。"这意味着，平台经营者必须在保证数据主权、网络安全的前提下，进行商事破产。

● **案例研析**

天津万赢科技有限公司与朱某案

【基本案情】

原被告双方于 2013 年 9 月 10 日及同年 9 月 25 日签订《"三网合一行业平台"产品及服务协议》三份，该三份协议约定：朱某在"三网合一行业平台注册中心"提交注册"三网合一行业平台"关键词并支付费用后，万赢公司有义务按照协议的规定为朱某提供"三网合一行业平台"各相关网站制作以及相关服务。朱某支付搭建费用、维护费用及运营费用共计 440000 元，并享有涉案三个网站三年的使用权。同时，万赢公司向朱某提供三年的网络维护及网络运营服务；要求朱某及时办理所购买的"三网合一行业平台"各相关网站的备案事项。

朱某可向万赢公司提交符合国家相关主管部门审核要求的相关备案信息，由万赢公司代为向国家相关主管部门提交相关备案事项。网站如需其他备案均需朱某自行办理。朱某与万赢公司进行营销合作，合作第一年的销售收益 100% 归朱某。合作第二年开始，朱某销售的该门户广告、会员的相应收益 80% 归朱某，其余归万赢公司。万赢公司在合作期限内销售的该门户广告、会员的相应收益 20% 归万赢公司，其余归朱某。协议签订后，朱某依约向万赢公司支付了服务费共计 440000 元。

朱某向一审法院提出诉讼请求：（1）撤销双方签订的《"三网合一行业平台"产品及服务协议》（包括《服务条款》及附件）；（2）判令万赢公司返还朱某服务费 440000 元；（3）万赢公司承担本案的诉讼费用。

朱某提交的手机短信截图、承诺书及其当庭陈述表明，在签订上述协议时，万赢公司工作人员华某向朱某承诺，对上述涉案三个网站搭建后进行推广，至招商之日起两个月内升级为"五网合一平台"，涉案网站上线后肯定能收回成本，如不能收回成本，全额退款。同时朱某表示，如不是万赢公司工作人员的上述承诺，朱某不会委托万赢公司搭建涉案网站，并与万赢公司进行营销合作。万赢公司当庭承认华某为其工作人员，但已离职，万赢公司对上述证据的真实性予以否认。对上述体现手机短信截图的手机号码，双方均无法提供证据证明该手机是否为华某所有。

此外，根据朱某提交的 2014 年 5 月至 2016 年 7 月的涉案网站运营报告，万赢公司在此阶段将涉案三网站在新浪论坛、天下论坛、搜狐社区及展览精英等自媒体上进行运营推广，以招揽广告客户及会员。万赢公司对上述证据的真实性没有异议，但是其表示该行为非合同内约定的义务，万赢公司仅对涉案三个网站所销售的广告位及会员收费进行分成，其并非与朱某为合作关系。

【裁判结果】

一审法院认为，双方为技术服务合同法律关系以及网络营销合作关系。三个网站的功能均包括广告管理、会员中心、电子商务及网站设计与制作等经营性功能模块。并且双方是以出售涉案网站广告位及有偿向注册会员提供服务项目进行营销合作，故涉案网站为经营性网站。但涉案网站未办理相关行政许可证，故涉案的三份合同内容不仅违反行政法规的强制性规定，而且损害了社会公共利益。故此，双方签订的三份《"三网合一"产品及服务协议》适用《中华人民共和国合同法》第 52 条的相关规定，因损害社会公共利益导致合同无效。对于朱某提出的万赢公司承诺全额退款的主张，因其未能提供具有证明力的证据，法院不予支持。法院依照上述事实及法律规定，酌情认定万赢公司返还朱某人民币共计 400000 元。

二审法院认为一审法院关于涉案合同效力的认定适用法律错误。第一，《互联网信息服务管理办法》第 4 条、第 6 条及《电信条例》第 13 条属管理性规范，不影响依法成立的合同的效力，涉案三份《"三网合一行业平台"产品及服务协议》违反上述行政法规的强制性规定并不导致合同无效。第二，朱某不具备经营经营性网站的资质，应由行政管理机关进行行政查处，如果对其他经营者造成影响，可以通过依法提起民事诉讼解决，不属于损害社会公共利益。上诉人万赢公司与被上诉人朱某签订合同、搭建网站、提供服务，与被上诉人朱某经营该网站属于两个阶段的行为，亦不属于《中华人民共和国合同法》第 52 条第（四）项规定的损害社会公共利益的情形。

经营性互联网信息服务的经营者应为依法设立的公司，并需办理许可手续，而本案双方并未获得许可，且被上诉人朱某作为个人并不具备从事经营性互联网信息服务的资质。依据双方的协议，上诉人万赢公司有义务对被上诉人朱某购买"三网合一行业平台"产品需要搭建项目平台的合法性、合规性以及合作经营资质进行审核，但上诉人万赢公司作为销售、代理网站搭建业务及提供网络技术服务的专业主体，在明知个人不具备经营经营性网站资质的情形下，向被上诉人朱某推销其产品和服务，构成欺诈，该合同适用《合同法》第 54 条可撤销合同的有关规定。合同撤销后，因合同取得的财产，应当返还。二审法院认定一审法院判令由万赢公司返还朱某 40 万元合理，予以维持。

【典型意义】

在案件中，将纠纷涉及网站定义为经营性网站并无争议，而关于"经营性互联网信息服务提供者"则存在争议。万赢公司向朱某提供网站搭建、运营、宣传引流及相关配套服务，尽管其辩称其行为仅提供网络技术服务，却实际参与了网站的运营，甚至有营销合作、保证退款等条款，应当认定属于经营性互联网信息服务提供者。二审判决将一审判决中的"无证经营""违反法律、行政法规的强制性规定的合同法定无效"进行了转换，将行政法规中的规则解释为"管理性规范"，进而对应的是行政机关的查处，而非民法中的合同无效制度。如此转换虽避免出现大量无效合同而导致市场秩序混乱的风险，但其内部逻辑却有待论证考究。2009 年《最高人民法院关于当前形势下审理民商事合同纠纷案件若干问题的指导意见》第 15 条规定："正确理解、识别和适用合同法第五十二条第（五）项中的'违反法律、行政法规的强制性规定'，关系到民商事合同的效力维护以及市场交易的安全和稳定。人民法院应当注意根据《合同法解释（二）》第十四条之规定，注意区分效力性强制规定和管理性强制规定。违反效力性强制规定的，人民法院应当认定合同无效；违反管理性强制规定的，人民法院应当根据具体情形认定其效力。"而对接《电子商务法》，万赢公司作为技术提供方和实际运营者，为多个不具有相应专业知识技术的经营者提供可能带有保本性质的"经营托管"等服务合同，并实际掌握多个网站的运营信息，虽不以主体身份直接参与经营活动中的买卖行为，却通过管理广告位和会员制度参与分成，理应认定为电子商务平台经营者。如依据《互联网信息服务管理办法》和《电信条例》对主体的要求，实践中将出现大量主体不适格的非法经营行为。《互联网信息服务管理办法》第 3 条规定："经营性互联网信息服务，是指通过互联网向上网用户有偿提供信息或者网页制作等服务活动。"条文中将"向上网用户提供有偿服务"作为识别经营性信息服务行为的标准已经不适应互联网经营现阶段的"免费服务"趋势。而原信息产业部发布的《非经营性互联网信息服务备案管理办法》第 22 条仅规定："超出备案的项目提供服务的，由住所所在地省通信管理局责令限期改正，并处五千元以上一万元以下罚款；拒不改正的，关闭网站并注销备案。"通信管理局仅通过"是否向上网用户收费"来识别"经营性"与"非经营性"是远远不足的。

尚客圈（北京）文化传播有限公司诉为你读诗（北京）科技有限公司、首善（北京）文化产业有限公司擅自使用知名服务特有名称纠纷案

【基本案情】

2013 年 6 月，尚客圈（北京）文化传播有限公司（以下简称"尚客圈公司"）联合北京青年报社等发起"为你读诗"公益诗歌艺术活动；同时，尚客圈公司创建微信公众号"为你读诗"，每天以配乐加朗读的形式推送一期读诗作品，并以视频的形式展现所朗诵内容的字幕。另外，每期读诗作品中图文搭配，包括对诗歌及作者、朗诵者的介绍，所诵读诗歌的文字内容等。截至 2014 年 9 月 16 日，尚客圈公司共发布 473 期节目，诗歌朗诵者不乏各行业精英与明星。因参与诗歌朗诵者的名人效应，2013 年 7 月至 2014 年 9 月，新华网、网易读书频道、光明网、《北京青年报》、《人民日报（海外版）》、新浪网、中国新闻网等媒体对参与朗诵诗歌者的朗诵活动以及微信公众号"为你读诗"进行了报道。截至本案起诉时，微信公众号"为你读诗"的关注者数量显示已达 136 万余人，热门作品显示日均阅读和点播量超 10 万次。微信公众号"为你读诗"中的作品在腾讯视频栏目下显示累积播放量超过 1 亿次。2014 年 9 月 16 日，首善（北京）音乐创意有限公司在苹果应用商店推出"为你读诗"App，其于 2015 年 6 月 23 日更名为"为你读诗（北京）科技有限公司"（以下简称"为你读诗公司"）。2015 年 1 月 1 日，首善（北京）文化产业有限公司（以下简称"首善文化公司"）创建名为"为你读诗官方客户端"的微信公众号。"为你读诗"App 的功能包括诗歌朗诵录制、配音、上传分享及收听他人的诗歌朗诵作品。"为你读诗官方客户端"的微信公众号主要用于发布相关信息。

尚客圈公司诉至法院，请求法院判令为你读诗公司立即撤销在苹果应用商店、安卓市场中发布的"为你读诗"App 或停止在该 App 上使用"为你读诗"的名称，变更公司名称，不得在公司名称中使用"为你读诗"作为字号，变更"为你读诗"App

软件的著作权登记名称，不得在软件著作权登记中将其软件名称登记为"为你读诗"；判令被告首善文化公司立即撤销微信公众号"为你读诗官方客户端"或停止在该公众号中使用"为你读诗"的名称，注销"为你读诗客户端"的新浪微博账号或停止在该新浪微博账号中使用"为你读诗"的名称；判令二被告立即停止擅自使用"为你读诗"名称的不正当竞争行为、赔偿经济损失。

【裁判结果】

北京市朝阳区人民法院作出（2015）朝民（知）初字第 46540 号民事判决：（一）被告为你读诗（北京）科技有限公司立即停止在其涉案手机软件名称上使用"为你读诗"字样;（二）被告为你读诗（北京）科技有限公司立即停止在其企业名称中使用"为你读诗"字样;（三）被告首善（北京）文化产业有限公司立即停止在其涉案微信公众号名称中使用"为你读诗"字样;（四）被告为你读诗（北京）科技有限公司、首善（北京）文化产业有限公司于本判决生效之日起七日内连带赔偿原告尚客圈（北京）文化传播有限公司损失人民币二十万元整;（五）驳回原告尚客圈（北京）文化传播有限公司其他诉讼请求。

一审宣判后，为你读诗公司和首善文化公司提出上诉。北京知识产权法院作出（2016）京 73 民终 75 号民事判决：驳回上诉，维持原判。

【典型意义】

本案的焦点问题涉及知名微信公众号名称的不正当竞争。移动互联网络具有受众范围广、传播速度快等特点，故其产业经营特点、竞争方式有别于传统产业。对于涉互联网不正当竞争纠纷案件的处理，既要准确理解、适用法律，也要充分了解特定产业的特点。对于互联网环境下的竞争纠纷，要结合网络本身所具有的特点，充分考量互联网软件产品或服务的模式创新以及市场主体的劳动付出，通过司法裁判，促进和规范市场竞争秩序。

法院生效判决认为，首先，为你读诗公司、首善文化公司与尚客圈公司具有竞争关系。为你读诗公司、首善文化公司与尚客圈公司提供的服务都是以移动客户端如手机为载体，服务对象都是移动平台用户，服务内容都是与诗歌有关的主题，故为你读诗公司和首善文化公司与尚客圈公司提供的是类似的服务，构成竞争关系,应受反不正当竞争法的调整。其次，尚客圈公司的微信公众号"为你读诗"构成知名服务特有的名称。根据查明的事实可以认定在被控侵权行为发生时，尚客圈公司的"为你读诗"微信公众号服务在我国已具有一定的市场知名度，属于相关公众所知悉的服务。最后，为你读诗公司和首善文化公司的被诉行为构成不正当竞争。根据相关法律规定，所述混淆或误认是指发生混淆或者误认的可能性，而不需要实际发生混淆或误认，且不以实际发生损害后果为前提。"为你读诗"App和"为你读诗"微信公众号的名称完全相同，二者均是以移动客户端如手机为载体，且"为你读诗"微信公众号提供的核心服务为朗诵诗歌供订阅者收听，可完全被"为你读诗"App提供的服务所涵盖，上述情形使得相关公众在接受"为你读诗"App、"为你读诗官方客户端"微信公众号的服务时，容易认为该服务系由尚客圈公司提供，从而产生混淆或误认。

浙江淘宝网络有限公司、浙江天猫网络有限公司等与杭州简世网络科技有限公司商业贿赂不正当竞争纠纷案

【基本案情】

杭州简世网络科技有限公司（以下简称"简世公司"）于 2014 年 9 月设立了刷单平台傻推网（www.shatui.com），网络商家在该平台上注册登记并向简世公司支付会费后可发布刷单任务，网络刷手在该平台注册登记后可领取刷单任务，进行虚假交易和虚假好评，商家会支付刷手一定佣金，简世公司收取其中 20% 作为手续费。2014 年 9 月至 2016 年 3 月，简世公司通过傻推网吸引大量商家注册并发布刷单任务，涉及刷单金额 26398292.80 元，违法所得 360000 元。浙江淘宝网络有限公司（以下简称"淘宝公司"）、浙江天猫网络有限公司（以下简称"天猫公司"）在其网络购物平台淘宝网、天猫网设置了评分评价体系，并制定《淘宝规则》《天猫规则》对其评分评价体系的运作规则做了规定，均明确只有交易成功的才可以进行一次评价。淘宝公司、天猫公司认为简世公司设立刷单平台组织炒信，破坏了其构建的信用评价体系，严重损害其声誉和市场竞争力，构成不正当竞争，故诉至法院，请求判令简世公司赔偿损失 2160000 元及合理支出 62000 元。

【裁判结果】

杭州市西湖区人民法院经审理认为：竞争关系主要发生于同业竞争者之间，但并不以此为限。如果被告的行为违背《反不正当竞争法》第 2 条规定的竞争原则，

对原告的合法利益造成损害的，也可以认定其与原告之间存在竞争关系。本案中，淘宝公司、天猫公司的信用评价体系其核心竞争利益，淘宝网、天猫网上的销量、评价数据经过长期交易积累而形成，消费者在网络购物过程中通常依据信用评价数据作出消费选择。简世公司经营傻推网组织刷手刷单，进行虚假交易、虚假好评的行为，违背诚实信用原则和公认的商业道德，客观上导致淘宝网、天猫网上的相关数据丧失真实性，直接影响、破坏了淘宝公司、天猫公司构建的信用评价体系，导致消费者对经由上述平台销售的商品质量产生怀疑，从而损害淘宝公司、天猫公司的市场声誉与竞争力。而简世公司组织虚假刷单的目的就在于谋取非法利益，且其通过收取会员费、手续费等形式确已获利。据此，可以认定简世公司的被诉行为构成不正当竞争，并应承担相应的损害赔偿责任。

综上，该院于 2017 年 10 月 27 日判决：简世公司赔偿淘宝公司、天猫公司经济损失（含合理费用）202000 元。

【典型意义】

本案依据《反不正当竞争法》第 2 条认定被告行为构成不正当竞争，并依据第 20 条定损，事实上突破了传统意义上的侵权损害模式，后《反不正当竞争法》经修改，第 8 条中规定："经营者不得对其商品的性能、功能、质量、销售状况、用户评价、曾获荣誉等作假或者引人误解的商业宣传，欺骗、误导消费者。经营者不得通过组织虚假交易等方式，帮助其他经营者进行虚假或者引人误解的商业宣传。"第 12 条中规定："经营者利用网络从事生产经营活动，应当遵守本法的各项规定。经营者不得利用技术手段，通过影响用户选择或者其他方式，实施下列妨碍、破坏其他经营者合法提供的网络产品或者服务正常运行的行为：（一）未经其他经营者同意，在其合法提供的网络产品或者服务中，插入链接、强制进行目标跳转；（二）误导、欺骗、强迫用户修改、关闭、卸载其他经营者合法提供的网络产品或者服务；（三）恶意对其他经营者合法提供的网络产品或者服务实施不兼容；（四）其他妨碍、破坏其他经营者合法提供的网络产品或者服务正常运行的行为。"为规制电子商务领域的不正当竞争行为提供了法律依据。

谢某诉深圳市懒人在线科技有限公司、杭州创策科技有限公司等侵害作品信息网络传播权纠纷案

【基本案情】

谢某享有《72 变小女生》文字作品著作权。后发现深圳市懒人在线科技有限公司（以下简称"懒人公司"）在其经营的"懒人听书"网，通过信息网络向公众提供涉案作品的有声读物。谢某从懒人公司提交的文件中发现懒人公司是经过杭州创策科技有限公司（以下简称"创策公司"）、杭州思变科技有限公司（以下简称"思变公司"）、北京朝花夕拾文化发展有限公司（以下简称"朝花夕拾公司"）的层层授权后提供听书服务的。谢某以四公司为共同被告提起诉讼，要求停止侵权，连带赔偿损失。

法院经审理查明：谢某曾于 2013 年将涉案作品的"信息网络传播权及其转授权，以及制作、复制和销售电子出版物的权利"授权创策公司。2014 年，创策公司向思变公司出具授权书，明确授权思变公司将涉案作品制成有声读物，并自行或再许可他方行使音频格式作品的信息网络传播权。2015 年，思变公司授权朝花夕拾公司将涉案作品的信息网络传播权转授权给懒人公司在其"懒人听书"平台上使用。同年，懒人公司与朝花夕拾公司签订合同，约定朝花夕拾公司将涉案作品有声读物许可懒人公司在其平台上使用。

案件审理过程中，谢某确认被控侵权行为已经停止。思变公司确认涉案有声读物系由其制作，在制作过程中未改变原作文字内容。思变公司与朝花夕拾公司均确认在向下游授权时对上游授权文件的审查系通过审查扫描件的形式进行。创策公司主张其从谢某处所取得的"改编权"授权包含将涉案作品制作成音频制品的权利。

【裁判结果】

杭州铁路运输法院（现为杭州互联网法院）于 2017 年 6 月 19 日作出判决，认定侵权成立，判令懒人公司、创策公司、思变公司、朝花夕拾公司共同赔偿谢某经济损失及为制止侵权行为所支付的合理开支共计人民币 6100 元。谢某不服提起上诉，浙江省杭州市中级人民法院经审理后作出判决：驳回上诉，维持原判。

【典型意义】

"听书""有声读物"是近年来新兴的一种文化消费方式，产业价值巨大。但制作、在线提供有声读物在著作权法上如何定性，经营者应当取得著作权人怎样的授权，未经许可制作有声读物所侵害的是作者的复制权还是改编权等问题，法律条文均无直接规定，理论界和实务界也有不同的认识。这种局面可能使得业界无所适从，不利于行业合法有序的经营发展。

本案争议焦点有三：其一，作品均以形成外在的独创性表达为其前提要件，对作品的改编应以改变作品之表达，且该改变具有独创性为前提。改编文字作品应以文字内容发生改变为前提。将文字作品制成有声读物需要经过三个步骤：朗读、录音、后期制作。三个步骤均只改变了作品的形式或载体，无一改变文字作品的表达或内容，因而不涉及对文字作品的改编，有声读物只是以录音制品存在的复制件。其二，根据著作权法保护著作权人权益的本意，凡未经著作权人明确授予的权利仍应保留在著作权人手中。授权作为一种合同行为，以双方当事人达成合意为前提。一项行为是否在著作权人授权范围之内，需要探明著作权人授权时的真实意思表示。本案中结合合同上下文及签约的时间环境，不应认定在线提供有声读物属谢某授权范围。其三，上游"授权方"缺乏有效权利而向下授权他人实施受专有权利控制的行为，自身对此存在过错且行为实际发生的，所有上游授权方均构成侵权，与直接侵权人承担连带责任。

在当前立法和司法有关有声读物具体规则存在空白，而行业发展又急需明确规则的背景下，本案裁判为行业主体提供了清晰的指引，对于充分发挥司法功能助推文化产业健康发展具有积极作用。

梁某元非法利用信息网络、非法持有毒品，汪某贩卖毒品案

【基本案情】

被告人梁某元于 2016 年年底至 2017 年年初，加入"名流汇""CF 中国"网络平台，在平台中以视频方式和他人共同吸食毒品冰毒。2017 年 3 月，被告人梁某元主动联系网络技术员"OV"，重新架设"名流汇"视频网络平台，通过"名流汇"QQ 群、"名流汇"QQ 站务群对平台进行管理，交付网络维护费、服务器

租赁费等，发展平台会员，对平台内的虚拟房间进行管理。经查，该平台在此期间以虚拟房间的形式组织大量吸毒人员在一起视频吸毒，吸毒人员在房间内发布"666"等聚众吸毒暗语，居住在苏州的陆某、梁某（已判刑）等人通过该平台达成毒品买卖意向并在线下交易毒品。

被告人汪某于 2016 年至案发，在组织吸毒活动的"名流汇"视频平台等非法网络中活动，结识吸毒人员刘某某，后于 2016 年 12 月至 2017 年 2 月，接受刘某某的买毒请托，从平台结识的贩毒人员处购买毒品甲基苯丙胺（冰毒），并由上家通过快递将毒品直接邮寄给刘某某，三次贩卖毒品甲基苯丙胺 24 克，被告人汪某获取差价 900 元。

被告人梁某元于 2017 年 5 月 9 日，在吉林省白山市浑江区被抓获，公安机关在其越野车内查获甲基苯丙胺 2 包，净重 11.28 克。

【裁判结果】

江苏省苏州市吴中区人民法院于 2018 年 6 月 6 日作出一审判决，认定被告人梁某元犯非法持有毒品罪，判处有期徒刑 9 个月，并处罚金人民币 2000 元；犯非法利用信息网络罪，判处有期徒刑 1 年，并处罚金人民币 1 万元；决定执行有期徒刑 1 年 6 个月，并处罚金人民币 12000 元。被告人汪某犯贩卖毒品罪，判处有期徒刑 9 年，并处罚金人民币 2 万元。一审宣判后，被告人梁某元提出上诉，二审期间撤回上诉。该案现已发生法律效力。

【典型意义】

信息网络技术促进了社会经济发展，极大便利了社会生活，但网络也被一些不法分子利用，成为其实施违法犯罪活动的工具。被告人梁某元重新架设并管理维护视频网络平台，发展平台会员，以虚拟房间的形式组织大量吸毒人员在一起视频吸毒，加速了吸贩毒等违法犯罪行为的传播扩散，成为毒品犯罪滋生蔓延的温床，社会危害很大。梁某元的行为符合《最高人民法院关于审理毒品犯罪案件适用法律若干问题的解释》第 14 条中关于"利用信息网络，设立用于实施传授制造毒品、非法生产制毒物品的方法，贩卖毒品，非法买卖制毒物品或者组织他人吸食、注射毒品等违法犯罪活动的网站、通讯群组，或者发布实施前述违法犯罪活动的信息"的情形，同时，该网站会员人数众多，加入会员需要视频吸毒验证，陆某、梁某等八名会员均因贩卖毒品被判刑，可认定为"情节严重"，从而对其以非法利用信息网络罪定罪处罚。

费希尔厂有限责任公司等诉某公司等侵害商标权纠纷上诉案

【基本案情】

原告费希尔厂、慧鱼公司向北京市第一中级人民法院诉称：费希尔厂享有第 1、第 6、第 20 类商品上的"慧鱼"商标专用权。慧鱼公司系费希尔厂在中国的生产和研发基地，是其子公司，负责在中国大陆地区销售慧鱼建筑锚固系列产品。2010 年 11 月，两原告发现在某公司的网站上以"慧鱼"为关键词进行搜索后，在搜索结果页面的推广链接中出现了使用原告商标"慧鱼"进行假冒的网站，其中包括美坚利公司的网站。某公司提供有偿的某推广服务，由用户在该网站的管理界面中设置具体关键词，且某公司向用户提供关键词推荐工具，如输入"锚栓""背栓"等词时，会推荐"德国慧鱼锚栓"等关键词，是一种积极诱导、帮助侵权的行为。美坚利公司的网站并无"慧鱼"二字，但在使用某推广服务时，使用"慧鱼""德国慧鱼"作为关键词设置其推广计划，造成原告商标的搜索结果指向其网站，其行为非法获取了原告的客户，不合理地抢占了原告的商业机会，不正当利用了原告的商誉，造成相关公众对商品和服务来源的混淆，侵害了原告的商标权，构成不正当竞争。请求法院判令被告：（1）在其经营网站首页及《中国电视报》发表声明，向两原告赔礼道歉；（2）赔偿原告经济损失和合理支出共计 10 万元。

【裁判结果】

北京市第一中级人民法院经审理认为，美坚利公司将与"慧鱼"相关的文字设置为某推广服务的关键词，从而使网络用户在搜索相关词语时，其设置的链接能出现在搜索结果页面的推广链接栏目中。其将相关文字设置为推广链接的关键词系在计算机系统内部操作，并未直接将该词作为商业标识向公众展示，不会使公众将其识别为区分商品来源的商标，不属于商标性的使用。因此，美坚利公司设置推广链接的行为不属于对涉案商标的商标性使用，亦未对涉案商标的功能产生损害，其行为未侵犯费希尔厂对涉案商标享有的注册商标专用权。

美坚利公司对设置的推广链接的描述及其公司网站的内容足以表明其提供的商品的来源，并未故意造成与费希尔厂、慧鱼公司商品的混淆误认或使人认为二者有特定的联系。美坚利公司设置推广链接的行为亦未导致费希尔厂及其关联公司的网络链接不能出现在搜索结果中或导致其排序处于不易被网络用户识别的位置。故美坚利公司的行为未导致搜索"慧鱼"信息的网络用户因在搜索结果中不能发现或难以发现费希尔厂和慧鱼公司的网站链接，或者因对美坚利公司产品的混淆误认而错误地购买美坚利公司的产品。虽然美坚利公司以与他人商标"慧鱼"相关的文字作为推广链接的关键词有借此增加其网站及产品广告出现在搜索结果中的机会的意图，但综合考虑其设置的推广链接的具体情形、关键词广告市场特性以及网络用户的认知水平等因素，其行为尚未达到违反诚实信用原则和公认的商业道德的程度。美坚利公司所设推广链接及其公司网站并未借用费希尔厂、慧鱼公司的名义，未导致相关公众对商品来源产生混淆误认，其行为亦不属于利用费希尔厂、慧鱼公司的商誉。因此，美坚利公司设置推广链接的行为并未对费希尔厂、慧鱼公司的合法权益造成实际损害，其行为不构成不正当竞争。

某公司提供某推广服务以及向推广用户提供关键词推荐工具的行为系向用户提供一种网络技术服务，本身不涉及对其推荐的或推广用户设置的关键词进行商标性的使用，也不存在违反诚实信用原则和公认的商业道德的问题，故某公司仅提供某推广服务本身未侵犯费希尔厂的商标权，也未构成不正当竞争行为。

北京市第一中级人民法院依照《商标法》第 52 条第（五）项、《反不正当竞争法》第 2 条第 1 款之规定，判决：驳回费希尔厂、慧鱼公司的诉讼请求。

【典型意义】

1. 损害商标识别功能的商标使用行为是构成商标侵权的前提

商标侵权行为可分为两类：一类是基本的商标侵权行为，其特征是直接妨碍了注册商标区分商品和服务来源的功能；另一类是延伸的商标侵权行为，虽然没有直接妨碍商标功能的发挥，但为基本商标侵权行为推波助澜、创造条件。

网络商标侵权仅是传统商标侵权在网络领域中的扩张，同样要以被控侵权行为属于商标法意义上的使用为必要条件。根据《商标法实施条例》第 3 条规定，商标法和该条例所称商标的使用，包括将商标用于商品、商品包装或者容器以及商品交易文书上，或者将商标用于广告宣传、展览以及其他商业活动中。在商业活动中，使用商标标明商品的来源，使相关公众能够区分提供商品的不同市场主体，是常见的商标使用方式。在音像、电子媒体、网络等平面或立体媒介上使用商标标识，使相关公众对商标、商标所示的商品及商品提供者有所认识的，都是商标使用。认定被控侵权行为是否为商标法意义上的使用行为，在侵权定性上具有重要意义。

本案中，美坚利公司将与"慧鱼"相关的文字设置为推广链接的关键词系在计算机系统内部操作，并未直接将该词作为商业标识向公众展示，不会使公众将其识别为区分商品来源的商标，因此，不属于商标性的使用。同时，在各种提供关键词广告服务的搜索服务网站，广告链接通常会出现在自然搜索结果列表的上方或者旁边。根据网络用户对搜索服务的认知水平，能够认识到仅仅出现在推广链接部分，尚未直接与搜索用词之间建立指示商品来源的关系，推广链接是否会造成相关公众的混淆误认取决于广告宣传的具体方式。根据以"慧鱼"为搜索词的搜索结果页面的显示，美坚利公司设置的推广链接位于页面右侧，未处于页面中的自然搜索结果当中，且页面右侧上方标明了推广链接；该推广链接的描述部分使用了"美坚利"文字，并未出现与"慧鱼"相关的文字，且网址注明了"www.meijianli.com"；点击该链接进入美坚利公司的网站，亦未显示与"慧鱼"商标或费希尔厂有关联的内容。因此，美坚利公司设置该推广链接的行为不会导致相关公众对商品来源产生混淆误认或者认为其提供的商品与费希尔厂有特定的联系，未损害涉案商标的识别功能，其行为不构成商标侵权。

提供关键词广告服务的网络服务提供者通过网络参与、教唆、帮助他人实施侵权行为并有过错的，应承担共同侵权的责任。但其构成侵权应当以他人实施了直接侵权行为为前提条件，即他人利用关键词广告服务侵犯了他人权利或构成不正当竞争。由于美坚利公司设置推广链接的行为未侵犯费希尔厂的商标权，某公司在本案中提供某推广服务的行为亦不构成商标侵权。

从商标法发展历程看，对商标权保护呈扩张趋势，我国《商标法》第52条关于给他人的注册商标专用权造成其他损害的规定，亦为商标权扩大保护留下余地。网络商标侵权可以视为商标权扩张的一种，但其在本质上仍归于商标侵权，必然受到商标侵权判定规则的限制。商标功能是划定侵权界限的重要基础，侵害商标权本质上是对商标识别功能的破坏，造成相关公众对商品或服务来源产生误认或者认为其来源与注册商标所有人具有关联。不损害商标识别功能的商标使用行为原则上不构成商标侵权行为，而若对于商标的侵害足以达到损害其功能的程度，则不论其是否具有市场混淆后果，均应认定为商标侵权行为。

2. 使用推广服务是否构成不正当竞争

本案中，原告起诉的另一项主张是认为美坚利公司在使用某推广服务时，使用"慧鱼""德国慧鱼"作为关键词设置其推广计划，造成原告商标的搜索结果指向其网站，其行为非法获取了原告的客户，不合理地抢占了原告的商业机会，构成不正当竞争。这里涉及商标法与反不正当竞争法的衔接及商业机会保护的问题。

首先，反不正当竞争法只是对商标法、专利法、著作权法等知识产权专门法进行的有限补充，应妥善处理专利、商标、著作权等知识产权专门法与反不正当竞争法的关系。其补充性保护不能抵触专门法，凡专门法已作穷尽规定的，原则上不再以反不正当竞争法作扩展保护；凡反不正当竞争法已在特别规定中作穷尽性保护的行为，一般不再按照原则规定扩展其保护范围；对于其未作特别规定的竞争行为，只有按照公认的商业标准和普遍认识能够认定违反原则规定时，才可以认定构成不正当竞争行为，防止因不适当地扩大不正当竞争范围而妨碍自由、公平竞争。

其次，推广链接提供的仅是商业交易机会，商业机会虽然是受到反不正当竞争法保护的法益，但本身并非一种法定权利，而且交易的达成并非完全取决于单方意愿，因此他人可以自由参与竞争来争夺交易机会。竞争对手之间彼此进行商业机会的争夺是竞争的常态，也是市场竞争所鼓励和提倡的。对于同一交易机会而言，竞争对手之间一方有所得，另一方即有所失。利益受损方要获得民事救济，必须证明竞争对手的行为具有不正当性。只有竞争对手在争夺商业机会时不遵循诚实信用的原则，违反公认的商业道德，通过不正当的手段攫取他人可以合理预期获得的商业机会，才为反不正当竞争法所禁止。本案中，网络用户用某一商标作为搜索词进行搜索时，其目的既有可能是寻找与该商标相关的信息，也有可能是寻找该商标所有人竞争对手的信息。因搜索服务提供商同时提供自然搜索和推广链接服务，以该商标设置推广链接关键词的行为并不影响商标权人的网页或广告同时出现在自然搜索结果中。只要设置的推广链接对其商品来源及相关信息做了清楚而不引人误解的描述，在面对自然搜索结果和推广链接中出现的多种商品时，相关公众仍会在综合衡量各方提供商品的价格、质量、功能等因素的基础上选择进行交易的对象。美坚利公司设置的推广链接的描述及其公司网站的内容足以表明其提供的商品的来源，并未故意造成与费希尔厂、慧鱼公司的商品的混淆误认或使人认为二者有特定的联系。美坚利公司设置推广链接的行为亦未导致费希尔厂及其关联公司的网络链接不能出现在搜索结果中，或导致其排序处于不易被网络用户识别的位置。故美坚利公司的行为不会导致因对美坚利公司产品与费希尔厂、慧鱼公司的商品产生混淆误认而错误地购买美坚利公司的产品，或者搜索"慧鱼"信息的网络用户因在搜索结果中不能发现或难以发现费希尔厂和慧鱼公司的网站链接。虽然美坚利公司以与他人商标"慧鱼"相关的文字作为推广链接的关键词有借此增加其网站及产品广告出现在搜索结果中的机会的意图，但综合考虑其设置的推广链接的具体情形以及关键词广告市场特性等因素，其行为尚未达到违反诚实信用原则和公认的商业道德的程度。因此，美坚利公司设置推广链接的行为并未对费希尔厂、慧鱼公司的合法权益造成实际损害，其行为不构成不正当竞争。

第四章

平台内经营者法律与实务

第一节 平台内经营者的概念与法律地位

一、概念

《电子商务法》第9条第3款规定:"平台内经营者,是指通过电子商务平台销售商品或者提供服务的电子商务经营者。"由于多边互动性,平台内经营者可能是经济实力较强的大型企业,也可能是经济实力较弱的个人经营者。但其共同点在于,都通过电子商务平台销售商品或者提供服务。从平台经营者与平台内经营者的角度来说,二者之间有合同、管理规则等服务协议的存在,从平台内经营者与消费性用户的角度来说,其二者存在产生交互的途径和机会。自然人、法人、个体工商户、合伙组织都有可能成为平台内经营者。

一般情况下,平台内经营者应当依法办理工商登记。但作为经营主体,自然人即使不注册为个体工商户,在电子商务中依然能够成为商事主体,从事商事行为。《电子商务法》第9条第1款规定:"电子商务经营者,是指通过互联网等信息网络从事销售商品或者提供服务的经营活动的自然人、法人和非法人组织。"

二、法律地位

首先,平台内经营者属于电子商务活动的参与者,也是市场经营的参与者,应当遵守相关法律法规,履行经营者义务,不得违法经营。其次,平台内经营者与平台经营者存在合作的基础法律关系,一般情况下,属于平等主体间的法律关系。然而此时的平等仅为形式上的平等,平台经营者可能会具有较强的经济实力和天然的垄断优势,平台内经营者的利益难以单独通过自身行为得到保障,所以要通过为平台经营者规定特殊的义务,以行政法和经济法的视角去识别规制平台经营者的经营行为,以为处于弱势地位的平台内经营者提供保障。再次,平台内经营者与消费性用户之间存在平等主体间的法律关系。由于电子商务的虚拟性,交易风险大大增加,一方面消费者利益需要得到充分保护,另一方面近年来出现了专职"薅羊毛"的个人和组织，为电子商务繁荣稳定发展带来了新的挑战。最后，平台内经营者与其他经营者存在竞争关系。我国《反不正当竞争法》中规定了混淆、商业贿赂、虚假宣传、侵犯商业秘密、不正当有奖销售、侵害商誉等不正当竞争行为，实务中已经有大量案件以《反不正当竞争法》第2条认定不正当竞争行为后，以《反不正当竞争法》第17条要求行为主体承担民事责任；同时在商标、专利和著作权方面，也设有较为完善的知识产权保护制度，平台内经营者实施侵害其他经营者权益的行为时，受侵害主体不仅可以通过法律途径，还可以通过平台规则和纠纷解决机制对自身权益加以保护。总之，平台内经营者作为多方法律关系的参与者，对其行为和法律关系的识别应当个别判断。

第二节　平台内经营者准入与登记

一、平台内经营者准入

平台内经营者准入大致可分为工商登记准入和平台准入。工商登记除法定例外情形，是其获取商事主体身份的必要条件；平台准入则较为复杂，其具有一定的自治性，即作为经营者的平台有权选择合作对象，同时负担着《反垄断法》《反不正当竞争法》以及其他法律、行政法规规定的义务，平台对于合作对象的选择、合同和服务协议的签订甚至规则的修改都会受到行政监督、司法监督和社会监督。

从商事登记制度的角度来说，平台内经营者作为商事主体，除法律法规规定不需要进行商事登记的情形外，都要进行工商登记，以便于行政部门管理。从税收征管体系角度来说，商事登记和税务登记是完善电子商务领域税收征管调控的基础。现代商事登记要求效率与安全的平衡，效率价值直接体现了其对经济活动的促进作用，在我国商事登记制度从实缴制向认缴制发展后，商事登记的准入门槛除金融、医药等特殊领域外，已经相当宽松。从安全保障的角度来说，商事登记仍然保持着单一银行账户、法定代表人个人信息收集等核心监管要素。作为降低了解成本、提供合理信赖的公信力基础，现行制度在一般商主体准入方面，仅要求法定代表人信息核查和一个注册地址，在进一步完善企业信息公示平台，落实"信誉罚"的背景下，安全性得到了充分的保障。同时，在《电子商务法》颁布前，《网络交易管理办法》第 7 条就已经明确，自然人无须进行工商登记，可通过第三方交易平台开展经营活动。

关于平台准入，平台内经营者向平台经营者提供相关信息，甚至缴纳保证金，都是使用平台信息服务，享受平台用户资源的合作对价。平台经营者在平台内经营者的准入上享有一定程度的自决权，在遵守法律法规的前提下，平台经营者可以根据其自身提供服务和运营方式的不同设置不同的要求和服务价格。但应当注意的是，如平台经营者足以被认定为具有支配地位，则应进一步约束平台经营者对平台内经营者的准入审核权，否则平台经营者的行为将会构成《反垄断法》中的"滥用市场支配地位"。

二、平台内经营者登记

（一）登记的概念

平台内经营者作为商事主体，除法定情形外，应当进行工商登记。经营者进行商事登记是其主体的设立，也是其合法经营的基本条件。根据《公司法》《合伙企业法》等法律和国务院颁布的《个体工商户条例》《无证无照经营查处办法》等行政法规，除法定免除登记的情形外，从事经营性活动均应当进行商事登记。《电子商务法》第 10 条第 2 款中规定，个人销售自产农副产品、家庭手工业产品，个人利用自己的技能从事依法无须取得许可的便民劳务活动和零星小额交易活动，以及依照法律、行政法规不需要进行登记的主体，无须办理市场主体登记即可通过互联网等信息网络从事销售商品或者提供服务的经营活动。

行政监督管理部门通过对已经登记的商主体的运营状况和经营风险进行公示，以保障市场的稳定运行。作为信息公共服务和监控市场异动的手段，商事登记制度在各国普遍存在。行政机关将商主体的名称、住所、法定代表人、注册资本、企业类型和经营范围等记载于商事登记簿并予以公示，从而确认商事主体的成立、变更、终止，为潜在的交易提供方提供基础信息验证，同时也在一定程度上明确了平台经营者的形式审查义务。以非自然人的主体形式进入平台的平台内经营者，平台经营者应当要求其提供相应的商事登记信息，在发生纠纷时，此信息的收集和更新能为利益受损方提供法院文书送达地址、法定代表人等相关信息，为虚拟化交易提供信任基础，也为信用公示制度和电子商务的稳定发展提供基础条件。

（二）登记的内容与效力

平台经营者一经商事登记，就成为享有法定权利、承担法定义务的商主体。平台经营者作为电子商务经营者，与线下经营者的权利义务无根本区分，商事登记是主体从事经营活动的必要条件，电子商务主体亦从其规定。《电子商务法》中对电子商务经营者的豁免情形与国务院颁布的《无证无照经营查处办法》第3条规定的"在县级以上地方人民政府指定的场所和时间，销售农副产品、日常生活用品，或者个人利用自己的技能从事依法无须取得许可的便民劳务活动"相比，增加了"零星小额交易活动"的情形，但"零星小额交易活动"如个人物品闲置交易行为在现实生活中早已大量存在，增加此类情形并未产生实际影响。

值得注意的是，商事主体登记是税务机构税收管理的基础，登记豁免并不意味着税收豁免。就流转税种而言，其课税对象为收益而非主体，电子商务交易额增加后，税收作为宏观调控的重要举措，应当对线上、线下的经营者予以平衡。

第三节　平台内经营者的权利

平台内经营者享有作为商事主体的权利，并承担相应义务。其债权、物权、知识产权、求偿权以及诉权不因其从事电子商务行为而减损。除此之外，平台内经营者依其身份识别出的特殊性，还享有其他权利。

第一，质疑平台规则设置不合理权。平台内经营者有权质疑平台规则设置不合理。平台内经营者与平台经营者存在基础服务协议，即经营者入驻平台时双方会约定权利义务。一般而言，平台内经营者通过协商改变合同条款的可能性较小，选择权被限制，而平台内经营者一旦入驻平台，便可享受平台带来的用户和流量，收获利益。如平台规则排除平台内经营者主要权利，侵害其合法权益，平台内经营者有权通过向社会组织投诉，向工商管理部门举报，或向法院起诉来维护自身合法权益。

第二，退出权。平台内经营者在不接受平台规则修改内容时，依法享有退出权。平台经营者修改交易规则和服务协议应当公开征求意见，并为平台内经营者表达意见寻找救济留有必要时间，以充分保障平台内经营者合法权益。平台经营者在存续期间如修改规则，影响平台内经营者实际利益的，则应当充分尊重平台内经营者的退出权，如平台内经营者因规则修改要求退出，平台不得阻止，平台内经营者可依据《电子商务法》第 34 条规定按照修改前的服务协议和交易规则承担责任。

第三，信息不受不正当侵害的权利。平台经营者对平台内经营者收集的信息中，可能存在个人信息、商业秘密等应当限制利用并受法律保护的信息数据。平台经营者对平台内经营者负有信息保护义务，平台内经营者有权对账户信息进行查询、更正、删除、注销等操作，平台不得进行不合理的限制。同时，由于平台内经营者很大程度上依赖平台的技术服务进行运营，平台经营者对平台内经营者的主体信息、合同信息、仓储物流信息应当依照法律及行政法规进行保护、保存，不得泄露、滥用。

第四，公平竞争权。平台内经营者享有公平竞争权，一方面，平台有义务建立维护竞争秩序的机制，对遭受不正当竞争行为的平台内经营者提供救济途径；另一方面，平台经营者如从事自营业务，依《电子商务法》第 37 条规定，应当以显著方式区分标记自营业务，防止平台经营者在操纵流量和注意力获取不正当利益的同时拒绝承担对消费性用户的义务和责任。

第四节 平台内经营者的义务

平台内经营者负有依法经营义务，不得售卖违禁品，不得无证销售限制流通物。一方面，平台内经营者作为平台信息服务的使用方，通常处于弱势地位，应当得到倾斜性保护；另一方面，对消费者来说，平台内经营者通过网络虚拟方式提供商品或服务，消费者维护自身权益的成本提高，因此，法律、行政法规为平台内经营者规定了特殊义务。

第一，遵守平台经营者制定的相关规则。平台内经营者负有遵守平台经营者制定的相关规则的义务。如违反相关规则，平台经营者可依平台相关制度对其进行处置并公示。如平台内经营者销售假冒产品，不仅权利受到侵害的消费者、被假冒的经营者可以提起诉讼，平台经营者也可以平台内经营者未遵守平台相关规则，或侵害平台经营者利益为由要求其承担责任。

第二，依法纳税义务。平台内经营者负有依法纳税义务，并依法享受税收优惠。在《电子商务法》出台前，大量的平台内经营者没有进行工商登记，游离于税收征管体系之外。《电子商务法》颁布后明确规定："电子商务经营者应当依法履行纳税义务，并依法享受税收优惠。依照前条规定不需要办理市场主体登记的电子商务经营者在首次纳税义务发生后，应当依照税收征收管理法律、行政法规的规定申请办理税务登记，并如实申报纳税。"2017 年发布的《国家税务总局关于增值税发票开具有关问题的公告》中明确要求销售平台系统与增值税发票税控系统后台对接，并要求发票内容按照实际销售情况如实开具。对电子商务完善税收征管体系是我国税制改革的重要环节，平台经营者、平台内经营者在销售商品、提供服务时为消费者提供发票，既是对自身纳税义务的履行，也是对消费者权益保护义务的履行。

第三，保护消费者权益。平台内经营者负有对消费者的权益保护义务。经营者向消费者提供商品或者服务，应当充分保障消费者的人身、财产安全，经营者提供的商品或者服务存在缺陷的，应当及时采取停止销售、警示、召回、无害化处理、销毁、停止生产或者服务等措施。以《消费者权益保护法》第 25 条规定的"七天无理由退货"规则为例，国家鼓励平台和平台内经营者作出对消费者更有利的承诺。同时，七天无理由退换制度给予消费者的权利不是无限的，除定作、鲜活易腐等法定情形外，国家市场监管总局颁布的《网络购买商品七日无理由退货暂行办法》还细化了相应规则制度，如要求消费者退回的商品应当完好，基于检查需要打开商品包装，或者为确认商品的品质、功能而进行合理的调试不影响商品的完好，但对超出查验和确认商品品质、功能需要而使用商品，导致商品价值贬损较大的，视为商品不完好。

第五节　平台内经营者的责任

一、民事责任

平台内经营者民事责任可分为三类：违约责任、侵权责任和不正当竞争责任。在传统的民商事关系中一般不会出现不正当竞争责任，但是在近些年的案件中出现大量有关互联网的侵权由于不满足传统的侵权行为要件，最终以《反不正当竞争法》识别不正当竞争行为后要求行为人承担相应民事责任。

就违约责任而言，平台内经营者作为商事主体履行义务，享受权利，如未履行相应义务，则可能要承担民事责任，如平台内经营者应承担产品质量瑕疵担保的违约责任，此类责任与普通商事主体一致，不因其身份而具有特殊性。而在平台与平台内经营者之间，平台内经营者入驻平台时签订了基础服务协议，如违反约定，不履行合同义务，平台有权提起违约之诉。较为特别的是，平台对平台内经营者还有管理的权力和规制的义务，平台有修改甚至制定规则以适应市场和管理的权力，在经营过程中平台内经营者违反平台交易规则，平台有权对平台内经营者进行处置并公示甚至提起诉讼。平台内经营者在规则修改时可以充分表达自己的意见诉求，如不接受规则修改，可以依修改前的规则退出平台，但规则一旦修改，则作为补充的约定存在于平台与平台经营者之间。另外，消费性用户在接受提供的商品或服务时与平台内经营者也存在电子合同，合同范本一般来说由平台统一提供，但如平台内经营者予以单独的保证、承诺，消费性用户咨询后的回复，以及对商品质量、价格、优惠和折扣的描述，经举证确认当作为约定。

就侵权责任而言，牵涉的主体更多。较为特殊的是，平台内经营者与平台可能会在网络侵权、知识产权侵权等方面产生连带责任。

就不正当竞争民事责任而言，《反不正当竞争法》第17条规定："经营者违反本法规定，给他人造成损害的，应当依法承担民事责任。经营者的合法权益受到不正当竞争行为损害的，可以向人民法院提起诉讼。因不正当竞争行为受到损害的经营者的赔偿数额，按照其因被侵权所受到的实际损失确定；实际损失难以计算的，按照侵权人因侵权所获得的利益确定。经营者恶意实施侵犯商业秘密行为，情节严重的，可以在按照上述方法确定数额的一倍以上五倍以下确定赔偿数额。赔偿数额还应当包括经营者为制止侵权行为所支付的合理开支。经营者违反本法第六条、第九条规定，权利人因被侵权所受到的实际损失、侵权人因侵权所获得的利益难以确定的，由人民法院根据侵权行为的情节判决给予权利人五百万元以下的赔偿。"该法从构成要件上舍弃了传统侵权的认定标准，不再使用行为、损害结果、因果关系、过错等认定方式，而直接以行为的不正当竞争来判断，从责任上亦突破了传统民商事法律的"填平原则"。

而在消费者权益保护方面，平台内经营者与平台经营者、自建网站电子商务经营者承担同等责任，平台经营者无法提供平台内经营者真实名称、地址和有效联系方式的，消费者可以选择向平台经营者要求赔偿，如平台经营者明知平台内经营者利用平台侵害消费者合法权益未采取必要措施的，则与平台内经营者承担连带责任。[1]

二、行政责任

平台内经营者违反法律、行政法规，要承担行政责任。《电子商务法》第85条规定："电子商务经营者违反本法规定，销售的商品或者提供的服务不符合保障人身、财产安全的要求，实施虚假或者引人误解的商业宣传等不正当竞争行为，滥用市场支配地位，或者实施侵犯知识产权、侵害消费者权益等行为的，依照有关法律的规定处罚。"不正当竞争行为、滥用市场支配地位行为、提供缺陷产品行为等违法行为，同时也是《广告法》《产品质量法》《反不正当竞争法》《消费者权益保护法》《商标法》《专利法》等法律及行政法规规制对象，同一个行为根据不同的法律会出现不同的行政责任。税务机关、工商行政管理部门、工信部门、公安机关都可以依照法律、行政法规对经营者进行相关行政处罚。

与此同时，国家建立健全完善的企业信用公示体系，对于不遵守法律、行政

---

[1]《消费者权益保护法》第44条规定："消费者通过网络交易平台购买商品或者接受服务，其合法权益受到损害的，可以向销售者或者服务者要求赔偿。网络交易平台提供者不能提供销售者或者服务者的真实名称、地址和有效联系方式的，消费者也可以向网络交易平台提供者要求赔偿；网络交易平台提供者作出更有利于消费者的承诺的，应当履行承诺。网络交易平台提供者赔偿后，有权向销售者或者服务者追偿。"

法规的企业标识为存在风险，同时对企业的资信状况进行公示。平台经营者也在充分尊重消费者的评价权基础上建立评价体系，对诚信经营、提供优质服务的平台内经营者加以保护，对违法违规经营的平台内经营者通过降低评分、提示风险等方式进行处置，以建立良好的电子商务运营环境。

三、刑事责任

平台内经营者如触犯刑法，应承担相应刑事责任。《刑法修正案（九）》增设非法利用信息网络罪规定："利用信息网络实施下列行为之一，情节严重的，处三年以下有期徒刑或者拘役，并处或者单处罚金：（一）设立用于实施诈骗、传授犯罪方法、制作或者销售违禁物品、管制物品等违法犯罪活动的网站、通讯群组的；（二）发布有关制作或者销售毒品、枪支、淫秽物品等违禁物品、管制物品或者其他违法犯罪信息的；（三）为实施诈骗等违法犯罪活动发布信息的。单位犯前款罪的，对单位判处罚金，并对其直接负责的主管人员和其他直接责任人员，依照第一款的规定处罚。有前两款行为，同时构成其他犯罪的，依照处罚较重的规定定罪处罚。"该条款有针对性地对尚处于预备阶段的网络犯罪行为进行了规定，考虑到犯罪分工和对网络犯罪的有效规制，非法利用信息网络罪将带有预备性质的犯罪行为独立入罪，同时产生多个刑事法律责任的，依照处罚较重的规定定罪处罚。[1]

第六节　平台内经营者终止

平台内经营者终止应区分为强制退出终止和主动退出终止。强制退出终止应当分为两类：第一类因破产、行政责任、司法解散等法定原因退出终止；第二类为平台经营者根据服务协议和平台规则等约定强制平台内经营者终止经营。

一方面，平台内经营者通过电子商务平台销售商品或者提供服务，其可能是自然人、法人和非法人组织。平台内经营者的身份可能因主体法人或非法人组织的消灭而失去，也可能仅终止了电子商务经营而线下经营主体存续。法人或非法

[1] 参见全国人大常委会法工委刑法室编：《〈中华人民共和国刑法修正案（九）〉释解与适用》，人民法院出版社2015年版。

人组织终止后，拟制的主体将不复存在，平台经营者自然应当进行相应处置；自然人、合作者不再从事经营业务，虽然债权债务关系仍牵涉相关主体，但其平台内经营者的身份应当先于工商行政管理部门对其执照的注销而终止。平台内经营者应当遵循法律、行政法规，如出现公司解散、破产清算等法定情形，平台与平台内经营者的基础服务协议无法继续履行，双方应当按照服务协议进行后续处置，平台内经营者应当承担相关违约责任，如涉及违约金则作为债权由债权人提出申报。较为特殊的是，平台内经营者可能会因为平台经营者的规则处置而终止，如《京东开放平台总则》第四章终止合作部分便规定了"清退权"[1]，平台经营者对平台内经营者的"解约权""清退权"，很可能对平台内经营者的合法权益造成实质侵害。应完善电子商务经营者退出机制，除平衡平台与平台内经营者利益外，消费者利益也应当考虑在内，在平台内经营者退出前，须对已达成的交易履行发货、退换货、维权投诉处理等交易保障义务，在平台经营者退出后，如线下商事主体依然存在或存在权利义务继受主体，则相关销售者、生产者依然应当依法承担对消费者权益的保护义务；如线下商事主体不复存在，现行立法对其权利义务未进行进一步安排。

另一方面，平台内经营者的主动退出终止实质上是对双方网络信息服务协议的终止，由于协议双方可能处于经济实力较不平衡的状态，《电子商务法》为平台内经营者规定了在平台修改相应规则时的退出权，双方依照原有协议承担相关责任。而原有协议与双方退出平台的约定中，如包含对平台内经营者退出设置不合理限制，则应当依其他民事法律制度来解决。

● 案例研析

浙江淘宝网络有限公司诉许某强等网络服务合同纠纷案

【基本案情】

2009 年，许某强在淘宝网注册，开设网店销售酒类产品，其在注册时与浙江淘宝网络有限公司（以下简称"淘宝公司"）签署了《淘宝平台服务协议》，约定不得在淘宝平台上销售 / 提供侵犯他人知识产权或其他合法权益的商品 / 服务。然而在 2014 年 11 月至 2015 年 9 月，许某强在淘宝平台上销售五粮液假酒，之后

---

[1] https://rule.jd.com/rule/ruleDetail.action?ruleId=2368，最后访问时间：2020 年 6 月 10 日。

被四川省宜宾五粮液集团有限公司以商标权受到侵害为由提起诉讼，法院判决其赔偿五粮液公司经济损失及合理开支 7 万元。同时，淘宝公司认为许某强及其作为股东设立的一人有限公司上海舜鸣贸易有限公司（以下简称"舜鸣公司"）违反了服务协议。

淘宝公司诉称，许某强网店售假行为违反服务协议约定，给淘宝网声誉造成巨大负面影响，淘宝公司为打击售假行为，投入大量人力物力，产生相应损失，要求许某强及其公司赔偿损失及律师费等共计 12 万余元。

许某强和舜鸣公司辩称，许某强已承担相关赔偿责任，未侵犯淘宝公司的经济利益和商誉。出售假冒五粮液的行为已经受到了淘宝公司的相应处罚，不应再被起诉要求赔偿。舜鸣公司不应对其参与经营之前的销售行为承担责任。

【裁判结果】

上海市松江区人民法院于 2017 年 9 月 21 日作出（2017）沪 0117 民初 7706 号民事判决：一、许某强于判决生效之日起十日内赔偿淘宝公司损失 2000 元；二、许某强于判决生效之日起十日内赔偿淘宝公司合理支出 13000 元；三、驳回淘宝公司其余诉讼请求。宣判后，淘宝公司和许某强提出上诉。上海市第一中级人民法院于 2018 年 1 月 16 日作出（2017）沪 01 民终 13085 号民事判决：一、维持上海市松江区人民法院（2017）沪 0117 民初 7706 号民事判决第三项；二、变更上海市松江区人民法院（2017）沪 0117 民初 7706 号民事判决第一项为上诉人许某强于本判决生效之日起十日内赔偿上诉人浙江淘宝网络有限公司损失 20000 元；三、变更上海市松江区人民法院（2017）沪 0117 民初 7706 号民事判决第二项为上诉人许某强于本判决生效之日起十日内赔偿上诉人浙江淘宝网络有限公司合理支出 23000 元。

【典型意义】

在本案中，除五粮液集团依据侵犯商标权对平台内经营者提起侵权之诉外，淘宝作为平台经营者对平台内经营者以《淘宝服务协议》为基础关系提起了违约之诉，并要求其支付因"打假"而发生的损失，甚至进一步以损害商誉为由要求赔偿。从判决结果可以看到，法院支持电子商务平台经营者依法追究平台售假商家的违约责任，以促进市场的公平竞争和交易秩序。本案认定淘宝公司与许某强之间存在有效的协议，许某强的售假行为违反了协议约定。本案所涉服务协议均约定，用户不得在淘宝平台上销售或发布侵犯他人知识产权或其他合法权益的商品或服务信息。许某强作为淘宝用户，应恪守约定，履行自身义务。已有生效判决认定，许某强通过开设的"强升名酒坊"店铺，销售假冒的五粮液，侵害五粮液公司对"五粮液"注册商标享有的使用权。由此可见，许某强的售假行为已经违反了与淘宝公司之间的约定。许某强在淘宝网上出售假冒五粮液的行为不仅损害了与商品相关权利人的合法权益，而且降低了消费者对淘宝网的信赖和社会公众对淘宝网的良好评价。许某强在使用淘宝平台服务时，应当预见售假行为对商品权利人、消费者以及淘宝公司可能产生的损害。商誉是经营者本身以及经营者提供商品或服务过程中形成的一种积极社会评价，可以体现在商品、商标、企业名称上，能够在生产经营中变现为实际的商业利润，具有显著的财产属性。因此，淘宝公司要求赔偿商誉等损失的主张具有相应的依据。电商平台经营者和平台内签约经营者均有依法规范经营的义务，许某强在淘宝网上销售假冒的五粮液，不仅应当承担对消费者的赔偿义务，也应当依约承担对电商平台的违约责任，电商平台经营者也有权依法追究平台售假商家的违约责任。从另外一个角度看，打假和净化网络购物环境也是第三方交易平台经营者的责任，符合其长远经营利益，有利于维护消费者合法权益，维护公平竞争的市场秩序。

刘某借公益之名利用直播平台诈骗案

【基本案情】

2016 年 7 月，被告人刘某在某网络平台注册成为网络主播。刘某在某网络平台看见杨某在凉山布拖县给贫困群众发放物品的相关视频，有很多"粉丝"关注和刷礼物，刘某也想通过这种方式增加自己的知名度，吸引更多"粉丝"，多收礼物，并获取金钱收益。2016 年 9 月初，刘某驾车来到四川省布拖县境内的山区，借公益之名义召集布拖县贫困山区的老人和小孩，以给他们发放毛巾、香皂、衣服、大米、肉、水果等物品和少量钱为诱惑，让贫困老人将 1000 元人民币或者其他物品拿在手中高举进行摄像和拍照，摄像和拍照完后收回，只给 100 元人民币，给小孩发烤鸭和炒肉并让他们排队摄像和拍照。刘某随后将所拍摄的发钱和发物视频、照片上传至某网络平台并进行网络直播，还在直播间对"粉丝"们说："给我刷礼物，换成钱了就拿去买东西送给那些需要的人，慈善上有'粉丝'的一份爱心。"刘某共上传涉及凉山视频记录 1197 条，通过网络直播获得收益 230368.15 元，提现金额 194506.34 元。

【裁判结果】

四川省布拖县人民法院认为，网民刷礼物的目的，是希望刘某将"礼物"用于帮助贫困群众，不是给刘某个人的财产，并不属于刘某的合法收益。被告人刘某以非法占有为目的，利用互联网，虚构慈善、公益的事实，隐瞒假发钱的行为，并通过网络直播和上传相关视频，赚取网民的礼物，再通过网络平台来换取现金的行为，是对不特定多数人实施诈骗，且数额巨大，其行为已构成诈骗罪，依法判处刘某有期徒刑 3 年 6 个月，并处罚金人民币 3 万元；对刘某违法所得 194506.34 元予以追缴。

【典型意义】

目前，我国正处于全面建成小康社会决胜阶段，大凉山作为四川"四大片区"脱贫攻坚主战场之一，积极贯彻党中央精准扶贫决策部署，汇聚全社会之力，深入开展各项脱贫帮扶工作，各类正规的公益项目也陆续进入大凉山，并取得了显著成绩。但也有个别不法分子利用网友的爱心，通过假公益伪慈善进行网络诈骗，损害了正规的公益项目，引发了社会的信任危机。本案即是以慈善为手段借助网络直播平台实施诈骗的典型案例。这起假公益伪慈善案件，不仅伤害了大凉山父老幼儿及爱心捐款人士，更伤害了这个社会得以向上向善的诚信根基，影响社会各界参与脱贫攻坚的积极性。通过本案的公开审判，彰显了人民法院打击各类网络犯罪的决心，对那些欲假借慈善之名捞取个人不法利益之徒敲响了警钟，也让那些被假公益伪慈善伤害了的善良社会公众重新恢复信心，践行了"司法要为互联网公益保驾护航"的时代要求。

第五章

自建网站电子商务经营者法律与实务

第一节　自建网站电子商务经营者的概念与
法律地位

自建网站电子商务经营者是电子商务交易的直接参与者，是商品或服务的提供者，本质上仍然属于传统买卖合同法律关系的主体，只是采取了数字化与电子化的方式从事经营。电子商务只是商务手段和环境的改变，并没有改变商务的本质[1]，但交易在自建网站上完成，因此自建网站电子商务经营者与消费性用户之间不仅存在买卖合同法律关系，还存在网络信息服务关系。

出卖人，即自建网站电子商务经营者，负担交付标的物、转移标的物所有权的义务；买受人，即消费性用户，负担支付价款、受领并检验标的物的义务。此外，出卖人和买受人还应依据《民法典》第 509 条的规定，根据诚实信用原则履行通知、协助、保密等附随义务。

第二节　自建网站电子商务经营者准入与登记

市场准入制度是指政府准许市场主体进入某特定市场，从事商品生产经营与服务活动的条件和程序的各种制度及规范的总称。[2] 所谓电子商务经营者准入，是指符合法定条件的经营者须依照《电子商务法》的规定，经过一定的法定程序，方可进入电子商务市场，取得开展经营活动的资格。[3]

电子商务的特殊交易形式使得消费者与电子商务经营主体无须面对面即可实现交易，既带来了交易便利，也增加了交易风险，故应该运用市场准入制度对电子商务经营资格的取得进行限制，以维护交易安全。

---

[1] 朱晓娟编著：《电子商务法》，中国人民大学出版社 2019 年版，第 28 页。

[2] 齐爱民：《电子商务法原论》，武汉大学出版社 2010 年版，第 52 页。

[3] 赵旭东主编：《电子商务法学》，高等教育出版社 2019 年版，第 34 页。

一、准入条件

（一）一般准入条件

根据《网上交易指导意见》的规定，自建网站电子商务经营者在站内交易商品或提供服务的，应遵守国家有关法律规定；需要办理相关审批和登记注册手续的，应依法办理；需要具备一定物质条件的，包括资金、设备、技术管理人员等，应符合要求的条件，而且需要到工商、税务等部门依法办理登记手续，领取营业执照。作为自建网站的运营者，其还应当拥有成熟的技术条件、稳定的系统条件、完善的履约机制、信用评价机制、信息存管机制等。

（二）特殊准入条件

《国务院关于实行市场准入负面清单制度的意见》指出，市场准入负面清单包括禁止准入类和限制准入类。对于限制准入的行业，国家通过设立行政许可，实现对经营活动的适度干预和对市场秩序的维护。

对于一般经营事项，电子商务经营者无须获得行政许可，其通过登记制度获得市场主体资格即可开展经营活动；对于法律规定的特定经营事项，电子商务经营者不仅需要进行市场登记，还需要获得行政许可。[1] 如果是线下主体增加电子商务业务，并且已取得相关事项的行政许可，则无须就相同事项再次申请行政许可。如果原经营范围不包括该特定事项，则需要申请新的行政许可。须经行政许可的电子商务经营活动，应先申领电子商务经营认证电子证书，取得有关行政许可后，方可开展电子商务经营活动。[2]

目前需要事前取得行政许可的电子商务经营活动包括：食品销售经营活动、海外代购经营活动、出版物经营活动、药品销售经营活动、化妆品销售经营活动、婴幼儿用品经营活动、特种设备经营活动等。

1. 互联网信息服务经营许可

开立电子商务网站，除了要完成工商登记、税务登记外，还需要办理 ICP 证。

[1] 凌斌主编：《电子商务法》，中国人民大学出版社 2019 年版，第 34 页。
[2] 全国人大财政经济委员会电子商务法起草组编：《中国电子商务立法研究报告》，中国财政经济出版社 2016 年版，第 48 页。

国家对经营性互联网信息服务实行许可制度，对非经营性互联网信息服务实行备案制度。

根据《电信条例》和《电信业务分类目录》，从事经营性互联网信息服务[1]的网站需要办理互联网信息服务业务经营许可证，即ICP证。[2]《互联网信息服务管理办法》第6条、《电信条例》第13条、《电信业务经营许可证管理办法》第6条均对提供经营性信息服务的网站提出经营条件限制。

根据《电信条例》第9条第2款的规定，从事经营性互联网信息服务，应当向省、自治区、直辖市电信管理机构或国务院信息产业主管部门申请办理互联网信息服务增值电信业务经营许可证。省、自治区、直辖市电信管理机构或者国务院信息产业主管部门应当自收到申请之日起60日内审查完毕，作出批准或不予批准的决定。予以批准的，颁发经营许可证；不予批准的，应当书面通知申请人并说明理由。[3]

《互联网信息服务管理办法》第5条规定，从事新闻、出版、教育、医疗保健、药品和医疗器械等互联网信息服务，依照法律、行政法规以及国家有关规定须经有关主管部门审核同意的，在申请经营许可或者履行备案手续前，应当依法经有关主管部门审核同意。

2. 互联网食品经营许可

根据《食品安全法》第35条、《食品经营许可管理办法》第2条第1款的规定，除"食用农产品"外，互联网食品销售经营活动需要取得食品经营许可证，具体许可类别应当按照食品经营主体业态和经营项目分类提出，经营的食品类别不得超出许可的类别。

3. 互联网药品经营许可

根据《处方药和非处方药流通管理暂行规定》，暂不允许网上销售乙类非处方药。《互联网药品交易服务审批暂行规定》将互联网药品经营分为三类：为药品生产企业、药品经营企业和医疗机构之间的互联网药品交易提供服务，药品生产企业、药品批发企业通过自身网站与本企业成员之外的其他企业进行互联网药

---

[1] 根据《互联网信息服务管理办法》第3条的规定，经营性互联网信息服务，是指通过互联网向上网用户有偿提供信息或者网页制作等服务活动。

[2] 凌斌主编：《电子商务法》，中国人民大学出版社2019年版，第96页。

[3] 秦立崴、秦成德主编：《电子商务法》（第2版），重庆大学出版社2016年版，第34页。

品交易，与个人消费者进行互联网药品交易，分别应当取得 A 证、B 证和 C 证。

根据相关规定，申请开办网上药店，在取得开办实体药店相关许可（包括药品经营许可证、医疗器械经营许可证、营业执照、药品经营质量管理规范认证等）的基础上，还需要获得"互联网药品交易服务机构资格证"和"互联网药品信息服务资格证书"。

在行政审批改革中，国务院于 2017 年先后取消了 A 证、B 证和 C 证，药品生产、经营市场准入主要通过药品生产许可证、药品经营许可证进行管理，同时保留了互联网药品信息服务许可证。从事线上药品销售经营活动，需要办理线下的药品经营许可证和线上的互联网药品信息服务许可证。

根据《互联网药品信息服务管理办法》第 5 条的规定，自建网站电子商务经营者拟从事线上药品销售经营活动，应当在向国务院信息产业主管部门或者省级电信管理机构申请办理经营许可证之前，按照属地监管原则，向主营业地的食品药品监督管理部门提出申请，经审核同意后取得经营资质。

4. 互联网医疗器械经营许可

根据《医疗器械网络销售监督管理办法》第 7 条的规定，自建网站电子商务经营者在线经营医疗器械，应当依法取得医疗器械经营许可或者办理备案。

2013 年《国务院机构改革和职能转变方案》明确规定，对于需要取得行政许可的特殊行业，除涉及国家安全、公民生命财产安全外，商事主体可以先通过市场准入程序获得商事主体资格，再向有关部门申请许可。行政许可依旧是主体从事特定行业的前置程序，但其不再是获得主体资格的前置程序。即便没有获得行政许可，商事主体也可以先获得营业执照，从而取得主体资格，再获得许可证进入特定行业，主体资格取得与特定行业经营资格的取得相分离。因此，自建网站电子商务经营者在没有获得行政许可的情况下，只要满足法定条件，可以先获得营业执照，从而取得主体资格，之后再获得行政许可，从而取得经营资质。

二、登记程序

自建网站电子商务经营者作为一个经营实体和监管对象，需要在法律上作为一个独立的实体存在，并能够独立地承担责任，工商登记不仅是将虚化的网络经营主体予以实化的具体方式和途径，还是政府行使行政监管、税收监管等行政职能的制度原点。[1]

（一）设立登记

若自建网站电子商务经营者直接申请从事电子商务经营活动，从未办理过线下工商登记，则应当办理设立登记手续。若自建网站电子商务经营者在原有线下经营范围的基础上开展电子商务经营活动，则应当办理变更登记手续。

申请企业法人登记，经企业法人登记主管机关审核，准予登记注册的，领取《企业法人营业执照》，取得法人资格。《无照无证经营查处办法》规定了无证无照经营的认定、查处与法律后果。

《电子营业执照管理办法（试行）》规定电子营业执照与纸质营业执照具有同等法律效力，是市场主体取得主体资格的合法凭证。[2] 已经过工商登记的经营者，从事电子商务经营活动时，应当在其网站首页或者从事经营活动的主页面醒目位置，公开营业执照登载的信息或者其营业执照的电子链接标识，加贴工商行政机关的红盾图标，同时标注"营业执照信息公示"字样，还应当在全国企业信息系统进行公示。[3]

（二）变更登记

自建网站电子商务经营主体的变更登记包括经营方式的变更登记与原有营业执照的加注登记。已办理线下工商注册登记的经营主体欲开展电子商务经营活动的，应当将营业执照、税务登记证、有效通信地址、有效联系方式和 IP 地址信息等材料提交工商登记主管机关，在经营范围中增加电子商务的内容，办理工商变更登记。

（三）登记效力

自建网站电子商务经营者登记的创设效力表现在经过该登记，经营者方能取得电子商务经营活动的主体资格。除登记豁免的情形外，没有办理市场主体登记的经营者从事电子商务活动的，属于违法经营，要承担相应的法律责任。

---

〔1〕赵旭东：《电子商务主体注册登记之辩》，载《清华法学》2017 年第 4 期。

〔2〕吴旭华、褚霞编著：《中华人民共和国电子商务法原理、实务及案例》，法律出版社 2019 年版，第 15 页。

〔3〕全国人大财政经济委员会电子商务法起草组编：《中国电子商务立法研究报告》，中国财政经济出版社 2016 年版，第 53 页。

登记的公信力是指凡计入登记簿的事项，皆被推定为真实、准确、有效。善意第三人基于对登记的信赖而实施的行为，受到法律保护，即使登记事项不真实，善意第三人也可以依照电子商务经营者的登记内容向登记义务人主张权利，登记义务人不得以登记失实为由进行抗辩。

（四）登记改革

根据《国务院关于促进市场公平竞争维护市场正常秩序的若干意见》的规定，为了更好地突出电子商务便捷的特点，应当进一步缩减登记环节和流程，推进"三证合一、一证一码"改革措施。[1] 所谓"三证合一"，就是将企业依次申请的工商营业执照、组织机构代码证和税务登记证三证合为一证，提高市场准入效率；"一照一码"则是在此基础上更进一步，通过"一口受理、并联审批、信息共享、结果互认"，实现由一个部门核发统一社会信用代码的营业执照。[2]

第三节　自建网站电子商务经营者的权利

一、对消费性用户的权利

（一）交易规则制定权

电子商务活动各方参与者依法享有平等的法律地位，为防止经营者与消费者之间权利与义务的失衡，自建网站电子商务经营者应当遵循公开、公正、公平的原则，制定服务协议和交易规则，明确进入和退出、商品和服务质量保障、消费者权益保护等方面的权利、义务和责任。

自建网站电子商务经营者应公平对待所有的消费性用户，在没有正当理由的情况下，不应该采取差别待遇。根据《电子商务法》第 49 条、《网络交易管理办法》第 17 条第 2 款的规定，自建网站电子商务经营者不得以合同格式条款等方式作

---

〔1〕凌斌主编：《电子商务法》，中国人民大学出版社 2019 年版，第 34—35 页。

〔2〕高敬：《深化商事制度改革实现"三证合一"和"一照一码"》，新华网，http://www.gov.cn/xinwen/2015-05/20/content_2865095.htm，最后访问日期：2020 年 4 月 12 日。

出排除或者限制消费者权利、减轻或者免除经营者责任、加重消费者责任等对消费者不公平、不合理的规定，服务协议或交易规则中含有前述内容的，该条款无效。自建网站电子商务经营者还应当在网站内以显著方式持续公示服务协议和交易规则，并以显著方式提请用户注意与其有重大利害关系的条款，从技术上保证用户随时调阅、下载。

（二）服务协议和交易规则的修改权

自建网站电子商务经营者有权根据双方的约定修改服务协议和交易规则，但应当满足修改的程序和条件，包括征求意见程序、公示程序等。根据《优衣库网络旗舰店商品销售规则》，优衣库有权根据国家法律法规变化及维护交易秩序、保护消费性用户权益等需要，不时修改、更新销售规则（以下简称"变更事项"）并公示。消费性用户可以通过其网站随时查阅最新条款。如消费性用户不同意变更事项，消费性用户有权通过优衣库披露的联系方式向其反馈意见。如反馈意见得以采纳，优衣库将酌情调整变更事项。如消费性用户对已生效的变更事项仍不同意，消费性用户应当于变更事项确定的生效之日起停止使用该网站，变更事项对消费性用户不产生效力；如消费性用户在变更事项生效后仍继续使用该网站的，则视为消费性用户同意已生效的变更事项。

（三）依据约定要求消费性用户提供必要的身份信息和收货地址

自建网站电子商务经营者基于合同履行及反洗钱的需要，有权根据双方约定及法律规定，要求消费性用户提供必要的身份信息、收货地址，但须采取必要措施以保障上述信息的安全。根据《迅销（中国）商贸有限公司隐私政策》（优衣库隐私政策），用户注册该公司的会员时，为验证用户身份、识别用户，需要收集用户（或用户未成年子女）的姓名、性别、联络方式、居住地、出生日期等身份信息。在消费性用户购买或使用本公司的商品、服务的过程中，为了完成商品支付及配送服务，可能会收集消费性用户的姓名，联系方式（电话号码、电子邮件，或由用户提供的其他联络信息），地址，第三方平台账号，支付方式等相关信息。

（四）审核消费性用户信息查询、更正、删除申请

基于法律规定的知情权、更正权、删除权，消费性用户有权查询、更正、删

除其已上传的信息，但由于网络环境的虚拟性，处置信息者与信息主体可能不是同一人，因此自建网站电子商务经营者有权审核消费性用户提交的信息查询、更正、删除申请。根据《迅销（中国）商贸有限公司隐私政策》，优衣库将积极响应消费性用户的上述请求。为保障安全，消费性用户可能需要提供书面请求，或以其他方式证明自己的身份。优衣库可能会先要求消费性用户验证自己的身份，然后再处理用户的请求。对于那些无端重复、需要过多技术手段（包括需要开发新系统或从根本上改变现行惯例）、给他人合法权益带来风险或者非常不切实际（包括涉及备份磁带上存放的信息）的请求，优衣库可能会予以拒绝。在以下情形中，按照法律法规要求，优衣库将无法响应消费性用户的请求：（1）与国家安全、国防安全直接相关的；（2）与公共安全、公共卫生、重大公共利益直接相关的；（3）与犯罪侦查、起诉、审判和判决执行直接相关的；（4）有充分证据表明用户存在主观恶意或滥用权利的；（5）响应请求将导致用户或其他个人、组织的合法权益受到严重损害的；（6）涉及商业秘密的。

（五）依据双方约定收取商品或服务费用

基于买卖合同的基本原理，支付价款是买受人的主要义务，买受人支付价款应按照合同约定的数额、地点、时间为之。[1] 因此，自建网站电子商务经营者有权依据双方约定收取商品或服务费用。结合上一项权利，根据《迅销（中国）商贸有限公司隐私政策》，对于消费性用户查询、更正、删除信息的合理请求，优衣库原则上不收取费用，但对多次重复、超出合理限度的请求，优衣库将视情况收取一定成本费用。此处收取信息服务费用的权利，仍属于双方约定的范畴，消费性用户应支付合理价款，但具体数额有待明确。

（六）依据双方约定向消费性用户收取押金

自建网站电子商务根据合同履行的需要，有权依据双方约定向消费性用户收取押金，但须遵守相应的押金管理、退还规定，不得对押金的退还设置不合理的限制条件。根据《"哈啰单车"信息服务协议》，上海钧正网络科技有限公司（"哈啰单车"的运营者，以下简称"钧正科技"）有权依据双方约定向消费性用户收取押金，如果发现或收到他人举报消费性用户有或涉嫌有违反双方约定的，钧正

---

〔1〕王利明：《民法》（第 7 版），中国人民大学出版社 2018 年版，第 480 页。

科技有权采取包括但不限于限制、暂停（冻结）、终止消费性用户使用"哈啰单车"账号、相应的押金、余额及相应的一切衍生服务，并且有权根据调查结果自押金中暂停、冻结或扣除应赔偿部分金额，若押金不足以弥补钧正科技损失的，其保留追究法律责任的权利。此处"终止消费性用户使用相应押金"的规定涉嫌违反押金退还义务，属格式条款的无效情形。

（七）因不可抗力因素，无法提供商品或服务时的合同解除权

在因不可抗力致使合同不能履行的场合，解除权由双方当事人享有，任何一方都可行使。在当事人一方违约的情况下，解除权归守约方享有，不然违约方会利用解除制度来谋取不正当利益。因此，自建网站电子商务经营者因不可抗力因素，无法提供商品或服务时有权解除合同。若不可抗力因素发生前已发生违约情形，则过错方应当承担损害赔偿责任。根据《优衣库会员注册协议》，因自然灾害等不可抗力而不能提供商品或服务时，运营方可以在不事先通知用户的情况下，停止或终止提供本平台/本服务。即使因暂停、终止提供本平台/本服务导致用户遭受损害的，除该等损害因优衣库的故意或重大过失导致的情形之外，优衣库不承担责任。本书认为，若不可抗力因素发生前，优衣库已存在迟延履行的情形，应当承担损害赔偿责任。

（八）依据法律规定对发布的信息进行审核

根据《网络安全法》第 47 条的规定，自建网站电子商务经营者有权对网站内发布或传输的信息进行审核，若发现上述信息存在法律、行政法规禁止的情形，应当立即停止传输，并采取消除等处置措施，防止信息扩散，保存有关记录，及时向有关主管部门报告。

二、对其他平台经营者的权利

（一）依法公平竞争

自建网站电子商务经营者有权通过依法公平竞争，获取更高的市场占有率和更大的经济利益。监管部门有责任采取必要措施，鼓励和保护公平竞争行为，制

止不正当竞争行为，为公平竞争创造良好的环境和条件，保护经营者的合法权益。

（二）知识产权不受侵犯

自建网站电子商务经营者享有的知识产权，依法受到保护，其他经营者不得违反知识产权的相关规定，损害其合法权益。监管部门有责任进行监督，加大知识产权保护力度，依法规范市场竞争秩序。

三、其他权利

（一）依法享受税收优惠

自建网站电子商务经营者有权依法享受税收优惠，为促进电子商务发展。我国多地出台电子商务税收支持政策，并通过改革电子商务税收征管方式，促进税收缴纳的便利化。

（二）依法设立网站

网站或其他网络平台的架设，是电子商务得以运行的基础保障。[1] 经营者有权根据法律规定的条件和程序，设立网站并从事电子商务经营活动。

（三）依法发布信息

网站的重要功能即提供电子商务交易的相关信息，故应当允许自建网站电子商务经营者自行发布信息，也应当允许其有权决定是否开设端口由用户直接发布信息。

第四节　自建网站电子商务经营者的义务

根据《商务部关于网上交易的指导意见（暂行）》的规定，自建网站电子商务经营者应提供规范化的网上交易服务，建立和完善各项制度及规则，如用户

---

〔1〕朱晓娟编著：《电子商务法》，中国人民大学出版社 2019 年版，第 44 页。

注册制度、平台交易规则、信息披露与审核制度、隐私权与商业秘密保护制度、消费者权益保护制度、广告发布审核制度、交易安全保障与数据备份制度、争议解决机制、不良信息及垃圾邮件举报处理机制、法律法规规定的其他制度。除此之外，自建网站电子商务经营者还应当遵守社会公德和商业道德，不得损害个人合法权益和社会公共利益。

消费性用户的权利包括安全权、知情权、自主选择权、公平交易权、获取便利权、收货验货和退货权、无理由退货权、评价权、求偿权、信息保护权、监督权。[1]以下自建网站电子商务经营者义务正是基于保障消费性用户上述权利的目的而设立的。

一、对消费性用户的义务

借助网络交易的虚拟性、匿名性、信息不对称性的特点，电子商务经营者更容易利用自己的优势地位侵害消费者的合法权益，因此《电子商务法》特别设置大量保护消费性用户权益的条款，以促进平等原则的实现。电子商务的生命力主要表现为高效和便捷，但高效和便捷必须以安全为前提和基础，因此《电子商务法》以信息安全保障等制度设计，促进交易安全原则的实现。

（一）保障消费性用户人身、财产安全

安全权，是指消费性用户在购买、使用商品或接受服务时所享有的人身和财产安全不受侵害的权利。根据《产品质量法》第 13 条的规定，自建网站电子商务经营者销售的商品或提供的服务应当符合保障人身、财产安全的要求，并符合相关国家标准、行业标准以及符合合同目的的特定标准，不得销售或提供法律、行政法规禁止交易的商品或服务。

根据《消费者权益保护法》第 7 条、第 18 条第 1 款、《电子商务模式规范》第 3.10.2 条的规定，自建网站电子商务经营者应当对可能危及人身、财产安全的商品和服务，以显著方式提请消费性用户注意，并说明防止危害发生的方法。自建网站电子商务经营者发现其提供的商品或者服务存在缺陷，有危及

---

[1] 全国人大财政经济委员会电子商务法起草组编：《中国电子商务立法研究报告》，中国财政经济出版社 2016 年版，第 135 页。

人身、财产安全危险的，应当立即向有关行政部门报告，并告知消费性用户，同时采取停止销售、警示、召回、无害化处理、销毁、停止生产或者服务等措施。采取召回措施的，经营者应当承担消费者因商品被召回支出的必要费用。[1]

（二）保障网络安全及交易安全

电子商务交易的虚拟性加大了交易风险，消费者无法通过网络展示的内容判断其实际经营情况、履约能力及资质等，主体的虚拟化使得交易各个环节都可能产生交易安全问题。[2] 网站内的空间可以类比公共场所，进而基于"场所责任"要求电子商务经营者承担安全保障义务，而网络安全[3] 是交易安全的基础，网络安全和交易安全的实现以交易系统为载体。

根据《电子商务法》第30条的规定，自建网站电子商务经营者应当按照国家信息安全的相关规定，采取必要的技术手段和管理措施，建设、运行、维护交易系统，提供必要、可靠的交易环境和服务，保障交易系统的正常运行，保障网络交易的安全可靠。同时，自建网站电子商务经营者应当制定网络安全事件应急预案，发生网络安全事件时，应当立即启动应急预案，采取相应的补救措施，并向有关主管部门报告。

电子商务经营者具体应采取下列措施，以保障网络安全及交易安全：（1）遵守网络安全等级保护制度的要求，保障网络免受干扰、破坏或者未经授权的访问，防止网络数据泄露或者被窃取、篡改；（2）制定内部安全管理制度和操作规程，确定网络安全负责人，落实网络安全保护责任；（3）监测、记录网络运行状态、网络安全事件，并按照规定留存相关的网络日志不少于6个月；（4）发现其网络产品、服务存在安全缺陷、漏洞等风险时，应当立即采取补救措施，按照规定及时告知用户并向有关主管部门报告；（5）在法律规定或者当事人约定的期限内，为其产品、服务持续提供安全维护；（6）采取数据分类、重要数据备份和加密等措施[4]；（7）为网站内的用户提供安全教育；（8）保障数据存储媒介的安全，在出现不可抗力导

---

〔1〕赵旭东主编：《电子商务法学》，高等教育出版社2019年版，第137页。

〔2〕同上，第55页。

〔3〕《网络安全法》第76条：网络安全是指通过采取必要措施，防范对网络的攻击、侵入、干扰、破坏和非法使用以及意外事故，使网络处于稳定可靠运行的状态，以及保障网络数据的完整性、保密性、可用性的能力。

〔4〕吴旭华、褚霞编著：《中华人民共和国电子商务法原理、实务及案例》，法律出版社2019年版，第124页。

致数据毁损、灭失的情况下，及时通过异地备份的方式恢复数据等。

（三）服务协议及交易规则等信息的公示

电子商务活动以信息为媒介和依托，较之线下经营活动，对信息的依赖性更强。然而，交易信息和交易环节的双重虚拟性导致电子商务经营者与消费性用户之间的信息严重不对称，消费性用户难以认定电子商务经营者的真实身份，进而影响后续的权利救济。信息公示具有如下法律意义：（1）降低交易成本，保障交易安全。（2）推动诚信自律，强化信用约束。（3）保障消费性用户的知情权。[1]根据《电子商务法》第 15 条的规定，自建网站电子商务经营者应当在其首页显著位置，持续公示服务协议、交易规则、营业执照、行政许可、豁免登记等与消费性用户有重大利害关系的信息，或者上述信息的链接标识。上述信息发生变更的，自建网站电子商务经营者应当及时更新公示信息。根据《电子商务模式规范》的规定，自建网站电子商务经营者应当通过合法的途径取得独立的固定网址，网站必须按照 IP 地址备案的要求以电子形式报备 IP 地址信息，并将备案信息刊登在网站首页下方。

从公示内容来看，自建网站电子商务经营者应当在网站内以显著方式持续公示下列信息，并以适当的技术手段保证消费性用户可以随时调阅、下载：（1）营业执照、组织机构代码证、税务登记证以及各类经营许可证；（2）互联网信息服务许可登记或经备案的电子验证、标识；（3）经营地址、法律文书送达地址、邮政编码、电话号码、电子邮箱等有效联系信息；（4）监管部门或消费者投诉机构的联系方式；（5）法律、法规规定的其他应公示的信息。[2]自建网站电子商务经营者还应当定期更新上述信息，并通过企业信用信息公示系统及时进行信息公示。

从公示形式来看，自建网站电子商务经营者应当：（1）在首页上进行公示；（2）在显著位置上进行公示；（3）持续的公示，而且不得随意更改公示内容；（4）完整公示或公示链接，但是要求链接有效。

---

〔1〕消费者知情权主要包括以下几层含义：（1）消费者有权要求经营者按照法律、法规规定的方式标明商品或服务的真实情况；（2）消费者在购买、使用商品或接收服务时，有权询问和了解商品或服务的有关情况；（3）消费者有权知悉商品或服务的真实情况。

〔2〕全国人大财政经济委员会电子商务法起草组编：《中国电子商务立法研究报告》，中国财政经济出版社 2016 年版，第 142 页。

从信息标准来看，自建网站电子商务经营者应该遵循以下原则：(1) 真实准确。必须忠于事实，不得夸大或隐瞒。(2) 完整充分。"完整"是指必须将有关信息完整表示出来，不得故意遗漏不利信息；"充分"是指必须足以使消费性用户作出判断。(3) 便于理解。所采取的文字、语言必须通俗易懂，不得故意使用晦涩的文字、语言。(4) 易于获得。必须便于消费性用户随时调阅、下载，不得运用技术手段故意给访问该信息造成障碍。

(四) 修改服务协议和交易规则的通知

服务协议是指调整和规范自建网站电子商务经营者及网站用户权利与义务关系的协议，内容主要涉及由自建网站电子商务经营者为用户提供网络辅助服务。交易规则是指调整和规范自建网站电子商务经营者及消费性用户交易关系的协议，内容主要包括交易合同如何订立、权利义务的确定、个人信息的保护、争议如何解决等。

自建网站电子商务经营者制定了服务协议和交易规则之后，会因政策法规而调整或因自身需要而修改。但是服务协议和交易规则的修改，直接影响自建网站电子商务经营者、网站用户的权利和义务，因此有必要对修改条件和程序加以限制。

自建网站电子商务经营者修改服务协议和交易规则，应当在网站首页醒目位置公开征求意见，同时应采取合理措施确保交易规则的利益相关方及时知晓并充分表达意见，通过合理方式公开收到的意见及答复处理意见，征求意见的时间不少于七日。除非涉及商业秘密，自建网站电子商务经营者应当在服务协议和交易规则实施前的七日内在网站醒目位置将其公开。

(五) 自行终止业务的信息公示

网站作为一个长期的、稳定的、持续的交易场所，消费性用户自然会对其产生信赖利益。当自建网站电子商务经营者拟终止服务时，因为事关消费性用户的切身利益，应当提前公示，给予消费性用户充分的时间厘清其与自建网站电子商务经营者之间的权利义务关系。基于此，参照《电子商务法》第 16 条的规定，自建网站电子商务经营者自行终止电子商务活动的，应当提前三十日在首页显著位置持续公示有关信息。

线下经营活动即时结清，而电子商务活动存在时空间隔。自行终止业务的信息公示规则不仅能够保证交易履行期内消费性用户及时了解电子商务经营者经营情况和履约能力，还能够帮助拟消费用户决定是否继续交易行为。

（六）全面、真实、准确、及时地披露商品或服务信息

传统的线下交易方式，消费性用户通常是直接接触到产品实物再确认购买，而网上购物是交易在先，确认在后，消费性用户只能凭借网站内的产品展示、推荐来挑选产品，付款后才能接触到产品实物。消费性用户上述交易行为依赖电子商务经营者展示的信息，基于保障消费性用户知情权[1]和公平交易权[2]的考量，自建网站电子商务经营者应全面、真实、准确、及时地披露商品或服务信息，以此减少交易双方的信息不对称。根据《电子商务法》第17条、《反不正当竞争法》第8条的规定，自建网站电子商务经营者不得对其商品的性能、功能、质量、销售状况、用户评价、曾获荣誉等作虚假或者引人误解的商业宣传，欺骗、误导消费性用户，不得以虚构交易、编造用户评价等方式进行虚假或者引人误解的商业宣传。

实务中，虚假宣传行为经常出现。虚假宣传行为是指在商业交易过程中，经营者对其所销售的商品或所提供的服务，作出与真实情况不相符合的宣传，从而对消费者产生误导，使其作出错误的决策，进而获得高于一般经营者的商业交易机会，获取不正当的利益，在市场交易环境中进行不正当竞争的行为。[3]根据《最高人民法院关于审理不正当竞争民事案件应用法律若干问题的解释》第8条的规定，自建网站电子商务经营者具有下列行为之一，足以造成相关公众误解的，可以认定为引人误解的虚假宣传行为：（1）对商品作片面的宣传或者对比的；（2）将科学上未定论的观点、现象等当作定论的事实用于商品宣传的；（3）以歧义性语言或者其他引人误解的方式进行商品宣传的。法院应根据日常生活经验、相关公众一般注意力、发生误解的事实和被宣传对象的实际情况等因素，对引人误解的

---

〔1〕知情权是消费者享有了解与其进行交易的经营者身份、交易条件和程序并知悉购买、使用的商品或接受的服务的真实情况的权利。

〔2〕电子商务消费者公平交易权，是指消费者在与电子商务经营者进行交易的过程中，所享有的获得公平交易条件的权利，具体包括商品应具有适销性、商品或服务的定价合理、商品计量准确等内容。

〔3〕吴旭华、褚霞编著：《中华人民共和国电子商务法原理、实务及案例》，法律出版社2019年版，第40页。

虚假宣传行为进行认定。

（七）提供真实搜索结果

大数据营销是指依托大数据技术，将多平台的大量数据应用于互联网平台广告宣传的营销方式。[1] 实务中，自建网站电子商务经营者会根据消费性用户的消费习惯等特征，提供推荐的搜索结果。

《电子商务法》并不反对自建网站电子商务经营者在征得消费性用户的同意后进行群体数据画像，也不反对在征得消费性用户的明示同意后提供推荐的搜索结果，但要求自建网站电子商务经营者必须同时提供不针对消费者个人特征的搜索结果，并避免大数据杀熟。

（八）保障商品或服务正常交付

公平交易权，是指消费者在购买商品或者接受服务时所享有的获得质量保证、价格合理、计量正确等公平交易条件的权利。[2] 自建网站电子商务经营者应当按照双方约定履行交付义务，即按照约定的质量、数量、价格、时间等交易条件进行交付。根据风险负担原则，自建网站电子商务经营者应当承担运输中的风险，但消费性用户另行选择快递物流服务提供者的除外。

自建网站电子商务经营者应当承担品质担保义务。《民法典》合同编中规定的品质担保义务仅限于物的瑕疵担保。《消费者权益保护法》中规定的品质担保义务包括商品和服务。自建网站电子商务经营者的品质担保义务主要包括两个方面：（1）未通过广告、产品说明、实物样品等方式，对商品、服务的质量作出许诺时，应当保证所提供的商品、服务符合国家标准、行业标准、通常标准以及符合合同目的的特定标准；根据《消费者权益保护法》第 23 条的规定，消费性用户交易前已经知道存在瑕疵，且存在该瑕疵不违反法律强制性规定的除外。（2）通过广告、产品说明、实物样品等方式，对其商品和服务作出许诺时，应当保证其提供的商品、服务符合约定标准。当交易标的是数字产品时，自建网站电子商务经营者应保证该数字产品具有"商业适用性"，方能实现有效的给付。

---

[1] 吴旭华、褚霞编著：《中华人民共和国电子商务法原理、实务及案例》，法律出版社 2019 年版，第 41—42 页。

[2] 赵旭东主编：《电子商务法学》，高等教育出版社 2019 年版，第 133—134 页。

自建网站电子商务经营者提供的商品或者服务不符合上述要求的，消费性用户有权根据法律规定、双方约定要求自建网站电子商务经营者履行退货、换货、修理等义务。

　　自建网站电子商务经营者应当承担权利担保义务，即保证交易标的不存在权利负担，该交易标的不被第三人追索。若第三人对交易标的主张权利，并向消费性用户提出收回该物时，自建网站电子商务经营者有义务证明权利负担不存在，必要时应当参加诉讼并出庭作证。

　　自建网站电子商务经营者应当按照承诺的时间、地点和方式交付商品或提供服务。如果交易规则对交易标的的交付时间、交付地点、交付方式未作明确规定，应当按照《民法典》合同编的规定处理。

（九）尊重消费性用户人格尊严

　　根据《消费者权益保护法》第 14 条的规定，自建网站电子商务经营者应当尊重消费性用户的人格尊严，不得歧视性对待消费性用户，不得以电话、短信等方式对消费性用户进行人格侮辱，不得侵扰消费性用户的私人生活安宁。

　　经营者利用自身的技术优势，通过大数据算法可以准确地掌握消费者的消费习惯、经济承受能力、支付意愿等信息，利用这些信息，实现"消费画像"，并据此实现精准的"价格歧视"，即大数据杀熟，出现"会员价更高"的情况，侵犯消费性用户的公平交易权和知情权。

（十）出具（电子）凭证或单据

　　根据《消费者权益保护法》第 21 条的规定，自建网站电子商务经营者应当按照国家有关规定或者商业惯例向消费性用户出具购货凭证或服务单据；消费性用户索要购货凭证或者服务单据的，自建网站电子商务经营者必须出具。

　　发票[1] 等购货凭证或服务单据具有合同证明、税务管理、财务管理等作用，是消费性用户权利救济的重要依据。购货凭证或服务单据不限于发票，报销单等同样具有上述作用。

　　根据《电子商务法》第 14 条的规定，自建网站电子商务经营者销售商品或

---

〔1〕《中华人民共和国发票管理办法》第 3 条："本办法所称发票，是指在购销商品、提供或者接受服务以及从事其他经营活动中，开具、收取的收付款凭证。"

者提供服务应当依法出具纸质发票或者电子发票等购货凭证或者服务单据，电子发票与纸质发票具有同等法律效力。这也是技术中立原则的体现。电子发票并非一律具有纸质发票的功能，还需要根据电子发票的系统环境和安全措施加以认定。[1]

自建网站电子商务经营者拒不提供购货凭证或服务单据时，消费性用户有权起诉要求自建网站电子商务经营者依法履行凭证或单据的出具义务。

（十一）记录和保存商品或服务信息、交易记录

商品或服务信息、交易记录是电子商务活动的重要凭证，对售后服务的提供、具体交易情况的证明、相关纠纷的解决、消费性用户合法权益的维护具有重要意义。该义务虽是实体法上的义务，目的却指向诉讼法。[2]

在电子商务活动中，所有的交易环节均以数据的形式留存于自建网站电子商务经营者的服务器内，自建网站电子商务经营者具有获取商品或服务信息、交易记录的便利，具备妥善存管上述信息的技术手段和资金实力，因此参照《电子商务法》第31条的规定，自建网站电子商务经营者应承担记录和保存商品或服务信息、交易记录的义务，确保信息的完整性、保密性、可用性，商品和服务信息、交易信息保存时间自交易完成之日起不少于三年；法律、行政法规另有规定的除外。商品或服务信息包括对商品或服务的描述信息、商品或服务的发布时间、发布主体等。交易信息包括交易主体、交易流程、物流配送、商品交付或者服务提供、售后服务等。

自建网站电子商务经营者对商品或服务信息、交易记录的记录与保存应符合信息安全[3]的基本要求，达到国际标准化组织确认的完整性、保密性、可用性的"三性"要求。[4]完整性要求交易全过程被完整记录，数据真实且未被篡改；保密性要求数据不被第三方窃取、修改或泄露；可用性要求数据按照通用格式进行整理和存储，以便随时调阅、下载。《电子商务法》第31条规定的"商品和服务信息、

---

[1] 高富平：《中国电子商务立法研究》，法律出版社2015年版，第168页。

[2] 齐爱民：《电子商务法原论》，武汉大学出版社2010年版，第251页。

[3] 信息安全通常是指信息及信息系统免受未经授权的访问、使用、披露、破坏、修改、记录及销毁等。
全国人大财政经济委员会电子商务法起草组编：《中国电子商务立法研究报告》，中国财政经济出版社2016年版，第222页。

[4] 赵旭东主编：《电子商务法学》，高等教育出版社2019年版，第105页。

交易信息保存时间自交易完成之日起不少于三年"，不因自建网站电子商务经营者终止运营而免除。根据《电子商务法》第24条的规定，自建网站电子商务经营者收到用户信息删除申请的，在核实用户身份后，负有及时删除的义务，法律法规另有规定的除外，但结合《电子商务法》第31条的规定，自建网站电子商务经营者负有妥善保存的义务。两者发生冲突时，自建网站电子商务经营者有权对上述信息进行技术处理，采用诸如加密或脱敏处理等方式，一方面保障消费性用户的个人信息权益，一方面满足监管部门的信息存管要求。

（十二）依法提供信用评价服务

根据《电子商务法》第39条的规定，自建网站电子商务经营者应当建立健全信用评价制度，公示信用评价规则，为消费性用户提供信用评价的途径。除上述积极义务外，自建网站电子商务经营者还应当履行不得删除消费性用户评价的消极义务。自建网站电子商务经营者应当保证消费性用户已经作出的信用评价不被随意篡改，保证信用评价的完整性与真实性。自建网站电子商务经营者在保障消费性用户信用评价完整性与真实性的同时，有权删除带有明显主观恶意的信用评价。

信用评价制度是自建网站电子商务经营者收集消费性用户对其所提供商品或服务的质量、履约情况、服务态度、售后保障等事项作出的主观评价，进行公示且实时更新的制度。自建网站电子商务经营者应采取技术措施保障并鼓励消费性用户进行信用评价，以供拟消费用户参考。

信用评价制度具有以下价值：第一，促使不诚信的经营者退出市场，优化市场秩序。第二，帮助拟消费用户进行交易决策，保障消费性用户表达诉求。第三，推动经营结构优化，满足消费性用户个性需求。第四，改进商品或服务质量，提高行业标准。

实践中违反上述义务的情形主要有：（1）没有提供消费性用户评价的途径；（2）虽然提供了消费性用户评价的途径，但并未将评价内容及时公开；（3）无正当理由删除或屏蔽消费性用户的信用评价；（4）自建网站电子商务经营者支付一定对价让消费性用户删除对其不利的评价；（5）自建网站电子商务经营者雇用"刷客"进行不真实交易，为自己"刷好评"，给其他经营者"刷差评"；（6）自建网站电子商务经营者采取现金抵扣、赠送礼品等方式引诱消费性用户给出高分评价。

《网络交易管理办法》未就经营者与真实的消费者之间的"好评返现"行为是否违法作出明确规定，且无其他法律明确认定"好评返现"活动违法。[1] 但基于社会公共利益的考量，应对"好评返现"行为进行限制。

根据《反不正当竞争法》第 8 条的规定，自建网站电子商务经营者不得以虚构交易、编造用户评价等方式进行虚假或引人误解的商业宣传，欺骗、误导消费性用户，损害消费性用户的知情权和自主选择权。认定是否构成编造用户评价需结合评价主体身份与评价主体的意愿来判断，如果评价主体并非消费性用户或评价主体是消费性用户但违背其真实意愿，则应认定构成编造用户评价，进行虚假或引人误解的商业宣传。

根据《关于对电子商务及分享经济领域炒信行为相关失信主体实施联合惩戒的行动计划》，"炒信"是指在电子商务及分享经济领域以虚构交易和好评、删除不利评价等形式为自己或他人提升信用水平，包括但不限于恶意注册、刷单炒信、虚假评价、刷单骗补以及泄露倒卖个人信息、合谋寄递空包裹等违法违规行为。刷单流程是刷客搜索关键词进入店铺后停留一定的时间，与客服假聊，随后下单，刷客付款可由他人代付、远程付款或自己垫付，商家可真发货或假发货，刷客在物流信息显示已签收后确认收货，进而完成一个虚拟的交易。[2]

（十三）接受消费性用户监督

此项义务同消费性用户的批评监督权相对应。从法律上设定自建网站电子商务经营者接受监督的义务，有利于督促其履行法定义务及约定义务，促使其守法经营，改进商品质量，提升服务水平。[3] 自建网站电子商务经营者应当听取消费性用户的意见，接受消费性用户的监督。自建网站电子商务经营者应当建立便捷、有效的投诉渠道、举报机制，公开投诉、举报方式等信息，及时受理并处理投诉、举报涉及的问题。

（十四）七日无理由退货

基于电子商务的交易延迟性、非当场性和快递物流依赖性等特点，法律赋予

---

[1] 朱晓娟编著：《电子商务法》，中国人民大学出版社 2019 年版，第 48 页。
[2] 吴旭华、褚霞编著：《中华人民共和国电子商务法原理、实务及案例》，法律出版社 2019 年版，第 40 页。
[3] 凌斌主编：《电子商务法》，中国人民大学出版社 2019 年版，第 202 页。

消费性用户反悔权。反悔权，是指消费性用户在交易合同成立并生效、支付价款取得商品后，依照法律或双方约定，在一定期限内享有的无条件退货，而且不必承担违约责任的权利。反悔权具有单方性、限制性、无因性、免责性、直接性和权利复合性。反悔权虽是授权性规范，但适用范围比较严格，仅限于通过网络、电视、电话、邮购等方式购买的商品。与可撤销合同的实现程序相比，消费性用户无须申请仲裁或法院裁判，可直接依法解除合同。[1]

　　根据《消费者权益保护法》第 25 条的规定，自建网站电子商务经营者应承担七日无理由退货的义务，但下列商品除外：(1) 消费者定作的；(2) 鲜活易腐的；(3) 在线下载或者消费者拆封的音像制品、计算机软件等数字化商品；(4) 交付的报纸、期刊；(5) 其他根据商品性质并经消费性用户在购买时确认不宜退货的商品。

　　《消费者权益保护法》第 25 条第 2 款规定了"其他不宜退货的商品"，但并未明确此类商品的范围。[2] 因此，在实践中，自建网站电子商务经营者需要对其交易的商品或提供的服务是否属于"其他不宜退货的商品"的范围进行明确，可拟定不宜退货清单及相应理由，征求消费者协会、行业组织和消费性用户等的意见，并向社会公示，公示期限不少于 30 日。《网络购买商品七日无理由退货暂行办法》第 7 条规定："下列性质的商品经消费者在购买时确认，可以不适用七日无理由退货规定：(一) 拆封后易影响人身安全或者生命健康的商品，或者拆封后易导致商品品质发生改变的商品；(二) 一经激活或者试用后价值贬损较大的商品；(三) 销售时已明示的临近保质期的商品、有瑕疵的商品。"

　　消费性用户应当保持退货商品的完好状态[3]，自建网站电子商务经营者应当自收到商品之日起 7 日内返还商品价款，退货费用由消费性用户承担，双方另有

[1] 赵旭东主编：《电子商务法学》，高等教育出版社 2019 年版，第 135—136 页。

[2] 凌斌主编：《电子商务法》，中国人民大学出版社 2019 年版，第 215 页。

[3]《网络购买商品七日无理由退货暂行办法》第 8 条："消费者退回的商品应当完好。商品能够保持原有品质、功能，商品本身、配件、商标标识齐全的，视为商品完好。消费者基于查验需要而打开商品包装，或者为确认商品的品质、功能而进行合理的调试不影响商品的完好。"第 12 条："消费者退货时应当将商品本身、配件及赠品一并退回。赠品包括赠送的实物、积分、代金券、优惠券等形式。如果赠品不能一并退回，经营者可以要求消费者按照事先标明的赠品价格支付赠品价款。"第 15 条："消费者采用积分、代金券、优惠券等形式支付价款的，网络商品销售者在消费者退还商品后应当以相应形式返还消费者。对积分、代金券、优惠券的使用和返还有约定的，可以从其约定。"

约定的除外。7 日后符合法定合同解除条件的，消费性用户可以选择退货；不符合法定合同解除条件的，消费性用户可以要求自建网站电子商务经营者履行售后服务义务。售后服务义务，是指电子商务经营者提供商品或服务，按照国家规定或与消费性用户的约定，承担包修、包换、包退或者其他责任，不得故意拖延或无理由拒绝。

（十五）保障消费性用户个人信息权益

数据流通是电子商务的本质属性[1]，消费性用户在网站注册时填写的信息、浏览网页、从事交易活动形成的数据等均被记录下来。但基于网络的虚拟性，电子商务领域成为个人信息权益受损的重灾区。重大典型事件包括："小红书"疑似信息泄露致用户被骗、"当当网"用户账户多次遭盗刷、"一号店"员工内外勾结泄露客户信息、携程技术漏洞导致用户个人信息及银行卡信息等泄露、快递单贩卖成"灰色产业链"等。[2]

保障消费性用户个人信息权益的义务，主要基于以下几点考量：第一，基于个人信息受保护权的要求。个人信息受保护权，是指消费者对个人信息所享有的支配、控制和排除他人侵害的权利。[3]第二，基于消费性用户安全权的要求。消费性用户安全权，包括人身安全、财产安全、信息安全。从安全形态上讲，信息安全包括信息存储安全和信息传输安全。前者属于信息的静态安全，后者属于信息的动态安全。从内容上讲，信息安全可以分为信息网络的硬件、软件的安全，信息系统的安全和信息系统中的信息的安全。第三，基于交易安全原则的要求。保障消费性用户个人信息权益，是交易安全原则的应有之义。

根据《网络安全法》第 41 条的规定，自建网站电子商务经营者收集、使用个人信息，应当遵循合法、正当、必要的原则。

第一，合法原则。自建网站电子商务经营者收集、使用个人信息应当遵守法律、行政法规、部门规章的规定。

第二，正当原则。正当原则包括程序正当与目的正当。根据程序正当的要求，自建网站电子商务经营者收集、使用个人信息前应当征得消费性用户同意，收集、

---

[1] 贺琼琼主编：《电子商务法》，武汉大学出版社 2016 年版，第 10 页。
[2] 朱晓娟编著：《电子商务法》，中国人民大学出版社 2019 年版，第 49 页。
[3] 赵旭东主编：《电子商务法学》，高等教育出版社 2019 年版，第 136 页。

使用未成年人信息前还应当征得监护人同意，不得采取非法手段或途径获取个人信息，应当以显著方式公示收集、使用个人信息的规则，保障消费性用户对其信息的查询、修改、删除。根据目的正当的要求，自建网站电子商务经营者收集、使用个人信息的目的是履行合同，而非不正当目的。

第三，必要原则。自建网站电子商务经营者收集、使用个人信息应当具有合同履行的必要性，并应当保障上述信息的安全。

第四，目的特定化原则。自建网站电子商务经营者收集的个人信息不得用于合同履行以外的目的。但在以下情形中，自建网站电子商务经营者收集个人信息用于合同履行以外的目的，无须征求消费性用户的同意：基于法律法规的特殊规定；执行行政机关依法作出的强制行为；执行司法机关依法作出的决定、裁决或判决；为了学术研究或社会公共利益的目的；为保护更大范围内的权利、财产或安全免受损害。[1]

第五，收集个人敏感信息的明示同意原则。根据《信息安全技术个人信息安全规范》的规定，收集个人敏感信息，如身份证号码、银行账户等，应确保提供个人敏感信息的主体作出明示同意是完全知情且自愿的。收集时，应向信息主体告知所提供产品或服务的核心业务功能及所必须收集的个人敏感信息，收集前应允许个人信息主体选择是否提供，当信息主体拒绝提供时，不应以此为由停止提供核心业务功能。

自建网站电子商务经营者不得泄露、篡改、毁损其收集的个人信息；未经消费性用户同意，不得向第三方提供个人信息，但经过处理无法识别特定个人且不能复原的除外。同时，自建网站电子商务经营者应当采取技术措施和其他必要措施，确保其收集的个人信息的安全，在发生或者可能发生个人信息泄露、毁损、丢失的情况时，应当立即采取补救措施，按照规定及时告知用户并向有关主管部门报告。自建网站电子商务经营者应当对其工作人员开展个人信息保护的培训；对个人信息保护情况开展自查；在消费性用户注销账户后，停止使用收集的个人信息，法律法规另有规定的除外。

根据《电子商务法》第 24 条的规定，自建网站电子商务经营者收到消费性用户信息查询或者更正、删除的申请的，应当在核实身份后及时提供查询或者更正、删除用户信息，依照法律、行政法规的规定或双方约定保存的，依照其规定，

---

〔1〕朱晓娟编著:《电子商务法》，中国人民大学出版社 2019 年版，第 42 页。

电子商务经营者不得对用户信息处理设置不合理条件。电子商务活动中处置信息者与信息主体可能不是同一人,因此自建网站电子商务经营者应当通过绑定手机、验证码、身份证输入等方式,确保处置信息者是信息主体。此处的"及时"可以理解为"5—7个工作日",如果有正当理由需要延长的,自建网站电子商务经营者应当先履行告知义务,在适当的延长期限内充分保障消费性用户的权益。[1] 但消费性用户注销账户,自建网站电子商务经营者应当立即删除用户信息,法律法规另有规定的除外。

以下情形中,自建网站电子商务经营者有权拒绝消费性用户的信息查询、修改、删除申请:(1)与国家安全、国防安全直接相关的;(2)与公共安全、公共卫生、重大公共利益直接相关的;(3)与犯罪侦查、起诉、审判和执行判决等直接相关的(如基于证据保存需求的,不得立即删除);(4)个人信息控制者有充分证据表明个人信息主体存在主观恶意或滥用权利的;(5)将导致个人信息主体或其他个人、组织的合法权益受到严重损害的;(6)涉及商业秘密的;(7)双方另有约定且该约定不违反关于格式条款的强制性规定的。[2]

(十六)保证站内交易合法及信息发布、传播合法

自建网站电子商务经营者应承担保证站内交易合法的义务。禁止流通物主要包括专属于国家所有的财产,虽非国家专有但禁止转让物,武器、弹药等,淫秽书画,鸦片等。限制流通物包括计划收购、供应的物资、金银、文物、麻醉品、剧毒品、非军用猎枪等。[3] 自建网站电子商务经营者不得在站内交易上述商品或提供违法服务。

自建网站电子商务经营者应承担保证信息发布、传播合法的义务。自建网站电子商务经营者有权自行发布信息,也有权为消费性用户开设端口,由消费性用户发布信息。因此,自建网站电子商务经营者不仅要保证其发布、传播的信息合法,还要保证消费性用户发布、传播的信息合法。

第一,自建网站电子商务经营者不得制作、复制、发布、传播违法信息。自

---

[1] 参见吴旭华、褚霞编著:《中华人民共和国电子商务法原理、实务及案例》,法律出版社2019年版,第77页。

[2] 同上,第77页。

[3] 同上,第28页。

建网站电子商务经营者发布、传播的信息属于商业信息，受《消费者权益保护法》《产品质量法》《广告法》等规制。根据《互联网广告管理暂行办法》的规定，法律、法规禁止生产、销售的商品或提供的服务，以及禁止发布广告的商品或者服务，不得发布广告；不得发布处方药和烟草的广告；医疗、药品、特殊医学用途配方食品、医疗器械、农药、兽药、保健食品广告等法律、行政法规规定须经广告审查机关进行审查的特殊商品或服务的广告，未经审查不得发布。除此之外，自建网站电子商务经营者还不得制作、复制、发布、传播含有《互联网信息服务管理办法》第 15 条 [1] 规定情形的信息。

第二，用户自行发布信息的，除用户对自己发布的违法违规信息需承担责任外，自建网站电子商务经营者作为网站的管理人，为用户提供了信息发布、传播的工具，且对用户所发布、传播的信息具有管理能力，因而需承担管理人责任，至于具体的责任类型，则需要根据具体行为进行判断，但自建网站电子商务经营者承担责任以知道为要件。根据《互联网信息服务管理办法》第 16 条、《电信和互联网用户个人信息保护规定》第 14 条、《电信条例》第 61 条的规定，自建网站电子商务经营者发现其网站传输违法信息时，应当立即停止传输，保存有关记录，并向国家有关机关报告。网络交易平台经营者应建立信息检查和不良信息处理制度，对于发现的违反法律法规和规章的行为，必要时可以停止对该用户提供网络服务。

（十七）押金退还

押金是指当事人双方约定，债务人或第三人向债权人给付一定的金额作为债务人履行债务的担保，债务履行时，返还押金或予以抵扣，债务不履行时，债权人得就该款项优先受偿。[2]

自建网站电子商务经营者按照约定向消费性用户收取押金的，应当明示押金

---

[1]《互联网信息服务管理办法》第 15 条："互联网信息服务提供者不得制作、复制、发布、传播含有下列内容的信息：（一）反对宪法所确定的基本原则的；（二）危害国家安全，泄露国家秘密，颠覆国家政权，破坏国家统一的；（三）损害国家荣誉和利益的；（四）煽动民族仇恨、民族歧视，破坏民族团结的；（五）破坏国家宗教政策，宣扬邪教和封建迷信的；（六）散布谣言，扰乱社会秩序，破坏社会稳定的；（七）散布淫秽、色情、赌博、暴力、凶杀、恐怖或者教唆犯罪的；（八）侮辱或者诽谤他人，侵害他人合法权益的；（九）含有法律、行政法规禁止的其他内容的。"

[2] 吴旭华、褚霞编著：《中华人民共和国电子商务法原理、实务及案例》，法律出版社 2019 年版，第 43 页。

退还的方式、程序；消费性用户申请退还押金的，自建网站电子商务经营者应当按照约定及时退还。自建网站电子商务经营者不得对押金退还的方式、程序、条件作不合理限制，致使消费性用户无法正常退还押金或在退还押金过程中困难重重。

（十八）未经提请注意不得搭售

根据《消费者权益保护法》第9条的规定，消费性用户有权自主选择商品或服务的提供者、提供方式，自主决定是否有偿接受商品或服务。搭售，是指自建网站电子商务经营者在商品、服务交易过程中，要求消费性用户有偿接受其他商品、服务的行为。搭售具有如下特点：(1) 主要的表现形式是软件捆绑、链接捆绑、服务捆绑等。(2) 相比线下经营活动，更具有技术性和隐蔽性，消费性用户很难发现搭售的存在。

根据《电子商务法》第19条的规定，自建网站电子商务经营者搭售商品或者服务，应当以显著方式提请消费性用户注意，不得将搭售商品或者服务作为默认同意的选项。上述规定符合国际上承认搭售合理性的趋势，一方面尊重自建网站电子商务经营者的自主经营权，另一方面保障消费性用户的自主选择权，实现自建网站电子商务经营者与消费性用户之间的利益平衡。

至于何为"显著方式"，可以借鉴《最高人民法院关于适用〈中华人民共和国合同法〉若干问题的解释（二）》对格式合同条款订立中提供格式条款一方提请注意的规定，自建网站电子商务经营者应当在合同订立时采用足以引起消费性用户注意的文字、符号、字体等特别标识。消费性用户已知晓搭售内容且决定继续交易的，应尊重其交易自由。

二、对其他经营者的义务

公平竞争是电子商务健康发展的必然要求。经济法上公平竞争的内涵主要包括两个方面：一是平等竞争，二是自由竞争和正当竞争。所谓平等竞争，旨在强调保证各市场竞争主体机会平等，同时各经营者享有平等的法律地位。所谓自由竞争和正当竞争，旨在强调竞争的自愿、合理、适度和适当。[1] 为推动电子商务

---

[1] 李曙光主编：《经济法学》，中国政法大学出版社2007年版，第52页。

健康发展，自建网站电子商务经营者应公平竞争，不得滥用市场支配地位排除、限制竞争，不得从事不正当竞争。

（一）不得滥用市场支配地位排除、限制竞争

根据《电子商务法》第 22 条的规定，自建网站电子商务经营者因其技术优势、用户数量、对相关行业的控制能力以及其他经营者对该电子商务经营者在交易上的依赖程度等因素而具有市场支配地位的，不得滥用市场支配地位，排除、限制竞争。

关于市场支配地位的判断，《反垄断法》第 18 条、第 19 条规定了认定或推定经营者具有市场支配地位的因素。在"北京奇虎科技有限公司诉腾讯科技（深圳）有限公司、深圳市腾讯计算机系统有限公司滥用市场支配地位纠纷案"中，法院认为："市场份额只是判断市场支配地位的一项比较粗糙且可能具有误导性的指标……互联网环境下的竞争具有高度动态的特征，相关市场的边界远不如传统领域那样清晰，在此情况下，更不能高估市场份额的指示作用，而应更多地关注市场进入、经营者的市场行为、对经营的影响等有助于判断市场支配地位的具体事实和证据。"[1] 综上所述，判断是否具有市场支配地位需要考虑四点：(1) 技术优势；(2) 用户优势；(3) 对相关行业的控制能力；(4) 其他经营者对该自建网站电子商务经营者的依赖程度。

关于相关市场的判断，需考虑互联网企业所独有的双边市场、业务综合性与强网络外部性等特点。[2] 电子商务活动模糊了相关市场的自然边界，从电子商务经营者的角度来看，不论立法、司法如何界定"相关市场"，当不同的电子商务经营者竞争同一消费群体时，即处于同一"相关市场"。在最高人民法院看来，电子商务领域相关市场和市场支配地位的判断，不能简单地以市场占有率和某个单一产品市场为依据。采用价格上涨的测试方法将导致相关市场界定过宽，应当采用质量下降的假定垄断者测试进行定性分析。[3]

---

〔1〕《最高人民法院指导案例 78 号：北京奇虎科技有限公司诉腾讯科技（深圳）有限公司、深圳市腾讯计算机系统有限公司滥用市场支配地位纠纷案》，载《人民法院报》，2017 年 3 月 16 日。

〔2〕赵旭东主编：《电子商务法学》，高等教育出版社 2019 年版，第 190 页。

〔3〕凌斌主编：《电子商务法》，中国人民大学出版社 2019 年版，第 61 页。

(二) 不得从事不正当竞争行为

在电子商务领域，我国现行《反垄断法》规定的垄断协议、滥用市场支配地位、经营者集中与行政垄断四种传统的垄断行为与《反不正当竞争法》规定的商业标识的混淆、商业贿赂、不正当宣传、侵犯商业秘密、不正当有奖销售和商业诋毁六种传统的不正当竞争行为均有发生。[1]

1. 不得实施商业诽谤行为

根据《反不正当竞争法》第 2 条第 1 款的规定，自建网站电子商务经营者应当遵循平等、自愿、公平、诚信的原则提供商品或服务，不得捏造、散布虚伪事实，损害竞争对手的商业信誉、商品声誉。自建网站电子商务经营者不得通过虚假交易恶意给竞争对手"刷差评"，或通过"职业差评师"对商业对手进行商业诋毁，以此获得竞争优势。根据《反不正当竞争法》第 24 条的规定，自建网站电子商务经营者若有上述行为，监管部门有权责令其停止违法行为，并处 10 万元以上 50 万元以下的罚款；情节严重的，处 50 万元以上 300 万元以下的罚款。

2. 不得实施欺骗性市场交易行为

根据《反不正当竞争法》第 6 条的规定，自建网站电子商务经营者应当遵循平等、自愿、公平、诚信的原则提供服务，不得实施混淆行为，引人误认为是他人商品或者与他人存在特定联系，欺骗消费性用户进行商品或服务交易。

恶意抢注域名是电子商务领域的突出问题。将知名度较高的商标抢注为域名使用，必然会造成混淆，引人误认为是他人商品或者与他人存在特定联系，属于欺骗性市场交易行为，构成不正当竞争。自建网站电子商务经营者使用与他人有一定影响的商品名称、包装、装潢等相同或者近似的标识等混淆手段，消费性用户尽到交易上的合理注意义务后，仍误认为是他人商品或者与他人存在特定联系的，属于欺骗性市场交易行为，构成不正当竞争。

3. 不得从事法律禁止的有奖销售行为

根据《网络交易管理办法》第 19 条第 (三) 项的规定，自建网站电子商务经营者应当遵循平等、自愿、公平、诚信的原则提供服务，不得利用网络技术手段或者载体等方式，"以虚拟物品为奖品进行抽奖式的有奖销售，虚拟物品在网络市场约定金额超过法律法规允许的限额"。

---

[1] 赵旭东主编：《电子商务法学》，高等教育出版社 2019 年版，第 189 页。

4. 不得实施虚假宣传或引人误解的商业宣传

根据《反不正当竞争法》第 8 条、第 11 条的规定，自建网站电子商务经营者应当遵循平等、自愿、公平、诚信的原则提供服务，不得对其商品的性能、功能、质量、销售状况、用户评价、曾获荣誉等作虚假或者引人误解的商业宣传，欺骗、误导消费性用户；不得通过组织虚假交易等方式，帮助其他经营者进行虚假或者引人误解的商业宣传；不得编造、传播虚假信息或者误导性信息，损害竞争对手的商业信誉、商品声誉。

虚假宣传，是指自建网站电子商务经营者对商品或服务的质量等作虚假或引人误解的商业宣传，使消费性用户尽到交易上的合理注意义务后，仍产生或保有错误认识，并基于错误认识决定继续交易。虚假宣传行为不仅破坏了市场正常竞争秩序，还损害了消费性用户的知情权与自主选择权。实践中，"刷好评"和"刷差评"是最典型的虚假宣传行为。《网络零售平台虚假交易管理规范》也设立了虚假交易的认定机制、投诉机制、处罚措施等标准指引。

5. 其他不正当竞争行为

根据《反不正当竞争法》第 12 条、《网络交易管理办法》第 20 条的规定，自建网站电子商务经营者应当遵循平等、自愿、公平、诚信的原则提供服务，不得利用技术手段，通过影响用户选择或者其他方式，实施下列妨碍、破坏其他经营者合法提供的网络产品或者服务正常运行的行为：（1）未经其他经营者同意，在其合法提供的网络产品或者服务中，插入链接、强制进行目标跳转；（2）误导、欺骗、强迫用户修改、关闭、卸载其他经营者合法提供的网络产品或者服务；（3）恶意对其他经营者合法提供的网络产品或者服务实施不兼容；（4）不得对竞争对手的网站或者网页进行非法技术攻击；（5）其他妨碍、破坏其他经营者合法提供的网络产品或者服务正常运行的行为。

（三）知识产权的保护义务

根据《网络交易管理办法》第 15 条的规定，电子商务经营者销售商品或者提供服务，应当遵守《商标法》《企业名称登记管理规定》等法律、法规、规章的规定，不得侵犯他人的注册商标专用权、企业名称权等权利。参照《电子商务法》第 41 条的规定，自建网站电子商务经营者应当建立知识产权保护规则，不得侵犯知识产权权利人的合法权益。

三、对国家、社会的义务

(一) 配合政府监管

根据《电子商务法》第 25 条的规定，如有关主管部门依照法律、行政法规的规定要求自建网站电子商务经营者提供有关电子商务数据信息的，自建网站电子商务经营者应当提供。尽管《互联网信息服务管理办法》要求网站必须监管并报告的信息多为涉及国家安全的信息，但"含有其他法律、行政法规禁止的内容的"这一兜底条款为网站承担更多的法律义务提供了依据。[1]

(二) 配合司法机关

自建网站电子商务经营者应积极协助司法机关查处商品或服务违法交易行为，提供涉嫌违法者的登录信息、交易数据等相关资料。

消费性用户不得以自建网站电子商务经营者向司法机关提供其身份信息、交易数据等，主张自建网站电子商务经营者侵犯其个人信息权益或隐私权。实务中，自建网站电子商务经营者常以保护消费性用户隐私权或个人信息权益为由，拒绝律师的调查取证。从广义上讲，律师的调查取证属于司法行为，在律师已提供相关手续的情况下，自建网站电子商务经营者有义务配合，且不会因其配合行为而承担侵权责任。

(三) 环境保护

根据《民法典》第 9 条、《电子商务法》第 13 条的规定，自建网站电子商务经营者销售的商品或者提供的服务应当符合环境保护要求，有助于协调经济发展与环境保护、交易安全与生态安全、代内公平与代际公平之间的关系。自建网站电子商务经营者从事电子商务活动时，应当承担环境保护的义务，提供有利于环境保护的商品或服务，保护自然环境，节约自然资源。

---

[1] 全国人大财政经济委员会电子商务法起草组编：《中国电子商务立法研究报告》，中国财政经济出版社 2016 年版，第 285 页。

(四) 依法纳税

根据《电子商务法》第 11 条的规定，自建网站电子商务经营者应当依法履行纳税义务，并依法享受税收优惠。结合《税收征收管理法》的规定，自建网站电子商务经营者应当依法办理税务登记，设置财务账簿、开具发票，安装和使用税控装置，保管账簿、记账凭证、完税凭证及其他有关资料，办理纳税申报和报送纳税资料，缴纳税款，接受税务机关依法检查。

《企业所得税法》与《个人所得税法》调整税款征收与缴纳法律关系，《税收征收管理法》规范税款的征收管理工作。自建网站电子商务经营者依据市场主体登记的具体形态分别适用《企业所得税法》与《个人所得税法》。若自建网站电子商务经营者属于企业和其他取得收入的组织，则受《企业所得税法》调整；若自建网站电子商务经营者属于个人独资企业与合伙企业，则受《个人所得税法》调整。

关于纳税申报，根据《税收征收管理法》的规定，自建网站电子商务经营者应遵循下列规则：第一，依照法律、行政法规规定或者税务机关依照法律、行政法规规定确定的申报期限、申报内容如实办理纳税申报，报送纳税申报表、财务会计报表以及税务机关根据实际需要要求纳税人报送的其他纳税资料；第二，可以直接到税务机关办理纳税申报，也可以按照规定采取邮寄、数据电文或者其他方式办理上述申报事项；第三，不能按期办理纳税申报的，应当向税务机关提出申请，经税务机关核准后方可延期申报，应当在纳税期内按照上期实际缴纳的税额或者税务机关核定的数额预缴税款，并在核准的延期内办理税款结算。[1]

关于税收种类，电子商务领域相关的主要税收种类有增值税、消费税和关税。

第一，根据《增值税暂行条例》第 1 条的规定，我国增值税的征税范围或称应税行为，包括销售货物，或者加工、修理修配劳务，销售服务、无形资产、不动产以及进口货物等。根据线上线下一致的原则，自建网站电子商务经营者也应就其交易商品或提供服务的行为缴纳增值税。根据《关于实施支持跨境电子商务零售出口有关政策的意见》第 1 条第 (六) 项的规定，自建网站电子商务经营者

---

[1] 赵旭东主编：《电子商务法学》，高等教育出版社 2019 年版，第 54 页。

提供的商品若属于"符合条件的电子商务出口货物",则适用增值税免税或退税政策。

第二,根据《消费税暂行条例》第1条的规定,自建网站电子商务经营者若属于"国务院确定的销售本条例规定的消费品的单位",则应缴纳消费税。根据《关于实施支持跨境电子商务零售出口有关政策的意见》第1条第(六)项的规定,自建网站电子商务经营者提供的商品若属于"符合条件的电子商务出口货物",则适用消费税免税或退税政策。

第三,根据《财政部 海关总署 国家税务总局关于跨境电子商务零售进口税收政策的通知》(以下简称《通知》)第1条的规定,购买跨境电子商务零售进口商品的个人是纳税义务人,自建网站电子商务经营者是代扣代缴义务人,完税价格是实际交易价格(货物零售价格、运费和保险费),按照跨境电子商务零售进口商品类型征收关税和进口环节增值税、消费税。根据《通知》第3条的规定,单次交易限额2000元内、个人年度交易限额20000元内,关税税率暂设为0%,进口环节增值税、消费税暂按法定应税税额的70%征收。超过上述限额,或完税价格超过2000元限值的单个不可分割商品,全额征税。根据《通知》第4条的规定,跨境电子商务零售进口商品自海关放行之日起30日内退货的,可申请退税。

关于税收优惠,基于线上线下一致原则:第一,根据《企业所得税法》第27条第(一)项的规定,自建网站电子商务经营者销售农、林、牧、副、渔业产品时,应与线下的经营者享受同等的税收优惠。第二,根据《企业所得税法》第28条的规定,自建网站电子商务经营者若属于符合条件的小型微利企业或国家需要重点扶持的高新技术企业,应与线下的经营者享受同等的税收优惠。第三,根据《个人所得税法》第4条、第5条的规定,自建网站电子商务经营者若满足规定情形,免征或减征个人所得税。

(五)反洗钱

根据《反洗钱法》的规定,自建网站电子商务经营者应当配合国务院反洗钱行政主管部门,建立健全客户身份识别制度、客户身份资料和交易记录保存制度、大额交易和可疑交易报告制度,切实履行反洗钱义务。

第五节　自建网站电子商务经营者的责任

电子商务活动中，常有不法电子商务经营者，利用虚拟的网络交易环境，肆意侵害消费性用户的合法权益，严重破坏了市场秩序，极大损害了消费者的信心。因此下文从民事责任、行政责任、刑事责任三个维度明晰自建网站电子商务经营者的法律责任。

一、民事责任

基于诚实信用原则[1] 和消费性用户的求偿权[2]，建构民事责任的保护体系。

（一）违约责任

根据《电子商务法》第 49 条的规定，自建网站电子商务经营者发布的商品或者服务信息符合要约条件的，消费性用户选择该商品或者服务并提交订单成功，合同成立，另有约定的除外。自建网站电子商务经营者不得以格式条款等方式约定消费性用户支付价款后合同不成立；格式条款等含有该内容的，其内容无效。

根据服务协议和交易规则，自建网站电子商务经营者与消费性用户之间不仅存在买卖合同关系，还存在信息服务关系。此处的违约责任是指自建网站电子商务经营者违反服务协议或交易规则应承担的法律责任，双方之间的买卖合同纠纷，应依照交易规则及相关法律规定处理，双方之间的信息服务纠纷，应依照服务协议及相关法律规定处理。

服务协议和交易规则由自建网站电子商务经营者单方制定，因此需征得消费性用户同意方对其生效。当双方之间产生纠纷，需援用服务协议和交易规则时，

---

〔1〕诚实信用原则既是指导市场主体开展电子商务活动的行为指南，也是对电子商务合同和其他经济法律文书予以妥当解释的重要规则，还是指导法院和仲裁机构作出公平裁判的法律渊源。

〔2〕求偿权是指消费性用户因购买、使用商品或接受服务而受到人身、财产损害，依法获得赔偿的权利。根据《消费者权益保护法》第 49 条的规定，自建网站电子商务经营者提供商品或服务有欺诈行为的，应当按照消费性用户的要求增加赔偿其受到的损失，增加赔偿的金额为消费性用户购买商品的价款或者接受服务的费用的一倍。

法院或仲裁机构应首先对服务协议和交易规则的合法性进行审查，其次对是否征得消费性用户同意进行审查，若不存在上述无效及不生效情形，则可作为纠纷解决的依据。

电子商务活动中，自建网站电子商务经营者违反诚实信用原则，滥用合同成立约定条款，恶意"砍单"导致合同不成立，或者伪造他人身份订立合同导致合同不成立等，应当承担缔约过失责任。

预期违约包括明示预期违约和默示预期违约。自建网站电子商务经营者在履行期限到来前明确表示其将不履行合同（如发货期限到来前拒绝发货），属于明示预期违约。自建网站电子商务经营者在履行期到来前以其行为表明其将不履行合同（如大额交易履行前抽逃资金、转移财产），属于默示预期违约，但要求有确切证据加以证明。

实际违约是指自建网站电子商务经营者在履行期到来后，不履行或不完全履行合同义务，包括基于某种事由而履行不能、无正当理由而拒绝履行、履行不符合约定（迟延履行、不适当履行）。

自建网站电子商务经营者的违约责任以无过错责任为责任常态，根据《民法典》第 577 条、第 585 条、第 586 条、第 587 条的规定，消费性用户对自建网站电子商务经营者享有要求继续履行、采取补救措施、减少支付价款、解除合同并损害赔偿等请求权，是否承担违约责任应依照服务协议及交易规则处理。但若满足法定的免责条件，或满足约定的免责条件且该免责条款未被认定为无效，自建网站电子商务经营者不承担违约责任。若符合《民法典》第 497 条规定的"不合理地免除或者减轻其责任、加重对方责任、限制对方主要权利""排除对方主要权利"的情形，则该免责条款应被认定为无效。损害赔偿的范围是履行利益，以可预见的利益为限，但实务中部分损失难以确定。

（二）侵权责任

根据《民法典》第 1194 条第 1 款的规定，自建网站电子商务经营者在电子商务活动中违反法律规定，实施侵权行为，使消费性用户因上述侵权责任遭受损失，则应当承担侵权责任。侵权责任包含四个构成要件：侵权行为、损害后果、因果关系和主观过错。主观过错具体表现为故意和过失两种形式。

根据责任人是否直接实施了侵权行为，侵权责任可以分为因自己行为而承担的责任和因他人实施侵权行为而承担的责任，前者是侵权责任的通常状态，后者是侵权责任的特殊形态，只有在法律明确规定的前提下，才可以对特定主体课以责任。[1]

根据侵权人与被侵权人的过错形态，侵权责任可分为单方责任与双方责任，单方责任依据过错责任的原则，双方责任依据过失相抵的原则[2]。

根据行为人对损害结果的发生是否存在共同过错，侵权责任可分为单独责任与共同责任。共同责任又分为：加害主体之间无共同意思联络的按份责任，基于共同故意的连带责任，能够确定最终责任人的不真正连带责任，真正的责任主体责任能力欠缺时的补充责任。[3]电子商务活动环节众多，所涉主体众多，共同责任的形式也较多。

1.侵犯人格权

人格权是民事主体享有的生命权、身体权、健康权、姓名权、名称权、肖像权、名誉权、荣誉权、隐私权等权利。电子商务活动中常见的侵权行为包括侵犯肖像权、名誉权、隐私权。

侵犯肖像权的情形常表现在未经肖像权人同意，使用其肖像进行商业宣传。侵犯名誉权的情形常表现在捏造、散布虚伪事实，损害其他经营者的商业信誉、商品声誉。侵犯隐私权的情形常表现在以刺探、侵扰、泄露、公开等方式侵害消费性用户的私人生活安宁。

除此之外，网络用户通过留言等方式侵犯其他用户时，自建网站电子商务经营者作为网站的运营者和管理者，是否对上述侵权用户的行为承担责任，需要从自建网站电子商务经营者是否尽到管理义务、是否存在重大过失等角度进行综合判断。

根据《最高人民法院关于审理利用信息网络侵害人身权益民事纠纷案件适用法律若干问题的规定》第17条、第18条，自建网站电子商务经营者侵害他人人身权益，造成财产损失或者严重精神损害，应当承担赔偿责任，被侵权人为制止侵权行为所支付的合理开支，可以认定为财产损失；精神损害的赔偿数额，根据

---

[1] 全国人大财政经济委员会电子商务法起草组编：《中国电子商务立法研究报告》，中国财政经济出版社2016年版，第34页。

[2] 过失相抵是指对于某一法律后果，基于被侵权人对损害结果的发生也有过错，侵权行为人得以减轻或免除责任。

[3] 秦立崴、秦成德主编：《电子商务法》（第2版），重庆大学出版社2016年版，第354页。

《最高人民法院关于确定民事侵权精神损害赔偿责任若干问题的解释》第 10 条的规定予以确定。

2. 侵犯财产权

自建网站电子商务经营者违反《电子商务法》第 30 条规定的网络安全保障义务，由此导致的财产损害，根据《网络安全法》第 74 条第 1 款的规定，应当承担赔偿责任。自建网站电子商务经营者违反《电子商务法》第 13 条规定的保障消费性用户人身、财产安全的义务，由此导致的财产损害，根据《消费者权益保护法》第 40 条的规定，应当承担赔偿责任，若属于生产者的责任或者属于向自建网站电子商务经营者提供商品的其他销售者的责任，自建网站电子商务经营者有权向生产者或者其他销售者追偿。

3. 侵犯个人信息权益

侵犯个人信息权益的行为主要有收集侵权、处理侵权、控制侵权三种表现形式。

收集侵权行为主要包括：（1）未经消费性用户同意收集其个人信息；（2）超越必要范围收集个人信息，收集从事经营、提供服务所必需范围之外的个人信息，或违反双方约定收集信息。自建网站电子商务经营者收集侵权常借助于 Cookies[1] 等计算机程序。

处理侵权行为主要包括：（1）个人信息画像。（2）信息侵扰。侵扰式利用是指未经信息主体同意，利用其个人信息进行滋扰式的商业推介或商业报复。[2]

控制侵权行为主要包括：（1）消极泄露。自建网站电子商务经营者未尽到信息安全保障义务，导致网站内的用户信息被窃取，属于不作为侵权。（2）不当披露。自建网站电子商务经营者未经消费性用户同意，不当披露消费性用户的个人信息。

根据《电子商务法》第 24 条、第 74 条的规定，自建网站电子商务经营者未明示用户信息查询、更正、删除以及用户注销的方式、程序，或对消费性用户信息查询、更正、删除、注销设置不合理条件，造成他人损害的，应当依法承担民事责任。《最高人民法院关于审理利用信息网络侵害人身权益民事纠纷案件适用法律若干问题的规定》规定了侵犯个人信息权利的责任承担方式、经济损失计算的相关内容，既包括赔礼道歉、消除影响等精神性的责任承担方式，也包括财产

---

[1] Cookies 是指网络服务商产生的、储存于用户电脑的信息片段，以备日后访问。

[2] 赵旭东主编：《电子商务法学》，高等教育出版社 2019 年版，第 178 页。

赔偿、精神损害赔偿等财产性的责任承担方式。[1] 但基于以下原因，财产性的责任承担方式未能充分发挥其应有的作用：（1）数额难以计算。（2）举证责任分配导致维权困难。（3）单独起诉成本高昂。

4. 侵犯知识产权

知识产权又称智力成果权，是人们对于自己智力活动创造的成果和经营管理活动中的标记、信誉所依法享有的专有权利。[2] 自建网站电子商务经营者知识产权侵权行为主要表现为著作权侵权、商标权[3] 侵权，例如自建网站电子商务经营者擅自将他人作品进行数字化传输，擅自使用他人的注册商标或者驰名商标标识商品等。电子商务活动中较为特殊的侵权行为是将他人的商标注册作为自己网页的搜索关键词或将他人的商标埋在自己的源代码中，当网络用户搜索关键词或商标时，链接到侵权主体的网页，以此分享商标的知名度。[4] 根据《著作权法》第 47 条、第 48 条，《商标法》第 57 条、第 63 条，自建网站电子商务经营者从事知识产权侵权行为的，应当停止侵害、消除影响、赔偿损失。根据《最高人民法院关于审理商标民事纠纷案件适用法律若干问题的解释》的规定，侵权所获得利益可根据侵权商品销售量与该商品单位利润乘积计算，若该商品单位利润无法查明，则可根据注册商标商品的单位利润计算。制止侵权行为所支付的合理开支，包括权利人或者委托代理人对侵权行为进行调查、取证的合理费用。根据《商标法》第 63 条的规定，侵权获利、被侵权人损失都难以确定时，赔偿上限为 300 万元。

5. 侵犯商业标识

电子商务活动中，除商标外，域名[5] 等重要的商业标识对于电子商务经营者的正常经营活动也至关重要。常见的域名侵权包括"利用相似域名混淆他人域名"和"将他人的注册商标注册为域名"两类。前一类纠纷主要依据《反不正当竞争法》进行规制，后一类纠纷由《最高人民法院关于审理商标民事纠纷

---

〔1〕凌斌主编：《电子商务法》，中国人民大学出版社 2019 年版，第 227 页。

〔2〕吴汉东主编：《知识产权法学》（第 6 版），法律出版社 2009 年版，第 5 页。

〔3〕商标权是指商标所有权人在法律规定的有效期内，对其经商标管理机关核准注册的商标所享有的独占地、排他地使用和处分的权利。

〔4〕凌斌主编：《电子商务法》，中国人民大学出版社 2019 年版，第 190 页。

〔5〕域名是因特网上用户在网络中的名称和地址。域名具有技术性和标识性两方面的功能。技术功能是指域名注册人在网络上的地址；标识功能是指域名注册人在因特网上代表自己的标志。

案件适用法律若干问题的解释》第 1 条第 3 项和《商标法》第 52 条第 5 项的规定综合规制。

自建网站电子商务经营者未经许可，在自己的网站上使用他人的商标或包含了他人商标的域名、网上地址、商号、厂商名称或者知名商品特有的名称、包装、装潢作为链接，以使网络用户被链接到自己的网站，此种侵权也被称为"隐形侵权"。

根据《最高人民法院关于审理涉及计算机网络域名民事纠纷案件适用法律若干问题的解释》第 4 条的规定，对上述第二类纠纷的判定需要考虑以下要素：（1）原告请求保护的民事权益合法有效；（2）被告域名或其主要部分构成对原告驰名商标的复制、模仿、翻译或音译；或者与原告的注册商标、域名等相同或近似，足以造成相关公众的误认；（3）被告对该域名或其主要部分不享有权益，也无注册、使用该域名的正当理由；（4）被告对该域名的注册、使用具有恶意。

针对善意先注册他人厂商名称（商号）行为和恶意抢先注册他人厂商名称（商号）而不使用的行为，可以扩大对《企业名称登记管理规定》第 27 条的解释，将域名抢注行为明确列入"其他侵犯他人企业名称专用权的行为"中，一旦引起纠纷，被侵权人就可以此为据，请求保护自己的域名权。[1]

（三）民事责任的竞合

自建网站电子商务经营者民事责任竞合主要集中于侵权责任与违约责任的竞合。根据《民法典》第 186 条 [2] 的规定，自建网站电子商务经营者单方面的违约行为造成消费性用户人身权益、财产权益受到损害的，消费性用户有权选择请求其承担违约责任或者侵权责任，以最大限度地弥补损失。

二、行政责任

（一）违反信息公示以及信息更新义务的行政处罚

自建网站电子商务经营者违反《电子商务法》第 15 条规定的信息公示及信

---

[1] 秦立崴、秦成德主编：《电子商务法》（第 2 版），重庆大学出版社 2016 年版，第 303 页。
[2]《民法典》第 186 条："因当事人一方的违约行为，损害对方人身权益、财产权益的，受损害方有权选择请求其承担违约责任或者侵权责任。"

息更新义务，主要涉及以下情形：（1）未在网站首页的显著位置持续公示营业执照信息、行政许可信息，或者上述信息的链接标识；（2）终止提供信息服务，未提前 30 日在首页的显著位置持续公示终止信息；（3）未在网站首页的显著位置持续公示服务协议、交易规则，或者上述信息的链接标识；（4）修改服务协议、交易规则，未提前 7 日在首页的显著位置予以公示。

根据《电子商务法》第 81 条的规定，自建网站电子商务经营者违反信息公示及信息更新义务的，由市场监督管理部门责令限期改正，可以处 2 万元以上 10 万元以下的罚款；情节严重的，处 10 万元以上 50 万元以下的罚款。

（二）违反市场主体登记义务和纳税义务的行政处罚

自建网站电子商务经营者违反《电子商务法》第 10 条规定的市场主体登记义务，根据《无证无照经营查处办法》第 13 条的规定，由工商行政管理部门责令停止违法行为，没收违法所得，并处 1 万元以下的罚款。

自建网站电子商务经营者违反《电子商务法》第 11 条规定的纳税申报和税务登记义务，根据《税收征收管理法》的规定处罚。

（三）违反信息提供义务的行政处罚

自建网站电子商务经营者违反《电子商务法》第 25 条规定的向有关部门报送信息的义务，根据《电子商务法》第 75 条的规定，按照有关法律、行政法规处罚。但目前我国法律、行政法规并未专门规定违反此项义务的处罚内容，可以参照相关法律、行政法规中不履行配合调查和提供资料义务的规定处罚。例如，根据《反不正当竞争法》第 28 条的规定，妨害监督检查部门依照本法履行职责，拒绝、阻碍调查的，由监督检查部门责令改正，对单位可以处 5 万元以下的罚款，并可以由公安机关依法给予治安管理处罚。

（四）违反行政许可的相关规定的行政处罚

自建网站电子商务经营者违反《电子商务法》第 12 条规定的需要取得行政许可的事项应依法取得许可的义务，根据《电子商务法》第 75 条的规定，按照有关法律、行政法规处罚。根据《行政许可法》第 81 条的规定，行政机关应当依法采取措施予以制止，并给予行政处罚；构成犯罪的，依法追究刑事责任。

（五）违反搭售方式和条件显著提醒义务的行政处罚

自建网站电子商务经营者违反《电子商务法》第 19 条规定的搭售方式和条件显著提醒义务，根据《电子商务法》第 77 条的规定，由市场监督管理部门责令限期改正，没收违法所得，可以并处 5 万元以上 20 万元以下的罚款；情节严重的，并处 20 万元以上 50 万元以下的罚款。

根据《反垄断法》的规定，搭售行为与具有市场支配地位相联系，规制搭售行为还需对经营者是否具有市场支配地位作出认定。但是依据《电子商务法》的规定，并不需要对市场支配地位进行认定，只要电子商务经营者默示搭售的，即可对其进行处罚。[1]

（六）违反发票提供义务的行政处罚

自建网站电子商务经营者违反《电子商务法》第 14 条规定的提供发票义务，根据《发票管理办法》第 35 条的规定，由税务机关责令改正，可以处 1 万元以下的罚款；有违法所得的予以没收。

（七）违反押金管理规定的行政处罚

自建网站电子商务经营者违反《电子商务法》第 21 条规定的收取押金所承担的义务，即未明示押金退还的方式、程序，或对押金退还设置不合理的条件，经消费性用户申请退还押金且符合退还条件未及时退还的，根据《电子商务法》第 78 条的规定，由有关主管部门责令限期改正，可以处 5 万元以上 20 万元以下的罚款；情节严重的，处 20 万元以上 50 万元以下的罚款。

（八）违反个人信息保护义务的行政处罚

自建网站电子商务经营者违反《电子商务法》第 24 条规定的对用户查询、更改、删除、注销信息应承担的配合义务，即未明示用户信息查询、更正、删除以及用户注销的方式、程序，或者对用户信息查询、更正、删除以及用户注销设置不合理条件的，根据《电子商务法》第 76 条的规定，由市场监督管理部门责令限期

---

[1] 吴旭华、褚霞编著：《中华人民共和国电子商务法原理、实务及案例》，法律出版社 2019 年版，第 317 页。

改正，可以处 1 万元以下的罚款。自建网站电子商务经营者违反法律、行政法规有关个人信息保护的规定，根据《电子商务法》第 79 条的规定，依照《网络安全法》等法律、行政法规的规定处罚。根据《网络安全法》第 64 条第 1 款的规定，由有关主管部门责令改正，可以根据情节单处或者并处警告、没收违法所得、处违法所得 1 倍以上 10 倍以下罚款，没有违法所得的，处 100 万元以下罚款，对直接负责的主管人员和其他直接责任人员处 1 万元以上 10 万元以下罚款；情节严重的，可以责令暂停相关业务、停业整顿、关闭网站、吊销相关业务许可证或者吊销营业执照。

（九）违反商品和服务信息、交易信息保存义务的行政处罚

自建网站电子商务经营者违反《电子商务法》第 31 条规定的商品和服务信息、交易信息保存义务，根据《电子商务法》第 80 条的规定，由有关主管部门责令限期改正；逾期不改正的，处 2 万元以上 10 万元以下的罚款；情节严重的，责令停业整顿，并处 10 万元以上 50 万元以下的罚款。

（十）违反信用评价义务的行政处罚

自建网站电子商务经营者违反《电子商务法》第 39 条规定的信用评价义务，未为消费性用户提供信用评价的途径，或者擅自删除消费性用户的评价，根据《电子商务法》第 81 条的规定，由市场监督管理部门责令限期改正，可以处 2 万元以上 10 万元以下的罚款；情节严重的，处 10 万元以上 50 万元以下的罚款。

（十一）未尽到网络安全保障义务的行政处罚

自建网站电子商务经营者不履行网络安全保障义务的，根据《电子商务法》第 79 条的规定，依照《网络安全法》等法律、行政法规的规定处罚。根据《网络安全法》第 59 条第 1 款的规定，由有关主管部门责令改正，给予警告；拒不改正或者导致危害网络安全等后果的，处 1 万元以上 10 万元以下罚款，对直接负责的主管人员处 5 千元以上 5 万元以下罚款。

（十二）违反知识产权保护义务的行政处罚

自建网站电子商务经营者违反《电子商务法》第 5 条规定的知识产权保护义务，

根据《电子商务法》第 85 条的规定，依照有关法律的规定处罚。例如，根据《商标法》第 52 条的规定，由地方工商行政管理部门予以制止，限期改正，并可以予以通报，违法经营额 5 万元以上的，可以处违法经营额 20% 以下的罚款，没有违法经营额或者违法经营额不足 5 万元的，可以处 1 万元以下的罚款。

（十三）销售的商品或提供的服务不符合保障人身、财产安全要求的行政处罚

自建网站电子商务经营者违反《电子商务法》第 13 条规定的销售商品或提供服务符合保障人身、财产安全要求的义务，根据《电子商务法》第 85 条的规定，依照有关法律的规定处罚。例如，根据《消费者权益保护法》第 56 条的规定，由工商行政管理部门或者其他有关行政部门责令改正，可以根据情节单处或者并处警告、没收违法所得、处以违法所得 1 倍以上 10 倍以下的罚款，没有违法所得的，处以 50 万元以下的罚款；情节严重的，责令停业整顿、吊销营业执照。

（十四）实施不正当竞争行为的行政处罚

根据《电子商务法》第 85 条的规定，自建网站电子商务经营者实施虚假或者引人误解的商业宣传等不正当竞争行为，或者滥用市场支配地位，依照有关法律的规定处罚。例如，根据《反不正当竞争法》第 18 条第 1 款的规定，自建网站电子商务经营者实施混淆行为的，由监督检查部门责令停止违法行为，没收违法商品。违法经营额 5 万元以上的，可以并处违法经营额 5 倍以下的罚款；没有违法经营额或者违法经营额不足 5 万元的，可以并处 25 万元以下的罚款。情节严重的，吊销营业执照。

（十五）滥用市场支配地位的行政处罚

自建网站电子商务经营者违反《电子商务法》第 22 条的规定，滥用市场支配地位，排除、限制竞争的，根据《电子商务法》第 85 条的规定，依照有关法律的规定处罚。根据《反垄断法》第 47 条的规定，由反垄断执法机构责令停止违法行为，没收违法所得，并处上一年度销售额 1% 以上 10% 以下的罚款。

关于行政责任中"情节严重"的认定，可考虑以下因素：（1）交易数额；

（2）改正期限：如果超过规定时间没有作出相应的改正，则被认为情节严重；
（3）违规次数；（4）危害后果。[1]

三、刑事责任

根据《电子商务法》第88条的规定，自建网站电子商务经营者违反规定，构成违反治安管理行为的，依法给予治安管理处罚；构成犯罪的，依法追究刑事责任。

（一）破坏社会主义市场经济秩序罪

1. 生产、销售伪劣商品罪

自建网站电子商务经营者生产、销售伪劣商品，主要包括以下情形：生产、销售假药、劣药；生产、销售不符合安全标准的食品、有毒有害食品；生产、销售不符合标准的医用器材；生产、销售不符合安全标准的产品；生产、销售伪劣农药、兽药、化肥、种子；生产、销售不符合卫生标准的化妆品。根据《刑法（分则）》第三章第一节的规定，自建网站电子商务经营者构成生产、销售伪劣商品罪，具体罪名见第140条至148条。《最高人民法院、最高人民检察院关于办理生产、销售伪劣商品刑事案件具体应用法律若干问题的解释》对"以假充真"[2]"以次充好"[3]"不合格产品"[4]等标准加以明确，为准确适用《刑法》提供了支撑。自建网站电子商务经营者生产、销售伪劣产品，同时构成侵犯知识产权、非法经营、合同诈骗等犯罪的，属于想象竞合犯，从一重罪处罚，生产、销售伪劣产品，又以暴力、威胁方法抗拒查处的，构成妨害公务罪，应当数罪并罚。

2. 走私罪

自建网站电子商务经营者走私国家禁止进出口的货物、物品；走私淫秽物品；

---

[1] 赵旭东主编：《电子商务法学》，高等教育出版社2019年版，第364—365页。

[2]《刑法》第140条规定的"以假充真"，是指以不具有某种使用性能的产品冒充具有该种使用性能的产品的行为。

[3]《刑法》第140条规定的"以次充好"，是指以低等级、低档次产品冒充高等级、高档次产品，或者以残次、废旧零配件组合、拼装后冒充正品或者新产品的行为。

[4]《刑法》第140条规定的"不合格产品"，是指不符合《中华人民共和国产品质量法》第26条第2款规定的质量要求的产品。

走私普通货物、物品的，分别触犯《刑法》第151条第3款、第152条第1款、第153条及第154条的规定。符合下列条件之一的，构成走私既遂：(1) 在海关监管现场被查获的；(2) 以虚假申报方式走私，申报行为实施完毕的；(3) 以保税货物或者特定减税、免税进口的货物、物品为对象走私，在境内销售的，或者申请核销行为实施完毕的。《刑法》第153条是走私罪的普通法条，其他有关走私罪的规定是特别法条，不构成其他走私犯罪的走私行为，都有可能构成走私普通货物、物品罪。对多次走私未经处理的，按照累计走私货物、物品的偷逃应缴税额处罚。

3. 危害税收征管罪

自建网站电子商务经营者实施危害税收征管的行为，主要包括以下情形：逃税，抗税，逃避追缴欠税，骗取出口退税，虚开增值税专用发票，虚开用于骗取出口退税、抵扣税款发票，伪造增值税专用发票，非法购买增值税专用发票，购买伪造的增值税专用发票。根据《刑法》分则第三章第六节的规定，自建网站电子商务经营者构成危害税收征管罪，具体罪名见第201条至206条、第208条。触犯上述罪名，被判处罚金、没收财产的，在执行前，应当先由税务机关追缴税款和所骗取的出口退税款。根据《刑法》第210条第4款的规定，经税务机关依法下达追缴通知后，自建网站电子商务经营者补缴应纳税款，缴纳滞纳金，已受行政处罚的，不予追究刑事责任；但是，五年内因逃避缴纳税款受过刑事处罚或者被税务机关给予二次以上行政处罚的除外，此项处罚阻却事由仅适用于逃税罪。

4. 侵犯知识产权罪

自建网站电子商务经营者实施侵犯知识产权的行为，主要包括以下情形：假冒注册商标、销售假冒注册商标的商品、销售非法制造的注册商标标识、假冒专利、销售侵权复制品、侵犯商业秘密、未经著作权人许可复制发行其作品、出售假冒他人署名的美术作品。根据《刑法》分则第三章第七节的规定，自建网站电子商务经营者构成侵犯知识产权罪，具体罪名见第213至218条。行为人实施侵犯知识产权犯罪，同时构成生产、销售伪劣商品犯罪的，属于想象竞合犯，从一重罪论处。出售假冒他人署名的美术作品，侵犯了他人的署名权，出售该作品的行为同时触犯诈骗罪（或合同诈骗罪）的，属于想象竞合犯，从一重罪论处。

5. 扰乱市场秩序罪

自建网站电子商务经营者实施扰乱市场秩序的行为，主要涉及以下具体罪名：损害商业信誉、商品声誉罪；虚假广告罪；合同诈骗罪；非法经营罪；强迫交易罪。

自建网站电子商务经营者捏造并散布虚伪事实，损害他人的商业信誉、商品声誉，给他人造成重大损失或者有其他严重情节的，构成损害商业信誉、商品声誉罪，根据《刑法》第221条，处二年以下有期徒刑或者拘役，并处或者单处罚金。自建网站电子商务经营者利用广告对商品或者服务作虚假宣传，情节严重的，构成虚假广告罪，根据《刑法》第222条，处二年以下有期徒刑或者拘役，并处或者单处罚金。自建网站电子商务经营以非法占有为目的，在签订、履行合同过程中，骗取对方当事人财物，数额较大的，构成合同诈骗罪，根据《刑法》第224条，处三年以下有期徒刑或者拘役，并处或者单处罚金；数额巨大或者有其他严重情节的，处三年以上十年以下有期徒刑，并处罚金；数额特别巨大或者有其他特别严重情节的，处十年以上有期徒刑或者无期徒刑，并处罚金或者没收财产。自建网站电子商务经营者违反国家规定，实施非法经营行为，扰乱市场秩序，情节严重的，构成非法经营罪，根据《刑法》第225条，处五年以下有期徒刑或者拘役，并处或者单处违法所得一倍以上五倍以下罚金；情节特别严重的，处五年以上有期徒刑，并处违法所得一倍以上五倍以下罚金或者没收财产。自建网站电子商务经营者以暴力、威胁手段，实施强迫交易行为，情节严重的，构成强迫交易罪，根据《刑法》第226条，处三年以下有期徒刑或者拘役，并处或者单处罚金；情节特别严重的，处三年以上七年以下有期徒刑，并处罚金。

（二）侵犯公民人身权利、民主权利罪

1. 侵犯公民个人信息罪

自建网站电子商务经营者违反国家有关规定，向他人出售或者提供消费性用户个人信息，或者窃取或以其他方法非法获取消费性用户个人信息，情节严重的，构成侵犯公民个人信息罪，根据《刑法》第253条之一，处三年以下有期徒刑或者拘役，并处或者单处罚金；情节特别严重的，处三年以上七年以下有期徒刑，并处罚金。根据最高人民法院、最高人民检察院、公安部《关于依法惩处侵害公民个人信息犯罪活动的通知》，公民个人信息包括公民的姓名、年龄、有效证件号码、婚姻状况、工作单位、学历、履历、家庭住址、电话号码等能够识别公民个人身份或者涉及公民个人隐私的信息、数据资料。根据《检察机

关办理侵犯公民个人信息案件指引》的规定，关于"情节严重"的具体认定标准，主要涉及五个方面:(1)信息类型和数量[1];(2)违法所得数额[2];(3)信息用途[3];(4)主体身份[4];(5)主观恶性[5]。关于"情节特别严重"的认定标准，主要分为两类:一是信息数量、违法所得数额标准;二是信息用途引发的严重后果，其中造成人身伤亡、经济损失、恶劣社会影响等后果，需要审查认定侵犯公民个人信息的行为与严重后果间存在因果关系。

2.过失致人死亡罪、过失致人重伤罪

自建网站电子商务经营者生产、销售伪劣商品，过失导致消费性用户死亡的，构成过失致人死亡罪，根据《刑法》第233条的规定，处三年以上七年以下有期徒刑;情节较轻的，处三年以下有期徒刑。本法另有规定的，依照规定。过失导致消费性用户重伤的，构成过失致人重伤罪，根据《刑法》第235条的规定，处三年以下有期徒刑或者拘役。本法另有规定的，依照规定。过失致人死亡罪的成立要求行为人对死亡结果有预见的可能性，若能证明行为人希望或者放任死亡结果，则构成故意杀人罪;过失致人重伤罪的成立要求行为人对重伤结果有预见的可能性，若能

---

[1] ①行踪轨迹信息、通信内容、征信信息、财产信息，此类信息与公民人身、财产安全直接相关，数量标准为五十条以上，且仅限于上述四类信息，不允许扩大范围。对于财产信息，既包括银行、第三方支付平台、证券期货等金融服务账户的身份认证信息(一组确认用户操作权限的数据，包括账号、口令、密码、数字证书等)，也包括存款、房产、车辆等财产状况信息。②住宿信息、通信记录、健康生理信息、交易信息等可能影响公民人身、财产安全的信息，数量标准为五百条以上，此类信息也与人身、财产安全直接相关，但重要程度要弱于行踪轨迹信息、通信内容、征信信息、财产信息。对"其他可能影响人身、财产安全的公民个人信息"的把握，应当确保所适用的公民个人信息涉及人身、财产安全，且与"住宿信息、通信记录、健康生理信息、交易信息"在重要程度上具有相当性。③除上述两类信息以外的其他公民个人信息，数量标准为五千条以上。

[2] 对于违法所得，可直接根据犯罪嫌疑人出售公民个人信息的收入予以认定，不必扣减其购买信息的犯罪成本。同时，在审查认定违法所得数额过程中，应当以查获的银行交易记录、第三方支付平台交易记录、聊天记录、犯罪嫌疑人供述、证人证言综合予以认定，对于犯罪嫌疑人无法说明合法来源的用于专门实施侵犯公民个人信息犯罪的银行账户或第三方支付平台账户内资金收入，可综合全案证据认定为违法所得。

[3] 公民个人信息被他人用于违法犯罪活动的，不要求他人的行为必须构成犯罪，只要行为人明知他人非法获取公民个人信息用于违法犯罪活动即可。

[4] 如果行为人系将在履行职责或者提供服务过程中获得的公民个人信息出售或者提供给他人的，涉案信息数量、违法所得数额只要达到一般主体的一半，即可认为"情节严重"。

[5] 曾因侵犯公民个人信息受过刑事处罚或者二年内受过行政处罚，又非法获取、出售或者提供公民个人信息的，即可认为"情节严重"。

证明行为人希望或者放任重任结果，则构成故意伤害罪。若过失致人轻伤的，不成立犯罪，若明显具有轻伤的故意，但由于过失造成重伤结果的，则构成故意伤害罪。

3. 侮辱罪、诽谤罪

自建网站电子商务经营者利用电子邮件、网络等不特定或多数人可能知悉的方式，侮辱其他经营者或消费性用户，情节严重的，构成侮辱罪，根据《刑法》第 246 条，处三年以下有期徒刑、拘役、管制或者剥夺政治权利。自建网站电子商务经营者捏造事实诽谤其他经营者，情节严重的，构成诽谤罪，根据《刑法》第 246 条，处三年以下有期徒刑、拘役、管制或者剥夺政治权利。侮辱罪、诽谤罪，被害人告诉的才处理，但是严重危害社会秩序和国家利益的除外。被害人提供证据确有困难的，法院可以要求公安机关提供协助。

（三）侵犯财产罪

1. 盗窃罪

盗窃罪，是指以非法占有为目的，违背被害人意志，将被害人占有的财务转移为自己或第三人占有的行为，盗窃罪的成立要求数额较大或多次盗窃。根据《刑法》第 264 条的规定，构成盗窃罪的处三年以下有期徒刑、拘役或者管制，并处或者单处罚金；数额巨大或者有其他严重情节的，处三年以上十年以下有期徒刑，并处罚金；数额特别巨大或者有其他特别严重情节的，处十年以上有期徒刑或者无期徒刑，并处罚金或者没收财产。自建网站电子商务经营者违反国家规定，通过对计算机系统功能进行删除、修改、增加、干扰，造成计算机信息系统不能正常运行，以此盗取财产性利益的，则既构成盗窃罪，又构成破坏计算机信息系统罪，数罪并罚。

2. 诈骗罪

诈骗罪，是指以非法占有为目的，采用虚构事实或者隐瞒事实真相的方法，骗取公私财物，达到法定数额或者具有其他法定情节的行为[1]，诈骗罪的成立要求数额较大。根据《刑法》第 266 条的规定，构成诈骗罪的处三年以下有期徒刑、拘役或者管制，并处或者单处罚金；数额巨大或者有其他严重情节的，处三年以上十年以下有期徒刑，并处罚金；数额特别巨大或者有其他特别严重情节的，处十年以上有期徒刑或者无期徒刑，并处罚金或者没收财产。本法另有规定的，依

---

[1] 秦立崴、秦成德主编：《电子商务法》（第 2 版），重庆大学出版社 2016 年版，第 380 页。

照规定。

电子商务活动中，自建网站电子商务经营者通过虚构事实或者隐瞒真相，使消费性用户产生错误认识，或者维持、强化错误认识，欺骗行为与消费性用户处分财产的错误认识之间必须具有因果关系，消费性用户基于错误认识处分了财产，自建网站电子商务经营者或第三人获得财产，包括积极财产的增加与消极财产的减少，消费性用户遭受财产损失且数额较大，自建网站电子商务经营者因此构成诈骗罪。自建网站电子商务经营者既构成诈骗罪，又构成生产、销售伪劣产品罪时，属于想象竞合犯，从一重罪处罚。

（四）妨害社会管理秩序罪

1. 妨害公务罪

自建网站电子商务经营者以暴力、威胁方法阻碍国家机关工作人员依法执行职务的，构成妨害公务罪，根据《刑法》第 277 条的规定，处三年以下有期徒刑、拘役、管制或者罚金。

2. 伪造、变造、买卖国家机关公文、证件、印章罪

自建网站电子商务经营者伪造、变造、买卖国家机关公文、证件、印章的，构成伪造、变造、买卖国家机关公文、证件、印章罪，根据《刑法》第 280 条第 1 款的规定，处三年以下有期徒刑、拘役、管制或者剥夺政治权利，并处罚金；情节严重的，处三年以上十年以下有期徒刑，并处罚金。

3. 伪造公司、企业事业单位、人民团体印章罪

自建网站电子商务经营者伪造公司、企业印章的，构成伪造公司、企业事业单位、人民团体印章罪，根据《刑法》第 280 条第 2 款的规定，处三年以下有期徒刑、拘役、管制或者剥夺政治权利，并处罚金。

4. 非法获取计算机信息系统数据、非法控制计算机信息系统罪

自建网站电子商务经营者违反国家规定，侵入其他经营者的计算机信息系统或者采用其他技术手段，获取该计算机信息系统中存储、处理或者传输的数据，或者对该计算机信息系统实施非法控制，情节严重的，构成非法侵入计算机信息系统罪，根据《刑法》第 285 条第 2 款的规定，处三年以下有期徒刑或者拘役，并处或者单处罚金；情节特别严重的，处三年以上七年以下有期徒刑，并处罚金。

5. 破坏计算机信息系统罪

自建网站电子商务经营者违反国家规定，对其他经营者的计算机信息系统功能进行删除、修改、增加、干扰，造成计算机信息系统不能正常运行，或对计算机信息系统中存储、处理或者传输的数据和应用程序进行删除、修改、增加的操作，或者故意制作、传播计算机病毒等破坏性程序，影响计算机系统正常运行，后果严重的，构成破坏计算机信息系统罪，根据《刑法》第 286 条第 1 款的规定，处五年以下有期徒刑或者拘役；后果特别严重的，处五年以上有期徒刑。自建网站电子商务经营者利用上述行为盗窃财物的，应认定为盗窃罪，利用上述行为实施诈骗的，应认定为诈骗罪。

（1）拒不履行信息网络安全管理义务罪。自建网站电子商务经营者不履行法律、行政法规规定的信息网络安全管理义务，经监管部门责令采取改正措施而拒不改正，情节严重的，构成拒不履行信息网络安全管理义务罪，根据《刑法》第 286 条之一，处三年以下有期徒刑、拘役或者管制，并处或者单处罚金，若同时构成其他犯罪，从一重罪论处。

（2）非法利用信息网络罪。自建网站电子商务经营者为销售违禁物品、管制物品等违法犯罪活动而设立网站，情节严重的，构成非法利用信息网络罪，根据《刑法》第 287 条之一，处三年以下有期徒刑或者拘役，并处或者单处罚金，若同时构成其他犯罪，从一重罪论处。

公法责任与私法责任的承担内容不同，发生竞合的主要情形就是民事责任中的赔偿责任、行政责任中的罚款以及刑事责任中的罚金、没收财产的竞合问题。《民法典》第 187 条规定，民事、行政和刑事三种责任竞合时，遵循民事优先原则。

第六节　自建网站电子商务经营者终止

电子商务经营者的终止，是指电子商务经营者退出电子商务市场，不再从事电子商务活动。[1] 不同情形下的退出应满足何种条件，产生何种法律后果，需要结合电子商务法与其他传统部门法的规定加以梳理。电子商务主体市场退出机制涉及电子商务经营者与债权人、消费者、行政主管部门以及其他电子商务经营者

---

[1] 赵旭东主编：《电子商务法学》，高等教育出版社 2019 年版，第 40 页。

之间的权利与义务关系。[1] 因此，电子商务经营者退出市场需要经过一定的法定程序，履行一定的法定义务。[2]

根据《国家工商行政管理总局主要职责内设机构和人员编制规定》和《网络交易管理办法》的相关规定，电子商务市场准入及退出监管的主管机关是市场监督管理部门。并且,原则上应由电子商务主体所在地的工商行政管理部门负责。[3]

一、强制退出的终止

（一）强制退出的法定事由

根据《行政许可法》第 70 条的规定，自建网站电子商务经营者有下列情形之一的，行政机关应当依法办理有关行政许可的注销手续：（1）行政许可有效期届满未延续的;（2）法人或者其他组织依法终止的;（3）行政许可依法被撤销、撤回，或者行政许可证件依法被吊销的;（4）因不可抗力导致行政许可事项无法实施的;（5）法律、法规规定的应当注销行政许可的其他情形。

自建网站电子商务经营者被撤销、注销、吊销营业执照、注销行政许可、宣告破产、责令关闭后，因丧失市场主体资格而强制退出市场。

（二）强制退出的法律后果

自建网站电子商务经营者强制退出可分为主体存续的退出和主体丧失的退出。主体存续的退出，是指自建网站电子商务经营者的主体资格依然存在，其只是退出电子商务市场，不再开展电子商务活动，但可以继续线下经营活动，此时仅需要对电子商务活动所涉及的债权债务关系进行处理，主体无须承担清算义务。主体丧失的退出，是指自建网站电子商务经营者的主体资格丧失，其不仅退出电子商务市场，还丧失线下经营资格，彻底终止商业经营活动，此时需要对电子商务活动及线下经营活动所涉及的债权债务一体处理，必须承担主体清算义务。

---

〔1〕朱晓娟编著：《电子商务法》，中国人民大学出版社 2019 年版，第 35—36 页。

〔2〕赵旭东主编：《电子商务法学》，高等教育出版社 2019 年版，第 40 页。

〔3〕全国人大财政经济委员会电子商务法起草组：《中国电子商务立法研究报告》，中国财政经济出版社 2016 年版，第 47 页。

清算的程序具体包括：（1）清算财产。清算组织需要编制资产负债表、财产清单、债权清单、债务清单。（2）通知、公告债权人进行债权登记。清算组织成立后，应当在法定期限内直接通知已知的债权人，公告通知未知的债权人，以便债权人在法定期限内申报债权。债权人申报债权并提供相应证明后，清算组织应当进行登记，作为财产分配的依据。（3）提出财产估价和清算方案。（4）分配财产。根据《破产法》第 113 条的规定，法定分配顺序依次是：清偿破产费用和共益债务；支付所欠职工的工资和医疗、伤残补助、抚恤费用，所欠的应当划入职工个人账户的基本养老保险、基本医疗保险费用，以及法律、行政法规规定应当支付给职工的补偿金；清缴社会保险费用和破产人所欠税款；清偿普通破产债权。破产财产不足以清偿同一顺序的清偿要求的，按照比例分配。

二、主动退出的终止

（一）主动退出的事由

自建网站电子商务经营者基于经营策略调整、公司歇业、解散等事由，有权自主决定是否终止电子商务活动，退出电子商务市场。结合意思自治原则，原则上法律对主动退出的事由不做限制，但自建网站电子商务经营者主动退出必须满足法律规定的程序要件。

（二）主动退出的法律后果

根据《电子商务法》第 16 条的规定，自建网站电子商务经营者自行终止从事电子商务的，应当提前 30 日在首页显著位置持续公示有关信息。提前公示要求仅针对主动退出情形，对强制退出情形不做要求。上述公示期仍属于经营存续期，因此公示期内自建网站电子商务经营者的权利能力和行为能力并未受到限制。但根据《最高人民法院关于适用〈中华人民共和国企业破产法〉若干问题的规定（二）》，公示期内，自建网站电子商务经营者存在不能清偿到期债务且资产不足以清偿全部债务或者明显缺乏清偿能力的情形下，债权人提出破产申请且法院裁定受理的，则破产申请受理前一年内自建网站电子商务经营者提前清偿的未到期债务且破产申请受理时尚未到期的，清偿行为无效；破产申请受理前六个月内且自建网站电子商务经营者有破产情形的，清偿行为无效。

上述公示期有助于消费性用户终结与自建网站电子商务经营者的债权债务关系，有助于拟消费用户审慎考虑是否继续与自建网站电子商务经营者进行交易。

自建网站电子商务经营者主动退出也可分为主体存续的退出和主体丧失的退出，具体规则参照上文，此处不做赘述。强制退出是监管部门对违规市场主体的惩罚性举措，主动退出是市场主体自身意愿的积极表达，但基于审慎保障消费性用户合法权益的考量，应当认真落实退出规则，保证退出行为合法合规。

● 案例研析

北京国美在线电子商务有限公司与冯某顺买卖合同纠纷案

【基本案情】

2014 年 8 月 10 日，冯某顺自国美在线电子商务公司（以下简称"国美在线公司"）购买 4 台彩电，品名及规格型号为康佳（KONKA）LED65X8100DE，每台单价为 8124 元，4 台价格合计 32496 元。

2014 年 11 月 18 日，北京市工商行政管理局海淀分局作出京工商海处字（2014）第 2094 号行政处罚决定书，内容为"当事人：国美在线公司。经查，当事人在其自建网站上销售商品。我所接举报查证：当事人在网站中销售的康佳品牌 LED65X8100DE 型电视机的网页中，宣传有 8100 系列内置康佳独创的 8 只发烧级喇叭字样，经查证该款电视只有 4 个喇叭。当事人的宣传内容与事实不符。当事人的上述行为，违反了《中华人民共和国消费者权益保护法》第五十六条第一款第（六）项的规定，已构成对商品或者服务作虚假或者引人误解的宣传的违法行为。根据《中华人民共和国消费者权益保护法》第五十六条第一款及《中华人民共和国反不正当竞争法》第九条第一款的规定，依据《中华人民共和国反不正当竞争法》第二十四条第一款和《中华人民共和国行政处罚法》第二十七条第一款第（一）项的规定，责令当事人停止违法行为，消除影响，并决定处罚 1 万元"。

基于此，冯某顺认为国美在线电子商务公司的上述行为严重欺诈消费者，国美在线公司应当退还货款 32496 元、赔偿 97488 元，并承担本案诉讼费用。

一审法院依《消费者权益保护法》判决国美在线公司退还冯某顺贷款及赔偿款等。国美在线公司不服，提起上诉。

【裁判结果】

二审法院认为：（1）冯某顺与国美在线公司之间的买卖合同合法有效。冯某顺在国美在线公司购买 4 台品名及规格型号为康佳（KONKA）LED65X8100DE 的彩电，双方之间已成立买卖合同法律关系，该合同系双方真实意思表示，且内容不违反法律、行政法规的强制性规定，应属合法有效。冯某顺购买涉案商品的目的和数量并不影响其消费者的身份，其与国美在线公司因购买涉案商品产生的纠纷应适用《中华人民共和国消费者权益保护法》的相关规定。（2）国美在线公司违反买卖合同，在销售过程中存在欺诈行为。根据冯某顺提交的行政处罚决定书和网页截图，可以证明国美在线公司在销售过程中存在虚假宣传行为。国美在线公司主张造成网页商品信息错误的原因在于生产厂家，但国美在线公司作为经营者理应向消费者就涉案货物提供真实信息，且主观上的故意欺诈是一种心理状态，消费者难以就经营者的主观心理状态作出判断。（3）基于国美在线公司的虚假宣传行为，冯某顺要求退还货款，并三倍赔偿，合法有据。

因此，二审法院判决驳回国美在线公司的上诉请求，维持原判。

【典型意义】

本案提示自建网站电子商务经营者应承担全面、真实、准确、及时地披露商品或服务信息的义务，并就违反该法定义务的行为承担法律责任。相较于传统的线下交易方式，网上购物交易在先，确认在后，消费性用户只能凭借网站内的产品展示、推荐来挑选产品，其交易行为均依赖于电子商务经营者展示的信息，因此基于保障消费性用户知情权和公平交易权的考量，自建网站电子商务经营者应全面、真实、准确、及时地披露商品或服务信息。本案中国美在线公司对其商品的性能（是否有 8 只发烧级喇叭）作出虚假宣传，欺骗了消费性用户。而且，电子商务活动中即使产品参数的错误乃生产者的原因所致，买卖合同系约束经营者与消费者的规则，根据买卖合同卖方具有质量担保义务，因此经营者仍应承担违约责任。

优衣库商贸有限公司、广州市指南针会展服务有限公司
侵害商标权纠纷案

【基本案情】

广州市指南针会展服务有限公司（以下简称"指南针公司"）与广州中唯企业管理咨询服务有限公司（以下简称"中唯公司"）为涉案商标的共有人，该商标核定使用商品为第 25 类。优衣库商贸有限公司（以下简称"优衣库公司"）与迅销（中国）商贸有限公司（以下简称"迅销公司"）共同经营"优衣库"品牌，在中国各地设有专营店。2012 年 11 月 3 日，株式会社迅销向商标局申请 G1133303 号商标领土延伸。优衣库公司销售的高级轻型羽绒系列服装上有使用标识。指南针公司、中唯公司依据涉案注册商标专用权，在北京、上海、广东、浙江四地针对优衣库公司或迅销公司和不同门店提起了 42 起商标侵权诉讼。根据法院查明的事实，中唯公司和指南针公司分别持有注册商标共计 2600 余个，其中部分商标与他人知名商标在呼叫或者视觉上高度近似。指南针公司、中唯公司曾在华唯商标转让网上公开出售涉案商标，并向迅销公司提出诉争商标转让费 800 万元。上海市第二中级人民法院一审判决优衣库公司停止侵权，驳回其他诉讼请求。指南针公司、中唯公司、优衣库公司均不服，提起上诉。上海市高级人民法院二审判决驳回上诉，维持原判。优衣库公司不服，向最高人民法院申请再审。最高人民法院再审期间查明，迅销公司就涉案注册商标向商标评审委员会提出了无效宣告申请。经商标无效程序，法院一审、二审，涉案商标被宣告无效。最高人民法院提审后判决撤销一、二审判决，驳回指南针公司和中唯公司全部诉讼请求。

【裁判结果】

最高人民法院认为，本案的争议焦点为：指南针公司、中唯公司是否滥用其商标权。《中华人民共和国商标法》（2013 年修正）第 7 条规定："申请注册和使用商标，应当遵循诚实信用原则。"虽然前述《商标法》于 2014 年 5 月 1 日方施行，但作为民事基本法，《中华人民共和国民法通则》早在 1986 年即已规定"民事活动应当遵循自愿、公平、等价有偿、诚实信用的原则"。民法基本原则在整个法律体系中发挥基础性和全局性的作用，商标领域也不例外。诚实信用原则是一切

市场活动参与者均应遵循的基本准则。一方面，它鼓励和支持人们通过诚实劳动积累社会财富和创造社会价值，并保护在此基础上形成的财产性权益，以及基于合法、正当的目的支配该财产性权益的自由和权利；另一方面，它又要求人们在市场活动中讲究信用、诚实不欺，在不损害他人合法利益、社会公共利益和市场秩序的前提下追求自己的利益。民事诉讼活动同样应当遵循诚实信用原则。一方面，它保障当事人有权在法律规定的范围内行使和处分自己的民事权利和诉讼权利；另一方面，它又要求当事人在不损害他人合法权益和社会公共利益的前提下，善意、审慎地行使自己的权利。任何违背法律目的和精神，以损害他人正当权益为目的，恶意取得并行使权利、扰乱市场正当竞争秩序的行为均属于权利滥用，其相关主张不应得到法律的保护和支持。

本案中，根据查明的事实，指南针公司、中唯公司以不正当方式取得商标权后，目标明确指向优衣库公司等，意图将该商标高价转让，在未能成功转让该商标后，又分别以优衣库公司、迅销公司及其各自门店侵害该商标专用权为由，以基本相同的事实提起系列诉讼，在每个案件中均以优衣库公司或迅销公司及作为其门店的一家分公司作为共同被告起诉，利用优衣库公司或迅销公司门店众多的特点，形成全国范围内的批量诉讼，请求法院判令优衣库公司或迅销公司及其众多门店停止使用并索取赔偿，主观恶意明显，其行为明显违反诚实信用原则，对其借用司法资源以商标权谋取不正当利益之行为，法院依法不予保护；优衣库公司关于指南针公司、中唯公司恶意诉讼的抗辩成立，予以支持。二审法院虽然考虑了指南针公司、中唯公司之恶意，判令不支持其索赔请求，但对其是否诚实信用行使商标权，未进行全面考虑，适用法律有所不当，法院予以纠正。

因此，依照《中华人民共和国民事诉讼法》第一百七十条第一款第（二）项、第二百零七条第一款规定，判决如下：一、撤销上海市高级人民法院（2015）沪高民三（知）终字第 96 号民事判决；二、撤销上海市第一中级人民法院（2014）沪一中民五（知）初字第 113 号民事判决；三、驳回广州市指南针会展服务有限公司、广州中唯企业管理咨询服务有限公司全部诉讼请求。

【典型意义】

申请注册和使用商标，应当遵循诚实信用原则。针对当前社会上部分经营主体违反诚实信用原则大规模注册与他人知名商标相近似的商标，有目标有预谋地利用司法程序企图获得不正当利益之行为，最高人民法院在判决中指出，指南针公司、中唯公司以不正当方式取得商标权后，目标明确指向优衣库公司等，意图将该商标高价转让，在未能成功转让该商标后，又分别以优衣库公司、迅销公司及其各门店侵害该商标专用权为由，以基本相同的事实提起系列诉讼，在每个案件中均以优衣库公司或迅销公司及作为其门店的一家分公司为共同被告起诉，利用优衣库公司或迅销公司门店众多的特点，形成全国范围内的批量诉讼，请求法院判令优衣库公司或迅销公司及其众多门店停止使用并索取赔偿，主观恶意明显，其行为明显违反诚实信用原则，对其借用司法资源以商标权谋取不正当利益之行为，依法不予保护。最高人民法院鲜明地表达了恶意取得并利用商标权谋取不正当利益之行为不受法律保护，对建设健康有序的商标秩序，净化市场环境，遏制利用不正当取得的商标权进行恶意诉讼具有典型意义。

第六章

其他电子商务经营者法律与实务

第一节　其他电子商务经营者的概念与法律地位

一、其他电子商务经营者的概念

根据《电子商务法》第 9 条的规定，"其他网络服务销售商品或者提供服务的电子商务经营者"，是指并非依托专门的商业类电商网站来从事商品销售和服务提供的经营者，其依托的平台大多是社交或者娱乐性质的网站，即在非商业网站平台上从事商务经营活动。

"其他网络服务销售商品或者提供服务的电子商务经营者"这一表述是在《电子商务法》草案的三审稿中才提出的，先前审议稿对电子商务经营者的定义仅封闭式列举电子商务平台经营者、平台内电子商务经营者、自建网站的电子商务经营者，这种定义方法显然不足以应对互联网时代电子商务的飞速发展和变化。据调查，2019 年社交电商交易规模占网络零售总规模的 19.4%，并且涌现出拼多多、梦饷集团（爱库存）、小红书等一大批代表企业，社交电商的逆势增长备受关注，特别是在当前阶段展现出巨大的社会价值。[1]例如，以 C2C 为主要模式的"微商"，在互联网技术的支持下，在现代商品或者服务交易市场上，展现出了不一样的生命力。根据行业运行现状预测，2023 年，中国微商行业总体市场规模将达到193542.7 亿元。[2]然而一些无实体店、无营业执照，进入门槛低的微商，一旦发生消费纠纷，往往通过更换账号或直接删除"好友"的方式，以逃避法律责任。《电子商务法》创建"其他网络服务销售商品或者提供服务的电子商务经营者"，明确将"微商"纳入监管范围，同时作为兜底性主体，保证没有出现法律空白，避免新形式电子商务的经营者出现后，钻法律漏洞，侵犯消费者合法权益和社会公共利益。

---

〔1〕《〈中国社交电商行业发展白皮书（2020 年）〉发布》，载中国网，http://news.china.com.cn/live/2020-09/28/content_982341.htm，最后访问时间：2021 年 3 月 11 日。

〔2〕参见中国电子商会社交新零售专业委员会：《2018—2023 年全球社交新零售·微商行业全景调研与发展战略研究报告》，2019 年 4 月 12 日发布。

二、与其他三类电子商务经营者的区别

（一）与电子商务平台经营者的区别

如前所述（本书第三章），电子商务平台经营者的内涵主要是搭建网络交易平台，供他人独立开展交易活动，平台并不直接介入交易活动。所以，平台经营者也经常被称为第三方平台。平台经营者所经营的平台其实是一个网上交易空间，其通过为相关的网络空间使用者提供相应的网络服务来获取报酬，通常包括提供网络经营场所、交易撮合、信息发布等服务，即平台经营者具有网络服务提供者的身份。而其他电子商务经营者并不具有平台的身份，只是入驻平台的一个用户，借助平台来从事商品销售和服务等商务经营活动，其与电子商务平台经营者还是有很明显的区别的。

（二）与平台内电子商务经营者的区别

如前所述（本书第四章），平台内电子商务经营者是指通过入驻他人搭建的电子商务平台，以销售商品和提供服务。平台内电子商务经营者与其他电子商务经营者内涵相近，区别仅在于入驻的平台的性质：平台内电子商务经营者入驻的平台是专门用于网络交易的平台，如淘宝；而其他电子商务经营者入驻的平台，创建目的并非用于网络交易，通常用于社交或满足其他娱乐需求，如快手、抖音等短视频平台。但是随着数字经济概念的提出和市场经济的发展，社交娱乐平台逐渐向网络交易平台靠近，以销售商品或提供服务为内容的短视频或直播层出不穷，这也是《电子商务法》草案三审稿中在电子商务经营者主体界定上加入其他电子商务经营者的原因。

（三）与自建网站电子商务经营者的区别

如前所述（本书第五章），自建网站电子商务经营者是指自己搭建网站，通过自己的网站实际销售商品或者提供服务的经营者，其在经营渠道和媒介上与传统线下销售有所区别。自建网站电子商务经营者和其他电子商务经营者的区别也很明显：自建网站电子商务经营者并不依托于其他的第三方平台，其依托的是自

己建立的网站；而其他电子商务经营者仅是第三方社交平台的一个用户，其销售的商品或提供的服务与平台并无直接联系。随着移动互联网的兴起，很多商业活动开始通过应用程序（App）来开展，虽然在很多情况下，App 都必须依托于 IOS、Android 或者 Windows 系统才可以运行，但从本质上来看，其与自建网站并无区别，应当划归为自建网站电子商务经营者。但是如果利用的是嵌套性的小程序来开展经营活动，为小程序正常运行提供平台的一方应视为电子商务第三方平台，此时的小程序经营者应视为平台内电子商务经营者或者其他电子商务经营者。

三、法律地位

其他电子商务经营者属于经营者的一个特殊种类，是以互联网为载体、借助非商业性电商平台销售商品或者提供服务。关于其是否属于商事主体，主要衡量其是否具有商事能力。

商事能力是指商事主体独立从事商事活动，享有权利和承担义务的资格和能力，包括商事权利能力和商事行为能力。商事能力以民事能力为基础和前提，商事主体通过办理一定的商事登记才能被授予特殊的资格和法律地位。[1] 自然人、法人和非法人组织在从事电子商务活动之前，应当依法办理市场主体登记（由《电子商务法》第 10 条规定，但是个人销售自产农副产品、家庭手工业产品，个人利用自己的技能从事依法无须取得许可的便民劳务活动和零星小额交易活动，以及依照法律、行政法规不需要进行登记的除外），依法需要取得相关行政许可的，应当依法取得行政许可（由《电子商务法》第 12 条规定）。所以应当认为其他电子商务经营者属于商事主体，能以自己的名义实施商行为并能够独立享有民事权利和承担民事义务。当然，立法上也对一些民事主体作出特别的限制，这些主体因欠缺完全的商事能力，无法成为其他电子商务经营者。如否认未成年人的商事能力（《合伙企业法》第 14 条规定，合伙人应当是具备完全民事行为能力的人）；限制公务人员的商事能力（我国《公务员法》第 59 条规定，公务员不得从事或者参与营利性活动，在企业或者其他营利性组织中兼任职务）；限制外国人的商事能力（外国人、无国籍人和外国法人若要

---

[1] 韩长印主编:《商法教程》（第 2 版），高等教育出版社 2011 年版，第 27 页。

在我国开展商事活动，须按照相关法律规定，经我国有关部门批准，并办理登记手续）。[1]

商事主体按照组织形式和责任制度可以分为商个人、商合伙和商法人。商个人，是指以营利为目的从事商业活动的自然人[2]，商个人有三种类型：个体工商户、农村承包经营户以及个人独资企业。显然，其他电子商务经营者只能以个体工商户和个人独资企业的形式存在。商合伙，是指两个以上的人基于合伙协议的安排而共同投资、共同经营、共享收益、共担风险的商事组织。[3] 其他电子商务经营者可以合伙组织的形式从事互联网交易。我国《民法典》中将法人分为营利法人、非营利法人和特别法人，其中营利性法人即为商法人。法人可以直接入驻平台，成为其他电子商务经营者。

第二节　其他电子商务经营者准入与登记

一、其他电子商务经营者准入

为了避免或减少"市场失灵"的风险，各国政府在市场准入阶段都要进行一定程度的干预，负面清单制度即是政府进行市场准入管理的一种制度。负面清单这一概念起源于国际贸易和投资领域，最初主要用来促进各经济体之间的市场开放和联通，是针对外商投资准入的一种管理模式。[4] 我国将负面清单的概念和适用范围进行了扩充，不区分内资准入和外资准入，而是统一适用国务院以清单方式明确列出的在中华人民共和国境内禁止或者限制投资经营的行业、领域、业务等，由各级政府依法采取相应管理措施，我们称为"市场准入负面清单制度"。

2013 年,《中共中央关于全面深化改革若干重大问题的决定》明确提出，要"实行统一的市场准入制度，在制定负面清单基础上，各类市场主体可依法平等进入

---

[1] 参见赵旭东主编：《商法教程》，中国政法大学出版社 2004 年版，第 36—38 页。

[2] 施天涛：《商法学》（第 4 版），法律出版社 2010 年版，第 73 页。

[3] 同上，第 56 页。

[4] 尚文江：《正确理解负面清单》，《人民日报》2015 年 5 月 5 日。

清单之外领域"。2016 年，李克强总理提出"放管服"改革，放宽市场准入条件，事前监管逐渐向事中、事后监管转变。作为我国一项根本性、全局性、制度性的重大改革创新，市场准入负面清单制度经过两年多的试点，终于在 2018 年 12 月 25 日正式对外公布《市场准入负面清单（2018 年版）》，标志着我国全面实施市场准入负面清单制度。2019 年年底，根据清单的执行情况，综合各方面意见，形成《市场准入负面清单（2019 年版）》（以下简称 2019 年《清单》），以清单为主要形式的市场准入负面清单制度更加成熟和完善。

2019 年《清单》共列入事项 131 项，包含禁止准入类事项共 5 项，准入许可类事项共 126 项，其中涉及互联网市场准入禁止事项 1 项，许可准入类事项 7 项。其他电子商务经营者作为一类电子商务经营者，应当遵守市场准入负面清单制度的规定，不得从事 2019 年《清单》中规定禁止从事的行业或业务，从事行业或业务属于许可类目录中规定事项的，应当按照相关要求申请行政许可。对于 2019 年《清单》中未涉及的领域，实行"未禁即入"的原则，充分发挥市场在资源配置中的主导性作用。

二、其他电子商务经营者登记

（一）登记的概念

《电子商务法》第 10 条规定，电子商务经营者应当依法办理市场主体登记。但是，个人销售自产农副产品、家庭手工业产品，个人利用自己的技能从事依法无须取得许可的便民劳务活动和零星小额交易活动，以及依照法律、行政法规不需要进行登记的除外。

本条所称的"市场主体登记"应认定为商事登记。其他电子商务经营者在从事经营活动时，应当办理相应的商事登记，并不因为其经营活动是通过网络进行而得到豁免。商事登记也称"商业登记"，是指商事主体创办人以设立、变更、终止商事主体资格为目的，依照法律规定的条件和程序，向登记主管机关申请，登记主管机关予以审查核准并登记公告的法律行为。商事登记是由当事人的申请行为和登记主管机关审查、核准、登记、公告等一系列行为构成的。[1] 我国的商事

---

[1] 韩长印主编：《商法教程》（第 2 版），高等教育出版社 2011 年版，第 50 页。

登记主管机关是国家市场监督管理总局及其分支机构，涉及商事登记规定的除相关民商事法律外，还包括《中华人民共和国企业法人登记管理条例》《中华人民共和国企业法人登记管理条例实施细则》《中华人民共和国公司登记管理条例》《中华人民共和国合伙企业登记管理办法》《企业名称登记管理规定》《企业法人法定代表人登记管理规定》《企业登记程序规定》等法规规章。

（二）登记的种类和内容

我国的商事登记主要分为设立登记、变更登记和注销登记。

1. 设立登记

设立登记是商事主体创办者为设立商事主体，使之取得商事主体资格，按照法律规定的程序，向登记主管机关申请登记，并由登记主管机关办理登记的法律行为。[1] 根据《企业法人登记管理条例》的规定，申请设立企业法人的登记，应当向登记主管机关提交下列文件和证件："（一）组建负责人签署的登记申请书；（二）主管部门或者审批机关的批准文件；（三）组织章程；（四）资金信用证明、验资证明或者资金担保；（五）企业主要负责人的身份证明；（六）住所和经营场所使用证明；（七）其他有关文件、证件。"

2. 变更登记

企业已登记的事项，如要进行变更，需要向行政登记机关提出申请，经核准后予以变更。未经申请核准擅自变更的，应当承担由此而造成的法律后果。《公司登记管理条例》第 17 条规定，已登记的企业法人因名称、住所、法定代表人、经营范围、注册资金、经营期限发生变更，必须向原登记机关申请变更登记，否则将承担相应的法律责任。

3. 注销登记

注销登记是指商人歇业、被撤销、宣告破产或其他原因解散，并依法完成清算工作后，向登记机关办理注销主体资格的行为。[2]《企业法人登记管理条例》第 22 条规定，如果企业满 6 个月尚未开展营业活动或者停止营业活动满 1 年，就如同该企业歇业，企业负责人应当将营业执照及其副本、公章上缴登记机关。

---

〔1〕韩长印主编：《商法教程》（第 2 版），高等教育出版社 2011 年版，第 48 页。

〔2〕顾功耘主编：《商法教程》（第 2 版），上海人民出版社、北京大学出版社 2006 年版，第 49 页。

（三）登记的程序

不同的商事主体，具体登记程序和要求不甚相同。一般是商事主体提出申请，提交相关材料，之后受理申请的机关于法定期限内审查申请内容。根据我国目前的规定，审查以形式审查为主。登记机关在收到申请人的申请及相关的材料并予以审核之后，应在法定期限内将审核结果及时通知申请人。对具备法人条件的企业，核发《企业法人营业执照》。对不具备法人条件的，核发《营业执照》。

（四）登记的效力

商事登记的效力指登记事项经登记后所产生的法律上的拘束力。我国现行立法对这个问题的规定尚不完备，尤其对商事登记的一般效力缺乏明确规定。通说认为，商事登记具有创设力、公信力和对抗力。

1. 创设力

我国是强制登记主义国家，所以在我国商事登记具有创设新的商事主体的法律效力。商事主体的设立、变更和终止必须进行登记。商事登记应就法律规定的商事主体的全部必要事项进行登记，未经登记不发生法律效力。

2. 公信力

公信力是指依法应登记的事项一经审批登记并公示，即使登记内容与实际内容有出入，也应推定登记内容是真实合法的。这是商事外观主义和信赖保护原则的直接表现。

3. 对抗力

任何事项一经注册登记并公告后便赋予公信力，登记行为人可以凭借该登记事项对抗第三人。[1] 比如我国《民法典》第 65 条规定，法人的实际情况与登记的事项不一致的，不得对抗善意相对人。也就是说登记外观与真实状况相分离，此时登记主体就不能以未登记来对抗善意第三人。

---

[1] 顾功耕、吴弘主编：《商法学概论》，上海人民出版社 2013 年版，第 47 页。

第三节　其他电子商务经营者的权利

一、作为平台用户享有的权利

（一）法定权利

1.人格权

自然人、法人和非法人组织都可以经法定程序依法登记成为其他电子商务经营者。人格权是公民的基本权利，是公民固有的、必不可少的权利，而法人和非法人组织在某些条件下也可以成为一部分基本权利的主体。依《民法典》第109条、第110条的规定，其他电子商务经营者天然享有人格权，只是不同组织形式的经营者享有的人格权范围不同，自然人享有一般人格权和生命权、身体权、健康权、姓名权、肖像权、名誉权、荣誉权、隐私权、婚姻自主权等具体人格权，法人、非法人组织仅享有名称权、名誉权、荣誉权等具体人格权。

2.知识产权

按照刘春田教授的定义，知识产权是智力成果的创造人依法享有的权利和生产经营活动中标记所有人依法享有的权利的总称。[1] 其他电子商务经营者在互联网生产经营活动中，合法创造的智力成果和商业标记也受知识产权法保护，对于其他个人和平台侵犯其知识产权的行为可以诉求法律保护。

（二）根据平台规则享有的权利

1.账号注销权

平台账户的注册和注销作为一个整体，是个人信息保护的重要环节。《电信和互联网用户个人信息保护规定》第9条规定指出，电信业务经营者、互联网信息服务提供者在用户终止使用电信服务或者互联网信息服务后，应当停止对用户个人信息的收集和使用，并为用户提供注销号码或者账号的服务。也就是说其他电子商务经营者在退出平台后，享有注销账号、删除用户信息或作匿名化处理等

---

[1] 张玉敏：《知识产权的概念和法律特征》，载《现代法学》2001年第5期，第103—110页。

的权利。

2. 保留相关销售、购买等数据的权利

其他电子商务经营者通过平台进行经营活动后，有权要求平台保留相关销售记录和消费者购买情况信息。平台应当保全和保管相关数据，不得随意泄露、使用和删除。

3. 平台内投诉权

平台投诉权是互联网电子商务发展的一大特色，在解决电子商务争议中发挥着极为重要的作用。当其他电子商务经营者发现自己的权益受到侵害时，可以通过先向平台投诉的方式防止侵害再扩大。

4. 其他根据平台协议享有的权利

其他电子商务经营者入驻平台时，均签订隐私协议等用户服务协议。协议是在双方平等、自愿的基础上签订的，具有法律效力。不同平台会根据平台的特点，在协议中规定不同的权利与义务，平台应当遵守协议要求，对约定的其他电子商务经营者的权利进行保护。

二、对消费性用户的权利

（一）平等权

其他电子商务经营者与消费者双方在民商事活动中法律地位平等，在法律允许的范围内基于平等协商实现意思自治。平等权是民事法律活动中最重要的权利之一，平等原则作为民法一项基本原则，贯穿民法各个领域。在我国民商合一的大背景下，商事活动也应当遵循平等原则。商事法律关系中当事人地位平等，一方利用优势地位或者利用对方的危困地位，欺骗或者要挟对方，迫使其作出违背真实意愿的意思表示的，另一方可依据《民法典》第148条至151条的规定，在法律规定的期限内请求撤销该民事法律行为。

（二）违约救济权

其他电子商务经营者与消费者之间通过契约自由达成合同关系，电商合同领域的违约责任仍应以严格责任为归责原则，即只要违约方实施了违约行为就得承担违约责任，而不以违约方是否存在过错，非违约方是否因此受到损害为要件。在无过错责任原则下，只有存在免责事由，才能不追究违约方的违约责任。电商合同的违约救济方式，既有公力救济，也有互联网特有的私力救济，即在线协商解决纠纷。

三、对支付机构的权利

（一）知情权

《电子商务法》第 53 条规定，电子支付服务提供者为电子商务提供电子支付服务，应当遵守国家规定，告知用户电子支付服务的功能、使用办法、注意事项、相关风险和收费标准等事项，不得附加不合理交易条件。就电子支付过错而言，支付机构通常处于信息强势一方，应当向用户充分履行告知义务，保障用户知情权。

为维护客户权益，作为电子支付中最重要的一类中介机构——银行必须充分、公开披露相关信息。2005 年 10 月 26 日，中国人民银行发布的《电子支付指引（第一号）》第 8 条规定，办理电子支付业务的银行应公开披露以下信息：（1）银行名称、营业地址及联系方式；（2）客户办理电子支付业务的条件；（3）所提供的电子支付业务品种、操作程序和收费标准等；（4）电子支付交易品种可能存在的全部风险，包括该品种的操作风险、未采取的安全措施、无法采取安全措施的安全漏洞等；（5）客户使用电子支付交易品种可能产生的风险；（6）提醒客户妥善保管、使用或授权他人使用电子支付交易存取工具（如卡、密码、密钥、电子签名制作数据等）的警示性信息；（7）争议及差错处理方式。

非银行支付机构（第三方支付机构）应当确保交易信息的真实性、完整性，及时披露相关交易的信息，不得篡改和隐匿。另外，支付机构应当向客户充分提示网络支付中的潜在风险，对高风险业务在操作前、操作中进行风险警示。

（二）要求支付机构妥善保管客户资料

银行有权要求客户提供其身份证明资料，实名制开立账户，并有义务妥善保管客户资料。《电子支付指引（第一号）》第 9 条明确指出，银行应按会计档案的管理要求妥善保存客户的申请资料，保存期限至该客户撤销电子支付业务后五年。

《电子支付指引（第一号）》第 11 条还规定，银行要求客户提供有关资料信息时，应告知客户所提供信息的使用目的和范围、安全保护措施，以及客户未提供或未真实提供相关资料信息的后果。

对于非银行支付机构（第三方支付机构），应当以服务电子商务交易为原则，基于客户的银行账户或者按照《非银行支付机构网络支付业务管理办法》为客户开立账户提供网络支付服务，维护客户的合法权益，保障客户信息安全和资金安全。

（三）安全交易权

《电子商务法》第 54 条指出，电子支付服务提供者提供电子支付服务应当符合国家有关支付安全管理要求，否则将对客户直接风险损失无条件先行赔付。

对于银行类支付机构，《电子支付指引（第一号）》要求采用的信息安全标准、技术标准、业务标准等应当符合国家有关规定。应建立必要的安全程序，对客户身份和电子支付指令进行确认，在客户发出电子支付指令前，提示客户对指令的准确性和完整性进行确认，防止欺诈和被欺诈事件发生。银行应确保电子支付业务处理系统的安全性，保证重要交易数据的不可抵赖性、数据存储的完整性、客户身份的真实性，并妥善管理在电子支付业务处理系统中使用的密码、密钥等认证数据。

非银行支付机构（第三方支付机构）在电子商务产业崛起的过程中扮演了不可替代的角色，但是由于其主体资格的私有性，随之而来的风险也不容忽视。因此中国人民银行 2010 年 6 月发布了《非金融机构支付服务管理办法》，同年 12 月发布《非金融机构支付服务管理办法实施细则》，2015 年 12 月发布《非银行支付机构网络支付业务管理办法》，对第三方支付机构进行风险监管，要求第三方支付机构建立应急系统，制定应急预案，确保支付清算系统安全可靠运行。

（四）错误支付和损害赔偿

《电子商务法》第 55 条规定了错误支付的法律责任，支付指令发生错误的，电子支付服务提供者应当及时查找原因，并采取相关措施予以纠正，造成用户损失的，应当承担赔偿责任，但能够证明支付错误非自身原因造成的除外。

《电子支付指引（第一号）》第五章考虑了银行用户信息被泄露或篡改、电子支付指令被盗取、客户未按要求操作电子支付指令等差错情形，明确了差错处理的原则和相应的补救措施。比如第 42 条规定，因银行原因造成电子支付出现差错的，由银行对客户损失进行赔偿；而由第三方服务机构造成差错的，由银行先行赔付，再根据其与第三方服务机构的协议进行追偿。

四、对同行业其他经营者的权利 [1]

经营者享有公平竞争权，享有"公平竞争利益"，这是经营者就自身的主体性要素所享有的利益。该类权益的载体就是经营者本身，不受不正当竞争行为排挤和损害的地位、通过公平竞争获取利润的能力，都要附着于经营者这个载体之上。公平竞争权表现为经营者有通过公平竞争追求利润的自由，它不是某种现存的利益，而是追求利益的自由。确立经营者的公平竞争权有利于维护自由竞争，消除不正当竞争行为。

第四节　其他电子商务经营者的义务

一、作为平台用户的义务

（一）遵守平台经营者制定的相关规则

其他电子商务经营者入驻平台时，一般会与平台签订隐私协议等用户服务协议。在法律法规允许的范围内，平台协议应视为双方在平等、自愿的基础上达成，基于真实的意思表示，双方都应受到协议的约束。其他电子商务经营者应当遵守协议约定的事项，履行协议约定的义务，否则将承担约定的或者法定的责任。

（二）提供真实有效的信息以供认证

国家正在推行网络实名制，推进网络真实身份信息的管理。平台实名制能在一定程度上提升入驻用户的自律、责任和风险意识，在发生违法违规行为时，可以有效追究相关经营者的法律责任。

---

[1] 参见朱一飞：《论经营者的公平竞争权》，载《政法论丛》2005 年第 1 期，第 66—71 页。

二、对消费性用户的义务

（一）诚实信用

《电子商务法》和《消费者权益保护法》中均规定，经营者与消费者交易过程中，应当遵循诚实信用原则。其他电子商务经营者在电子商务经营活动中，应秉持诚实信用原则、恪守承诺。诚实信用原则是民法的基本原则之一，被誉为"帝王条款"。在从事民商事活动时，各方当事人尤其是处于强势地位的经营者应正当行使权利，在不损害他人合法权益和社会公共利益的前提下追求自己的利益。另外，《电子商务法》第 17 条规定，电子商务经营者不得以虚构交易、编造用户评价等方式进行虚假或者引人误解的商业宣传，欺诈、误导消费者。电子商务属于典型的非"面对面"交易，交易双方信息严重失衡，"刷好评""刷销量"等手段会极大影响消费者的购物选择，故而在《广告法》已对虚假宣传有所规定的情况下，《电子商务法》又进一步严格规定，并且做了开放式规定，只要属于虚假或引人误解的商业宣传，均加以禁止。

（二）安全保障义务

《消费者权益保护法》第 7 条规定，消费者在购买、使用商品和接受服务时享有人身、财产安全不受损害的权利。因此，其他电子商务经营者在商业经营过程中对可能危及人身、财产安全的商品和服务，应作出真实说明和明确警示，标明正确使用及防止危害发生的办法。当其他电子商务经营者发现其提供的商品或服务存在缺陷，有危及消费者人身、财产安全危险的，应当立即向有关行政主管部门报告和告知消费者，并采取停止销售、警示、召回、无害化处理、销毁等措施。

（三）质量保障义务

《消费者权益保护法》第 23 条明确，经营者应当保证在正常使用商品或者接受服务的情况下，其提供的商品或者服务具有的质量、性能、用途和有效期限；但消费者在购买该商品或者接受该服务前已经知道商品或服务存在瑕疵，且存在该瑕疵不违反法律强制性规定的除外。对于"知假买假"的情况，法律特别规定在食品、药品领域，消费者知假买假时，对经营者依旧适用惩罚性赔偿规则。

（四）信息披露义务

《电子商务法》第17条规定，电子商务经营者应当全面、真实、准确、及时地披露商品或者服务信息，保障消费者的知情权和选择权。消费者享有知悉其购买、使用的商品或者接受的服务的真实情况的权利。其他电子商务经营者应当主动或在消费者要求下提供商品的价格、产地、生产者、用途、性能、规格、等级、主要成分、生产日期、有效期限、检验合格证明、使用方法说明书、售后服务，或者服务的内容、规格、费用等有关情况。除提供商品和服务的信息外，其他电子商务经营者还应当标明自身标记和真实名称，提供自身联系方式和经营地址，在首页等显著位置持续公示营业执照信息。

（五）不得强迫交易

消费者享有自主选择权，可以自主选择经营者、商品或服务，其他电子商务经营者不得以任何方式强迫或者干涉交易，不得设定不公平、不合理的交易条件。

（六）风险负担

根据《民法典》合同编的规定，除法律另有规定或者当事人另有约定外，在买卖合同中，标的物交付前，风险由出卖人承担；标的物交付后，风险由买受人承担。但对于试用买卖而言，即使交付，风险仍归所有人（经营者）承担。

在电子商务交易中，销售的商品一般都需要经过运输才能到达消费者手中，通常情况下交付地点都是确定的，所以在货交第一承运人时风险并不转移，依旧由出卖人（经营者）承担。如若货物在运输途中丢失，可依照《邮政法》第五章的规定向物流企业要求赔偿。

（七）提供更换、修理、退货、换货等服务

经营者提供的商品或者服务不符合质量要求的，消费者可以在法律规定的七日内或者双方约定的时限内，要求经营者提供修理、更换、退货等义务。面对日渐增长的电子商务需求，《消费者权益保护法》第25条特别规定，通过网络方式订购商品的，适用七天无理由退货规则，商品性质不适宜退货的

商品除外。

(八) 出具 (电子) 凭证或单据的义务

《消费者权益保护法》第 22 条规定，经营者提供商品或者服务，应当按照国家有关规定或者商业惯例向消费者出具发票等购货凭证或者服务单据；消费者索要发票等购货凭证或者服务单据的，经营者必须出具。在传统交易中，经营者与消费者通常在线下营业场所发生交易行为，经营者一般以纸质的方式出具消费凭证，在交易完成时消费者即时取得凭证。但在电子商务交易环境中，经营者与消费者以虚拟化方式发生交易行为，纸质化交易凭证的出具便成为问题。故《电子商务法》第 14 条规定，电子商务经营者可以出具电子发票，且电子发票与纸质发票具有同等的法律效力。所以，其他电子商务经营者在交易行为完成后，应当及时出具纸质或电子凭证，消费者在没有正当理由的情况下不得拒绝接受以电子发票方式提供的发票。

(九) 提示说明格式条款的内容，禁止滥用格式条款

在商业活动中，为了简便交易，减少缔约时间，降低交易成本，格式合同或者格式条款被普遍使用。格式条款是指当事人因重复使用而预先拟定的，并在订立合同时未与对方协商的条款。因为未经协商，格式条款极易出现不公平的情形，损害对方当事人的利益，而商业交易过程中消费者又经常处于弱势地位，应当由法律加以保护。故《消费者权益保护法》规定，经营者若在经营活动中使用格式条款，应当以显著方式提醒消费者注意有关商品或者服务的数量和质量、价款或者费用、履行期限和方式、安全注意事项和风险警示、售后服务、民事责任等与消费者有重大利害关系的内容，并在消费者要求的情况下予以解释和说明。当格式条款作出排除或者限制消费者权利、减轻或者免除经营者责任、加重消费者责任等对消费者不公平、不合理的规定时，格式条款的内容无效。电子商务不同于线下"面对面"的交易，其他电子商务经营者在使用格式条款时，应当确保消费者知悉，以加粗、加亮等方式在显著位置多加提醒，否则格式条款内容无效。

(十) 保护网络安全和用户个人信息

互联网大数据时代，个人信息已成为一种重要的经济资源，对公民个人信

息的保护也成为法律的焦点问题。《电子商务法》第 23 条规定，电子商务经营者收集、使用其用户的个人信息，应当遵守法律、行政法规有关个人信息保护的规定。

我国多部法律、行政法规中存在对公民个人信息保护的规定。《民法典》总则部分第 111 条明确，自然人的个人信息受法律保护。任何组织或者个人需要获取他人个人信息的，应当依法取得并确保信息安全，不得非法收集、使用、加工、传输他人个人信息，不得非法买卖、提供或者公开他人个人信息。《刑法》第 253 条之一也规定了侵犯公民个人信息罪，之后《最高人民法院、最高人民检察院关于办理侵犯公民个人信息刑事案件适用法律若干问题的解释》对侵犯公民个人信息的行为和法律适用进行了具体解释。2017 年 6 月 1 日起实施的《网络安全法》也明确加强了对个人信息的保护，对攻击、破坏网络安全的组织和个人规定了相应的惩治措施。《消费者权益保护法》中也规定了消费者在交易过程中个人信息应当依法得到保护，经营者在收集、使用消费者个人信息时应当遵循合法、正当、必要的原则，不得泄露、出售或者非法向他人提供。

三、对支付机构的义务

（一）提供真实的身份证明资料

中国人民银行 2005 年发布的《电子支付指引（第一号）》明确表示，客户申请电子支付业务，必须与银行签订相关协议，银行有权要求客户提供其身份证明资料并告知客户未提供或未真实提供相关资料信息的后果。2015 年发布的《非银行支付机构网络支付业务管理办法》也指出，非银行支付机构应当遵循相关开户要求，落实实名制管理，采取有效措施依法核实客户的身份信息。因此，其他电子商务经营者应当向电子支付机构提供真实可靠的身份证明资料，遵守电子支付的相关规定。

（二）按照规定操作电子支付指令

《电子支付指引（第一号）》对电子支付指令的发出和接收作了具体规定。客户在发出指令时应当对指令的准确性和完整性进行确认，发起执行通过安全程序的电子支付指令后，客户不得要求变更或撤销电子支付指令。电子支付执行过程与票据交易类似，具有无因性，不论交易的原因是否真实有效存在，电子指令一经执行不可撤销。

四、对同行业其他经营者的义务

（一）不得实施不正当竞争行为

不正当竞争行为是经营者在经营活动中为了抢夺市场，利用不合法或者不道德的手段破坏竞争、扰乱市场正常秩序，损害其他经营者或者消费者权益的行为。根据 2019 年新修订的《反不正当竞争法》的规定，其他电子商务经营者在经营过程中应当认真履行以下义务：

1. **不得利用商业标识实施市场混淆行为**

市场混淆是指，足以引人误会为他人的或者与他人有联系的商品或服务。根据《反不正当竞争法》第 6 条的规定，以下行为属于市场混淆行为：（1）擅自使用与他人有一定影响的商品名称、包装、装潢等相同或者近似的标识；（2）擅自使用他人有一定影响的企业名称（包括简称、字号等）、社会组织名称（包括简称等）、姓名（包括笔名、艺名、译名等）；（3）擅自使用他人有一定影响的域名主体部分、网站名称、网页等；（4）其他足以引人误认为是他人商品或者与他人存在特定联系的混淆行为。《最高人民法院关于审理不正当竞争民事案件应用法律若干问题的解释》进一步规定，在不同地域范围使用相同或者近似的知名商品特有的名称、包装、装潢，在后使用者能够证明其善意使用时，不构成不正当竞争行为。此处的"知名商品"是指在中国境内具有一定的市场知名度，为相关公众所知悉的商品，也即第 6 条所称的有一定影响的商品。

2. **不得实施商业贿赂行为**

《反不正当竞争法》第 7 条第 1 款规定，经营者不得采用财物或者其他手段贿赂下列单位或者个人，以谋取交易机会或者竞争优势：（1）交易相对方的工作人员；（2）受交易相对方委托办理相关事务的单位或者个人；（3）利用职权或者影响力影响交易的单位或者个人。

商业贿赂的主要表现形式是"回扣"，专指经营者销售商品时在账外暗中以现金、实物或者其他方式退给对方单位或者个人一定比例的商品价款，账外包括不记账、作伪账等方式。经营者的工作人员进行贿赂的，应当认定为经营者的行为，除非有证据证明该工作人员的行为与为经营者谋取交易机会或者竞争优势无关。但是依法如实入账的折扣和佣金，不属于经营者的商业贿赂行为。

3. 不得实施虚假或引人误解的商业宣传行为

《反不正当竞争法》第 8 条第 1 款规定，经营者不得对其商品的性能、功能、质量、销售状况、用户评价、曾获荣誉等作虚假或者引人误解的商业宣传，欺骗、误导消费者。《最高人民法院关于审理不正当竞争民事案件应用法律若干问题的解释》具体列举了一些可以认定为虚假或足以引人误解的商业宣传行为：（1）对商品作片面的宣传或者对比的；（2）将科学上未定论的观点、现象等当作定论的事实用于商品宣传的；（3）以歧义性语言或者其他引人误解的方式进行商品宣传的。但是，以明显的夸张方式宣传商品，不足以造成相关公众误解的，不属于引人误解的虚假宣传行为。也就是说，经营者在进行商业宣传活动时，不得违反诚实信用原则，不得违背对消费者的诚实守信义务。另外，根据第 8 条第 2 款规定，通过组织虚假交易等方式，帮助其他经营者进行虚假或引人误解的商业宣传，也被法律所禁止。

4. 不得侵犯他人商业秘密

商业秘密，是指不为公众所知悉、具有商业价值并经权利人采取相应保密措施的技术信息、经营信息等商业信息。商业秘密具有保密性，需要权利人采取适当的保密措施进行自我保护。《最高人民法院关于审理不正当竞争民事案件应用法律若干问题的解释》第 11 条第 3 款规定了应当认定权利人已采取保密措施的情形：（1）限定涉密信息的知悉范围，只对必须知悉的相关人员告知其内容；（2）对于涉密信息载体采取加锁等防范措施；（3）在涉密信息的载体上标有保密标志；（4）对于涉密信息采用密码或者代码等；（5）签订保密协议；（6）对于涉密的机器、厂房、车间等场所限制来访者或者提出保密要求；（7）确保信息秘密的其他合理措施。权利人采取以上措施，在正常情况下足以防止商业秘密泄露的，视为对商业秘密进行了防止他人侵犯的合理保护。

侵犯商业秘密的情形由《反不正当竞争法》第 9 条第 1 款规定：（1）以盗窃、贿赂、欺诈、胁迫、电子侵入或者其他不正当手段获取权利人的商业秘密；（2）披露、使用或者允许他人使用以前项手段获取的权利人的商业秘密；（3）违反保密义务或者违反权利人有关保守商业秘密的要求，披露、使用或者允许他人使用其所掌握的商业秘密；（4）教唆、引诱、帮助他人违反保密义务或者违反权利人有关保守商业秘密的要求，获取、披露、使用或者允许他人使用权利人的商业秘密。另外，第9条第3款还规定，第三人明知或者应知商业秘密权利人的员工、前员工或者其他单位、个人实施本条第1款所列违法行为，仍获取、披露、使用或者允许他人使用该商业秘密的，也视为侵犯商业秘密。

5. 不得实施违法有奖促销行为

有奖销售是指经营者在销售产品或提供服务时，以赠送物品、发放奖品或其他经济利益为促销诱因，以刺激消费者购买产品和扩大产品知名度的一种方法。不正当的有奖销售会违反公平竞争，影响市场和交易秩序，造成市场混乱。《反不正当竞争法》第10条规定，经营者进行有奖销售不得存在下列情形：（1）所设奖种类、兑奖条件、奖金金额或者奖品等有奖销售信息不明确，影响兑奖；（2）采用谎称有奖或者故意让内定人员中奖的欺骗方式进行有奖销售；（3）抽奖式的有奖销售，最高奖的金额超过5万元。

6. 不得诋毁他人商业信誉、商品信誉

商业信誉是社会公众对某一经营者的经济能力、资产情况、信用状况、经营能力等的社会评价，商品信誉是指公众对商品的质量、价值等社会评价，交易活动离不开双方当事人的相互信任，故而可以认为市场经济的本质就是信誉经济。《反不正当竞争法》第11条规定，经营者不得编造、传播虚假信息或者误导性信息，损害竞争对手的商业信誉、商品声誉。通过诋毁等手段降低竞争对手或竞争商品的社会评价，进而使自己处于市场竞争的优势地位，将会破坏竞争市场的秩序。

7. 不得利用网络技术或者应用服务影响用户选择，干扰其他经营者正常经营

电子商务离不开互联网媒介，但互联网这个工具不能被别有用心之人利用，通过互联网技术改变市场规则，扰乱市场秩序。《反不正当竞争法》第12条规定，经营者利用网络从事生产经营活动，应当遵守本法的各项规定。经营者不得利用技术手段，通过影响用户选择或者其他方式，实施下列妨碍、破坏其他经营者合法提供的网络产品或者服务正常运行的行为：（1）未经其他经营者同意，在其合法提供的网络产品或者服务中，插入链接、强制进行目标跳转；（2）误导、欺骗、

强迫用户修改、关闭、卸载其他经营者合法提供的网络产品或者服务；（3）恶意对其他经营者合法提供的网络产品或者服务实施不兼容；（4）其他妨碍、破坏其他经营者合法提供的网络产品或者服务正常运行的行为。

（二）不得实施垄断行为

垄断行为是指排除、限制竞争以及可能排除、限制竞争的行为，垄断者在市场上能够随意调节价格与产量、操纵市场，损害消费者个人权益和社会公共利益。2020 年 1 月，市场监管总局公布了《〈反垄断法〉修订草案》，征求社会公众意见，以健全和完善反垄断法的体系，促进社会主义市场经济健康发展。就现行《反垄断法》而言，其他电子商务经营者可能实施的垄断行为有以下几种：

1. 垄断协议

垄断协议是指排除、限制竞争的协议、决定或者其他协同行为。其他电子商务经营者可能达成的垄断协议有两种，一是具有竞争关系的经营者之间达成协议（《反垄断法》第 13 条）；二是具有交易关系的上下游经营者之间达成垄断协议[《〈反垄断法〉修订草案（公开征求意见稿）》第 14 条]。如果其他电子商务经营者能够证明所达成的协议是实现《修订草案》第 18 条规定的 7 种相关情形，且不会严重限制相关市场的竞争，并且能够使消费者分享由此产生的利益的不认为是垄断行为。另外 2020 年公布的《修订草案》第 17 条新增了"禁止经营者组织、帮助其他经营者达成垄断协议"。

2. 滥用市场支配地位

滥用市场支配地位的前提是具有市场支配地位。通常而言，认定具有市场支配地位需要考虑市场份额、竞争状况、控制市场的能力、技术条件、其他经营者进入市场的难度等因素。认定互联网领域经营者具有市场支配地位还应当考虑网络效应、规模经济、锁定效应、掌握和处理相关数据的能力等因素。具有市场支配地位的其他电子商务经营者实施《反垄断法》第 17 条规定的行为，才认定为滥用市场支配地位，否则不处罚。

3. 经营者集中

经营者集中是指下列情形：（1）经营者合并；（2）经营者通过取得股权或者资产的方式取得对其他经营者的控制权；（3）经营者通过合同等方式取得对其他经营者的控制权。

五、其他义务

（一）依法纳税义务

《电子商务法》第 11 条第 1 款规定，电子商务经营者应当依法履行纳税义务，并依法享受税收优惠。其他电子商务经营者从事互联网虚拟化交易，但并不避免其主体的纳税义务。税收问题采取线上线下相一致的处理原则，具体的税种和税率均按照税收征收管理法及实施细则的相关规定，同样，税收优惠政策也当然适用于其他电子商务经营者。

第 11 条第 2 款规定，依照第 10 条规定不需要办理市场主体登记的电子商务经营者在首次纳税义务发生后，应当依照税收征收管理法律、行政法规的规定申请办理税务登记，并如实申报纳税。不需要办理市场主体登记并不意味着免除纳税义务，对于这类其他电子商务经营者，在其营业额达到首次纳税基准时，应当办理税务登记，如实申报纳税。

（二）办理行政许可

《电子商务法》第 12 条规定，电子商务经营者从事经营活动，依法需要取得相关行政许可的，应当依法取得行政许可。我国对部分特定的商品与服务的交易实行许可制，要求经营主体在从事相关的交易之前办理相应的行政许可。针对线下经营所获得的许可原则上可以延伸到线上经营，除非法律对此有特别的规定。

（三）不得从事法律禁止的商品或者服务交易

《电子商务法》第 13 条规定，电子商务经营者销售的商品或提供的服务应当符合保障人身、财产安全的要求和环境保护要求，不得销售或者提供法律、行政法规禁止交易的商品或者服务。对于法律禁止的商品或者服务交易，应遵循线上线下相一致原则，但目前并未有明确的目录表示哪些商品或服务属于禁止的，执法者在执法时只能依靠《刑法》《产品质量法》等相关法律进行判断。

第五节　其他电子商务经营者的责任

一、民事责任

（一）违约责任

其他电子商务经营者在从事经营活动时，发布的商品或者服务信息，符合要约条件的，应当属于要约。用户选择该商品或者服务并提交订单成功，则双方之间合同成立。当合同不存在无效、可撤销等效力瑕疵时，当事人一方不履行合同义务或者履行合同义务不符合约定，依照法律或者合同约定应当承担违约责任。按照我国《民法典》合同编的规定，违约责任一般采无过错责任原则，特殊情况下采过错责任原则。也就是说，一般情况下无论违约方主观上是否有过错，只要不履行合同义务或者履行合同义务不符合约定，就必须承担违约责任。严格责任是以实际损害结果为要件的一种归责原则，重点在于补偿当事人的损失，而不以惩罚过错为目的。

违约主要有两种形态：一是实际违约，即实际发生违约行为，具体包括不履行、迟延履行与不适当履行。二是预期违约，又称为先期违约，指的是合同的一方在合同中规定的履行时点之前毁弃合同，即作出不履行所承担的合同义务的意思表示，包括明确表示不履行与以行为表明不履行两种形态。

（二）侵权责任

侵权行为危及他人人身、财产安全的，被侵权人有权请求侵权人承担停止侵害、排除妨碍、消除危险等侵权责任。一般侵权以过错责任为归责原则，特殊侵权存在过错推定责任、无过错责任和公平责任。

关于损害赔偿的数额，根据《民法典》侵权编的规定，侵害他人造成人身损害的，应当赔偿医疗费、护理费、交通费、营养费、住院伙食补助费等为治疗和康复支出的合理费用，以及因误工减少的收入。造成残疾的，还应当赔偿辅助器具费和残疾赔偿金；造成死亡的，还应当赔偿丧葬费和死亡赔偿金。侵害他人人身权益造成财产损失的，按照被侵权人因此受到的损失或者侵权人因此获得的利益赔偿；被侵权人因此受到的损失以及侵权人因此获得的利益难以确定，被侵权人和侵权人就赔偿数额协商不一致，向人民法院提起诉讼的，由人民法院根据实际情况确定赔偿数额。侵害他人财产的，财产损失按照损失发生时的市场价格或者其他合理方式计算。故意侵害他人知识产权，情节严重的，被侵权人有权请求相应的惩罚性赔偿。侵权行为造成他人严重精神损害的，也可以请求精神损害赔偿。

二、行政责任

（一）创设阶段的责任

当其他电子商务经营者不具备电子商务市场准入的条件时，将会被强制要求退出电子商务市场。不具备电子商务市场准入条件一般包括以下情形：法人、其他组织解散、被吊销营业执照或被撤销，电子商务主体提交虚假信息，电子商务主体不再符合法定的申领电子商务经营认证电子证书的条件等。[1]

（二）实施不正当竞争行为的责任

《反不正当竞争法》第四章专章规定了经营者实施不正当竞争行为应承担的法律责任，多数为行政责任，造成消费者损害的也可以提起民事诉讼。

（1）构成市场混淆行为的，由监督检查部门责令停止违法行为，没收违法商品。违法经营额 5 万元以上的，可以并处违法经营额 5 倍以下的罚款；没有违法经营额或者违法经营额不足 5 万元的，可以并处 25 万元以下的罚款。情节严重的，吊销营业执照。

（2）构成商业贿赂行为的，由监督检查部门没收违法所得，处 10 万元以上300 万元以下的罚款。情节严重的，吊销营业执照。

（3）构成对其商品作虚假或者引人误解的商业宣传，或者通过组织虚假交易等方式帮助其他经营者进行虚假或者引人误解的商业宣传行为的，由监督检查部门责令停止违法行为，处 20 万元以上 100 万元以下的罚款；情节严重的，处 100万元以上 200 万元以下的罚款，可以吊销营业执照。经营者的行为属于发布虚假

---

[1] 贺琼琼主编：《电子商务法》，武汉大学出版社 2016 年版，第 40 页。

广告的，依照《广告法》的规定，也需要承担相应的民事责任、行政责任，构成犯罪的依法追究刑事责任。

（4）构成侵犯商业秘密行为的，由监督检查部门责令停止违法行为，没收违法所得，处10万元以上100万元以下的罚款；情节严重的，处50万元以上500万元以下的罚款。

（5）构成有奖销售行为的，由监督检查部门责令停止违法行为，处5万元以上50万元以下的罚款。

（6）构成损害竞争对手商业信誉、商品声誉行为的，由监督检查部门责令停止违法行为、消除影响，处10万元以上50万元以下的罚款；情节严重的，处50万元以上300万元以下的罚款。

（7）构成妨碍、破坏其他经营者合法提供的网络产品或者服务正常运行行为的，由监督检查部门责令停止违法行为，处10万元以上50万元以下的罚款；情节严重的，处50万元以上300万元以下的罚款。

另外，经营者违反法律规定从事不正当竞争，有主动消除或者减轻违法行为危害后果等法定情形的，依法从轻或者减轻行政处罚；违法行为轻微并及时纠正，没有造成危害后果的，不予行政处罚。

（三）实施垄断行为的责任

《反垄断法》第七章专章规定了实施垄断行为的法律责任。

（1）达成并实施垄断协议的，由反垄断执法机构责令停止违法行为，没收违法所得，并处上一年度销售额1%以上10%以下的罚款；对于尚未实施所达成的垄断协议的，可以处50万元以下的罚款。经营者主动向反垄断执法机构报告达成垄断协议的有关情况并提供重要证据的，可以酌情减轻或者免除对该经营者的处罚。

（2）滥用市场支配地位的，由反垄断执法机构责令停止违法行为，没收违法所得，并处上一年度销售额1%以上10%以下的罚款。

（3）构成经营者集中的，可以由反垄断执法机构处上一年度销售额1%以上10%以下的罚款，还可以根据具体情形责令停止实施集中，责令限期处分股份或者资产、限期转让营业以及采取其他必要救济措施恢复到集中前的状态。

经营者实施垄断行为，除承担以上行政责任外，给他人造成损失的，依法承担民事责任，构成犯罪的，依法追究刑事责任。

三、刑事责任

其他电子商务经营者的商业经营行为可能同时触犯刑法，需要承担刑事责任。比较常见的违法行为有以下几种：

（一）销售伪劣商品行为

《刑法》分则第三章第一节规定了生产、销售伪劣商品罪，包括：一般法的生产、销售伪劣产品罪（第 140 条）；特别法的行为犯——生产、销售假药罪（第 141 条）和生产、销售有毒、有害食品罪（第 144 条）；危险犯——生产、销售不符合安全标准的食品罪（第 143 条）和生产、销售不符合标准的卫生器材罪（第 145 条）；结果犯——生产、销售劣药罪（第 142 条），生产、销售不符合安全标准的产品罪（第 146 条），生产、销售伪劣农药、兽药、化肥、种子罪（第 147 条），生产、销售不符合卫生标准的化妆品罪（第 148 条）。同时触犯本节多个罪名的，择一重罪论处。作为兜底罪名的生产、销售伪劣产品罪需要达到 5 万元的销售额或者未销售但货物价值 15 万元，才构成犯罪，否则仅予以民事处罚或行政处罚。

（二）逃税行为

《刑法》第 201 条规定了逃税罪，纳税人采取欺骗、隐瞒手段进行虚假纳税申报或者不申报，逃避缴纳税款数额较大并且占应纳税额 10% 以上的，或者扣缴义务人不缴或者少缴已扣、已收税款，数额较大的，构成逃税罪。对多次实施逃税行为，未经处理的，按照累计数额计算。

经税务机关依法下达追缴通知后，纳税人应补缴应纳税款，缴纳滞纳金，已受行政处罚的，不予追究刑事责任；但是，五年内因逃避缴纳税款受过刑事处罚或者被税务机关给予二次以上行政处罚的除外。

（三）侵犯知识产权行为

《刑法》分则第三章的第七节规定了侵犯知识产权罪，涉及其他电子商务经营者可能触犯的罪名包括：假冒注册商标罪（第 213 条），销售假冒注册商标的商品罪（第 214 条），非法制造、销售非法制造的注册商标标识罪（第 215 条），侵犯著作权罪（第 217 条），销售侵权复制品罪（第 218 条），侵犯商业秘密罪（第 219 条）。单位犯罪的，同时对单位并处罚金。

（四）扰乱市场秩序行为

《刑法》分则第三章第八节规定了扰乱市场秩序类犯罪，涉及其他电子商务经营者可能触犯的罪名包括：损害商业信誉、商品声誉罪（第 221 条），虚假广告罪（第 222 条），合同诈骗罪，组织、领导传销活动罪（第 223 条），非法经营罪（第 225 条），强迫交易罪（第 226 条），逃避商检罪（第 230 条）。单位犯罪的，对单位并处罚金。

（五）侵犯个人信息的行为

《刑法》第 253 条之一规定了侵犯公民个人信息罪，客观表现为违反国家有关规定，向他人出售或者提供公民个人信息，情节严重的，以及窃取或者以其他方法非法获取公民个人信息的。在履行职责或者提供服务过程中获得的公民个人信息，出售或者提供给他人的，按照侵犯公民个人信息罪从重处罚。单位犯罪的，对单位并处罚金。

四、责任竞合处理

（一）违约责任与侵权责任竞合

《民法典》第 186 条规定，因当事人一方的违约行为，损害对方人身权益、财产权益的，受损害方有权选择请求其承担违约责任或者侵权责任。也就是说当存在加害给付时，受损害方可以选择让对方承担违约责任或者侵权责任，且在一审开庭前可以变更诉讼请求。但是此处的责任竞合只是指赔偿损失的竞合，不影响其他责任方式。

（二）民事、行政、刑事责任竞合

一般情况下，当民事责任、行政责任、刑事责任都存在时，除非法律另有规定，否则当事人都要承担。但如果责任人财产不足，应当依据《民法典》第 187 条的规定，民事主体因同一行为应当承担民事责任、行政责任和刑事责任的，承担行政责任或者刑事责任不影响承担民事责任；民事主体的财产不足以支付的，优先用于承担民事责任。

第六节　其他电子商务经营者终止

一、主动退出终止

主动退出终止是指其他电子商务经营者自愿退出电子商务经营活动。《电子商务法》第 16 条规定，电子商务经营者自行终止从事电子商务的，应当提前 30 日在首页显著位置持续公示有关信息。电子商务主体应履行公告通知义务，将终止电子商务经营事项提前通知交易相对人以及相关的利害关系人，妥善处理好已经订立的合同，同时保障潜在的交易相对人的知情权。此外，对于因特定原因丧失线下市场经营主体资格的经营者，还需要履行清算程序，对其在电子商务经营活动中产生的债权债务关系进行了结。[1]

二、强制退出终止

（一）违反平台规则被强制终止

当其他电子商务经营者违反平台规则时，平台有权利要求经营者退出该平台，但退出平台不代表退出市场，该经营者可以通过其他方式或者其他平台继续经营活动。

（二）违反法律法规的规定被强制终止

当其他电子商务经营者的经营活动存在严重违法时，将被强制要求退出电子商务市场。比如，电子商务主体在电子商务经营活动中销售的产品或提供的服务不符合法律、行政法规的规定，情节严重或造成严重后果的；电子商务主体以诈骗等非法经营活动为目的从事电子商务经营活动等。[2] 被强制退出后，需要清算

---

〔1〕参见贺琼琼主编：《电子商务法》，武汉大学出版社 2016 年版，第 40 页。

〔2〕同上。

的还需要履行清算程序，最后办理注销登记。

● 案例研析

微信朋友圈销售假冒注册商标的商品案

【基本案情】

被告人戚某、钱某系夫妻，2013 年 6 月 16 日至 2014 年 7 月 31 日间，通过微信软件等途径销售假冒注册商标的商品（手提包、皮带等），后又租用广东省韶关市区某大厦的房间存放假冒注册商标的商品待售。

2014 年 8 月 1 日 12 时，公安机关将钱某抓获，并在其家中查获假冒注册商标的商品一批。同日 16 时许，戚某到公安机关投案，并带民警到市区某大厦存放假冒注册商标的商品的房间进行检查，在该房内查获假冒注册商标的商品一批。

经鉴定和审计，戚某、钱某销售的商品均为假冒注册商标的商品，销售金额为人民币 77757 元，其库存的假冒注册商标的商品价值人民币 9570 元。

【裁判结果】

广东省韶关市浈江区人民法院经审理认为，被告人戚某、钱某销售明知是假冒注册商标的商品，数额较大，其行为均已构成销售假冒注册商标的商品罪。戚某在犯罪过程中起主要作用，是主犯，钱某在作案过程中起辅助作用，是从犯。戚某在案发后自动投案，归案后能如实供述自己的犯罪事实，系自首。一审以销售假冒注册商标的商品罪分别判处二人有期徒刑 7 个月和 6 个月，均缓刑 1 年 6 个月，并处罚金 1.5 万元。一审宣判后，二被告人均未提出上诉，判决生效。

【典型意义】

本案是一起通过微信朋友圈销售假冒注册商标的商品的典型案例。微信朋友圈原是相对私人的空间，近年来越来越多的人加入微商，利用微信朋友圈等平台售假者也越来越多。与传统侵犯知识产权犯罪案件相比，这类犯罪作案手段相对隐蔽，但传播面广，推广速度快，社会影响恶劣。目前，《消费者权益保护法》和《网络交易管理办法》在微信购物方面还没有明文规定，而且微商没有经过工商注册登记，相关法律法规还需要进一步完善。

第七章

———

电子商务合同

第一节　电子商务合同概述

一、概念

　　电子商务合同已经广泛应用多年，但无论国际上还是国内，至今均没有在法律条文中规定电子商务合同的定义。在《电子商务法》正式颁布以前，电子商务合同的称谓也不尽相同，有的称电子合同，有的称电子商务合同。我国 1999 年颁布的《中华人民共和国合同法》对电子合同的法律地位、形式和效力进行了确认，但是没有直接给出定义。《合同法》第 2 条规定了合同的定义："是平等主体的自然人、法人、其他组织之间设立、变更、终止民事权利义务关系的协议。"我国《合同法》第 11 条借鉴《联合国国际贸易法委员会电子商务示范法》（以下简称《电子商务示范法》）有关"书面形式"的规定[1]，明确规定数据电文也属于合同的书面形式："书面形式是指合同书、信件和数据电文（包括电报、电传、传真、电子数据交换和电子邮件）等可以有形地表现所载内容的形式。"此外，我国于 2004 年颁布、2015 年修订的《电子签名法》尽管没有对电子合同的定义作出直接规定，但确立了电子签名的法律效力，对数据电文进行了定义，扩大了其内容。

　　与传统的合同书、信件等形式表现的合同相比较，电子商务合同有较为明显的特殊性。电子商务合同的磋商、订立依赖当事人之间的电子数据交换，合同的条款可以在计算机屏幕上显示，或者被储存在磁性的非纸张中介物上，所以不存在传统意义上的书面形式。按照法律的一般规定，一些合同必须以书面形式订立，如果将书面形式仅限制于纸质形式本身，则电子交易将难以实现。为解决这一问题，联合国国际贸易法委员会提出《计算机记录的法律价值》的报告，建议各国政府重新审查关于书面形式要求的法律规定，并且提出将电子数据记录视为"书面形式"的建议，将书面形式"做扩大解释"，将认定"书面形式"的重点放在"可

---

[1]《电子商务示范法》第 6 条"书面形式"规定："（1）如法律要求信息须采用书面形式，则假若一项数据电文所含信息可以调取以备日后查用，即满足了该项要求。（2）无论本条第（1）款所述要求是否采取一项义务的形式，也无论法律是不是仅仅规定了信息不采用书面形式的后果，该款将适用。"

日后查阅"上，因为"电子数据交换记录的可靠性和精确性，至少等同于其他技术手段维护记录"[1]。

在当前法律没有对电子商务合同作出明确规定的情况下，我们可以从学理上进行研究。电子合同的定义有广义和狭义之分。广义的电子合同，是指平等主体之间通过互联网等信息网络设立、变更、终止民事权利义务关系的协议，既包括电子交易活动（经营性、营利性）协议，也包括非经营性、非营利性活动的协议。电子商务合同就是狭义的电子合同，是电子商务中平等民事主体之间通过电子形式设立、变更、终止民事权利义务关系的协议；其仅包括电子商务活动，不包括非经营性活动。本书仅研究狭义的电子合同，即电子商务合同。

二、特征

电子商务合同作为一种崭新的合同形式，与传统的合同所包含的信息大体相同，即同样是对签订合同各方当事人的权利和义务作出约定的文件，其成立同样要具备要约和承诺两个要件。在订立电子商务合同过程中，合同的意义和作用并没有发生改变，但其签订的过程和载体已经不同于传统的书面合同，其形式也发生了很大的变化。通过将电子商务合同与传统合同进行比较，我们可以清楚地看到它的特征。

（一）电子商务合同主体的虚拟性和广泛性

电子商务合同是采用数据电文的形式签订的合同。联合国国际贸易法委员会所制定的《电子商务示范法》赋予数据电文以书面功能，而我国《民法典》合同编在第 469 条第 3 款也将电子数据交换、电子邮件列为合同的书面形式。订立合同的双方或者对方在网络上各自以数字的方式操作，无须相互谋面，并以网络中的域名作为交易对象或者媒介进行民事活动。电子合同的当事人就是虚拟化了的自然人、法人和其他组织，而作为网络上的供应商的一方可以同时与大量的客户缔结电子合同，交易对象范围很广。

---

[1] 柴振国、姜南：《电子商务合同中的若干法律问题》，载《法律科学》2001 年第 1 期。

（二）电子商务合同相关内容形式的电子性

电子商务合同当事人作出的意思表示，无论是要约还是承诺都是通过数据电文的形式发出的，这是电子商务合同与传统合同最主要的区别。传统的合同大多采用书面形式，以文字等有形的表现方式订立合同，较典型的就是"合同书、信件、数据电文等"[1]。《电子商务法》第 48 条规定："电子商务当事人使用自动信息系统订立或者履行合同的行为对使用该系统的当事人具有法律效力。 在电子商务中推定当事人具有相应的民事行为能力。但是，有相反证据足以推翻的除外。"此外，为了保证双方当事人对合同内容的平等了解，《电子商务法》第 50 条第 1 款规定："电子商务经营者应当清晰、全面、明确地告知用户订立合同的步骤、注意事项、下载方法等事项，并保证用户能够便利、完整地阅览和下载。"电子商务合同当事人发出的"电子意思表示"中，符合要约和承诺条件时，即发出电子要约、作出电子承诺，电子商务合同成立，这也是合同形式电子性的具体表现。

（三）电子商务合同成立和生效方式的特殊性

传统合同一般以当事人签字或者盖章，或者在承诺到达要约人时合同成立，而在电子商务合同的要约、承诺的意思表示中，这个问题相对复杂，需要承诺进入要约人指定的收件系统，有时需要满足被识别等条件，电子商务合同才能成立。合同生效是指已经成立的合同具有法律约束力。合同是否生效，取决于是否符合法律规定的有效要件。我国《民法典》第 502 条规定："依法成立的合同，自成立时生效。"合同成立是合同生效的前提，但合同成立后并不必然产生当事人所追求的法律效果，只有符合法律规定的生效要件或者达到当事人之间约定的生效时间或者条件的合同才能产生法律拘束力。电子商务合同作为合同的一种特殊形式，也要符合上述要件才能生效，但电子商务合同订立过程中也产生了一些新的现象和问题，如电子合同当事人身份、电子自动交易以及电子错误等，这些都是电子商务合同生效所具有的特殊性。

（四）电子商务合同交易安全问题的突出性

传统的书面合同一般是以纸质等有形材料作为载体的，而电子商务合同的信

---

[1] 杨立新：《债与合同法》，法律出版社 2012 年版，第 375 页。

息记录用磁性介质保存，易修改且不留痕迹。电子商务合同的保存和复制也十分方便，并且复制件可以与原件完全一致，无法加以区分。在电子商务中，双方的身份难以确认。如果网络基础设施不完善，信息在网络传递过程中，有可能因网络自身特性而出现失误。同时，"电脑病毒""网络黑客"的存在，也会导致电脑内存的数据和程序出现混乱，这都将对网络交易构成严重威胁，使其作为证据具有一定的局限性。

（五）电子商务合同纠纷的复杂性

电子商务合同借助于网络服务器或互联网交易平台达成。电子商务参与主体依据其作用不同，可分为应用服务提供商、互联网接入提供商、互联网内容提供商、互联网使用者、金融机构以及认证机构等。上述各参与者之间可以产生多种复杂的法律关系，如身份认证、资格确定、效力认定以及相关责任承担等。电子商务合同与传统的面对面签订合同的交易方式有着很大的不同，这就导致合同纠纷管辖权不明确，证据的取得难度加大，责任的划分困难等复杂多样的问题。电子商务合同的签订、履行都在虚拟的空间环境中进行，而传统的管辖权认定都以合同签订地、履行地等地域为标志，法院的管辖权划分也是以地域为基础，这使得电子商务合同在发生纠纷需要诉诸法院时，合同主体的行为能力、合同内容以及缔约过程特殊性带来的合同成立与生效纠纷的管辖面临极大的困难。

三、分类

对合同分类的法律意义在于掌握同一种类合同的共同特征及其成立、生效的要件等，从而有助于相关合同法律规范的妥善适用、合同当事人顺利地订立和履行合同以及合同法理论的完善。电子商务合同作为合同的一种，理论上可以按照传统的合同分类进行划分。考虑到电子商务合同有其自身的特殊性，可以按照以下方式进行分类。

（一）根据合同标的分类

根据合同标的可以将电子商务合同分为以下几种：

（1）数字产品合同和非数字产品合同。数字产品合同，是指标的物为数字产品的合同。数字产品是指经过数字化制作、包装、封装，并可以适用或者独立运行的产品化、商品化的程序、文件及数字信息，例如，移动互联网应用程序（App）、操作系统等。非数字产品合同，是指标的物为非数字产品的合同。非数字产品一般为实物产品、服务、技术或者知识产权等。

（2）商品合同与服务合同。商品合同，是指在电子商务交易中所交易的标的是商品的合同。服务合同，是指在电子商务中交易的标的是服务的合同。

（二）根据合同订立方式的分类

根据电子商务合同订立的具体方式不同，可以将其分为电子邮件合同、点击合同和 EDI 合同。

（1）电子邮件合同，是指当事人在电子商务活动中以电子邮件的方式作出要约、承诺而订立的合同。

（2）点击合同，是指一方当事人（一般是电商平台或者站内客户）在电子商务交易系统预先设定合同条款内容，相对人只需要在预设的界面上点击"同意"即可签订的电子合同。现在，点击合同因具有高效、便捷等特点，已经成为应用最为广泛的电子商务合同类型，被电子商务网站广泛使用。

（3）EDI 合同，是指在电子商务中，以电子数据交换方式订立的合同，EDI 即"电子数据交换"（electronic data interchange）。EDI 合同即按照法定或公认的标准，使用信息网络系统完成交易之间的数据交换与处理而订立的电子商务合同，一般应用在国际贸易领域。有专门 EDI 信息处理业务者提供数据交换服务，可以完成订单发送、办理货物运输、金融结算等业务。[1]

四、法律关系

（一）概念

电子商务合同的法律关系是指民事法律规范确认的以电子手段签订的具有合同权利和合同义务内容的法律关系。电子商务合同法律关系的要素是指构成一个电子商务合同法律关系必不可少的基本条件。电子商务合同法律关系是人与人之

---

[1] 李井杓:《EDI 合同的法律问题》，载《法商研究》1999 年第 1 期。

间为了实现一定的物质和精神利益而发生的具有合同权利义务内容的法律关系，因此，任何一个电子商务合同法律关系的构成，都必须包括主体、内容、客体这三个不可缺少的基本要素。其中，电子商务合同中的双方当事人，是该电子商务法律关系的主体。电子商务合同中包含的合同权利和合同义务，是该电子商务合同法律关系的内容。电子商务合同中涉及的物质和精神利益，是该电子商务合同法律关系的客体。

（二）主体

电子商务合同法律关系的主体是指在电子商务合同法律关系中享有权利、承担义务的人。电子商务合同法律关系既然是一种人与人之间的法律关系，必然有买方和卖方当事人参加，即使在电子商务中，有一些电子商务活动由当事人委托的电子代理人代为实施电子商务行为，但其最终的法律效果始终归于合同的当事人。电子商务合同是合同的一种特殊形式，合同主体虽然同样包括自然人、法人和其他组织，但其必须借助网络定义自己的身份，表达自己的意思，从而达到缔结合同的目的。然而，电子商务合同的缔约过程全部处于虚拟空间环境中，对合同主体当事人的身份及缔约能力的识别存在一定的困难，因此，电子商务合同主体当事人身份的确认、缔约能力的认定等一系列与主体相关的问题随之产生。

1. 电子商务合同主体的身份确认

电子商务合同的主体作为合同权利的享有者与义务的承担者，直接影响合同的效力和履行。任何法律关系中，对当事人身份的认定都是非常重要的，而电子商务合同法律关系主体身份的确认尤为重要。电子商务合同主体的确认制度是电子商务合同的重要内容，确认主体的过程就是判断数据电文所产生的效果归属问题的过程。在电子商务中，电子商务合同往往通过承载意思表示的数据电文订立，合同当事人之间可能始终不曾谋面甚至身份不明，且个别当事人会使用自动信息系统回复合同要约，所以有必要在电子合同中对合同主体确认作出一般规定。确认主体的一般原则就是：电子商务合同的主体是数据电文的发出者及其代理人；使用自动信息系统发出数据电文的，电子商务合同的主体是发出者。

2. 电子商务合同主体的缔约能力

根据我国《民法典》第 143 条，当事人订立合同，应当具有相应的民事行为能力。当事人在缔约时必须具有相应的缔约能力，对自然人而言，一般是与其民事行为能力相适应。完全民事行为能力人除有法律特别限制外，具有完全的缔约能力；限制民事行为能力人的缔约能力受到一定限制。无民事行为能力人无缔约能力，可由其法定代理人代理。对法人而言，其缔约能力与其民事行为能力是一致的。电子商务主体的缔约能力既包括传统意义上的民事权利能力与行为能力，也包括其对计算机设备、网络服务平台的理解运用能力。《民法典》第143条之规定是行为人从事的民事法律行为有效的条件之一，主要是考虑到其可能因为年龄不够、智力未发育完全，或者病理上的精神不健全，导致其对合同内容的理解不到位，这对合同的签订效力有着决定性的影响。在电子商务合同签订中当然也要以民事权利能力、行为能力为基础，与他人签订的合同才具有有效性，合同的内容才真正具有法律效力。除了智力、精神状况以外，电子商务合同的签署还需考虑电子商务合同主体对计算机、互联网等技术设备的运用和理解能力。

在传统的商务活动中，我们可以通过查验身份证、营业执照等方式判断对方当事人是否具有相应的缔约能力，然而在电子商务活动实践中，对电子商务合同主体的缔约能力进行全面检验还无法做到，我国也没有相关的法律规定。我国《电子商务法》第48条规定："电子商务当事人使用自动信息系统订立或者履行合同的行为对使用该系统的当事人具有法律效力。在电子商务中推定当事人具有相应的民事行为能力。但是，有相反证据足以推翻的除外。"从此条的规定可以看出，在电子商务活动中，一般推定当事人具有民事行为能力，即当事人具有缔约能力。

（三）内容

电子商务合同法律关系的内容，是指电子商务合同法律关系的主体所享有的权利和承担的义务。电子商务合同种类不同，电子商务合同法律关系的内容也各异，主要有电子商务平台经营者的权利和义务、平台内经营者的权利和义务以及自建网站电子商务经营者的权利和义务，具体内容参见本书第三章、第四章、第五章。

（四）客体

电子商务合同法律关系的客体是指电子商务合同法律关系的主体所享有的权

利和承担的义务所共同指向的对象，包括有形商品、数字化商品或者信息商品、在线服务等。

第二节　电子商务合同的订立和成立

一、电子商务合同的订立

合同的订立需要双方当事人经过协商一致达成合意。订立的程序主要包括要约和承诺两个阶段。《民法典》第471条规定："当事人订立合同，可以采取要约、承诺方式或者其他方式。"电子商务合同是合同的一种特殊形式，因此，其订立也要遵循合同订立的基本程序——要约和承诺。

电子商务合同的订立是指电子商务当事人为促成交易而进行协商、达成合意的过程。《电子商务法》对电子商务合同的订立有特殊规定的，遵循其有关规定；没有特别规定的，遵循《民法典》关于合同的一般规定。电子商务合同与一般的合同一样，其订立也要经过要约和承诺两个阶段。由于电子商务合同订立的形式、程序等的特殊性，其要约承诺规则与《民法典》合同编中的要约承诺规则不尽相同。

（一）电子商务合同的要约

我国《民法典》第472条规定："要约是希望与他人订立合同的意思表示。"发出要约的人称为要约人，接受要约的人称为受要约人、相对人或者承诺人。根据我国《民法典》合同编的规定，一个要约需要具备以下几个要件；（1）要约必须是特定人所为的意思表示，只有要约人特定，相对人才能承诺并与之成立合同；（2）要约具有缔约的意图，并表明一经对方承诺即受约束的旨意；（3）要约的内容具体明确，包含合同成立的必备条款；（4）要约是向要约人希望与之缔约的相对人发出的，相对人可以是特定的，也可以是不特定的。

要约邀请，是指一方邀请对方向自己发出要约的意思表示。要约邀请并无法律意义，本身不能发生法律效果，其作用仅在于引诱他人向自己发出要约，是订约的预备行为。而要约是意思表示，其作用在于唤起受要约人承诺从而订立合同，不仅具有法律意义，而且能够产生法律效果。

电子商务合同的要约是指一方当事人向另一方以电子形式作出的希望以一定条件订立电子商务合同的意思表示。根据《民法典》合同编的规定，线上交易缔结电子商务合同，与线下交易缔结的普通合同在要约成立的要件上并无二致。由于电子商务合同订立的形式、程序等具有特殊性，其要约与承诺的规则与《民法典》合同编中的要约承诺规则不尽相同，其在生效、撤回和撤销等方面，具有一定的特殊性。

1. 要约的生效

《民法典》第 474 条规定，要约的生效时间适用该法第 137 条的规定。而第 137 条规定："以对话方式作出的意思表示，相对人知道其内容时生效。以非对话方式作出的意思表示，到达相对人时生效。以非对话方式作出的采用数据电文形式的意思表示，相对人指定特定系统接收数据电文的，该数据电文进入该特定系统时生效；未指定特定系统的，相对人知道或者应当知道该数据电文进入其系统时生效。当事人对采用数据电文形式的意思表示的生效时间另有约定的，按照其约定。"这一规则中提出的"意思表示"包括了要约和承诺。

《电子商务法》第 49 条规定："电子商务经营者发布的商品或者服务信息符合要约条件的，用户选择该商品或者服务并提交订单成功，合同成立。当事人另有约定的，从其约定。电子商务经营者不得以格式条款等方式约定消费者支付价款后合同不成立；格式条款等含有该内容的，其内容无效。"此条明确规定了要约生效的时间和条件，这一规定是为了保护消费者的合法权益，避免经营者通过交易规则随意取消合同。

2. 要约的撤回

电子商务合同要约的撤回，是指要约人以数据电文的形式作出要约后，在要约生效之前，作出特定意思表示而使发出的要约不发生法律效力的行为。由于要约在到达受要约人时生效，要约人若想要撤回要约，必须选择快于要约到达的方式向受要约人发出撤回的通知。传统民法中，如通过信件发出要约，可以通过电话或者电报的方式使要约撤回的通知先到达受要约人，这一制度体现了对要约人的保护和意志的尊重。[1] 但是这在电子商务合同中往往难以实现，因为数据电文在信息系统之间的传输几乎没有延迟，要约人只要发出电子要约，该电子要约数

---

[1] 崔建远主编：《合同法》（第 6 版），法律出版社 2016 年版，第 41 页。

据信息几乎瞬时到达受要约人的信息系统，这就导致电子要约的撤回成为理论上才存在的一种权利和可能。但在特定情况下，如发生网络堵塞或者传输错误而导致电子意思表示送达延迟时，可能存在撤回要约的电子意思表示与电子要约同时到达相对人处，此种情况下要约人才能行使撤回权。

3. 要约的撤销

要约撤销主要有两种立法例。英美法系极力推崇契约自由原则，认为要约对要约人没有约束力，对于已生效的要约，要约人可以在受要约人作出承诺前自由地撤销，也可以规定例外情形。大陆法系受传统合同理念的影响，一般规定要约方向受要约人发出符合要约性质的意思表示，该意思表示到达受要约方时生效，要约生效以后便产生法律约束力，此时要约人不能任意撤销要约。我国继受大陆法系的传统合同法，规定要约是希望和他人订立合同的意思表示。要约是可以撤销的，但是如果要约人确定了承诺期限或者以其他形式表示要约不可撤销，或者受要约人有理由认为要约是不可撤销，并已经为履行合同作了准备工作的，则不得撤销。无论是依英美法系或大陆法系的规定，还是依我国现行相关合同法律的规定，要约须在受要约方作出承诺之前撤销。

电子商务合同要约的撤销，是指在电子要约到达受要约人的系统并生效后，在受要约人作出承诺之前，要约人发出新的撤销通知，要求撤销原要约的行为。《电子商务法》没有规定电子商务合同要约是否可撤销，原则上应当参照《民法典》关于合同的有关规定，如果撤销要约的通知在受要约方作出承诺之前送达受要约人，则要约得以撤销。但学界一直存在争论，有观点认为在电子商务合同中，电子数据的传递速度极快，要约的发出与到达几乎是同时的，并且接受方的计算机具有自动审单的判断功能，可以及时作出承诺，要约方能够撤销要约的机会微乎其微。而另一种观点则认为，受要约人在收到要约后，往往会有一段时间的犹豫或者是对其中信息进行进一步的斟酌与阅览，在这段时间内进行要约的撤销是完全可行的，因此，法律上仍应允许要约人有撤销要约的权利。上述观点都有一定的道理，并且电子要约本身除了时效性以外，与我国现有的要约存在很大的相似性。多数观点是，现有的《民法典》中对要约撤销的规定应适用于电子要约，这样既能够避免要约无法撤销所带来的麻烦，也能够保证要约方与被要约方的共同利益。但在立法与实践中，既要考虑意思自治，也要兼顾交易安全与受要约人的利益，采用折中的方法处理电子要约的撤销更加有利于双方的权益，也更加公平。

（二）电子商务合同的承诺

承诺是指受要约人按照所指定的通知方式，对要约的内容表示同意的一种意思表示，《民法典》第 479 条规定："承诺是受要约人同意要约的意思表示。"根据《民法典》规定，合同得以成立、生效的承诺，需要满足以下几个条件：（1）承诺必须由受要约人作出；（2）承诺需向要约人作出；（3）承诺的内容应当与要约一致，否则应当视为新要约；（4）承诺必须在要约规定的有效期内作出。

1. 承诺的效力

根据《电子商务法》的规定，电子商务合同的承诺是指当事人选择相应商品或者服务并提交订单成功，合同经承诺后即成立。由于电子承诺形式的特殊性，其生效方式与传统承诺也存在不同。我国《民法典》第 484 条规定："以通知方式作出的承诺，生效的时间适用本法第一百三十七条的规定。承诺不需要通知的，根据交易习惯或者要约的要求作出承诺的行为时生效。"此规定虽然明确了有效承诺的判定标准，但是并没有明确类型化规定，因此在实践中也存在很大的争议，不同的主张代表着不同的利益诉求。一般认为，对于符合要约条件的信息应属于承诺。例如，有些网站对于商品型号、功能、价格、库存等都有详细介绍，并附有付款后预计多长时间送达的字样，表明一旦下单就会根据订单配货，这些信息符合要约的要求，因此消费者选择商品、填写并发送订单的行为即构成承诺。

2. 承诺的撤回

从某种角度而言，可以将电子合同承诺撤回等同于电子合同要约撤回，但不管哪种撤回操作都是有一定前提条件的，即撤回时间必须与承诺到达时间相同或者更为提前。实行电子承诺撤回的基本依据与要约撤回相差不大。传统的合同订立过程中的承诺生效实行的是"到达主义"，即合同的成立时间为承诺到达对方时间。而电子合同有所不同，其本身具有自动化、便捷性的属性，这就很容易出现一方当事人在没有充分考虑的情况下就在网络自动功能下达成承诺并发送承诺，或者消费者在没有真实表达意愿的情况下订立合同。

从理论角度而言，消费者可以重大误解为由请求撤销这种合同，但这种情况在现实生活中往往会发展成小数额合同纠纷，发展到这一阶段后再向法院申请撤销合同就会很复杂，不仅办理手续烦琐，而且会耗费大量的时间和金钱。北京市颁布的《电子商务监督管理暂行办法》第 13 条和第 14 条体现了我国对于电子承诺的撤销权是持肯定的态度的，并明确了承诺撤销权的定义。[1]

因此，为了节省更多的司法资源，在电子合同的订立中应允许承诺撤回，与此同时要对承诺撤回设置期限限制。由于从合同订立开始网络经营者就会根据合同内容展开工作，所以期限设定时间不宜太长，否则会使经营者利益受到损害。

二、电子商务合同的成立

在我国传统合同理论中，一个合同生效的基本条件是双方订立的合同必须已经成立，一个未成立的合同是无法生效的。同时，合同成立的相关问题也影响着合同纠纷引起的法院管辖以及法律适用等多方面的问题。而电子商务合同是在互联网平台这样一个虚拟的环境空间中订立，其成立及效力与传统的合同相比具有特殊性，因此，电子商务合同的成立及效力相关问题的明确对于电子商务合同的广泛使用具有重要的意义。

（一）电子商务合同成立的要件

电子商务合同的成立包括实质要件与形式要件两大类。依据我国传统合同理论判断电子商务合同的成立需满足以下条件：电子商务合同签订者必须是适格当事人，且其发出的电子意思表示必须是真实的，电子商务合同的内容、目的必须不违背法律规定，此外，作为传统合同的特殊形式，电子商务合同还要符合法律规定的电子合同的形式要件。

电子商务合同的形式要求主要是涉及书面形式要求、签字署名要求和原件要求等三个方面，它们的作用在于：一是可以决定其作为合同的有效性，二是可以

---

[1] 第 13 条规定："网上交易实行交易条件确认书（以下简称：'确认书'）制度。经营者应当于消费者在网上确认交易条件后的约定时间内，以电子邮件方式将确认书发送至消费者指定的邮箱。确认书包括下列主要内容：商品经营者的名称、所在地点、商品名称、规格、编号、完税后的价格、交易数量和单位、付款方式、配送费用、配送方法、商品交付时间、售后服务、承诺撤销权行使的条件和程序等内容。承诺撤销权是指在约定时间内撤销交易承诺的权利。交易双方未约定承诺撤销权行使时间的，承诺撤销权行使时间为确认书到达后 12 小时。"第 14 条规定："消费者可在收到确认书后的约定时间内，无条件变更或撤销交易承诺。消费者为交易承诺的变更或解除不承担任何费用。消费者与经营者明确约定放弃该项权利的，从其约定。"

决定其能否作为证据使用。三者共同决定了电子商务合同的效力，若有一项不符合法律规定的形式要求，该合同便不能成立或者不具有法律效力或可执行力。电子商务合同订立当事人之间不能见面，双方订立的合同必须由有形形式所承载，所以电子商务合同的形式不能是传统民法中的口头或其他形式。电子商务合同应当是以数据电文的形式通过计算机、互联网等技术手段传输而形成的以文字为记载形式的电子合同。除了将电子商务合同以数据电文的形式通过计算机网络呈现在对方当事人面前以外，由于电子商务合同的虚拟性和不确定性，电子商务合同还要比传统合同更具有稳定性，也就是说电子商务合同还需要满足能够长时间保存，一经签署不能轻易变更，并且能够随时调取的条件要求。目前我国关于电子商务合同成立要件的规定是非常少的，所以对电子商务合同成立要件的规范问题亟待解决。

（二）电子商务合同成立的时间

在传统民法中承诺的生效即意味着合同的成立。理论上关于合同承诺生效的时间有表意主义、发信主义和到达主义、了解主义等多种观点，英美法系通常以发信主义（投邮主义）为判定合同成立时间的标准，而我国的民法体系采用的是到达主义。

电子商务合同的成立时间应当以电子承诺生效的时间为标准，即遵循到达主义，将受要约人发出的承诺到达要约人处的时间视为电子商务合同的成立时间。当然，考虑到互联网传输技术的不确定性，若遇到特殊情况影响生效时间，可以根据实际情况确定。应当将电子商务合同成立的时间分为三种情况考虑，即合同双方当事人指定了特定接收系统的、未指定接收系统的以及指定了特定接收系统后发送人未发送到指定系统的。前两种情况我国《电子签名法》《民法典》已经作出了详细规定，对于第三种情况，虽然电子承诺没有到达对方指定的接收系统，但是不能一概认为对方未收到承诺，或者是认定承诺无效，这种情况下应当适用"承诺到达确认制度"，在发送人无主观过错的情况下可以向接收人确认是否收到此承诺，以接收人真实的收悉承诺时间为合同成立的时间。

（三）电子商务合同成立的地点

关于合同的成立地点，我国《民法典》第 492 条作出了特殊的规定，采用数据电文形式订立合同的，应当以要约人的主营业地为合同成立的地点，要约人没有主营业地的，其住所地为合同成立地点。此外，依意思自治原则，合同的成立地点也可以由合同当事人自行约定。

但在住所地不明情况下，也可以将其经常活动地、惯常居住地认定为合同成立地点，对电子商务合同生效地点作出多种可能性规定，既是为合同参与者提供方便，也是为了让当事人能更好更合理地利用司法资源。合理地认定电子商务合同的生效地点，既能保证电子商务合同的交易安全性，又能更加及时便捷地解决电子商务合同纠纷。因此，明确电子商务合同生效地点对于电子商务活动的保护有重大意义。

电子商务合同与传统合同相比还是有一定差异的，因此，关于电子商务合同成立的地点和时间，应当以传统合同的相关规定为基本指导，针对电子商务合同远程传输交易的特性，制定更加符合电子商务实际，更加有利于保护电子商务合同当事人利益的调整规范，这样才能更好地保护电子商务合同当事人的权益。

第三节　电子商务合同的效力

一、特殊主体的行为效力

（一）电子代理人的行为效力

电子代理人指的是电子数据智能回复系统，它不是传统合同意义上的主体当事人，只是能够自动回复信息从而达到缔结合同目的的预先设定的智能电子程序，它不具有主观意识。电子代理人这一身份在电子交易过程中被广泛应用，它的出现使得电子商务合同当事人可以不在线控制即与对方当事人缔结合同，降低了电子商务的交易时间成本，但是电子代理人的缔约能力、行为效力、效力归属以及电子错误的处理问题也变成了我们所必须面对的电子商务合同问题。

我国目前的电子商务相关立法未对电子代理人的身份进行明确的规定，也未对电子代理人的行为效力给予确认，而电子代理人制度是电子商务合同区别于传统合同很重要的一方面，因此建立完善的电子代理人制度也是完善电子商务合同法律规范的关键部分之一。基于对当前科技水平和实践应用的考量，首先，应当肯定电子代理人是具有相应缔约能力的，它可以独立地在没有人为实时操控的情况下完成缔结合同的操作；其次，电子代理人发出的意思表示、作出的行为都是基于在先设定的程序条件，所以我们也应当通过立法肯定电子代理人对符合预设条件的合同作出的行为的有效性；再次，我们虽然认为电子代理人有缔约能力，但是它仍然不是具有"法律人格"的"人"，它无权利也无能力对自己作出的行为履行义务承担责任，所以出于保障交易安全的考虑，电子代理人作出的行为应当被认定为条件程序预设者的真实意思表示，行为结果也应归属于预设者，而不是电子代理人；最后，电子代理人毕竟是机器，也会由于机械故障、网络问题、黑客入侵等出现错误，所以对于电子代理人行为效力不能一概而论，应特殊情况特殊处理。

因此，我们在立法上除了应当承认电子商务合同中电子代理人的法律地位及其缔约能力外，还要细化电子代理人的行为效力、效力归属以及电子错误法律责任的相关制度，建立完善的电子代理人制度能够为电子商务活动提供便捷，促进电子商务发展。

（二）未成年人的行为效力

《电子商务法》第48条规定："电子商务当事人使用自动信息系统订立或者履行合同的行为对使用该系统的当事人具有法律效力。在电子商务中推定当事人具有相应的民事行为能力。但是，有相反证据足以推翻的除外。"该条款通过推定将电子商务中所有当事人的民事行为能力进行了肯定，虽然规定有相反证据足以推翻的除外，但该规定仍是有待考量的，如对于未成年人签订的电子商务合同的效力应进行区分认定，不应一概而论。

首先，对于不能认知互联网交易、无能力使用电子设备的未成年人在网络环境下签订的电子商务合同应认定无效。其次，对于能认知互联网交易，也有能力使用电子设备的未成年人在网络环境下签订的电子商务合同效力要区分对待：第一，若未成年人使用他人经过第三方平台实名验证审核过的账户进行电子商务交易，签订电子商务合同的，该合同有效。也就是说，商家有充分的理由相信交易对方不是未成年人的电子商务合同是有效的。如此规定可尽量减少相对方的损失，充分保障和维护经营者的经济利益及信赖利益。第二，若未成年人报送虚假信息通过未经实名认证的用户账号进行电子商务交易，签订电子商务合同的，该合同无效。这样认定即是在特定条件下保护未成年人及其监护人的经济利益。因此，建议将未成年人在电子商务活动中作为特殊主体签订电子商务合同的效力判定规则单独规定，这样既有利于落实我国对未成年人的特殊保护原则，也有利于维护电子商务合同签订的秩序，更有利于促进电子商务的有序发展。

二、特殊内容的效力

（一）格式条款的效力

电子商务合同的格式条款在形式上有别于传统合同中的格式条款，它是由合同一方当事人利用互联网交易平台发布，供另一方当事人签订的电子形式合同文本。格式条款在电子商务合同中的适用避免了为每一宗交易单独制定合同的麻烦，有效地降低了交易成本，节省了交易时间与精力，提高了交易效率，通过预估更周详地避免了商业和司法风险。但是电子商务合同的提供方制定格式条款时没有与对方商量，这也使得对方当事人若想交易，只能被动地同意格式条款所列内容，没有提出不同意见的机会，可见电子商务合同格式条款造成了合同双方当事人在缔约过程中地位的隐形不平等。

对于电子商务合同的效力判定主要从两个方面进行审查：第一，如果格式条款合同提供方未采取合理的方式提请对方注意特殊条款，这些条款是不能生效的；第二，如果格式条款中存在免除提供方责任、加重对方当事人义务、排除对方当事人权利的内容，这些条款是当然无效的。另外，对于格式条款造成的电子商务合同纠纷仍然要遵循传统合同法律规范，对合同的解释选择不利于格式条款提供方的一种。完善电子商务合同中格式条款的相关规定既保护了电子商务交易的稳定性与安全性，又保证每一个参与者受到公平待遇。

我国对格式条款的规制，主要是对受害人进行事后救济。为提高交易效率，节约交易成本和事后救济成本，应该建立一种事前规制的机制，保证交易双方在进行电子商务交易时就处于健康公平的环境中。比如，建立电子商务合同的行政管理机关或者部门，对各大电子商务交易平台格式化合同进行审议，赋予其监督、核准、否定格式条款的职权，避免提供格式条款一方利用格式条款损害相对人的利益。如此一来，在合同订立前就将不利于公平竞争、侵害消费者利益的格式条款从电子商务合同中剔除，再配以事后的规制，会产生更好的效果。

（二）电子签名的效力

《电子签名法》第 2 条规定："本法所称电子签名，是指数据电文中以电子形式所含、所附用于识别签名人身份并表明签名人认可其中内容的数据。本法所称数据电文，是指以电子、光学、磁或者类似手段生成、发送、接收或者储存的信息。"《电子签名法》第 14 条对电子签名相关事项作出详细规定，规定可靠的电子签名与手写签名或者盖章具有同等的法律效力。其规定，在电子商务交易中双方使用电子签名时往往需要由第三方对电子签名人的身份进行认证，向交易对方提供信誉保证，这个第三方一般称为电子认证服务机构。电子认证服务机构从事相关业务需要经过国家主管部门的许可。

电子签名是签署人认可电子商务合同内容、验证签署人身份的一种标志，它依靠先进的科技手段，将电子化的独具个人属性的标志置于电子合同之中，与其他内容条款共同组成一个完整的可成立的合同。电子签名的应用在很大程度上解决了传统手写签名在电子商务合同上的使用不便问题，只有电子签名在电子商务合同中充分应用，电子商务交易活动才能更安全、更快速地发展。

随着社会的进步和高科技的发展，电子签名在电子商务合同实践中得到了稳定性和安全性的验证，另外，指纹、声纹、瞳孔等充分具有个人专属属性的标志作为验证方式也已经在实践中被大量应用。因此，为了更好地适应社会发展，顺应时势，我国可以考虑以立法的形式扩大并明确电子签名在电子商务领域可以应用的行业类别范围，同时，应考虑将"电子签名"改成"电子签章"，增加更多的电子签名方式，承认更多的个人专属标志在电子商务合同中签署的有效性，为更多电子商务合同的签署提供便捷。

第四节　电子商务合同的无效、撤销与解除

一、电子商务合同无效

电子商务合同成立并不意味着一定生效，合同生效的前提是符合法律规定以

及合同当事人的约定。传统合同法律规范中关于合同无效的规定也同样适用于电子商务合同。《民法典》合同编第三章关于合同的效力规定尚未对合同无效情形作出明确列举,根据《民法典》第508条,该编对合同的效力没有规定的,适用《民法典》第一编第六章有关规定。根据上述指引规定,合同无效情形可参照《民法典》第144条、第146条、第153条、第154条规定,即以下情形可认定合同无效:(一)无民事行为能力人订立的合同;(二)双方当事人以虚假意思表示签订合同;(三)违反法律、行政法规强制性规定,但该强制性规定不导致该合同无效除外;(四)恶意串通损害他人合法权益。

电子商务合同无效,指电子商务合同因具有法定无效事由而当然地不发生效力。电子商务合同无效时,不一定全部合同条款都无效,有时仅是部分条款无效,其他条款仍然有效,合同当事人依旧需要遵守有效条款的内容的约定。根据《民法典》第507条规定:"合同不生效、无效、被撤销或者终止的,不影响合同中有关解决争议方法的条款的效力。"

此外,我国《民法典》第19条、第22条规定,无民事行为能力人所实施的或者限制民事行为能力人依法不能独立实施的民事行为无效。但是限制民事行为能力人所订立的其依法不能独立订立的合同,经其法定代理人追认后有效。电子商务中,未成年人或者精神病人在监护人不知情的情况下下单,就属于此类情形,应当根据前述限制民事行为能力人合同效力的判定方法加以确认。合同当事人若想确认所签订的合同无效,需要通过法院诉讼或者仲裁机构裁决的方式,被认定无效的合同自始无效,即从签订之日起就不发生法律效力。但同时需要返还所取得的财产等,有过错的一方应当赔偿无过错方因合同无效所受的损失,合同双方都有过错的,各自承担相应的责任。因此,合同无效意味着合同的法律效果不发生,应当恢复到合同成立之前的状态。

二、电子商务合同撤销

可撤销合同又称可撤销、可变更合同,学理上也称为相对无效合同,是指当事人在订立合同时,存在意思表示不真实等原因,法律允许撤销权人通过行使撤销权而使已经生效的合同归于无效。[1]意思表示不真实可能是主观上的原因所致,

〔1〕王利民:《合同法研究》(第1卷),中国人民大学出版社2002年版,第663页。

即一方当事人对合同内容产生重大误解，或者欠缺认知能力；也可能是客观条件的限制，导致当事人作出错误的意思表示。意思表示不真实通常与当事人订立合同的目的相违背，存在严重不公平时，法律给予一定的救济。被撤销的合同自始没有法律约束力。为了防止撤销权的滥用，我国《民法典》第 541 条对可撤销合同中撤销权人的权利行使进行专门的限定，出现以下两种情况，撤销权消灭：一是撤销权人知道或应当知道撤销事由之日起 1 年内未行使撤销权；二是自债务人的行为发生之日起 5 年内没有行使撤销权。[1]

　　电子商务合同撤销的原因与传统合同相同，均是在订立合同时存在法定情形，致合同不公平，法律赋予当事人请求撤销的权利，以保障当事人的合同法权益。《民法典》第 147 条规定："基于重大误解实施的民事法律行为，行为人有权请求人民法院或者仲裁机构予以撤销。"第 148 条规定："一方以欺诈手段，使对方在违背真实意思的情况下实施的民事法律行为，受欺诈方有权请求人民法院或者仲裁机构予以撤销。"第 149 条规定："第三人实施欺诈行为，使一方在违背真实意思的情况下实施的民事法律行为，对方知道或者应当知道该欺诈行为的，受欺诈方有权请求人民法院或者仲裁机构予以撤销。"第 150 条规定："一方或者第三人以胁迫手段，使对方在违背真实意思的情况下实施的民事法律行为，受胁迫方有权请求人民法院或者仲裁机构予以撤销。"第 151 条规定："一方利用对方处于危困状态、缺乏判断能力等情形，致使民事法律行为成立时显失公平的，受损害方有权请求人民法院或者仲裁机构予以撤销。"

　　由以上的规定可以看出，立法者从合同的基本原则出发，为保护善意当事人的权益，赋予其撤销的权利。同时，法律还规定了善意当事人的变更权，在保持合同的稳定性、符合合同法基本原则的前提下，赋予善意当事人变更合同的权利。然而电子商务合同的相关意思表示是以电子形式作出的，认定具有一定的难度，如电子错误是否属于重大误解的情形等问题，需要我们进一步研究。因此有必要在传统民法理论基础上进行专门研究，为电子商务法律实践提供理论支撑。

三、电子商务合同解除

　　合同的解除，是指"在合同成立以后，当解除的条件具备时，因当事人一方

---

〔1〕崔建远主编：《合同法》，法律出版社 2016 年版，第 290—300 页。

或者双方的意思表示，使合同关系自始或者仅向将来消灭的行为，也是一种法律制度"。[1]

（一）电子商务合同解除权的概念

电子商务合同的解除权，是电子商务合同当事人依照合同约定或者法律规定而享有解除合同的权利。[2] 电子商务合同当事人权利义务的履行与传统合同不存在差异，故《民法典》合同编中关于解除权的规定也适用于电子商务合同。

按照传统合同法理论，依法成立且生效的合同，对当事人具有法律效力。当事人应当按照约定履行自己的义务，不得擅自变更或者解除合同。但是在三种情形下，当事人可以行使解除权：一是当事人协商一致而解除；二是当事人行使约定解除权；三是当事人行使法定解除权。以上规定在电子商务活动中同样适用。

（二）电子商务合同的约定解除权和法定解除权

合同解除权的行使将直接导致合同权利义务终止，根据合同解除权的来源可以将其分为约定解除权和法定解除权。约定解除权，是指合同中约定了解除条件，该条件成就时，合同当事人可以依该约定行使解除合同的权利。法定解除权，是指合同生效后，没有履行或者未完全履行完毕前，当事人在法律规定的解除条件出现时，行使解除权而使合同关系消灭。《民法典》第563条规定了当事人享有法定解除权的情形："有下列情形之一的，当事人可以解除合同：（一）因不可抗力致使不能实现合同目的；（二）在履行期限届满前，当事人一方明确表示或者以自己的行为表明不履行主要债务；（三）当事人一方迟延履行主要债务，经催告后在合理期限内仍未履行；（四）当事人一方迟延履行债务或者有其他违约行为致使不能实现合同目的；（五）法律规定的其他情形。"

因电子商务以远程交易为主，消费者往往不能先查验或者试用样品，针对这种情况，《消费者权益保护法》第25条规定："经营者采用网络、电视、电话、邮购等方式销售商品，消费者有权自收到商品之日起七日内退货，且无需说明理由，但下列商品除外：（一）消费者定作的；（二）鲜活易腐的；（三）在线下载或者消费者拆封的音像制品、计算机软件等数字化商品；（四）交付的报纸、期刊。除前

---

[1] 崔建远主编：《合同法》，法律出版社2016年版，第275页。

[2] 凌斌主编：《电子商务法》，中国人民大学出版社2019年版，第131页。

款所列商品外，其他根据商品性质并经消费者在购买时确认不宜退货的商品，不适用无理由退货。消费者退货的商品应当完好。经营者应当自收到退回商品之日起七日内返还消费者支付的商品价款。退回商品的运费由消费者承担；经营者和消费者另有约定的，按照约定。"此条规定了消费者的七日无理由退货制度，该制度赋予电子商务消费者在合同缔结后一定期限内享有单方解除合同的权利，可以降低电子商务消费者在交易过程中因为信息不对称等原因所造成的损失。当然，消费者的相关权利并不是无限制的：第一，法律对可以无理由退货的商品类型进行了一定的限制；第二，退货时间限定在收到商品之日起 7 日内；第三，消费者退货的商品应当完好；第四，退回商品的运费由消费者承担；第五，如果经营者作出更有利于消费者承诺的，应当按照承诺履行。但在实践中，电商平台往往会扩大《消费者权益保护法》第 25 条规定的不宜退货商品的范围。尽管这种做法主要是为了防范诈骗或者降低成本，但就法律规定而言，此做法限制了消费者无理由退货的法定权利，可能因违反法律强制性规定而无效。

第五节　电子商务合同的履行与违约责任

一、电子商务合同的履行

合同的履行，是指合同生效后，合同当事人依照合同的约定为给付的行为。从动态看，合同履行是当事人在实施合同过程中，全面、适当地完成合同义务的行为，是当事人实施给付义务的过程。我国《民法典》第 509 条规定，当事人应当按照约定全面履行自己的义务，这是法律对于合同履行的基本要求。电子商务合同因标的不同有信息产品和非信息产品合同之分，非信息产品由于有一定的物理载体，仍依传统合同法律规范的履行规则，而信息产品的履行则存在较强的特殊性。

（一）电子商务合同的履行原则

我国《民法典》第 509 条明确了合同的履行原则，即遵守约定原则、诚实信用原则及绿色原则。其中，遵守约定及诚实信用原则适用于电子商务合同，电子商务合同的订立及履行还应遵守电子商务法的安全原则。

1. 遵守约定原则

遵守约定原则包含正确履行原则、全面履行原则，是指当事人按照合同约定的标的及其数量、质量，由适当的主体在适当的履行期限、履行地点，以适当履行方式，全面完成合同义务的原则。对于电子商务合同而言，如果是离线交付，当事人必须依照约定发货或者由债权人自提；如果是在线交付，交付方应给予对方合理检验机会，应保证交付的质量。

2. 诚实信用原则

诚实信用原则，是指根据合同的性质、目的和交易习惯履行通知、协助、保密等义务。当事人不仅应适当履行自己的合同债务，而且应基于诚实信用原则协助对方当事人履行其债务。合同的履行，只有债务人的给付行为，没有债权人的受领给付，合同的内容仍难实现。不仅如此，在建筑工程合同、技术开发合同、技术转让合同、提供服务合同等场合，债务人实施给付行为也需要债权人的积极配合，否则，合同的内容也难以实现。因此，履行合同，不仅是债务人的事，也是债权人的事，协助履行往往是债权人的义务。只有双方当事人在合同履行过程中相互配合、相互协作，合同才会得到适当履行。电子商务合同履行中，为便于债务人发货，要求债权人告知其地址和身份信息，债权人不得拒绝；在接收信息产品的时候，债权人应使其信息系统处于开放、适于接收的状态。同时，合同双方当事人还应保守在合同履行过程中知悉的对方的商业秘密等内容，切实履行相应的保密义务，遵守电子商务法规定的在电子商务活动中应遵循的安全原则。

（二）电子商务合同的履行方式

从现有电子商务开展情况来看，电子商务合同主要有三种履行方式：第一种是在线付款，在线交货。此类合同的标的一般是信息产品，例如计算机软件、音像产品的付费下载等。第二种是在线付款，离线交货。第三种是离线付款，离线交货。后两种电子商务合同的标的可以是信息产品，也可以是非信息产品。

电子商务合同中非信息产品的交付完全适用传统的合同法律规范的履行规则，而信息产品可以附着于有形载体，离线交货，也可以数据信息方式，在线交付。在线交付情形下，因数据信息传输的特殊性，信息产品履行的时间、地点、产品验收、风险转移等问题都有其特殊性。

（三）电子商务合同的交付

1. 交付的地点和时间

当信息产品以有形载体为媒介时，它与传统的动产买卖的交付地点与交付方式基本相同。我国《民法典》第 511 条规定，当事人对合同履行地点约定不明确，"给付货币的，在接受货币一方所在地履行；交付不动产的，在不动产所在地履行；其他标的，在履行义务一方所在地履行"。

以数据信息的方式在线交付信息产品，是电子商务交易独具特点的方式。当在线交付信息产品时，如果仍然适用义务履行所在地原则，显然不符合数据信息的传输规律。理论和实践中倾向于以信息系统作为参照标准，来确定合同的履行地。例如，美国《统一计算机信息交易法》规定，以电子方式交付信息产品的地点，为许可方指定或者使用的信息系统。至于交付完成的标准，则是使对方当事人能够有效地支配该信息产品。[1] 关于交付的时间，《民法典》第 512 条对电子合同交付时间作出明确规定。"通过互联网等信息网络订立的电子合同的标的为交付商品并采用快递物流方式交付的，收货人的签收时间为交付时间。电子合同的标的为提供服务的，生成的电子凭证或者实物凭证中载明的时间为提供服务时间；前述凭证没有载明时间或者载明时间与实际提供服务时间不一致的，以实际提供服务的时间为准。电子合同的标的物为采用在线传输方式交付的，合同标的物进入对方当事人指定的特定系统且能够检索识别的时间为交付时间。电子合同当事人对交付商品或者提供服务的方式、时间另有约定的，按照其约定。"

2. 交付的附随义务

为了使交付的信息产品达到商业适用性，即实现信息产品的有效交付，在交付过程中，交付方承担的为完成合同义务而必须履行的就是电子信息交付的附随义务；接受方承担的则是合理提供适合于接收履行的设施的义务。换句话说，信息产品的有效交付往往还附随着一定的义务。美国《统一计算机信息交易法》第 606 条第 2 款规定："副本交付的履行，要求履行方将一份符合要求的副本置于对方处置之下并保持该有效副本给对方支配，并且通知交易方，使之能够访问、控制或者处理该副本。"如果需要，要求必须于合理的时间内提交协议规定的访问材料，或者其他文件。接受履行的一方应准备适合于接受履行的设施。此外，如

[1] 参见美国《统一计算机信息交易法》第 606 条。

果信息附有权利证书，信息的交付依照有形媒介为载体的情形处理。

（四）电子商务合同的验收

电子商务合同履行中的验收，是电子商务合同履行中的主要环节。验收包括检验和接收两个方面，这两个方面在信息交易中事关重大。

1. 电子信息的检验

电子信息涉及的范围极广，其检验方式根据不同的要求有所区别，具体可以分为两种类型：一是立即履行的电子信息的检验。一般而言，这种信息检验方式，通常表现出从包装、标识等方面检验是正版即可。二是特定电子信息的检验。这主要是指非大众的信息副本，一般为按接收方要求制作并提供的软件。美国《统一计算机信息交易法》第608条规定，如果需要以副本的交付来履行义务，应适用以下规则：第一，除非法律另有规定，副本的接收方有权在支付或者接收前安排合理的时间与地点，以合理的方式，对副本进行检验，以确定是否与合同相符。第二，检验一方应负担检验的费用。第三，当事人确定的检验的地点，或方法或接收标准，是具有排他性的。然而，地点或方法或接收标准的确定，并不改变合同的一致性，或更改交付的地点、权利或者损失风险的转移。如果地点或者方法的遵守已成为不可能，检验必须按照本条进行。除非当事人确定的地点或者方法是必不可少的条件，条件不成熟就将使合同无效。第四，当事人的验收权应服从于现存的保密义务。

2. 电子信息的接收

电子信息的接收，实际上是当事人对于合同质量、数量的一种同意的表示。首先，美国《统一计算机信息交易法》对电子信息接收应当符合的一般条件作出规定："副本的接收发生于向接收方提交副本之时：（1）表明是符合要求的，或尽管存在不符合要求的情形，该方将接收或保留该副本；（2）没有作出有效的拒绝；（3）将副本或信息混合在一起，使得该方不可能履行拒绝以后的义务；（4）从该副本得到了实质的利益并无法返回该利益；（5）以不符合许可人所有权的方式行事，而该行为只有在许可人将其选择为接收，并认可该行为在合同使用条款范围内，才能作为接收。"其次，由多个副本构成的电子信息的接收，是指在整体的情况下进行的，如果电子信息分为几次，或者几个部分提交，其情况将不同。美国《统一计算机信息交易法》第609条规定："如果协议要求分部分接收，而各部分结合起来才构成计算机信息的整体，每一部分的接收，都以整体接收为条件。"换言之，只有接收人对整体的接收，才能使各部分的接收有效，而部分的接收，并不构成有效的接收。

（五）电子商务合同履行的风险承担

电子商务活动中的风险负担主要是合同的标的物损毁灭失时，损失应该如何分配，这一问题在电子商务领域十分重要，因为电子商务具有跨地域的特点，几乎所有标的物的交付都要依靠物流、快递来完成。这些标的物在运输途中就面临各种原因导致损毁灭失的风险。因此，电子商务合同的风险负担主要涉及两个问题：第一，风险由谁承担，风险何时转移；第二，违约对风险转移有何影响。

在民法上，绝大多数国家对于风险负担，都规定以交货时间为风险转移的时间，换言之，风险转移始终伴随着货物的实体，也随着货物的交付而转移。[1]我国《民法典》第604条规定："标的物毁损、灭失的风险，在标的物交付之前由出卖人承担，交付之后由买受人承担，但是法律另有规定或者当事人另有约定的除外。"因此，风险负担问题就转变为商品、货物什么时候被认为已经交付给买受人。

这一问题在《电子商务法》中得到了明确，第20条规定："电子商务经营者应当按照承诺或者与消费者约定的方式、时限向消费者交付商品或者服务，并承担商品运输中的风险和责任。但是，消费者另行选择快递物流服务提供者的除外。"可以看出，《电子商务法》采纳了合同法的理论，将电子商务经营者默认选择的快递物流服务者认定为债务人的辅助履行者。而消费者如果另行选择其他快递物流服务者，商户经营者就相当于代办快递，风险自发货时转移。同时，从物流服务的选择来看，后一种情况下，消费者会更加审慎地选择服务较好的物流。但目前的现实情况是，许多电商平台的交易规则都规定，风险自卖家将商品交付第一承运人时转移给买受人，具有缩短经营者风险负担区间的嫌疑。

另外，《电子商务法》第51条第1款规定："合同标的为交付商品并采用快递物流方式交付的，收货人签收时间为交付时间。合同标的为提供服务的，生成的电子凭证或者实物凭证中载明的时间为交付时间；前述凭证没有载明时间或者载明时间与实际提供服务时间不一致的，实际提供服务的时间为交付时间。"此条

---

[1] 李永军：《合同法》（第4版），中国人民大学出版社2016年版，第264—266页。

规定了电子商务合同标的物及交付的时间。由此可以看出，《电子商务法》规定的标的物交付时间和风险负担风险规则是一致的。按照前文的分析，以快递物流方式交付商品，签收时间为交付时间，风险责任即在签收时转移。

二、电子商务合同的违约责任

违约责任是合同当事人一方或各方不履行合同或者没有完全履行合同时，违约方应当对守约方承担民事责任。违约责任是为了保证合同能够顺利、完整履行而由双方自主约定或者法律直接规定的，它可以给合同各方形成压力，促使合同如约履行。违约责任是合同法上一项重要的制度，而违约责任的归责原则是该制度的本质和核心内容。

（一）违约责任的归责原则

违约责任的归责原则，是指确定违约责任是否成立，即违约行为人是否应对其违约行为承担违约责任的原则。违约责任的归责原则通常有两种：无过错责任原则和过错责任原则。根据《民法典》的规定，对于不同的违约纠纷应当适用不同的归责原则。

1. 无过错责任原则

无过错责任原则，是指不论违约方主观上是否有过错，只要不履行合同义务或者履行合同义务不符合约定，就必须承担违约责任。无过错责任原则是以实际损害结果为要件的一种归责原则，它不注重对过错的惩罚，而注重补偿债权人的损失。《民法典》第 577 条规定："当事人一方不履行合同义务或者履行合同义务不符合约定的，应当承担继续履行、采取补救措施或者赔偿损失等违约责任。"该条款即是关于合同责任归责原则的规定。从这一规定可以看出，我国《民法典》在违约责任的归责原则上采取无过错责任原则，在法律无例外规定的情况下，普遍适用于合同领域，清晰地表明了归责原则的法定性本质。然而，遵循无过错责任原则并不排除以过错为归责事由，不可抗力等免责事由及《民法典》所规定的其他以过错为承担责任条件的条款即为例外。

2. 过错责任原则

过错责任原则，是指当事人一方不履行合同义务或履行合同义务不符合约定时，应当以过错作为确定责任的要件和责任范围的依据。此原则将过错视为违约责任的构成要件，体现了强烈的道德价值取向，有过错即有责任，无过错则无责任。这一原则在少数合同关系中适用，如《民法典》中规定的赠予合同、无偿保管合同、无偿委托合同等。此外，《民法典》第824条和第841条明确规定了债务人有过错才承担责任等。

电子商务交易主要有三种类型：一是商品交易；二是知识产权交易；三是提供约定的服务。我国大多数学者认为我国对于合同违约方主要采用的是无过错责任原则，这也适用于电子商务合同。[1]

(二) 免责事由

合同违约的免责事由，是指在合同履行过程中，出现了法定或者约定的免责条件而导致合同不能履行，从而免除违约方承担违约责任的原因和理由。免责事由分为约定免责事由和法定免责事由。在法律没有特殊规定的情况下，电子合同也适用同样的免责事由。

合同的订立遵循意思自治和契约自由的基本原则，当事人对免责事由进行的约定，只要不违反法律规定，即属于放弃对另一方当事人相关责任的追究。然而约定免责事由并不是无限制的，根据《民法典》第506条，"造成对方人身损害的"和"因故意或者重大过失造成对方财产损失的"这两种情况下，合同的免责条款是无效的。此外，约定的免责条款可能存在被法院认定为无效的情况，如果免责条款是格式条款，根据《民法典》第497条规定，格式条款具有该法第一编第六章第三节和第506条规定的无效情形，以及提供格式条款的一方不合理地免除或减轻其责任加重对方责任，限制对方主要权利或排除对方主要权利情形的，或者提供格式条款一方免除其责任、加重对方责任、排除对方主要权利的，该条款无效。这也是电子商务合同可能遇到的情形。

关于法定免责事由，一般是指法律明确规定的当事人可以不承担违约责任的情形，主要是不可抗力。根据《民法典》第590条，当事人一方因不可抗力，不能履行合同的，根据不可抗力的影响，部分或全部免除责任。不可抗力是指不能预见、不能避免并不能克服的客观情况。一般包括以下几种情形：一是自然灾害，如冰雹、地震、海啸等；二是政府行为，如征收、征用；三是社会异常事件，如

---

[1] 梁慧星主编:《民商法论丛》（第8卷），法律出版社1997年版，第1—7页。

罢工、暴乱等。但不可抗力不是绝对免责的，需根据不可抗力的影响，判断其是否可免责及其免责的范围。此外，判断是否属于不可抗力还需要满足一定的条件：一是不可抗力阻碍合同履行，与违约之间有直接关系；二是当事人不可迟延履行。迟延履行后发生不可抗力的，不免除其违约责任，不属于免责事由。而通常的意外事件、意外事故一般不能作为免责事由。在电商平台普遍采取云存储和多地数据备份的情况下，区域性自然灾害是否属于"不可抗力"还应重新加以考量。

（三）违约救济

与普通合同类似，电子商务合同主要有以下几种违约救济方式：

（1）继续履行，指电子商务合同一方当事人不履行合同义务时，另一方当事人有权要求违约方继续履行合同义务。

（2）停止使用。

（3）采取补救措施，是一种独立的违约责任形式，是指合理不适当履行的一方对缺陷等问题进行补救的具体措施。这种责任形式，对继续履行和赔偿损失具有补充性。

（4）支付违约金，是指违约方向守约方支付违约金的一种法律责任。

（5）赔偿损失，是指针对当事人一方不履行合同义务或者履行合同义务不符合约定条件，给对方造成人身或者财产损失的，受损失方有权主张违约方以财产进行赔偿。

第六节　电子签名与认证

一、电子签名法律制度

（一）电子签名的概述

1.电子签名的概念

电子签名是与传统的手写签名及盖章相对应的概念。在传统商务活动中，为保障交易安全，交易双方需在书面合同或确认书中签字或盖章，以确认对方身份并表示其对交易内容的认可。在传统商务活动中，签字盖章是合同生效的一个重要环节。而在虚拟的网络环境下，交易双方不能面对面签署文件，传统的手写签字及盖章无法实现，类似于手写签字盖章作为鉴别交易方身份及表明认可文件内容的手段就成了电子商务中必不可少的环节，这就是电子签名。[1] 电子签名是保障现代电子商务安全的重要手段。[2]

我国《电子签名法》第 2 条明确规定了电子签名的含义："本法所称电子签名，是指数据电文中以电子形式所含、所附用于识别签名人身份并表明签名人认可其中内容的数据。"广义上讲，凡是能够识别当事人身份并表明当事人对合同项下权利义务予以认同的电子技术手段，均可称为电子签名。此类技术手段包括：

（1）电子化签名。这种方法是将传统的手写签名与数字化技术相结合的产物。在操作时需要一块与电脑相连的手写感应板和一支电子笔，使用者在手写感应板手写签字后，经过电脑对相应数据的分析及密码化处理，将电子化签名与相关文件绑定，以达到传统意义上签字盖章的效果。此种签名技术保留了传统手写签字的方式，符合大众对签名的习惯，但因为此种技术方法需存储的数据量大且每次需要与手写签名图章进行比对，不适应互联网快捷交易，不具有实用性。

（2）生物识别。就像世界上没有两片完全相同的叶子，每个人都是唯一的。生物识别技术就是利用人体生理体征的独一无二性来进行鉴别，即对人的不同部位，如指纹、视网膜、声音、形体特征、脸部特征等采样，然后通过数字转化后得到与其相对应的唯一数字码，并将此数字码储存于数字库，需要时提取比对。此类技术包括四个步骤：采集图像、提取特征、转化并保存数据、对比。但是把上述生理特征转化成数据的设备及成本比较昂贵，且需要极其庞大的资料库储存数据，最重要的是该技术难以进行网络传输，故仍不适合应用于互联网。

（3）数字签名。数字签名需要运用非对称数字加密技术。非对称加密技术通过某种运算形成一系列符号和代码用以加密，存在公钥和私钥两把密匙。其中公钥用来加密文件，任何人都可以使用；而私钥用来解密文件，只有用户自己可以使用。此项技术具体操作如下：在发送文件时，发件人先将需要签署的文件通过特定运算转换成资料摘要后，用个人私钥对此摘要进行加密运算，其所得就是原文件的电子签名。然后将该电子签名和原文件发送给收件方，收件方收到后以相

---

〔1〕赵明：《电子签名相关法律问题研究》，载《辽宁科技学院学报》2012 年第 12 期。

〔2〕郑正坚、刘颖：《论电子签名立法的若干问题》，载《商业研究》2005 年第 11 期。

同运算重新计算，得到资料摘要。同时对收到的电子签名用发件人公布的公钥解密，得到的文件与摘要相同则可以确认为发件人所发所签文件。该签名技术精确度远高于手写签名及其他电子签名。通过数字签名技术转化后的符号和代码便于传输和验证，因此也是可操作性最强的一种技术手段。[1]

2. 电子签名的特点

通过上文对电子签名概念的阐述，可以得知电子签名与我们传统意义上的手写签名相去甚远，将其称为电子签名一方面是因为其在功能上类似于传统的手写签名，比如身份确认、文件内容认可、防假冒等；另一方面，如此称谓也方便大众理解。电子签名是伴随互联网和电子商务的发展而产生的新鲜事物，它也有自己的特性。

（1）电子签名具有依赖性。传统手写签名仅需一张纸、一支笔就能轻轻松松完成整个确认程序，而电子签名的实现则需要软件和硬件设施的双重配合，缺一不可。在电脑或其他硬件设施采集完相关数据后，再通过软件数据系统进行处理、储存、传输，其后交易对方的身份验证等也需要借助软硬件等专用设施来完成。

（2）电子签名具有不易感知性。对于手写签名和图章，仅凭视觉就能辨认及感知，而电子签名则通过技术手段将身份信息转化为数字、符号或代码储存在电脑的数据库中，并通过网络系统传输，极具虚拟性，不为人手能触碰、人眼能感知。

（3）电子签名具有多样性。人生不同阶段手写签名的样式可能会有所变化，但至少在一定时期内是相对固定的，可以通过字迹判断出来，因此可以说传统的手写签名具有唯一性。与此相对，我们使用不同的电子签名方式就可以产生不同的电子签名（生物识别技术除外），即使使用同一种电子签名方式，使用的信息系统不同，也可能产生完全不同却同时有效的电子签名。[2]

（4）电子签名具有较高的安全性。手写签名虽然具有唯一性，但仍难免出现被模仿假冒的情况。而电子化签名因采用手写签名加数据的分析及密码化处理程序，安全性要高于传统签名；生物识别技术因人体特征的独一无二性更不容易被假冒；数字签名技术采用公钥和私钥双重加密解密及特殊运算，在现阶段极难被

---

〔1〕李双元、王海浪：《电子商务法》，北京大学出版社 2004 年版，第 54 页。
〔2〕邵贞、朱明议：《电子签名的性质及其法律效力》，载《法制与社会》2009 年第 15 期。

破译。[1]

（二）电子签名的法律效力

目前，我们可以通过多种技术手段完成电子签名，达到签署电子商务合同的目的。但这又提出了新的问题：电子签名是否与纸质签名具有同样的法律效力，不同电子签名技术所达到的效果是否相同，什么情况下电子签名可以被认定为有效的电子签名等。电子签名的效力问题也是《电子签名法》需要解决的最基础、最核心的问题。[2] 根据我国《电子签名法》的规定，电子签名要想具有与纸质手写签名等同的效力，其必须能被认定为"可靠的电子签名"，无论何种形式的电子签名（并不局限于某一种或几种特殊签名），只要通过综合分析比较，能被认定为"可靠的电子签名"，就可以产生相应的法律效力。综合《电子签名法》的规定，"可靠的电子签名"分为法定与约定两类。

按照《电子签名法》第13条规定，法定的"可靠的电子签名"需满足以下条件：第一，从客观上讲，签订数据电文时所用电子签名需属于电子签名人专有，不能跟其他人共用。电子签名具有多样性，每个人可以同时拥有多个不同的电子签名，而有的电子签名是多个使用人（如网络公司职员之间）共用，但是要想成为可靠的电子签名，必须根据该签名能够准确无误地辨认出使用人。第二，从支配状态上来看，在用电子签名签署数据电文时其必须仅由电子签名人控制。"控制"在此应作广义的理解，电子签名人本人持有、其授权的代理人持有、其公司职员在职权范围内持有、"组合式密码"的几个持有人共同签署时均可被认定为电子签名人控制。第三，从签署后的状态来看，签署后对电子签名、数据电文内容和形式的任何改动都能够被发现。其基本用意一方面是保持文件的完整性，另一方面是为了更好地保障交易双方当事人的利益。

《电子签名法》第3条第1款规定了"可靠的电子签名"的约定类型，对于电子签名、数据电文，当事人可以根据自己的意志约定是否使用。如果双方约定电子签名具有与手写签名相同的法律效力，则在纠纷发生时，不能仅因其采用的是电子签名形式而否定该签名的法律效力。至于其他电子签名的法律效力，则需要根据具体情况由有关机关予以认定。

---

[1] 万以娴：《电子签章法律问题研究》，人民法院出版社2001年版，第160—163页。

[2] 陈强：《电子签名法律效力问题研究》，载《商场现代化》2011年第5期。

二、电子签名认证的法律制度

在传统的纸质合同中，当事人的签名具有一定的独特性、不可否认性、高度统一性，同时，签名、盖章也起到对合同的证明作用。一般情况下，交易双方完全可以通过在纸质合同上的手写签名来判断合同的归属和真伪。由于大多数电子合同是在开放的网络中进行的，电子签名取代了手写签名，签名与认证相对分离，也存在主观上签署人的恶意否认与客观上签名被盗、丢失或被解密的风险，电子合同的安全性很难保障。为了有效地确定签名的归属，就必须建立完善的电子签名认证体系和法律制度。

（一）电子签名认证的概念

认证是指权威的、中立的、没有直接利害关系的第三人或机构对当事人的鉴别。电子签名认证是指特定机构通过审查交易主体资格，颁发电子证书，对电子签名及其签名人的真实性进行审查并作出证明的法律行为。电子签名从技术手段上对签名人的身份进行确认，它是一种技术手段上的、工具性的保障，主要用于数据电文本身的安全，使它不被否认或篡改。法律规范对之加以调整，主要表现在对符合签名基本功能的电子签名技术予以认定，从而确立其法律效力，这实际上是对技术标准的认定，具有较强的客观性。但是如何解决公共密钥的确定性以及私人密钥持有者否认签发文件的问题，则是电子签名技术本身无法解决的。也就是说，这涉及私人密钥持有人信用度的问题，其中又分两种情况：一是密钥持有人主观恶意，有意识否认自己作出的行为；二是客观原因，即发生密钥丢失、被窃或被解密的情况，发件人或收件人很难解释归责问题。

（二）电子认证机构

为了防止签字或盖章的一方提供伪造虚假或被篡改的签字或盖章，或者防止发送人以各种理由否认该签字或盖章为其本人所为，一些国家或地区采用由具有公信力的授权机关对某印章提前备案，并提供验证证明的方式。因此在整个电子交易的过程中就需要一个具有公信力的第三方制作的数字签名以证实交易当事人的身份和电子信息的真实性、完整性和不被否认性，这个第三方也就是认证机构

（Certificate Authority, CA）。从字面上理解，凡是能颁发认证证书的机构都可以称为认证机构。

但本书所述认证机构具有特定的含义，它专指电子商务中对用户的电子签名颁发数字证书的机构，通过对签名的证明确定交易主体，使交易者明白自己和谁交易。认证机构可以通过查验交易者的资信，给具有交易资格者颁发准许证，同时给对方当事人通报交易者的情况，增加交易的可信度，提高交易的安全系数，电子认证机构已经成为开放性电子商务活动中不可缺少的信用服务机构。电子签名的安全使用必须结合认证机构体系的建立完善。

● 案例研析

漫漫公司与何某网络购物合同纠纷案

【基本案情】

2019 年 4 月，漫漫公司为增加其网络店铺的交易量，委托案外人陈某组织刷手在其网络店铺刷单，漫漫公司需按照交易订单金额退还货款，并支付刷单报酬，标准为每刷单 1 万元支付 50 元。通过陈某的牵线，刷手组织者李某向漫漫公司介绍了刷手何某。何某遂在某平台创建了案涉交易订单，双方均确认案涉商品未实际发货。何某称，漫漫公司未向其退还因刷单垫付的 2 万元及支付刷单费，故在某平台提出"仅退款"申请。漫漫公司称其已将案涉款项支付给案外人陈某，拒绝向何某退款。何某诉请漫漫公司退还货款 2 万元。

【裁判结果】

法院认为，何某与漫漫公司订立网络购物合同，意在以虚假网络购物意思掩盖"刷销量、赚报酬"的真实意思。对于双方以虚假的意思表示实施的民事法律行为，即签订网络购物合同，因双方缺乏真实的意思表示而无效。本案中，双方通谋共同实施了刷销量行为，致使案涉合同因违反法律规定被认定无效，客观上已产生虚假订单，对网络营商环境造成损害，且何某系自行决定投入款项的数额，故对于何某基于赚取刷单报酬目的的投入的款项，依法不予保护。漫漫公司所述向案外人陈某支付款项的行为，与本案何某付款的行为并无二致，二者支出的款项均属于进行非法"刷销量"活动的财物，法院另行制作决定书予以处理。最终法院判决驳回何某的全部诉讼请求。

【典型意义】

电子商务经营者以虚构交易为目的与他人通谋订立网络购物合同，双方系以虚假的网络购物意思掩盖真实的"刷销量、赚报酬"意思，该民事法律行为无效。不论刷手是以未收到货款、报酬为理由，还是以商品未实际发货为由起诉，主张退还货款、支付报酬，都不应得到人民法院的支持。此外，电子商务经营者通过虚构交易获得不当信誉，不但违反了法律的强制性规定，需自行承担相应损失，还将面临市场监督主管部门的行政处罚。

陈某与北京世纪卓越公司买卖合同纠纷案

【基本案情】

2013 年 11 月 26 日，陈某通过世纪卓越公司经营的网站（www.amazon.cn，以下简称"亚马逊网站"）购买了长虹 LED32538、32 英寸电视机 1 台，该商品的名称、型号、价款等详细信息展示于网站之上，内容明确具体；陈某通过一系列正常操作，确认订单并完成了支付，至此双方就具体商品的买卖达成一致。同年 11 月 28 日，陈某收到世纪卓越公司发来的电子邮件称，由于世纪卓越公司原因订单取消，无法提供所购商品。后陈某多次与世纪卓越公司沟通，问题一直未能解决。故陈某诉至法院，要求世纪卓越公司继续履行原订单并交付货物（长虹 LED32538、32 英寸 LED 电视机 1 台，订单价格 161.99 元）；要求世纪卓越公司赔付公证保全费 1000 元、律师费 4000 元，同时承担本案诉讼费用。

【裁判结果】

本案系网络消费引发的买卖合同纠纷，争议焦点之一就是世纪卓越公司与陈某之间的买卖合同是否已经成立。法院审理认为当事人订立合同，应当采取要约、承诺方式。《中华人民共和国合同法》第 14 条规定："要约是希望和他人订立合同的意思表示，该意思表示应当符合下列规定：（一）内容具体确定；（二）表明经受要约人承诺，要约人即受该意思表示约束。"第 15 条规定："要约邀请是希望他人向自己发出要约的意思表示。寄送的价目表、拍卖公告、招标公告、招股说明书、商业广告等为要约邀请。商业广告的内容符合要约规定的，视为要约。"第 21 条规定:"承诺是受要约人同意要约的意思表示。"法院认为,世纪卓越公司将其待售商品的名称、型号、价款等详细信息陈列于其网站之上,且消费者可以直接点击购买并支付价款,其内容明确具体,符合要约的特征。陈某作为消费者通过网站在其允许的状态下自由选购点击加入购物车,并在确定其他送货、付款信息之后确认订单,支付了货款,应当视为进行了承诺。自此,在亚马逊网站的"使用条款"对陈某并无约束力且双方无其他特殊约定的情况下,世纪卓越公司与陈某之间的合同已经成立。

来某鹏诉北京四通利方信息技术有限公司服务合同纠纷案

【基本案情】

2001 年 4 月 22 日,原告来某鹏通过互联网向被告四通利方公司所属新浪网申请会员注册登记,并选择了新浪网向会员提供的"免费邮箱"服务。原告认为:该免费邮箱并没有真正的免费,用户发送和接受的电子邮件,均带有网站的商业广告。2001 年 8 月 2 日,新浪网通知所有用户,于 9 月 16 日零时将免费邮箱的容量从 50 兆缩减至 5 兆。新浪网不顾其承诺和信誉,在未经会员同意的情况下,擅自变更电子邮箱服务,压缩免费邮箱的容量,构成了违约。因此,原告请求法院判令被告继续履行承诺提供 50 兆容量免费邮箱的服务。被告北京四通利方信息技术有限公司辩称:其公司所属新浪网是根据服务条款向用户提供信息服务的。用户在新浪网注册会员身份时,新浪网全面展示了网站信息服务条款的内容。用户只有点击了"同意"键,表明接受服务条款的全部内容后,才能完成会员的注册,并使用免费邮箱服务。免费邮箱的电子邮件信息服务是完全免费的,不需要用户承担其他义务。由于网站的服务条款明确规定,新浪网有权在必要时调整服务合同条款,并随时更改和中断服务。所以,其调整免费邮箱容量不构成违约,不同意原告的诉讼请求。请求法院驳回原告的诉讼请求。

【裁判结果】

法院认为:对于新浪网的《免费电子邮箱服务使用协议》,原告虽然表示在注册时没有见过,但由于《免费电子邮箱服务使用协议》与《新浪网北京站服务条款》的内容基本一致,不影响双方有关信息服务权利和义务的约定。法院遂判决驳回原告来某鹏要求四通利方公司继续履行提供 50 兆免费电子邮箱服务的诉讼请求。

原告不服提起上诉，二审法院确认一审判决认定的事实属实，并根据《中华人民共和国合同法》格式合同相关规定，认为免费邮箱电子邮件服务是四通利方公司所属新浪网自愿单方面无偿提供的一项服务，应认定四通利方公司有权根据服务条款对此进行合理的变更。新浪网在将免费信箱由原 50 兆容量调整为 5 兆前，已事先在网站的重要页面上作出声明，履行了服务条款中的说明和提示义务，其行为应该是合法有效的，不构成违约。法院判决：驳回上诉，维持原判。

第八章

—

电子商务促进

第一节　电子商务立法目的

一、中国电子商务发展概述 [1]

（一）启蒙时期（1991—1997 年）

最早，人们眼里的电子商务是电子数据交换。1991 年，国务院电子信息系统推广办公室联合八个部委建立了中国电子数据交换技术委员会，该委员会的任务是有计划地协调和规范我国电子数据交换技术的发展。该委员会的成立，标志着我国官方对电子商务的积极认可，从此开启了中国电子商务发展的序幕。

1994 年 4 月 20 日，中国科学院承担实施的中国国家计算机与网络设施 NCFC 项目（The National Computing and Networking Facility of China）连入 Internet 的国际专线开通，Internet 正式引入中国。1995 年起，一批海归和在美国接触到互联网的创新者，深刻意识到互联网的发展前景和巨大影响力，纷纷回国创办互联网公司，一批互联网服务提供商（ISP）、商业域名公司（COM）兴起。中国互联网发展的大幕徐徐拉开，Internet 的创新和普及，为电子商务带来生机。在目前已经成立的电子商务网站当中，有 5.2% 创办于 20 世纪 90 年代，该阶段无疑是我国电子商务的萌芽与起步时期。

（二）小高潮时期（1998—2000 年）

国内第一批电子商务网站的创办始于 1997 年，电子商务的全新概念引入，电子商务的优势和美好前景鼓舞了一批创业者，他们认为传统贸易借助互联网会取得颠覆性变革，前景不可估量。于是，从 1997 年到 1999 年，"美商网""8848""阿里巴巴""易趣网""当当网"等知名电子商务网站先后涌现。其中不得不提的是"8848"，这是我国电子商务发展史中一座具有里程碑意义的网站。其主要在线销售软件、计算机图书、硬件、消费类电子产品，是我国早期最有影响力的 B2C 网

---

[1] 本部分内容参见叶秀敏：《中国电子商务发展史》，山西财经出版社 2017 年版。

站。在短短的两年里,"8848"克服电子商务发展初期的重重困难,创新性地探索了我国 B2C 电子商务模式,培育了我国最早一批网购实践者。

1999 年 7 月 12 日,"中华网"(www.china.com)率先在纳斯达克上市,这是在美国纳斯达克上市的第一家中国网络概念股,也是中国第一家上市的互联网公司。"中华网"的上市让很多人看到了互联网的魅力和巨大的财富效应,刺激了互联网的创业,也为中国互联网带来了短暂的繁荣,甚至是一段疯狂发展期。

20 世纪末,政府带动国有市场主体逐渐重视电子商务,上网资费开始下降,电信运营商积极布局,网上银行破土。但这个阶段还是处于概念引入阶段,网民渗透率低、互联网应用匮乏、网民体验差,新经济的前景还只是处于想象阶段,真正的互联网应用市场还没有形成雏形。

(三)网络泡沫破裂期(2001—2002 年)

2001—2002 年是互联网诞生以来的首个泡沫期。这一时期,电子商务迎来短暂暴发之后的衰退,表现为电子商务网站出现倒闭潮,纳斯达克网络股票价格一泻千里,网络概念股灾席卷全球,中国也未能幸免。2000 年,中国做电子商务的网站有上千家,大部分没有盈利能力,属于炒作概念或者处于观望状态。有的网站为了"跑马圈地",或者吸引更多的风险投资,不断地进行大规模的品牌宣传和营销活动。少数网站虽然吸引到充足的风险投资,但是没有可行的商业模式,自身缺乏"造血"功能,完全依赖外来风险投资度日。只有极少数网站开展了实质性的电子商务业务,比如知名度较高的"8848""美国商品交易中心"(CCEC)等。即便是这些网站,也没有真正实现盈利。一段时间过去以后,人们对互联网失去了耐心,加上媒体的悲观论调,人们对互联网的期望从波峰跌到波谷。伴随着纳斯达克指数泡沫的破灭,更多的投资者撤资或者保持观望状态。针对互联网的投资骤然减少,一些公司无以为继,相继倒闭。中国互联网公司同样出现倒闭潮,集体进入首个寒冬期。

(四)恢复期(2003 年)

互联网泡沫之后电子商务企业经过反思,开始认真考虑消费者的需求,踏踏实实做企业、做服务、做生态,逐步从概念走向实业。直到 2003 年,"非典"暴发。SARS 病毒的近距离、接触式传染的典型特征,迫使人们在"非典"期间尽可能远离商场、超市、办公大楼等公共场所，而电子商务利用互联网进行信息查询、交易，不仅方便、快捷，而且避免了人员接触，节约成本，在这一特殊时期显露出得天独厚的优势。一场"非典"变故，让电子商务深入老百姓的日常生活之中。中国电子商务由此得到了快速发展的契机。这一时期，美国电商网站 eBay 以 1.8 亿美元收购国内最大的 C2C 电子商务网站易趣网，通过中西结合的方式发展市场，一举占据了中国 80% 的 C2C 市场份额；京东成功转型，京东商城上线运营，之后业务连续 7 年实现营收增长超 200%；阿里巴巴定位于 C2C 模式的淘宝网破壳而出，而后推出支付宝服务，推进了电子支付的发展。

"非典"期间，电子商务不仅受到市场欢迎，也引起了政府的重视。时任国务院总理的温家宝在 2003 年 5 月召开的国务院常务会议中明确要求："规范和改善电信、互联网业务的消费环境，推动扩大电子商务、电子政务、网络教育、网上文化娱乐及全民健身等方面的消费。"在这一大环境下，物流、支付机构等配套产业茁壮成长。

（五）快速成长期（2004—2007 年）

网络泡沫促进电子商务回归到实实在在的商务和服务本身，"非典"又推动电子商务实现一次小飞跃，进入一轮小发展高潮。2004—2007 年，电子商务支撑环境获得实质性改善，电子商务再次繁荣，取得了一系列突破性进展：电子商务交易额持续增长，网络购物人数飞速上升，一些 B2B 企业开始盈利，B2C 企业蓄势待发，C2C 企业竞争格局基本形成，传统企业对电子商务的认识逐步深入，中小企业信息化和农村信息化开始起步。其间，阿里巴巴、中国化工网和携程网分别上市，中国电子商务迎来发展史上的黄金期。各地区电子商务发展势头高涨，地方政府也在加快完善电子商务发展环境，发布了一系列法规规章。

但在推进电子商务发展过程中，还存在一些问题，包括：(1) 各地发展不平衡，不能有效与地方特色和实际情况相结合。(2) 全面规划和协调不足。在推进电子商务发展过程中，缺乏整体规划和协调，导致重复建设和资源浪费。(3) 认识和积极性不高。电子商务处于起步阶段，投入大，各种效益不能马上显现，导致企业积极性不高。(4) 资金投入和人才不足问题。(5) 平台建设后的管理、运营能力和投入较差。(6) 整体应用水平比较低。多数企业还停留在信息查询和发布阶段，还不能与生产、营销有效结合起来。

（六）备战寒冬期（2008—2009 年）

在金融危机的大背景下中国电子商务面临着挑战和机会。幸运的是，中国电子商务成功地利用金融危机带来的种种机会，多角度突围，在充分做好"过冬"准备的基础上，增加投入、细化服务、开拓营销模式，通过创新，取得了一个又一个来之不易的成果：一是电子商务年度交易额连续突破新高，2009 年达到 3.8 万亿元人民币，中国网购市场取得突破性进展；二是基础设施、电子支付等电子商务环境逐步改善；三是中小企业信息化稳步推进；四是农村信息化进程加快；五是电子商务服务市场在创新中发展；六是移动商务布局初见成效；七是新技术不断推动电子商务模式和应用创新。

但是研究发现，这个时期我国仍处于电子商务发展的初级阶段，依然存在一些问题，制约电子商务的健康、可持续发展。第一，电子商务并没有真正和传统企业进行融合，电子商务的应用程度和交易规模还处于较低水平；第二，电子商务人才供需矛盾没有解决；第三，物流依然是制约电子商务行业发展的瓶颈；第四，网上支付服务尚需完善和深化；第五，网络购物中，假货现象猖獗；第六，电子商务安全问题没有彻底解决；第七，电子商务立法明显滞后，法律法规需建立和完善；第八，传统品牌面临线上和线下价格冲突难题；第九，原有利益关系阻碍电子商务发展。

（七）短期调整期（2010—2012 年）

这三年，电子商务交易额稳定增长，电子商务逐步从概念走向了应用。电子商务逐步改变了一部分普通消费者的购物习惯，推动了消费升级，网络购物市场启动并持续发展，网商群体爆发式增长，网规逐步完善。电子商务产业从商业模式探索走向了脚踏实地的服务，不仅传统企业借力电子商务实现扩大营销和提高生产效率，还涌现出一大批具有影响力的电子商务服务企业：阿里巴巴、慧聪网、当当网、麦网等。电子商务配套产业链逐步完善，物流和支付行业快速发展，有效地缓解了制约我国电子商务发展的瓶颈。云计算、物联网、移动商务、智能商务不断取得突破，技术变革引领未来电子商务发展的方向。电子商务生态环境逐步改善，政策暖风频吹，规范性法律法规陆续出台，企业和个人对电子商务的认知度、认同感和依赖度逐步提高，网络平台规范逐步完善。

但也必须清醒地看到，我国电子商务在发展过程中，尚有一些问题需要进一步解决和完善，主要是：基础设施建设仍然拖后腿，交易安全和信用问题依然存在，售后服务需要改善，假冒伪劣问题依然突出，电子商务的服务模式仍然需要不断创新，电子商务人才匮乏等。电子商务的环境建设严重滞后，深刻影响着电子商务行业的发展。

（八）全面繁荣期（2013年至今）

2013年以来，在政策频繁利好的驱动下，我国电子商务进入快速成长期，电子商务交易额持续高速增长，传统企业加速与互联网融合，网络购物市场持续火爆，跨境电子商务成为新星，O2O模式方便了百姓日常生活，社群电子商务异军突起，农村和县域电子商务成为热点，电子商务园区建设进入高潮，电子商务发展环境不断优化，电子商务在经济社会中发挥越来越重要的作用，迎来发展的繁荣期。

这段时间电子商务的发展，与实体经济和发达国家的发展水平相比，还有较大提升空间，电子商务发展环境仍需不断完善。主要存在的问题有：电子商务与传统经济的全面融合有待突破；地区发展不平衡，东部地区远远领先于西部地区；服务市场同质化竞争严重，缺乏创新性商业模式；配套环境还需完善，高端人才不足，诚信体系建设滞后，信息安全问题仍然存在，政策和法律法规实操性不强等。

二、促进发展是立法根本目的

目前我国正处于电子商务发展的黄金期，电子商务发展迅猛，成为经济发展新的动力。但在经济发展的新常态下，电子商务发展过程中的一些矛盾和问题已经凸显，甚至在一定程度上阻碍着电子商务的进一步发展。2016年《电子商务"十三五"发展规划》全面总结了"十二五"期间电子商务发展取得的成果，分析了"十三五"期间电子商务发展面临的机遇和挑战，明确了电子商务发展的指导思想、基本原则和发展目标，提出了电子商务发展的五大主要任务、十七项专项行动和六条保障措施。《电子商务"十三五"发展规划》提出，新经济快速发展对政府治理提出新挑战。电子商务经济区域发展不平衡问题日渐显现，迫切需要探索协调、共享发展途径。电子商务新市场主体之间及新旧市场主体间资源争夺日趋激烈，电子商务市场创新和现行法规之间碰撞日趋频繁，跨平台、跨区域违法违规行为日趋隐蔽，电子商务国际贸易规则、诚信体系建设、网络交易安全及隐私保护工作日趋艰巨，立法成为促进电子商务发展的必要选择。

促进发展是指促进电子商务持续健康发展。党的十八届五中全会坚持以人民为中心的发展思想，首次鲜明提出了"创新、协调、绿色、开放、共享"的新发展理念。党的十九大报告则进一步将"坚持以人民为中心的发展思想""坚持新发展理念"提升为习近平新时代中国特色社会主义思想和基本方略，强调"发展是解决我国一切问题的基础和关键，发展必须是科学发展，必须坚定不移贯彻创新、协调、绿色、开放、共享的发展理念"。作为上层建筑的《电子商务法》，应贯彻新发展理念，服务和保障电子商务发展。新发展理念要求电子商务的发展是持续健康的，是以人民为中心的发展，发展的最终目的是使人民充分享受互联网和电子商务带来的便利和利益。[1] 电子商务领域消费者权益保护问题十分突出，社会各界反映较为集中。加强对电子商务消费者的保护力度，需要通过立法明确电子商务经营者特别是第三方平台的责任义务，明确消费者享有的个人信息等基本权利，保障人民根本利益。同时也要通过立法来保障电子商务经营者的权益，按照政府最小干预原则，推动实现政府监管、行业自律、社会共治有机结合，为电子商务的良性发展、持续健康发展奠定制度基础。

第二节　电子商务促进措施

一、政府宏观引导

在社会主义市场经济体制下，要科学发挥政府在经济发展中的作用，营造良好的电子商务产业发展环境离不开政府的宏观引导。根据《电子商务法》第五章"电子商务促进"的相关规定，结合国务院及各部委出台的一系列文件，政府宏观引导主要体现在以下几个方面：

（一）创新发展

《电子商务法》第 64 条规定，国务院和省、自治区、直辖市人民政府应当将

---

〔1〕电子商务法起草组编：《中华人民电子商务法条条文释义》，法律出版社 2018 年版，第 15 页。

电子商务发展纳入国民经济和社会发展规划，制定科学合理的产业政策，促进电子商务创新发展。本条明确了政府在促进电子商务创新发展方面应采取的重要举措。国民经济和社会发展规划是一个地区经济、社会发展的总体规划，将促进电子商务创新发展纳入其中，有利于充分调动国家、社会各界的资源，加大对电子商务行业的政策扶持力度，鼓励电子商务向成熟化发展。

国务院 2015 年印发的《关于大力发展电子商务加快培育经济新动力的意见》，具体部署了进一步促进电子商务创新发展的实施方向，主要目标是到 2020 年，基本建成统一开放、竞争有序、诚信守法、安全可靠的电子商务大市场。《关于大力发展电子商务加快培育经济新动力的意见》明确了三个原则：一是积极推动。主动作为、支持发展。积极协调解决电子商务发展中的各种矛盾与问题。在政府资源开放、网络安全保障、投融资支持、基础设施和诚信体系建设等方面加大服务力度。推进电子商务企业税费合理化，减轻企业负担。进一步释放电子商务发展潜力，提升电子商务创新发展水平。二是逐步规范。简政放权、放管结合。法无禁止的市场主体即可为，法未授权的政府部门不能为，最大限度减少对电子商务市场的行政干预。在放宽市场准入的同时，要在发展中逐步规范市场秩序，营造公平竞争的创业发展环境，进一步激发社会创业活力，拓宽电子商务创新发展领域。三是加强引导。把握趋势、因势利导。加强对电子商务发展中前瞻性、苗头性、倾向性问题的研究，及时在商业模式创新、关键技术研发、国际市场开拓等方面加大对企业的支持引导力度，引领电子商务向打造"双引擎"、实现"双目标"发展，进一步增强企业的创新动力，加速电子商务创新发展步伐。《关于大力发展电子商务加快培育经济新动力的意见》提出了七方面的政策措施：一是营造宽松发展环境，降低准入门槛，合理降税减负，加大金融服务支持，维护公平竞争。二是促进就业创业，鼓励电子商务领域就业创业，加强人才培养培训，保障从业人员劳动权益。三是推动转型升级，创新服务民生方式，推动传统商贸流通企业发展电子商务，积极发展农村电子商务，创新工业生产组织方式，推广金融服务新工具，规范网络化金融服务新产品。四是完善物流基础设施，支持物流配送终端及智慧物流平台建设，规范物流配送车辆管理，合理布局物流仓储设施。五是提升对外开放水平，加强电子商务国际合作，提升跨境电子商务通关效率，推动电子商务走出去。六是构筑安全保障防线，保障电子商务网络安全，确保电子商务交易安全，预防和打击电子商务领域违法犯罪。七是健全支撑体系，健全法规标准体系，加强信用体系建设，强化科技与教育支撑，协调推动区域电子商务发展。

（二）绿色发展

《电子商务法》第 65 条规定，国务院和县级以上地方人民政府及其有关部门应当采取措施，支持、推动绿色包装、仓储、运输，促进电子商务绿色发展。本条明确，政府应首当其冲，发挥引领作用，支持电子商务向绿色产业链方向发展。

国家邮政局的数据显示，2017 年的"双十一"购物节当日就产生了 8.5 亿个快递包裹，包装箱、塑料袋、胶带、编织袋、内部缓冲物等包装垃圾更是不可胜数。许多包装垃圾不可回收、不可降解、不可循环利用，或者被消费者随意丢弃，破坏市容市貌，对环境造成了严重的负担。于是同年，国家邮政局、国家发展改革委等十部门联合发布《关于协同推进快递业绿色包装工作的指导意见》，明确妥善处理快递包装问题对于节约资源、保护环境和促进快递业健康可持续发展具有重大意义。坚定以绿色化、减量化、可循环为目标，坚持节约优先，推动建立健全有中国特色的快递业包装治理体系，实现"低污染、低消耗、低排放，高效能、高效率、高效益"的绿色发展。2018 年，国务院办公厅发布《关于推进电子商务与快递物流协同发展的意见》，提出要完善电子商务物流快递基础设施建设，鼓励电子商务企业与快递物流企业开展供应链绿色流程再造，提高资源复用率；鼓励电子商务平台开展绿色消费活动，推广绿色包装；加快调整运输结构，推动绿色运输与配送。

（三）推动产业发展基础建设

《电子商务法》第 66 条规定，国家推动电子商务基础设施和物流网络建设，完善电子商务统计制度，加强电子商务标准体系建设。产业发展基础设施建设决定着电子商务的未来发展。

电子商务产业基础设施包括电子通信基础设施、物流快递基础设施、电子支付基础设施等，电子商务产业链各环节的建设都不应忽视。电子通信基础设施方面，应着力发展和推动"5G"基站的建设，进一步提高宽带速度，降低收费标准，提高宽带普及率，促进互联网"普惠"。在物流快递基础设施方面，应积极发展电子商务的物流，采用网络化的计算机技术和现代化的硬件设备、软件系统及先进的管理手段，实现货物的高效配置。2016 年商务部、国家网信办、国家发展改革委联合发布的《电子商务"十三五"发展规划》明确提出："支持社会化、信息化、智能化、国际化电子商务物流体系及平台建设。鼓励企业整合社会存量资源，大力发展分布式区域物流配送中心，积极探索城市共同配送、众包物流、社区自提等电子商务物流新模式。鼓励骨干快递企业拓展服务领域，健全仓储、冷链、运输、供应链管理等能力，加快向综合性快递物流运营商转型。支持应用新技术，实现库存前置、供应链协同，探索智能化仓储物流配送服务。围绕跨境电子商务对物流服务的迫切需求，加强国际港口、公路、铁路、水路等基础设施及物流资源的互联互通，打造国际电子商务物流协作体系。"在电子支付基础设施方面，要推进网络支付体系建设，保障网络支付的安全性和保密性，提高网络支付业务规范和技术标准，加强业务监督和风险控制，满足电子商务发展的实际需求。

（四）推动各产业融合发展

《电子商务法》第 67 条规定，国家推动电子商务在国民经济各个领域的应用，支持电子商务与各产业融合发展。党的十九大报告提出，"建设现代化经济体系，必须把发展经济的着力点放在实体经济上，加快建设制造强国，加快发展先进制造业，推动互联网、大数据、人工智能和实体经济深度融合"。实体经济发展是"国富民强"的基础，在中国经济步入"新常态"、经济结构优化、经济发展方式转变的关键期，振兴实体经济势在必行。在技术加速突破、商业模式不断创新、生产和组织方式日渐改变的大背景下，实体经济的范畴也日益丰富和延展。除了传统的农业、制造业，新兴的互联网产业、传统产业与互联网融合生成的新产业也成为举足轻重的力量，构成了"新实体经济"。

2015 年 9 月 18 日，《国务院办公厅关于推进线上线下互动加快商贸流通创新发展转型升级的意见》出台，有以下几点主要内容：一是支持商业模式创新。包容和鼓励商业模式创新，释放商贸流通市场活力。实体店通过互联网展示、销售商品和服务，提升线下体验、配送和售后等服务。加强线上线下互动，促进线上线下融合，不断优化消费路径、打破场景限制、提高服务水平。鼓励实体店通过互联网与消费者建立全渠道、全天候互动，增强功能，发展体验消费。鼓励消费者通过互联网建立直接联系，开展合作消费、闲置资源配置和使用效率。鼓励实体商贸流通企业通过互联网强化各行业内、行业间分工，提升社会化协作水平。二是鼓励技术应用创新。加快移动互联网、大数据、物联网、云计算、北斗导航、地理位置服务、生物识别等现代信息技术在认证、交易、支付、物流等商务环节的应用推广。鼓励建设商务公共服务云平台，为中小微企业提供商业基础技术应用服务。鼓励开展商品流通全流程追溯和查询服务。支持大数据技术在商务领域深入应用，利用商务大数据开展事中事后监管和服务方式创新。支持商业网络信息系统提高安全防范技术水平，将用户个人信息保护纳入网络安全防护体系。三是促进产品服务创新。鼓励企业利用互联网逆向整合各类生产要素资源，按照消费需求打造个性化产品。深度开发线上线下互动的可穿戴、智能化商品市场。鼓励第三方电子商务平台与制造企业合作，利用电子商务优化供应链和服务链体系，发展基于互联网的装备远程监控、运行维护、技术支持等服务市场。支持发展面向企业和创业者的平台开发、网店建设、代运营、网络推广、信息处理、数据分析、信用认证、管理咨询、在线培训等第三方服务，为线上线下互动创新发展提供专业化的支撑保障。鼓励企业通过虚拟社区等多种途径获取、转化和培育稳定的客户群体。

另外，《电子商务法》第 68 条规定，国家促进农业生产、加工、流通等环节的互联网技术应用，鼓励各类社会资源加强合作，促进农村电子商务发展，发挥电子商务在精准扶贫中的作用。电子商务与农业的发展融合是国民经济新常态下的一项重要举措。

截至目前，支持我国农村电子商务发展的政策体系已经逐渐形成。2014 年以来，每年的中央一号文件都对农村电子商务发展作出部署。2015 年以来，国务院相继印发《国务院关于大力发展电子商务加快培育经济新动力的意见》《国务院关于积极推进"互联网＋"行动的指导意见》《国务院办公厅关于促进农村电子商务加快发展的指导意见》，对农村电子商务发展进行了宏观指导。在农村电子商务高速发展的同时，国家尝试将电子商务与精准扶贫相结合。2015 年年初，原国务院扶贫办将电商扶贫工程列为精准扶贫十大工程之一。2016 年 10 月，国家网信办、国家发展改革委、国务院扶贫办联合印发《网络扶贫行动计划》，提出大力发展农村电子商务。鼓励电商平台为贫困地区开设扶贫频道，降低电商平台与贫困地区的合作门槛，开设特色农产品网上销售平台，推进网上"一村一品"产业行动工程。推动电子商务进农村综合示范政策向国家级贫困县倾斜，到 2019 年，实现对全国所有国家级贫困县的全覆盖。鼓励当地电信运营、交通、商贸、金融、邮政、供销等各类社会资源加强合作，协调有关机构免费提供域名资源，支持地方利用已有资源构建电子商务平台。健全农村电子商务服务体系，支持各类农村电子商务运营网点积极吸收农村贫困人口、妇女、残障人士等就业。加快建设完善贫困地区物流服务网络和设施，支撑贫困地区电子商务发展。《中共中央、国务院关于打赢脱贫攻坚战三年行动的指导意见》中明确提出，实施电商扶贫，优先在贫困县建设农村电子商务服务站点；继续实施电子商务进农村综合示范项目；动员大型电商企业和电商强县对口帮扶贫困县，推进电商扶贫网络频道建设。《电子商务"十三五"发展规划》也明确提出，积极开展电子商务精准扶贫。建立电子商务助力精准扶贫的带动机制，探索通过电子商务平台调动全社会扶贫力量，实现产品或项目资源的精准对接，带动产品增值和农民增收，助力脱贫攻坚。通过政府与电子商务平台企业联合开展电商扶贫就业行动，重点面向建档立卡贫困户收购产品或提供就业机会，精准解决贫困人群就业问题。充分发挥互联网在助推脱贫攻坚中的作用，深入实施网络扶贫行动。

（五）建立数据运用与共享机制

《电子商务法》第 69 条第 2 款规定国家采取措施推动建立公共数据共享机制，促进电子商务经营者依法利用公共数据。电子商务交易安全保障与公共数据共享对于消除电子商务发展障碍、促进电子商务产业进一步发展有着重要意义。

数据已经成为国家发展的基础性资源要素。2015 年 8 月 31 日，国务院常务会议通过《促进大数据发展行动纲要》，在国家顶层设计层面对大数据发展及其重要性予以认证。信息是电子商务活动的基础，电子商务产业发展在数据开发利用层面的首要障碍在于公共数据信息的共享机制不透明，经营者和消费者在进行交易活动时很难对交易相对方提供的身份信息、资质信息等对交易真实性、可靠性和安全性有重大影响的信息进行验证。

2015 年，《国务院办公厅关于运用大数据加强对市场主体服务和监管的若干意见》提出推进政府和社会信息资源开放共享。具体要求是：进一步加大政府信息公开和数据开放力度，大力推进市场主体信息公示，积极推进政府内部信息交换共享，有序推进全社会信息资源开放共享。《国务院关于积极推进"互联网＋"行动的指导意见》也强调，充分发挥互联网的高效、便捷优势，提高资源利用效率，降低服务消费成本，大力发展以互联网为载体、线上线下互动的新兴消费，加快发展基于互联网的医疗、健康、养老、教育、旅游、社会保障等新兴服务，创新政府服务模式，提升政府科学决策能力和管理水平。创新政府网络化管理和服务。

加快互联网与政府公共服务体系的深度融合，推动公共数据资源开放，促进公共服务创新供给和服务资源整合，构建面向公众的一体化在线公共服务体系。为此，国务院于2019年修订《政府信息公开管理条例》，进一步保障公民、法人和其他组织依法获取政府信息，提高政府工作的透明度，积极稳妥推进政府数据公开，鼓励和推动企业、第三方机构、个人等对公共数据进行深入分析和应用。

2020年4月9日，《中共中央、国务院关于构建更加完善的要素市场化配置体制机制的意见》再一次强调数据要素的重要价值，对数据要素市场的培育提出发展意见：第一，推进政府数据开放共享；第二，提升社会数据资源价值；第三，加强数据资源整合和安全保护。数据要素对经济增长和其他要素的使用效率具有倍增作用，通过加快数据要素市场培育，促使大数据成为推动经济高质量发展的新动能。

（六）建立信用评价体系

《电子商务法》第70条规定，国家支持依法设立的信用评价机构开展电子商务信用评价，向社会提供电子商务信用评价服务。该规定旨在鼓励电子商务经营主体，特别是电子商务平台经营者和较大的电子商务经营者，以及第三方信用评价机构建立电子商务信用评价体系。第70条所称"依法设立"，主要是指根据国务院2013年颁布的《征信业管理条例》第6条[1]的规定。但如果信用评价涉及的不是针对个人的征信业务，而是针对电子商务经营者的信用评价，那么其他依法设立的信用评价机构也可以从事相应的信用评价服务。

政府应当在电子商务诚信体系中建设电子商务信用体系，改善电商经营环境。2005年发布的《国务院办公厅关于加快电子商务发展的若干意见》明确提出加快信用体系建设的要求，严格信用监督与失信惩戒机制，逐步形成符合我国国情又与国际接轨的信用服务体系。2007年发布的《商务部关于促进电子商务规范发展的意见》提出政府监管、行业自律、群众监督相结合，建立健全电子商务信用体

---

[1]《征信管理条例》第6条："设立经营个人征信业务的征信机构，应当符合《中华人民共和国公司法》规定的公司设立条件和下列条件，并经国务院征信业监督管理部门批准：（一）主要股东信誉良好，最近3年无重大违法违规记录；（二）注册资本不少于人民币5000万元；（三）有符合国务院征信业监督管理部门规定的保障信息安全的设施、设备和制度、措施；（四）拟任董事、监事和高级管理人员符合本条例第八条规定的任职条件；（五）国务院征信业监督管理部门规定的其他审慎性条件。"

系。2011 年发布的《商务部关于"十二五"电子商务信用体系建设的指导意见》对电子商务信用体系建设进行了原则指导。2012 年工业和信息化部发布的《电子商务"十二五"发展规划》以及国家发展改革委、财政部、商务部、人民银行等八部委发布的《关于促进电子商务健康快速发展有关工作的通知》均提出建立电子商务信用服务体系及建立健全电子商务诚信发展环境，鼓励符合条件的第三方信用服务机构、电子商务平台企业依照独立、公正、客观的原则，开发利用合同履约等信用信息资源，对电子商务经营主体开展商务信用评估，为交易当事人提供信用服务。2014 年发布的《国务院关于促进市场公平竞争维护市场正常秩序的若干意见》提出加快市场主体信用信息平台建设、建立健全守信激励和失信惩戒机制、积极促进信用信息的社会运用等规则。同年，国务院发布的《社会信用体系建设规划纲要（2014—2020 年）》明确提出电子商务领域信用建设的基本举措。政府应在上述文件与政策的指导下，承担起电子商务信用体系与信用环境建设中的职责。

目前，电子商务信用评价体系的突出问题在于，信用评价机构和来源比较单一，往往是由平台来主导建立信用评价机制，相应的信用评价规则由平台制定，而且评价的基础就是平台内的信息，相对而言比较封闭。也正是由于这一漏洞，"刷好评""刷单"现象屡见不鲜，严重侵害了消费者的合法权益，损害市场经济秩序。电子商务信用评价业务应该具有开放性，只要符合国家法律的规定，具有资质，都可以从事电子商务信用评价业务，这样才能够保障消费者基于客观的信用评价更好地行使知情权、选择权。

（七）鼓励跨境电子商务交流、合作与发展

《电子商务法》第 71 条至第 73 条具体规定了促进跨境电子商务发展的基本措施。第一，国家促进跨境电子商务发展，建立健全适应跨境电子商务特点的海关、税收、进出境检验检疫、支付结算等管理制度，提高跨境电子商务各环节便利化水平，支持跨境电子商务平台经营者等为跨境电子商务提供仓储物流、报关、报检等服务。第二，国家支持小型微型企业从事跨境电子商务。第三，国家进出口管理部门应当推进跨境电子商务海关申报、纳税、检验检疫等环节的综合服务和监管体系建设，优化监管流程，推动实现信息共享、监管互认、执法互助，提高跨境电子商务服务和监管效率。跨境电子商务经营者可以凭电子单证向国家进出

口管理部门办理有关手续。第四，国家推动建立与不同国家、地区之间跨境电子商务的交流合作，参与电子商务国际规则的制定，促进电子签名、电子身份等国际互认。第五，国家推动建立与不同国家、地区之间的跨境电子商务争议解决机制。

我国政府高度重视、鼓励支持跨境电子商务发展，不断探索建立适应和引领跨境电子商务发展的政策体系和监管模式。一是出台系列政策文件，推动完善制度设计、监管和服务创新。2013 年国务院办公厅转发商务部等部门《关于实施支持跨境电子商务零售出口有关政策的意见》规定了一系列电子商务零售出口的支持政策，具体包括：第一，确定电子商务出口经营主体；第二，建立电子商务出口新型海关监管模式并进行专项统计；第三，建立电子商务出口检验监管模式；第四，支持电子商务出口企业正常收结汇；第五，鼓励银行机构和支付机构为跨境电子商务提供支付服务；第六，实施适应电子商务出口的税收政策；第七，建立电子商务出口信用体系。2015 年发布的《国务院办公厅关于促进跨境电子商务健康快速发展的指导意见》从海关、检验检疫、出口税收、支付结算、财政金融、综合服务、信用评估、行业组织、国际合作、组织实施等方面规定了较为详细的跨境电子商务支持举措。除此之外，还有《国务院关于大力发展电子商务加快培育经济新动力的意见》《国务院关于积极推进"互联网+"行动的指导意见》《国务院关于促进外贸回稳向好的若干意见》等多个政策性文件，推动完善相关制度设计，促进跨境电子商务发展。二是设立跨境电子商务综合试验区，探索形成推动跨境电子商务健康发展的可复制、可推广的经验。跨境电子商务综合试验区着力在跨境电子商务交易、支付、物流、通关、退税、结汇等环节的技术标准、业务流程、监管模式和信息化建设等方面先行先试，通过推进制度创新、管理创新、服务创新和协同发展，解决体制性难题，用新模式为外贸发展提供新支撑和制度借鉴。截至 2020 年 4 月 27 日，国务院通过五批次共批准同意 105 个城市和地区设立跨境电子商务综合试验区，经过上述试点实践形成的经验将为立法提供最有力的支撑。

二、行业协会积极参与

行业协会通过引导企业自我约束，从源头、内部降低市场失信行为，促进行业良好竞争环境建设。行业协会是不以营利为目的，可以独立开展工作的社会团体法人。行业协会能够发挥辅助政府、维系行业和服务企业的功能作用,联动政府、业界和学界的研究力量,为政府提供专业服务意见。行业组织充分参与电子商务自律规范的制定工作,推进行业自律,将促进电子商务行业稳定健康发展,提升我国市场环境水平。

在政府制定的电子商务各类宏观标准的基础上,行业协会应积极推广与应用上述标准,主动起草和发布指引性、示范性的电子商务标准,细化政府规定,引导行业有序运行。2006 年,为贯彻落实《国务院办公厅关于加快电子商务发展的若干意见》,国家标准化管理委员会成立了国家电子商务标准化总体组,2013 年标准委、国家发展改革委和商务部联合改组了总体组,以提升总体组的统筹协调能力,推进电子商务国家、行业和联盟标准化工作。2007 年,国家电子商务标准化总体组秘书处发布《国家电子商务标准体系(草案)》,该草案建立了国家电子商务标准体系和标准体系明细表。随后,上海、浙江等地方则发布了地方标准,一些政府部门也积极组织起草和发布一些指引性的文件,引导和规范电子商务活动,比如,商务部发布了《电子商务模式规范》《网络交易服务规范》《电子商务营销运营规范》等。另外,全国电子业务标准化技术委员会曾起草《电子商务平台运营与技术规范》,主要从运营和技术方面,对电子商务平台进入市场提出各项规定和要求。

依托行业协会能够充分发挥社会组织的作用,让社会主体共同参与到改善市场环境的工作中,政府应注重鼓励和引导行业协会发布行业标准与规范指引,全面推进我国电子商务的技术标准建设。此外,无论在自律规范的制定还是在信用服务机构的建设上,都应该制定相应的政策来鼓励行业协会的参与,充分发挥行业自律在促进电子商务发展中的作用。

三、经营者规范经营

电子商务行业的发展离不开行业内从业者,尤其是电子商务平台经营者的自我规范。电子商务平台经营者为电子商务开展提供虚拟市场,具有电子市场管理者的身份。电子商务平台经营者依自己的交易规则、用户协议及相关政策规则,对平台内经营者与其他用户行使事实上的管理权,具有交易规则制定者、交易维护者及交易纠纷调停者等多种角色。所以,应积极鼓励与支持电子商务平台经营者进行自治,整治不公平不合理的交易环境,肃清侵犯消费者合法权益的行为。《网络交易管理办法》与《电子商务法》比较系统地规定了电子商务平台经营者的权利与义务，电子商务平台经营者负有维护网络交易秩序的自我管理义务，有向政府提供行政管理与执法必要信息和数据的义务，政府着力打造与电子商务平台经营者的合作治理机制，在平台经营者配合监管的基础上，引导电子商务平台经营者建立对维护平台交易秩序来说必要的自治规范与实施机制。

对于其他三类电子商务经营者主体来说，其也应当明确自身的义务和责任，按照国家法律、政府法规、平台规则等规范经营，营造良好的商业环境，促进行业进一步稳定发展。

● 案例研析

臧某喆贩卖毒品案

【基本案情】

2015 年 10 月至 2016 年 1 月间，被告人臧某喆为贩卖毒品，与赵某、徐某某（均另案处理）通过 QQ 或者微信联系后，假借淘宝购物或者以支付宝转账的方式，以每克 130 元至 200 元不等的价格，分别向二人购买毒品甲基苯丙胺共计 250 克用于贩卖。其中，臧某喆假借淘宝购物的方式，3 次向赵某购买甲基苯丙胺共计 180 克；假借淘宝购物及直接以支付宝转账的方式，2 次向徐某某购买甲基苯丙胺共计 70 克。2016 年 1 月 15 日，公安人员抓获臧某喆，当场查获甲基苯丙胺 4.53 克。

【裁判结果】

江苏省徐州市中级人民法院于 2017 年 4 月 14 日作出一审判决，认定被告人臧某喆构成贩卖毒品罪，又系毒品再犯，依法应当从重处罚，据此判处臧某喆无期徒刑，剥夺政治权利终身，并处没收个人全部财产。一审宣判后，在法定期限内被告人未上诉，公诉机关亦未抗诉，判决已发生法律效力。

【典型意义】

随着电子商务发展，互联网支付、物流配送日益便捷，一些不法分子把目光瞄向了网络贩毒，妄图以此做掩护，掩盖罪行。本案被告人臧某喆通过 QQ、微信与上家联系商谈好毒品价格、数量、付款方式及物流信息后，以伪装淘宝购物的方式购买毒品，并通过支付宝向上家转账支付毒资，通过快递邮寄交付毒品，犯罪手段更加隐蔽，毒品扩散范围更广，造成的危害很大，亦给禁毒工作带来一定难度，应依法严惩。

第九章

——

电子商务的市场监管

市场监管，是指监管部门对市场参与主体及其行为进行规制的活动。狭义的市场监管主体仅指行政机关及法律、法规授权的履行行政职能的组织；广义的市场监管主体还包括电子商务平台经营者、行业组织等。本章将市场监管主体限定在行政机关及法律、法规授权的履行行政职能的组织，市场监管本质上属于行政监管。

第一节 电子商务市场监管的基本原则

除下文针对电子商务特点所提出的六大基本原则之外，行政法的一般性原则，如行政法治原则、合理性原则、程序正当原则等，对电子商务市场监管同样适用。电子商务市场监管应注重在监管和发展中找到平衡，促进电子商务的持续健康发展。

一、技术中立

联合国贸易法委员会对技术中立原则的表述为："不得仅仅以某项信息采用数据电文形式为理由而否定其法律效力、有效性或可执行性。"[1] 根据技术中立原则，监管部门应当对电子商务使用的技术、系统、媒介等持中立态度，不得仅以数据电文形式为由，否定行为的效力。技术中立原则的核心是排除不必要的行政干预、司法干预，尊重、保障电子信息技术的发展。

技术中立包含技术平等、禁止技术歧视、意思自治的具体内涵。技术平等、禁止技术歧视，是指监管部门只应对电子商务经营者利用信息技术的具体行为及行为结果进行评价、规范，不得将某一技术作为评价的标准或基础而歧视其他技术，不得对不同的技术进行差别对待。意思自治，是指电子商务经营者有权在法律规定的框架内，自主选择适合自身需要的技术手段，开展市场经营活动，不得滥用行政权力，强迫电子商务经营者采用某一技术。

例如，根据《电子商务法》第30条的规定，电子商务平台经营者应当履行网络交易系统的安全保障义务，但仅要求电子商务平台经营者采取必要技术措施，保障网络安全,而未限定其使用的具体技术。根据《电子商务法》第53条的规定，电子支付服务提供者为电子商务提供电子支付服务，应当遵守国家规定，履行告

---

〔1〕高富平：《中国电子商务立法研究》，法律出版社2015年版，第94页。

知义务，应当确保电子支付指令的完整性、一致性、可跟踪稽核和不可篡改，但未限定其使用的具体技术。

二、适度监管

监管程度，是指监管主体为实现其监管目标对市场经济活动进行干预时，在监管手段、监管方式、监管权力的选择与使用上所确定的松严标准、范围幅度及边界限度。[1] 适度监管原则可从以下三个层次理解：

第一，监管措施应遵循最小干预原则。监管部门应当注重发挥市场主体的作用，尊重市场的自我纠偏能力，尽可能通过市场机制解决问题。即便必须运用监管手段解决问题，监管部门也应当采用对电子商务活动及市场发展影响最小的方式。监管的目的是促进市场繁荣和经济发展，监管范围过宽会导致市场主体丧失主动性，影响市场潜力的开发。监管范围过窄会引起市场的盲目竞争和垄断的发生。[2] 因此，监管措施应遵循最小干预原则，设计具体规则时，应进行成本效益分析，经济收益大于"行政成本＋服从成本＋潜在成本"时，监管措施才具有可行性和合理性。

第二，监管程度应以回应市场需求为落脚点。监管部门应当以回应市场需求作为采取监管措施的出发点和确定监管程度的落脚点，以信息化管理的手段，在尽可能短的时间内，切实提供符合市场需求的保障措施，促进市场问题及时解决。

第三，监管态度应坚持审慎原则。对于无法确定风险程度和利弊的新兴业态，监管部门应当避免直接采用严厉的监管措施予以禁止或严格限制，应当采用柔性的监管手段予以引导。监管部门应当适应电子商务新兴业态，发挥市场潜力，预留发展空间。

三、有效监管

有效监管的前提是充分了解电子商务活动的特点，并以此为基础，准确界定

---

[1] 刘新少：《公法视域内行政监管范围研究》，2012 年中南大学博士学位论文，第 56 页。

[2] 贺琼琼主编：《电子商务法》，武汉大学出版社 2016 年版，第 150—151 页。

监管的范围，通过科学的监管决策程序，实施有效的监管措施。很重要的一点是，监管程序应根据电子商务活动的需求，实现数字化改造，以提高监管的有效性。有效监管原则可从以下三个层次理解：

第一，监管标准应遵循一致性原则。互联网的本质特征是互联互通，要求信息流、物流、资金流信息交换的无缝衔接，而电子商务具有跨地域、跨领域、跨行业的特点，因此，电子商务监管标准应遵循一致性原则。

第二，监管方式应遵循效率原则。面对电子商务活动海量快速的特点，监管部门应当提高监管效率，及时跟进市场需求，实现有效监管。

第三，监管机制应借鉴服务理念。电子商务活动冲破了传统地域与空间的限制，模糊了传统监管中可控与不可控因素的边界，而且基于建设服务型政府的应有之义，监管部门应当借鉴服务理念，推进电子商务服务体系建设。

综上所述，电子商务市场监管应当以鼓励市场创新和活力为出发点，以市场自治为前提，以公共利益的考量为启动监管的依据，采用成本收益分析方法，综合衡量市场监管的成本和收益，市场能自治的领域法律不予干涉，私法能调整的事项公法不予干预。[1]

四、协同共治

治理理论认为，治理是一个自上而下与自下而上互动的过程，强调政府与社会通过合作、协商、确立认同、树立共同目标等方式，实现对公共事务的管理和公共利益的最大化。协同共治，是指监管部门、行业组织、电子商务平台经营者等市场参与者，为解决共同问题进行互动，并作出决策的治理模式。面对市场失灵，监管部门并非所有情况下的唯一选择或最优选择，应积极探索其他主体参与电子商务市场治理的途径，促进电子商务市场的协同共治。

根据《电子商务法》第7条的规定，国家建立符合电子商务特点的协同管理体系，推动形成有关部门、电子商务行业组织、电子商务平台经营者、消费性用户等共同参与的电子商务市场治理体系，通过制度协同、技术协同、流程协同、资源协同等充分发挥行政管理、行业自律、平台治理及消费者维权监督的协同作用。协同共治原则的落实，能够有效解决单纯依赖行政管理成本高、效率低、监

---

[1] 沈岿、付宇程、刘权等：《电子商务监管导论》，法律出版社2015年版，第112页。

管不当的问题。

根据协同共治原则，监管部门虽不是唯一的治理主体，但仍处于治理模式的中心位置。监管部门应破除原有的"单中心"思想，尝试"小政府大社会"模式，积极与其他治理主体开展合作，尤其是与掌握大量原始信息的电子商务平台经营者开展合作，以形成行政管理、行业自律、平台治理、消费者维权监督的合力，让行政管理机制、市场作用机制共同起效，进而催生健康有序的电子商务市场环境。需要注意的是，监管部门的职责并非因权力的下放而免除，权力下放后应当辅之以持续有效的后续监督。

协同共治原则落实的关键，在于明晰监管部门、行业组织、电子商务平台经营者、消费性用户的权限范围，理顺治理主体之间的关系。尤其是监管部门放权于社会的程度、调整与引导其他治理主体的方式等很大程度上决定了协同共治模式能否真正落实。

五、信息安全

方便快捷是电子商务活动与线下经营活动相比所具有的突出优势，因此应当以提高效率作为制度设计的出发点和落脚点。电子商务虚拟化的交易方式使交易风险大幅增加，因此监管部门在追求效率的同时，也应当注重安全保障，以维护消费性用户对电子商务市场的信心，使电子商务获得更加持久稳定的发展。信息安全原则的具体落实措施在本书第五章第四节"保障消费性用户个人信息权益"及"保障网络安全及交易安全"中已有论述，此处不做赘述。

六、线上线下一致

电子商务活动与线下经营活动，虽然在具体经营方式等方面存在较大差异，但二者均属于市场经营活动。若给予任何一方税收、劳动、行政许可上的优待或歧视，使得其中一方获得竞争上的优势或劣势，都会导致电子商务与实体经济发展的不均衡乃至畸形，不利于整个市场秩序的稳定运行和持续发展。[1] 因此，电子商务市场监管应当遵循线上线下一致原则，创造公平竞争的市场环境，维护线

[1] 朱晓娟编著：《电子商务法》，中国人民大学出版社2019年版，第19页。

上经营者与线下经营者的公平竞争权益。

根据《电子商务法》第 4 条的规定，国家平等对待线上线下商务活动，促进线上线下融合发展，各级人民政府和有关部门不得采取歧视性的政策措施，不得滥用行政权力排除、限制市场竞争。

线上线下一致原则具有如下内涵：(1)国家应当保障线上经营者和线下经营者具有平等的法律地位，线上经营者和线下经营者能够公平地参与市场竞争，平等地适用法律，平等地享有权利、履行义务、承担责任，其合法权益受到平等的保护。(2)国家应当支持建立适应线上经营者和线下经营者融合发展的标准规范、竞争规则，促进电子商务活动与线下经营活动的优势互补，促进整体市场环境的持续健康发展。(3)监管部门应当提供公平的待遇和市场竞争机会，营造公开、公平、公正的市场环境，不得采取歧视性政策，不得滥用行政权力破坏市场竞争。监管部门不得为了保护传统业态而对电子商务实行歧视和限制，不得为了发展电子商务而对本属于监管范畴的市场交易放弃或减轻监管。(4)国家应当结合电子商务活动的特点，制定相应的法律规定，并与现有的线下经营活动规制要求相一致，以保持法律体系的一致性。

第二节　电子商务市场监管的立法体系

电子商务市场监管的法律规则一方面以安全为要旨，力求保护消费性用户的合法权益，保护知识产权人的智力成果；另一方面以发展为要旨，力求促进商业模式创新，促进电子商务的持续稳定发展。电子商务市场监管必须兼顾交易安全和经济发展，为电子商务参与各方提供稳定、透明、公平、有效的行为规则。

一、法律

目前，针对电子商务市场监管的法律规定主要包括《电子商务法》《电子签名法》《消费者权益保护法》《反不正当竞争法》《食品安全法》《产品质量法》等。

二、法规

目前，针对电子商务市场监管的行政法规主要包括《互联网信息服务管理办法》《电信条例》《信息网络传播权保护条例》《计算机软件保护条例》《国务院办公厅关于加快电子商务发展的若干意见》《国务院关于促进信息消费扩大内需的若干意见》等。

针对电子商务市场监管的地方性法规主要包括《上海电子商务近期发展目标和实施计划》《广东省电子交易条例》等。

三、部门规章

国家市场监管总局（包括原国家工商行政管理总局）颁布的规章包括:《国家工商行政管理局关于开展网络广告经营登记试点的通知》《互联网广告管理暂行办法》《网络购买商品七日无理由退货暂行办法》《网络餐饮服务食品安全监督管理办法》等。商务部颁布的规章包括:《网络购物服务规范》《第三方电子商务交易平台服务规范》《商务部关于促进电子商务应用的实施意见》《网络零售第三方平台交易规则制定程序规定(试行)》《商务部关于网上交易的指导意见(暂行)》《电子商务模式规范》《商务部关于加快流通领域电子商务发展的意见》《商务部关于促进网络购物健康发展的指导意见》《商务部关于"十二五"电子商务信用体系建设的指导意见》等。工业和信息化部颁布的规章包括:《电子认证服务管理办法》《电信和互联网用户个人信息保护规定》等。中国人民银行颁布的规章包括:《电子支付指引（第一号)》《非金融机构支付服务管理办法》等。国家邮政局颁布的规章包括:《〈快递服务〉邮政行业标准》《快递业务操作指导规范》《快递市场管理办法》《快递服务与电子商务信息交换标准化指南》等。公安部颁布的规章有:《互联网安全保护技术措施规定》等。

其他部门颁布的规章包括: 国家版权局与工业和信息化部联合出台的《互联网著作权行政保护办法》、国家发展改革委等部委联合出台的《关于促进电子商务健康快速发展有关工作的通知》。

第三节　电子商务的市场监管主体

一、监管部门设置

在中央政府层面上，电子商务的市场监管主体构成三层次的金字塔梯队：第一层次是主要负责的部门，比较全面地负责电子商务领域的各项事务，包括国家市场监管总局、国家发展改革委、商务部、工业和信息化部等；第二层次是监管电子商务活动中某个环节的部门，如国家税务总局、财政部、中国人民银行、国家邮政局、公安部等，这些部门将自己传统的监管职能延伸到电子商务领域，比如税收、支付等；第三层次是监管特定行业或特定领域的部门，如交通运输部、国家外汇局、海关总署、文化和旅游部、农业农村部等。在地方政府层面上，允许不同地方的电子商务行政监管体制和职责划分存在差异。[1] 以宁波市为例，成立了以分管副市长为主任的电子商务城统筹推进委员会，委员会下设办公室，办公室设在市贸易局，贸易局局长兼任办公室主任，办公室负责审定宁波电子商务城总体建设规划，统筹安排项目建设等事宜。[2]

分工监管体制的主要依据是，电子商务活动涉及多方主体，涉及网上支付、物流快递、电子认证、信息服务、数据存管等重要环节，电子商务市场监管涉及多个领域，根据原有的职责划分，由多个部门负责。电子商务市场监管实则是监管部门原有的监管职能向网络空间的延伸。分工监管体制有助于各个监管部门充分利用自己的专业领域知识和市场监管经验，符合行政管理专业化、精细化、科学化的要求。

尽管国务院"三定"规定中已对各个监管部门的职能有所规范，但"三定"规定中权限划分仍不明确，中央编办也没有对监管权冲突提出可行的解决方案[3]，加之不同部门所管辖事项原本就存在交叉重叠，因此仍然存在"无利都不管、有利争着管"的尴尬局面，政府市场监管职能缺位与越位的问题严重，进而造成市

---

[1] 赵旭东主编：《电子商务法学》，高等教育出版社 2019 年版，第 295—296 页。
[2] 沈岿、付宇程、刘权等：《电子商务监管导论》，法律出版社 2015 年版，第 127 页。
[3] 同上，第 123 页。

场秩序的混乱和失控。因此，有必要明确监管部门之间的职权分工，明晰职责要求，调整监管部门原有的职权范围，回应市场需求。

二、监管部门职责

1.国家市场监督管理总局

国家市场监督管理总局侧重于电子商务经营行为的监督管理，负责制定电子商务行业具体监管措施，参考《2019 网络市场监管专项行动（网剑行动）方案》（以下简称《网剑行动方案》），其主要职责如下：

第一，市场主体监管。国家市场监督管理总局应当督促网络交易平台按照《网络交易管理办法》《网络食品安全违法行为查处办法》《网络餐饮服务食品安全监督管理办法》《医疗器械网络销售监督管理办法》等规章要求登记备案，并对平台内经营者的经营资格进行审查、登记、公示。

第二，经营行为监管。国家市场监督管理总局应当严厉查处伪造企业名称、冒用其他企业名称的非法主体网站和无证经营、缺乏资质经营。国家市场监督管理总局应当严厉查处制售侵权假冒伪劣网络商品行为，探索建立生产、流通、消费全链条监管机制，严惩生产、销售不符合强制性标准的产品，伪造产地、厂名、质量标志，篡改生产日期，在网售商品中掺杂、掺假，以假充真，以次充好，或者以不合格商品冒充合格商品等违法行为。

第三，市场竞争监管。国家市场监督管理总局应当整治互联网不正当竞争行为，维护公平竞争的市场秩序。国家市场监督管理总局应当以市场混淆等违法行为为重点，推动执法办案，着力治理网络失信问题，严厉打击通过组织恶意注册、虚假交易、虚假评价、合谋寄递空包裹等方式，帮助其他经营者进行虚假或者引人误解的商业宣传的行为，从严处罚限制、排斥平台内的网络集中促销经营者参与其他第三方交易平台组织的促销活动等行为。

第四，商业广告监管。国家市场监督管理总局应当整治网络虚假宣传行为，规范电子商务经营者对于商品或者服务的质量、性能、价格、用途、有效期限等的网络宣传行为，严厉查处以虚假或者引人误解的商品说明、商品标准、商品标价等方式销售商品或者提供服务的行为。

第五，平台监管。国家市场监督管理总局应当督促电子商务平台加强自律，规范商品或者服务的质量、性能、价格、用途、有效期限等宣传信息，严禁以虚假或者引人误解的商品说明、商品标准、商品标价等方式销售商品或者提供服务。严厉打击其他网络违法违规行为。督促网络交易平台完善与平台内经营者、消费者之间的格式合同，修正不公平格式条款，采用显著方式提请合同相对人注意与其有重大利害关系的格式条款。及时查处混淆"定金"与"订金"、不依法履行七日无理由退货义务、自行解释"商品完好"以及在线旅游等网络服务交易平台经营者采用订金不退、增加限退条件等方式侵害消费者权益的违法行为。

第六，电子商务推广。国家市场监督管理总局应当加快推进网络商品交易及有关服务行为监管的法制建设，在各示范城市开展网络经营者电子标识和网络交易商品、交易行为的标准规范与服务试点工作，促进电子商务市场主体、客体及交易过程的规范管理，维护网络交易秩序，改善公共服务。研究建立网络经营者统计制度，并在相关示范城市组织开展试点。

虽然其他行政部门也按照法律和行政法规赋予的行政管理职责对电子商务主体和市场准入享有监管权限，但发挥主导协调作用的应当是国家市场监督管理总局。国家市场监督管理总局及地方市场监督管理局应当及时运用法定的行政登记权限、行政调查权限、行政处罚权限、行政调解权限，提高电子商务经营者的合法性与可信度，为电子商务经营者创造良好的公平竞争与公正交易秩序，努力培育和维持一个成熟、开放、诚实、公平、统一的电子商务市场。[1]

2. 商务部

根据《网剑行动方案》的要求，商务部应侧重于对电子商务领域的行业发展进行规划和指导，出台规范网络合同格式条款的标准。除此之外，商务部的职责如下：（1）拟订国内外贸易的发展战略、政策，起草国内外贸易的法律法规草案及制定部门规章。（2）负责推进流通产业结构调整，推动物流配送、电子商务等发展。（3）拟订国内贸易发展规划。（4）承担牵头协调整顿和规范市场经济秩序工作的责任，拟订规范市场运行、流通秩序的政策，推动商务领域信用建设，建立市场诚信公共服务平台。（5）承担组织实施重要消费品市场调控的责任。（6）负责制定进出口商品、加工贸易管理办法和进出口管理商品、技术目录。（7）拟订并执行对外技术贸易、进出口管制的贸易政策。（8）牵头拟订服务贸易发展规划并开展相关工作。

〔1〕参见秦立崴、秦成德主编：《电子商务法》（第2版），重庆大学出版社2016年版，第313页。

根据《商务部关于促进电子商务健康快速发展有关工作的通知》的要求，商务部负责推进内外贸易流通领域的电子商务应用，组织实施电子商务示范基地和电子商务示范企业创建活动，并在相关示范城市组织开展试点工作。

国家市场监督管理总局主管全国电子商务产品质量安全监督工作，负责建立电子商务产品质量风险监测制度，发现严重产品质量安全隐患时，向社会公众发布电子商务产品质量安全风险警示。负责建立健全电子商务产品交易主体和产品质量安全追溯制度，推动组织机构代码和商品代码在电子商务领域应用。

国家市场监督管理总局对食品药品的监管职权包括以下内容：（1）负责起草食品安全、药品、医疗器械、化妆品监督管理的法律法规草案，制定部门规章，推动建立落实食品安全企业主体责任、地方人民政府负总责的机制，建立食品药品重大信息直报制度，并组织实施和监督检查。（2）负责制定食品行政许可的实施办法并监督实施，制定全国食品安全检查年度计划、重大整顿治理方案并组织落实；建立食品安全信息统一公布制度，公布重大食品安全信息；参与制定食品安全风险监测计划、食品安全标准并开展监测。（3）负责组织制定、公布药品和医疗器械标准、分类管理制度并监督实施；组织制定、公布药品和医疗器械生产、经营、使用质量管理规范并监督实施；制定化妆品监督管理办法并监督实施。（4）负责制定食品、药品、医疗器械、化妆品监督管理的稽查制度并组织实施，建立问题产品召回和处置制度。（5）负责食品药品安全事故应急体系建设。（6）推动食品药品检验检测体系、电子监管追溯体系和信息化建设。（7）负责开展食品药品安全宣传，推进诚信体系建设。（8）指导地方食品药品监督管理工作，规范行政执法行为，完善行政执法与刑事司法衔接机制。（9）负责食品安全监督管理综合协调。

3. 国家发展改革委

国家发展改革委侧重于促进电子商务发展，立足整体国民经济发展。国家发展与改革委员会作为国民经济宏观调控部门，主要对交易价格进行监督检查，制定有《商品售后服务评价体系》，并于2009年、2011年、2014年三度推进电子商务示范城市的创建。

国家发展改革委的具体职权包括以下内容：（一）拟订并组织实施国民经济和社会发展战略。（二）提出加快建设现代化经济体系、推动高质量发展的总体目标。（三）拟订并组织实施有关价格政策。（四）会同相关部门组织实施市场准入负面清单制度，牵头推进优化营商环境工作。（五）推进落实区域协调发展战略，组织拟订相关区域规划和政策。（六）组织拟订并推动实施服务业及现代物流业战略规划，拟订实施促进消费的综合性政策措施。（七）跟踪研判有关风险隐患，提出相关工作建议。（八）牵头开展社会信用体系建设。（九）推进实施可持续发展战略。

4. 工业和信息化部

工业和信息化部主要负责互联网经营和信息服务以及电子认证服务等方面的监管，主要管理电信与信息服务市场，其下设的信息通信管理局负责核发本地区电信业务经营许可证和进行电信设备进网管理。

根据《互联网信息服务管理办法》第 8 条，《国务院对确需保留的行政审批项目设定行政许可的决定》附件第 141 项、第 157 项的要求，工业和信息化部主管网站的登记备案、互联网域名注册、服务机构审批等多项行政审批事项，并负责制定电子交易信息安全保障管理办法和相关标准，对重大电子交易安全事件进行调查处理。[1]

5. 国家网信办

根据《网剑行动方案》的要求，国家网信办主要负责网络信息内容的监管，应当肃清网络上具有不良影响、妨碍公序良俗的广告和信息，遏制违法有害信息在网络上传播。

根据《网络安全法》第 53 条的规定，国家网信办应当协调有关部门建立健全网络安全风险评估和应急工作机制，制定网络安全事件应急预案，并定期组织演练。根据《网络安全法》第 50 条的规定，国家网信办和有关部门应当依法履行网络信息安全监督管理职责，发现法律、行政法规禁止发布或者传输的信息的，应当要求网络运营者停止传输，采取删除等处置措施，保存有关记录；对来源于境外的上述信息，应当通知有关机构采取技术措施和其他必要措施阻断传播。根据《网络安全法》第 56 条、第 66 条、第 69 条的规定，省级以上网信办在履行网络安全监督管理职责的过程中，发现网络存在较大安全风险或者发生安全事件的，可以按照规定的权限和程序对该网络的运营者的法定代表人或者主要负责人进行约谈。国家网信办对网络运营者、关键信息基础设施运营者的违法违规行为，有权依法给予警告、罚款、没收违法所得等行政处罚。

---

[1] 全国人大财政经济委员会电子商务法起草组编：《中国电子商务立法研究报告》，中国财政经济出版社 2016 年版，第 238 页。

6. 中国人民银行

根据《关于促进电子商务健康快速发展有关工作的通知》的要求，中国人民银行对电子支付进行管理，负责完善电子支付服务市场的制度建设，强化对电子支付机构的监督管理，制定在线支付、移动支付技术标准和安全规范，组织示范城市开展在线支付、移动支付等基础平台试点工作，推动电子支付互联互通与安全保障体系、金融 IC 卡检测认证服务体系建设，促进电子支付、金融 IC 卡的应用与推广。

7. 国家邮政局

国家邮政局对与电子商务相关的快递物流业进行监督，负责督促邮政企业、快递企业加强对客户资格的审查。国家邮政局还负责起草邮政行业法律法规和部门规章，以及快递等邮政业务的市场准入，依法监管邮政市场。

8. 国家税务总局

根据《关于促进电子商务健康快速发展有关工作的通知》的要求，国家税务总局对网络商品交易进行税收征管，研究完善电子商务税收征管制度，制定网络（电子）发票管理暂行办法及标准规范，研究安全网络（电子）发票系统及网络（电子）发票管理与服务平台的建设思路，形成试点工程方案，并在相关示范城市组织开展试点，推动基于电子商务交易、在线支付、物流信息的网络（电子）发票应用，规范电子商务纳税管理，促进网络（电子）发票与电子商务税收管理的衔接。

此外，公安部针对电子商务领域的违法犯罪行为进行规制，其下设的网络安全保卫局专门查处各种破坏网络安全和扰乱社会秩序的违法犯罪行为[1]；文化和旅游部负责文艺类产品网上传播的前置审批工作；工业和信息化部负责互联网的数字出版内容和活动的监管工作；国家市场监管总局负责网络销售食品药品的监管工作；海关总署负责跨国网购、海外代购等方面的监管工作；科技部负责电子商务领域的人才培养、技术创新与发展战略规划等工作。[2]

三、部门协同机制

分工监管体制导致部门条块分割，信息和资源共享程度差，同等级的部门间

---

〔1〕沈岿、付宇程、刘权等：《电子商务监管导论》，法律出版社 2015 年版，第 117 页。
〔2〕沈岿、付宇程、刘权等：《电子商务监管导论》，法律出版社 2015 年版，第 118 页。

容易形成信息孤岛，进而导致各个部门只能依据有限的数据作出决策，而不能对整体市场的运行状态作出准确判断。监管部门各自为政、单打独斗，已远远不能适应对电子商务市场进行有效监管的需要。目前，部门监管职责重叠或遗漏、行政沟通和协作机制不完善的问题，有赖于通过联合执法、信息共享、定期与不定期协商等统筹协调机制加以解决。《网剑行动方案》为部门间如何建立统筹协调机制提供了有益参考。

（一）公安部与国家市场监管总局的协调

市场监管总局应与公安部建立行政执法和刑事司法工作衔接机制。市场监督管理部门发现违法行为涉嫌犯罪的，应当按照有关规定及时移送公安机关，公安机关应当迅速进行审查，并依法作出立案或者不予立案的决定。公安机关依法提请市场监督管理部门作出检验、鉴定、认定等协助的，市场监督管理部门应当予以协助。市场监管总局与公安部协调开展下述行动：第一，严厉打击制售侵权假冒伪劣商品的犯罪行为。第二，严厉打击网络虚假宣传、虚假违法广告行为，加大对包括医疗、药品、食品、保健食品等与人民群众生命财产安全密切相关的重点热点领域执法力度。第三，严厉打击窃取或者以其他非法方式获取、出售或者向他人提供个人信息的犯罪行为。第四，严厉打击利用网络销售禁售物品和烟草制品，以及未备案的单用途商业预付卡等犯罪行为。第五，严厉打击网络欺诈、网络传销等犯罪行为。

（二）农业农村部与市场监管总局的协调

农业农村部负责食用农产品从种植养殖环节到进入批发、零售市场或者生产加工企业前的质量安全监督管理。食用农产品进入流通环节后，由市场监管总局监督管理。市场监管总局与农业农村部协调建立食品安全产地准出、市场准入和追溯机制。

（三）国家卫生健康委与市场监管总局的协调

国家卫生健康委负责食品安全风险评估工作，应会同市场监管总局等部门制定、实施食品安全风险监测计划。国家卫生健康委通过食品安全风险监测或者接到举报发现食品可能存在安全隐患的，应当立即组织进行检查和食品安全风险评估，并及时向市场监管总局通报食品安全风险评估结果，对于得出不安全结论的食品，市场监管总局应当立即采取措施。市场监管总局在监督管理工作中发现需要进行食品安全风险评估的，应当及时向国家卫生健康委提出建议。

(四) 海关总署与市场监管总局的协调

海关总署负责进口食品安全监督管理，境外发生的食品安全事件可能对我国境内造成影响，或者在进口食品中发现严重食品安全问题的，海关总署应当及时采取风险预警或者控制措施，并向市场监管总局通报，市场监管总局应当及时采取相应措施。市场监管总局与海关总署协调建立信息共享机制，避免对各类进出口商品和进出口食品、化妆品进行重复检验、重复收费、重复处罚，减轻企业负担。市场监管总局与海关总署还应协调建立进口产品缺陷信息通报和协作机制。海关总署在口岸检验监督中发现不合格或者存在安全隐患的进口商品，依法实施技术处理、退运、销毁，并向市场监管总局通报。市场监管总局统一管理缺陷产品召回工作，通过消费者报告、事故调查、伤害监测等获知进口产品存在缺陷的，依法实施召回措施；对拒不履行召回义务的，市场监管总局向海关总署通报，由海关总署依法采取相应措施。

市场监管总局与海关总署的协调主要体现在进出口环节，以加大对伪劣产品的发现查处力度，对电子商务经营者的售假行为提高震慑。

(五) 工业和信息化部与市场监管总局的协调

工业和信息化部应当在网站备案信息核查、网络接入服务信息核查等方面积极配合市场监管总局的消费者权益保护工作。市场监督管理部门发现电子商务经营者违法或侵害消费者权益时，可将违法网站名单和查处情况等送交省级电信主管部门，电信主管部门应当依法及时处理。因电子商务经营者违法情节严重，为避免对国家、社会、消费性用户造成更大的损害，市场监督管理部门有权制发屏蔽或者停止服务协助书的，电信主管部门应立即依函请采取停止互联网接入服务的紧急处置措施。[1]

---

〔1〕参见全国人大财政经济委员会电子商务法起草组编:《中国电子商务立法研究报告》，中国财政经济出版社 2016 年版，第 161 页。

（六）国家知识产权局与市场监管总局的协调

国家知识产权局负责对商标、专利执法工作的业务指导，制定并指导实施商品商标权、专利权确权和侵权判断标准，制定商标专利执法的检验、鉴定和其他相关标准，建立机制，做好政策标准衔接和信息通报等工作。市场监管总局负责组织指导商标专利执法工作。市场监管总局与国家知识产权局联合查处制售侵权假冒伪劣网络商品的行为，并根据知识产权人和消费性用户的投诉举报、媒体报道等，以高知名度商标、地理标志、涉外商标、老字号注册商标为重点，从严从重打击侵犯商标专用权行为。

（七）中国人民银行与市场监管总局的协调

根据《商务部关于促进电子商务健康快速发展有关工作的通知》的要求，中国人民银行应当会同市场监管总局等有关部门，研究建立涉信执法信息开放共享和规范信用信息服务的机制、体制，组织示范城市率先开展电子商务信用体系、信用服务标准和信用服务监管等方面的研究，适时启动面向电子商务服务企业的在线信用信息服务平台试点工程建设。

除此之外，监管部门还应充分运用全国"12315"互联网平台、全国"12358"价格监管平台、全国互联网广告监测中心、电子商务产品质量风险监测中心、"12365"投诉举报处置指挥中心、全国网络交易平台监管服务系统及各地相关平台、系统，完善部门间信息交流反馈机制，将碎片化的市场监管信息统一起来，推动数据信息共享基础上的协同管网。

根据《国家市场监督管理总局职能配置、内设机构和人员编制规定》，市场监管总局负责市场综合监督管理，负责组织和指导市场监管综合执法工作。因此，市场监管总局应当组织协调电子商务市场监管中的跨部门联合执法工作，并补充监管其他部门职责之外的电子商务事项。地方各级人民政府市场监督管理部门负责本地域范围内电子商务交易的监督管理，组织协调当地电子商务跨部门联合执法工作。但各部门本就是出于各自利益考量而在电子商务领域进行监管割裂，不能期冀通过部门间协调解决监管权冲突，而应当确立更高的权威协调监管权冲突，因此需要国务院发挥行政级别上的最高权威，明确部门间的监管权配置与边界。[1]

---

[1] 沈岿、付宇程、刘权等：《电子商务监管导论》，法律出版社 2015 年版，第 127 页。

四、电子商务的管辖

（一）地域管辖

电子商务市场监管的地域管辖规则如下：

第一，对电子商务经营者经营行为的监督管理。如信用档案、常规检查、许可准入、网站管理等，以经营者住所地为管辖标准，依照部门职责分工由经营者工商注册登记地或实际营业地的人民政府有关部门管辖。[1]

第二，对电子商务经营者违法行为的监督管理。比较《网络交易管理办法》第 41 条及《市场监督管理行政处罚程序暂行规定》第 9 条的规定，根据新法优于旧法的原理，电子商务平台经营者和通过自建网站、其他网络服务销售商品或者提供服务的电子商务经营者的违法行为由其住所所在地县级以上市场监督管理部门管辖。平台内经营者的违法行为由其实际经营所在地县级以上市场监督管理部门管辖。电子商务平台经营者住所地县级以上市场监督管理部门先行发现违法线索或者收到投诉、举报的，也可以进行管辖。电子商务平台经营者住所所在地县级以上工商行政管理部门管辖异地违法行为人有困难的，可以将违法行为人的违法情况移交违法行为人所在地县级以上工商行政管理部门处理。

第三，对电子商务经营者广告行为的监督管理。根据《市场监督管理行政处罚程序暂行规定》第 10 条的规定，对利用广播、电影、电视、报纸、期刊、互联网等大众传播媒介发布违法广告的行为实施行政处罚，由广告发布者所在地市场监督管理部门管辖。广告发布者所在地市场监督管理部门管辖异地广告主、广告经营者有困难的，可以将广告主、广告经营者的违法情况移送广告主、广告经营者所在地市场监督管理部门处理。

第四，对消费性用户投诉的监管回应。根据《工商行政管理部门处理消费者投诉办法》第 6 条的规定，消费性用户可以向电子商务经营者所在地或者经营行为发生地的县（市）、区工商行政管理部门投诉，也可以向电子商务平台经营者所在地工商行政管理部门投诉。消费性用户向两个监管机构投诉的，应由受理在

---

[1] 朱晓娟编著：《电子商务法》，中国人民大学出版社 2019 年版，第 171 页。

先的监管机构管辖，两个监管机构均未受理且均有管辖权的，应由最先接到投诉材料的监管机构管辖。

此外，针对电子商务的特定领域，监管部门也规定了特别的管辖原则，比如根据《快递市场管理办法》第 6 条第 3 款的规定，"省级以下邮政管理机构负责对本辖区的快递市场实施监督管理"；根据《互联网药品交易服务审批暂行规定》第 10 条的规定，申请从事互联网药品交易服务的企业应当"向所在地省、自治区、直辖市（食品）药品监督管理部门提出申请"等。

针对目前与《行政处罚法》中"违法行为发生地"的传统管辖规则相冲突的部分，可以考虑通过法律或行政法规的形式规定电子商务地域管辖的特殊规则，将其纳入"法律、行政法规另有规定的除外"的避风港中，使之与传统管辖体系相协调。在例外规则取得合法性之后，国家市场监管总局可以调整现有几部规章中关于地域管辖权归属的描述，确定第三方平台经营者所在地、网店经营者所在地、违法行为发生地等管辖规则适用的优先顺序。[1]

电子商务违法行为的查处，由违法行为发生地县级以上市场监督管理部门管辖，可将计算机终端、服务器等设备所在地作为违法行为发生地。违法行为发生地不易确定的，由违法行为经营者住所地县级以上市场监督管理部门管辖，即经营者主要办事机构所在地或注册地。违法行为发生地和经营者住所地均无法确定的，或由违法行为地和经营者住所地管辖明显不利于违法行为查处的，经共同的上级机构协调，由损害结果发生地有关部门管辖。情况紧急的，损害结果发生地有关部门可以先行管辖，紧急情况消除后，报共同上级机构确定管辖。[2]

（二）级别管辖

电子商务市场监管原则上由登记机关及同级相关部门管辖，以上级部门直接管辖为补充。根据《市场监督管理行政处罚程序暂行规定》（以下简称《暂行规定》）第 14 条内容，电子商务市场监管的级别管辖遵循如下规则：

第一，上级市场监督管理部门认为必要时，可以直接查处下级市场监督管理部门管辖的案件，也可以将本部门管辖的案件交由下级市场监督管理部门管辖。

[1] 沈岿、付宇程、刘权等：《电子商务监管导论》，法律出版社 2015 年版，第 132 页。
[2] 全国人大财政经济委员会电子商务法起草组编：《中国电子商务立法研究报告》，中国财政经济出版社 2016 年版，第 18 页。

法律、法规、规章明确规定案件应当由上级市场监督管理部门管辖的，上级市场监督管理部门不得将案件交由下级市场监督管理部门管辖。第二，下级市场监督管理部门认为依法由其管辖的案件存在特殊原因，难以办理的，可以报请上一级市场监督管理部门管辖或者指定管辖。第三，对于在全国范围内有重大影响、严重侵害消费者权益、引发群体投诉或者案情复杂的网络商品交易及有关服务违法行为，由国家工商行政管理总局负责查处或者指定省级工商行政管理局负责查处。

（三）跨地域、跨级别、跨部门管辖的协调机制

电子商务市场监管的跨地域、跨级别、跨部门管辖规则如下：

第一，根据《网络交易管理办法》第41条的规定，两个以上工商行政管理部门因网络商品交易及有关服务违法行为的管辖权发生争议的，应当报请共同的上一级工商行政管理部门指定管辖。

第二，根据《暂行规定》第11条的规定，对当事人的同一违法行为，两个以上市场监督管理部门都有管辖权的，由先立案的市场监督管理部门管辖。

第三，根据《暂行规定》第13条的规定，市场监督管理部门发现所查处的案件不属于本部门管辖的，应当将案件移送有管辖权的市场监督管理部门。受移送的市场监督管理部门对管辖权有异议的，应当报请共同的上一级市场监督管理部门指定管辖，不得再自行移送。

第四，根据《暂行规定》第14条的规定，上级市场监督管理部门认为必要时，可以直接查处下级市场监督管理部门管辖的案件，也可以将本部门管辖的案件交由下级市场监督管理部门管辖。法律、法规、规章明确规定案件应当由上级市场监督管理部门管辖的，上级市场监督管理部门不得将案件交由下级市场监督管理部门管辖。下级市场监督管理部门认为依法由其管辖的案件存在特殊原因，难以办理的，可以报请上一级市场监督管理部门管辖或者指定管辖。

第五，根据《暂行规定》第15条的规定，报请上一级市场监督管理部门管辖或者指定管辖的，上一级市场监督管理部门应当在收到报送材料之日起七个工作日内确定案件的管辖部门。

第六，根据《暂行规定》第12条的规定，两个以上市场监督管理部门因管辖权发生争议的，应当自发生争议之日起七个工作日内协商解决；协商不成的，报请共同的上一级市场监督管理部门指定管辖。

第七，根据《暂行规定》第 16 条的规定，市场监督管理部门发现所查处的案件属于其他行政管理部门管辖的，应当依法移送其他有关部门。市场监督管理部门发现违法行为涉嫌犯罪的，应当依照有关规定将案件移送司法机关。

第八，根据《国家工商行政管理总局关于加强跨省网络商品交易及有关服务违法行为查处工作的意见》及中共中央印发《深化党和国家机构改革方案》《国务院关于部委管理的国家局设置的通知》，市场监督管理部门查处跨省网络商品交易违法行为时需异地市场监督管理部门协查的，由立案地省级市场监督管理部门转请异地省级市场监督管理部门协查并抄报国家市场监督管理总局备案。

以产品质量监管为例，产品质量问题发现地、侵权地与生产经营地往往分处异地，根据《产品质量法》第 8 条[1]第 1 款和第 2 款规定，无法解决"产品在 A 地发现质量问题，网店实体注册地在 B 地，网络交易平台在 C 地"由何具体部门进行管辖的问题。而且从投诉或举报接案的情况来看，电子商务产品质量案件涉案卖家大多经营规模较小且涉案商品标的不大，卖家的违法成本较低，但监管部门的执法成本远高于违法成本，因此常出现监管部门相互推诿的现象。而上述跨地域、跨级别、跨部门的管辖规则有助于解决部门之间的协调问题，有效满足电子商务市场监管的需求。

第四节　电子商务的市场监管客体

电子商务市场监管的客体主要包括电子商务平台经营者、平台内经营者、自建网站电子商务经营者、其他网络服务销售商品或提供服务的电子商务经营者、第三方支付机构、快递物流运营商、网络运营商、认证机构及消费性用户，电子商务平台经营者、平台内经营者、自建网站电子商务经营者及其他网络服务销售商品或提供服务的电子商务经营者的权利义务及法律责任等在前文已进行详细介绍，此处不做赘述。

---

[1]《产品质量法》第 8 条："国务院市场监督管理部门主管全国产品质量监督工作。国务院有关部门在各自的职责范围内负责产品质量监督工作。县级以上地方市场监督管理部门主管本行政区域内的产品质量监督工作。县级以上地方人民政府有关部门在各自的职责范围内负责产品质量监督工作。法律对产品质量的监督部门另有规定的，依照有关法律的规定执行。"

本节主要从市场监管的角度介绍第三方支付机构、快递物流运营商、网络运营商、认证机构及消费性用户。电子商务市场监管的主要内容包括主体监管、客体监管和行为监管。主体监管主要针对监管对象的主体适格性问题，客体监管主要针对交易对象的合法性问题，行为监管主要针对经营行为的合规性问题。因此，下文主要从主体适格性、对象合法性及行为合规性三个维度对上述主体进行分析。

一、第三方支付机构

电子支付是指以计算机和通信技术为手段，通过计算机网络系统，以电子信息传递形式在付款人与收款人之间实现货币支付与资金流通。[1] 第三方支付机构是指依法取得《支付业务许可证》，采用与商业银行签约的方式，提供与银行支付结算系统接口和通道服务，能实现资金转移和电子支付结算服务的机构。在通过第三方支付机构的交易中，买方选购商品后，使用第三方支付机构提供的账户进行货款支付，由第三方支付机构通知卖家货款到达、进行发货；买方检验物品后，通知付款给卖家，第三方支付机构再将款项转至卖家账户。

第三方支付机构的基本义务是本着安全审慎的原则经营和处理电子支付业务，构建电子支付的风险管理体系，制定突发事件应急预案，依照法律规定设计业务流程，明确告知用户的权利义务，充分保护相关当事人的权益，保障系统安全性和业务连续性，确保电子商务的安全。根据《非银行支付机构网络支付业务管理办法》第 26 条的规定，第三方支付机构在境内提供服务的，应当建立安全、规范的网络支付业务处理系统及其备份系统；第三方支付机构为境内提供服务的，应当通过境内业务处理系统完成交易处理，并在境内完成资金结算。

根据《电子商务法》第 53 条、《电子支付指引》第 20 条、《非金融机构支付服务管理办法》第 32 条、《非银行支付机构网络支付业务管理办法》第 14 条的规定，第三方支付机构应当确保电子支付指令的完整性、一致性、可跟踪稽核和不可篡改。完整性是指支付指令包含的交易信息要准确和完整。一致性要求在整个支付流程中，支付指令的内容未发生改变，与用户发起支付时的指令内容完全相同，以确保支付指令最终按照用户的意志执行。可跟踪稽核是指电子支付服务提供者应当妥善保管客户身份基本信息、支付业务信息、会计档案以及为客户提

---

[1] 徐学锋编著：《电子支付与互联网银行》，上海财经大学出版社 2014 年版，第 57 页。

供交易信息查询服务。可跟踪稽核既是保护客户利益的要求，也是反洗钱等监管制度的要求。不可篡改是指支付机构应当按照审慎经营的要求，建立风险管理和内部控制制度，确保电子支付指令在整个支付流程中不被改变，免受外部攻击和内部的违法违规操作等影响，以保护支付指令不被恶意篡改。[1]

除此之外，根据《非金融机构支付服务管理办法》第 32 条、《非银行支付机构网络支付业务管理办法》第 26 条的规定，第三方支付机构应当具备必要的技术手段，以确保支付业务处理的及时性、准确性和支付业务的安全性，并具备灾难恢复处理能力和应急处理能力，以确保支付业务的连续性。根据《电子商务法》第 54 条的规定，第三方支付机构提供的电子支付服务不符合国家有关支付安全管理要求，造成用户损失的，应当承担赔偿责任。

二、快递物流运营商

经营快递业务，应当依照《中华人民共和国邮政法》的规定取得快递业务经营许可，未经许可，任何单位和个人不得经营快递业务，而其他大宗物流并不需要行政许可。[2]《快递市场管理办法》还建立了快递业服务规范、行为规范及五大制度，即快递从业人员培训制度、年度报告制度、收寄验视制度、应急保障制度和服务承诺事项公告制度。快递物流运营商提供快递物流服务，应当符合法律、法规和规章的规定，遵守快递物流服务国家标准和服务承诺事项。在承诺的时限内将快件（邮件）完好无损地送达收件人或收件人指定的代收人是快递物流运营商最重要的义务。

规范物流配送，明确快递物流运营商在收件、投递、交付中的具体义务，有助于保障消费性用户的合法权益。快递物流运营商应遵循以下经营规则：第一，快递物流运营商应当建立并严格执行收寄验视制度，登记交件人身份信息，加强安全管理。第二，快递物流运营商应当在承诺的时限内完成快件（邮件）的投递，并将快件（邮件）投递到约定的收件地址和收件人或收件人指定的代收人。第三，快递物流运营商应当告知收件人或收件人指定的代收人当面验视，收件人或收件人指定的代收人当面查验商品且无异议的，再进行签收。根据《电子商务法》第

〔1〕赵旭东主编：《电子商务法学》，高等教育出版社 2019 年版，第 274 页。

〔2〕高富平：《中国电子商务立法研究》，法律出版社 2015 年版，第 142—143 页。

52 条第 2 款的规定，代收需经同意，以防止快递物流运营商随意使用快递柜、代收点等，导致快递遗失或给收货人造成不便。第四，快递物流运营商应当确保收件、投递、交付全流程的可追溯，妥善保存相关记录。第五，快递物流运营商在提供快递物流服务的过程中，应当按照规定使用环保包装材料，实现包装材料的减量化和再利用。

根据《电子商务法》第 52 条的规定，快递物流运营商在提供快递物流服务的同时，可以接受电子商务经营者的委托提供代收货款服务。所谓代收货款服务，是指快递物流运营商利用服务网络和资源，在提供电子商务递送服务的同时，为寄件人代收货款并结算的递送增值业务。鉴于快递物流运营商广阔的递送网络以及与收件人或收件人指定的代收人直接接触的便利性，部分电子商务经营者倾向于由快递物流运营商代收货款。代收货款服务可为电子商务活动参与方提供更多便利，有利于促进电子商务的发展。[1] 但基于技术、管理等原因，代收货款也存在诸多风险，因此快递物流运营商应当与作为寄件人的电子商务经营者签订协议，明确资金结算周期、收费标准、争议处理等方面的权利义务，建立良好的代收货款业务秩序。而且，代收货款使快递物流运营商参与资金支付和结算，关系金融安全，应同其他非金融机构一样，接受中国人民银行的监管。作为货运服务企业，快递物流运营商还应受到邮政部门的监管。

快递物流运营商在配送服务过程中，快件（邮件）延误、丢失、损毁、内件短少的，应当按照与消费性用户的约定，依法予以赔偿；没有约定的，对于购买保价的电子商务包裹，应当按照约定的报价规则确定赔偿金额；对于未购买保价的电子商务包裹，依照《邮政法》《民法典》等相关法律规定予以赔偿。在加盟人提供快递服务过程中，因快件延误、丢失、毁损、内件短少而损害消费性用户合法权益的，由被加盟人与加盟人依法承担连带责任。消费性用户既可以向加盟人要求赔偿，也可以向被加盟人要求赔偿。加盟人赔偿后，属于被加盟人过错的，可以依法向被加盟人追偿。

三、网络服务运营商

网络服务运营商是指为电子商务经营者提供网络接入、服务器托管、虚拟空

---

[1] 赵旭东主编：《电子商务法学》，高等教育出版社 2019 年版，第 230 页。

间租用、网站网页设计制作等服务的主体。网络服务运营商应当遵循以下经营规则：第一，网络服务运营商应当要求电子商务经营者提供经营资格证明和个人真实身份信息，并与其签订服务合同，明确双方权利义务的具体内容。第二，网络服务运营商应当完整记录电子商务经营者的上述信息并妥善保存，上述信息的保存时间应当自双方服务合同终止或履行完毕之日起不少于两年。

网络服务运营商具体分为网络接入服务提供者、网络内容服务提供者和网络交易服务提供者三种类型。

网络接入服务提供者，即为用户提供互联网信息传输中介服务的主体，其并不直接提供信息，也不组织、筛选信息，只是维持网络的正常运行及从事信息传递工作，提供连线、接入等物理基础设施服务，保障通信畅通。网络接入服务提供者应采取以下措施保障上述功能的实现：（1）应当以正确的格式和文本传输数据电文；（2）应当确保数据电文不受损害；（3）应当确保数据电文被传输至指定的接收者；（4）应当维护数据电文的秘密性和安全性等。[1] 网络接入服务提供者具体包括网络基础设施经营者、互联网连接服务提供者、网络主机服务提供者、电子布告板系统经营者、邮件新闻组及聊天室经营者、信息搜索工具提供者等。

网络接入服务提供者在以下情形中应当承担违约责任：第一，网络接入服务提供者未按照消费性用户的指令，或者以错误的时间、对象，发出要约、承诺、发货通知、支付命令、货损通知等信息；第二，网络接入服务提供者由于疏于管理或者怠于技术更新而导致消费性用户合法权益遭受损失；第三，网络接入服务提供者因网络线路问题导致网络交易信息发送延迟、丢失或者中断等。

网络接入服务提供者在通常情形下不应当承担知识产权侵权责任，因为其只是为信息在网络上传播提供"传输管道"，本身并不能对信息进行编辑，要求其履行事先审查义务不具有可行性。其仅在技术可能、经济允许的范围内履行阻止侵权信息继续传播的义务。

网络内容服务提供者，即通过有组织地收集、筛选、加工而将各种信息传递给消费性用户的主体，与网络接入服务提供者提供通信管道服务不同，其提供信息服务。[2] 其通过互联网向不特定社会公众提供信息服务的功能与属性，使得其在经营过程中极易侵犯他人的权利，具体包括如下情形：（1）侵犯他人的著作权，

---

〔1〕朱晓娟编著：《电子商务法》，中国人民大学出版社 2019 年版，第 79 页。

〔2〕同上，第 81 页。

如未经著作权人许可即将其作品上传到互联网上；（2）侵犯他人的人格权，如在互联网上散布不实信息侮辱、诽谤他人；（3）侵犯他人的个人信息权益，如未经个人信息主体同意即将其个人信息上传到互联网上；（4）侵犯他人的财产权，如在互联网上发布虚假广告欺骗、误导消费者致其遭受经济损失；（5）侵犯他人的商业秘密，如在互联网上披露、使用以不正当手段获取的商业秘密等。

网络交易服务提供者，即具备法定资格条件、为网络交易提供配套辅助服务的主体。[1]

四、认证机构

电子认证服务是指为电子签名相关各方提供真实性、可靠性验证的公众服务活动。电子认证服务提供者，是指为电子签名人和电子签名依赖方提供电子认证服务的第三方机构。认证机构以中立性的地位，扮演监督买卖双方签约、履约的角色，买卖双方应当接受认证机构的监督。认证机构不仅要对进行网络交易的买卖双方负责，还要对整个电子商务的交易秩序负责。

根据《电子签名法》第 18 条的规定，从事电子认证服务，应当向国务院信息产业主管部门提出申请，并提交符合该法第 17 条规定条件的相关材料。国务院信息产业主管部门接到申请后经依法审查，征求国务院商务主管部门等有关部门的意见后，自接到申请之日起 45 日内作出许可或者不予许可的决定。予以许可的，颁发电子认证许可证书；不予许可的，应当书面通知申请人并告知理由。取得认证资格的电子认证服务提供者，应当按照国务院信息产业主管部门的规定在互联网上公布其名称、许可证号等信息。

第五节　电子商务的市场监管手段

一、监管措施

电子商务市场监管措施具有公定力、确定力、执行力。首先，它的产生以宪

---

[1] 朱晓娟编著：《电子商务法》，中国人民大学出版社 2019 年版，第 83 页。

法、法律、行政法规、部门规章等规范性法律文件的相关内容为指导依据；其次，它由国家强制力保证实施；最后，它本质上作为一种具体行政行为，具有可诉性。一般而言，对线下经营活动的监管与查处措施大都适用于对电子商务活动的监管与查处，但监管部门应当根据电子商务的特点，革新监管措施，解决电子商务的治理难题。

（一）日常监管措施

电子商务活动的日常监管措施包括：询问有关当事人，调查其涉嫌从事违法交易行为的具体情况；查阅、复制有关当事人的电子支付交易数据及其他相关资料；查封、扣押用于从事违法交易行为的工具，查封用于从事违法交易行为的经营场所；责令电子商务经营者限期改正不履行法定义务的行为；对从事非法电子商务活动或通过非法设立网站从事电子商务活动的，责令停网整顿或关闭网站[1]；发现并认定其提供的商品或服务存在缺陷，有危及人身、财产安全的，责令电子商务经营者停止销售、召回、无害化处理、销毁等。

线上商务活动的日常监管措施可落实到事前监管、事中监管和事后监管三个维度。事前监管主要是对市场准入的主体资格进行审查，具体包括行政许可等措施。事后监管主要是对电子商务经营者的经营行为进行审查，具体包括行政处罚等措施。事后监管主要是服务于电子商务纠纷的解决，具体包括行政调解等措施。监管主体以新生领域的市场竞争机制不成熟、行业组织机构欠缺，以及事后监管机制无法解决等名义赋予事前监管正当化依据。[2] 但从国际经验以及电子商务持续发展的要求考虑，监管部门应当尽量减少交易前监管，以免阻碍创新。事前监管原则上以法律、行政法规规定的范围为限，主要包括规则制定、准入许可、安全检查、非金融机构支付、信用体系建设等。根据《2020 网络市场监管专项行动（网剑行动）方案》的要求，监管部门还应积极推进对网络市场发展新模式新业态的分析研判，及时发现风险、警示违法。

（1）许可证措施。行政许可制度在我国属于常态化机制，具有批量式、标准化的特点，监管部门通过颁发许可证的方式，允许符合法定标准、具备法定资质的市场主体进入电子商务市场并开展经营活动。以电子商务平台经营者为例，根

---

〔1〕赵旭东主编：《电子商务法学》，高等教育出版社 2019 年版，第 298 页。
〔2〕沈岿、付宇程、刘权等：《电子商务监管导论》，法律出版社 2015 年版，第 77 页。

据《互联网信息服务管理办法》的规定，其应当取得增值服务许可证，从事医疗保健、药品和医疗器械等特殊互联网信息服务，还应当获得特殊许可，否则不能从事相关电子商务活动。

（2）工商登记措施。工商登记制度在我国也属于常态化机制，是对市场主体的前置资格审查，以确认市场主体从事电子商务活动的资格。我国目前并未强制要求自然人从事电子商务经营须进行工商登记，但强制要求非自然人经营者必须进行工商登记。改革工商登记制度后，除涉及国家安全、公民生命财产安全外，不再实行"先证后照"，即市场主体只需要领取营业执照即可从事一般性的电子商务活动，若从事需要许可证的电子商务活动则须另行申请行政许可。

（3）备案登记措施。备案登记制度是由监管部门事前对市场主体的相关信息进行形式审查并记录存档，以用于事后对其进行违法责任追究的制度，其涉及的登记主体不限于市场监督管理部门，备案登记涵盖电子商务经营者的身份信息及经营信息。以支付机构为例，根据《非金融机构支付服务管理办法》第18条的规定，其应当制订支付业务办法及客户权益保障措施，建立健全风险管理和内部控制制度，确定支付业务的收费项目和收费标准，并报所在地中国人民银行分支机构备案。

（4）信息披露措施。强制信息披露制度是要求电子商务经营者披露法律规定的身份信息及经营信息，并持续完善更新上述信息的制度，旨在减少交易双方之间的信息不对称，保障消费性用户的知情权及公平交易权。电子商务经营者信息披露的媒介，不仅包括其经营的店铺、建设的网站或运营的平台，还包括企业信息公示平台等社会平台。以平台内经营者为例，根据《网络交易管理办法》第8条、第11条的规定，其从事电子商务活动时应当在店铺的醒目位置公开营业执照登载的信息或者营业执照的电子链接标识，还应当向消费者提供经营地址、联系方式、商品或者服务的数量和质量、价款或者费用、履行期限和方式、支付形式、退换货方式、安全注意事项和风险警示、售后服务、民事责任等信息。

（5）实名认证措施。实名认证措施是对电子商务经营者的名称（姓名）、注册信息、联系方式等身份信息进行认证辨伪的制度。在网络环境中，虚拟主体与真实身份之间建立联系的唯一途径便是电子商务经营者注册时须提供真实有效的身份信息，以在电子商务经营者侵犯其他市场参与主体权益时，能够对应具体的侵权主体，使其承担责任，实现商品交易行为或服务提供行为可追责的法律效果。但实名制客观上为个人隐私和个人信息保护埋下安全隐患，面对电子商务交易安全和信息安全的两难困境，监管部门需要调整实名制介入电子商务市场监管的程度，寻求交易安全和信息安全之间的相对平衡状态，实现在维护可信网络交易环境的同时保障信息安全。以即时通信工具服务提供者为例，根据《即时通信工具公众信息服务发展管理暂行规定》第 6 条的规定，其应当按照"后台实名、前台自愿"的原则通过真实身份信息认证后方能注册账号。

日常监管措施不限于上述种类，还包括行政约谈、价格控制、保证金等。

（二）违法处罚措施

除传统的行政处罚措施外，对于违法情节轻微的行为，监管部门可以采用体现引导功能的监管措施，主要指采用建议、提示、告诫、协调等方式进行教育、纠正，此类措施在性质上属于行政指导。[1]

（三）信用监管措施

信用监管是指通过对监管对象信用状况的记录、评价、公开以及对其失信行为的惩戒等措施而实施的监管方式。[2] 根据《电子商务法》第 86 条的规定，监管部门应当将电子商务经营者的违法行为，依照有关法律、行政法规的规定，记入信用档案，并予以公示。

信用监管的具体措施包括以下几个方面：第一，电子商务经营者的信息公示及监管。根据《企业信息公示暂行条例》的规定，电子商务经营者应当建立企业信息公示及监管制度、年度报告公示制度、经营异常名录和严重违法企业名单制度，监管部门有权要求即时公布股东出资、股权变更等信用信息并对公示信息进行抽查，对不按时公示或隐瞒真实情况、弄虚作假的电子商务经营者采取信用约束措施，并在特定领域依法予以限制或禁入。第二，监管部门的信用档案记录，并据此实施的分类监管和失信惩戒。监管部门应当建立电子商务及有关服务信用档案，记录日常监督检查结果、违法行为查处等情况，并根据信用档案的记录，对电子商务经营者实施信用分类监管，对有不良信用记录的电子商务经营者实施重点巡查，对不良信用记录情节严重者实施失信联动惩戒或列入信用不良当事人名单，并与企业信用信息公示系统实现互联互享。第三，信用评价。监管部门有

---

〔1〕赵旭东主编：《电子商务法学》，高等教育出版社 2019 年版，第 298 页。

〔2〕同上，第 299—300 页。

权对电子商务经营者进行信用评价；监管部门也有权通过支持依法设立的信用评价机构开展电子商务信用评价，以实现间接意义上的信用监管。

根据《网络交易违法失信惩戒暂行办法》第二章、第三章的规定，电子商务经营者的失信行为可分为严重违法失信行为与一般违法失信行为，对其规定了不同的惩戒措施。根据失信惩戒措施的性质，可分为行政性或司法性惩戒措施和市场性惩戒措施。前者是指由行政机关或司法机构实施的惩戒措施，如黑名单制度、发布违约违法信息及消费警示、市场准入限制、限制交易或消费、限制出境等。后者是指由各类市场交易主体对失信行为人进行信用评估后作出的限制交易或拒绝交易措施。[1]

监管部门应当通过信用信息的公开规范电子商务经营者的行为，维护市场秩序。在电子商务领域，信用代表着经营者的形象，决定着消费者的购买方向。[2]因此，监管部门应当加快信用体系建设，建立健全电子商务经营者信用评价体系，保障交易环境的安全可信。

监管部门应当依托全国信用信息共享平台和国家企业信用信息公示系统，将电子商务经营者的基础信息和各部门履职中形成的行政许可、行政处罚及其他监管执法信息，归集记于该电子商务经营者的名下，通过"信用中国"网站和国家企业信用信息公示系统进行公示，发挥部门失信联合惩戒作用，实施全网警示，引导涉网经营者诚信合法经营。

国家发展改革委、中国中小企业协会、中国信息协会、工业和信息化部、中国电子商务协会联合发起并支持的电子商务信用管理工程信星计划，负责全国范围内电子商务信用建设推进。这种信用管理工具是建立在国家电子商务信用标准（《基于电子商务活动的交易主体企业信用档案规范》《基于电子商务活动的交易主体企业信用评价指标体系和等级表示规范》）的基础上的。[3]根据《关于促进电子商务健康快速发展有关工作的通知》，中国人民银行会同国家发展改革委、商务部、税务总局、国家市场监管总局等有关部门，研究建立涉信执法信息开放共享和规范信用信息服务的机制、体制，组织示范城市率先开展电子商务信用体系、信用服务标准和信用服务监管等方面的研究，适时启动面向电子商务服务企业的

---

〔1〕赵旭东主编：《电子商务法学》，高等教育出版社 2019 年版，第 300 页。

〔2〕贺琼琼主编：《电子商务法》，武汉大学出版社 2016 年版，第 180 页。

〔3〕沈岿、付宇程、刘权等：《电子商务监管导论》，法律出版社 2015 年版，第 169 页。

在线信用信息服务平台试点工程建设。

电子商务平台经营者收集的信用评价作为监管部门信用监管的重要补充，对电子商务经营者信用的动态评估也具有重要作用。

二、监管方式

由于电子商务本身所具有的虚拟性和跨地域性等不同于传统商业经营活动的特点，冲破了传统地域与空间的限制，模糊了传统监管中可控与不可控因素的边界，需要对传统的市场监管机制进行调整，以有效回应电子商务市场的需求。

（一）线下监管与线上监管相结合

基于电子商务的特点，单纯的线下监管方式已不能满足有效监管的要求，面对大量隐藏在网络中的违法违规行为，传统线下监管方式逐渐显现出疲态，必须以网络信息技术为依托和手段，创新监管方式。相关主管部门应当采取线下监管和线上监管相结合的方式对电子商务活动进行监督检查，可以采取检查、查阅、查封、扣押等线下监管措施，也可以采取电子存证、停网整顿等线上监管措施。根据中共文件精神及相关规范性文件要求，监管部门应当重视依法管网、以网管网、协同管网，严格落实网络实名制，加强关键基础设施管理。"以网管网"强调在特定事项上，以电子商务平台经营者作为管理的抓手具有内在合理性，但电子商务平台经营者仅在技术可行、经济允许的范围内承担审核与监控义务，并非承担无限的义务和责任。

以产品质量监管为例，根据《国家质量监督检验检疫总局关于加强消费品质量安全监管工作的指导意见》，监管部门应当加快构建"网上抽查、源头追溯、属地查处"的电子商务产品质量监督机制，完善电子商务产品质量监测和信息共享平台，对电子商务产品质量实施"云监管"，为电子商务平台企业质量控制提供"云服务"。

（二）属地登记与统一备案相结合

备案制是指行政机关依法要求公民、法人和其他组织报送其从事特定活动的有关材料，并将报送材料存档以便日后备查和进行监督的事后监管方法。[1] 以线

---

[1] 张红:《论行政备案的边界》，载《国家行政学院学报》2016 年第 3 期，第 27 页。

上药品销售经营活动为例，根据《国家药品监督管理局关于加快推进药品智慧监管的行动计划》，国家药品监管应用平台实现五项基本功能：统一门户管理，实现单点登录；统一用户管理；统一认证管理；统一审计管理；统一备案管理，对药品监管政务信息系统进行备案管理，对符合要求的政务信息系统发放备案号。属地登记在前文已有介绍，此处不做赘述。

（三）行政手段与技术手段相结合

一旦涉及具体的电子商务监管问题，监管主体往往习惯于采取保守策略，沿用传统的法律体系，采取单纯的行政管控手段，甚至以简单粗暴之法下达禁令，遏制或禁锢未知因素的产生及发展，殊不知这也可能将创新和发展圈禁其中，导致监管初衷与实际结果的相违背。[1] 因此，除单纯的行政管控手段外，监管部门还应结合技术手段，通过数据建模等具体方式提高市场监管的针对性和科学性，实现市场监管的目标与价值。

（四）日常监管与专项行动相结合

除日常监管措施外，监管部门也会不定期开展专项监管行动。以市场监管总局关于开展落实电子商务平台责任专项行动为例，其针对从事电子商务活动的综合性平台、商品交易平台、二手车交易平台、网络订餐平台以及社交电商平台等侵害消费者权益行为易发多发的平台网站、App，集中整治平台主体审核不严等问题，督促、检查平台落实基本义务、平台治理义务和协助监管义务。专项计划严格检查平台经营者落实主体审核和信息公示义务的情况，重点关注平台经营者对平台内经营者主体身份和经营许可信息的入驻核验和定期更新义务落实的情况，尤其是对销售食品、保健食品等关系消费者生命健康的商品（服务）的平台内经营者资质资格审核的情况。专项行动有助于集中监管力量，解决突出问题，维护公平竞争的市场秩序。

（五）"双随机、一公开"

根据《国务院办公厅关于推广随机抽查规范事中事后监管的通知》的要求，"双随机、一公开"是指在监管过程中随机抽取检查对象，随机选派执法检查人员，

---

[1] 沈岿、付宇程、刘权等：《电子商务监管导论》，法律出版社 2015 年版，第 65 页。

抽查情况及查处结果及时向社会公开，即检查对象、执法检查人员的"双随机"及抽查情况、查处结果的"一公开"，以严格限制监管部门的自由裁量权。监管部门应当建立健全市场主体名录库和执法检查人员名录库，通过摇号等方式，从市场主体名录库中随机抽取检查对象，从执法检查人员名录库中随机选派执法检查人员。

此种监管方式的意义在于：第一，"列清单""适度查"等具体措施能够有效防范监管部门对电子商务活动的过度干预。监管部门应当依法制定随机抽查事项清单，凡法律法规没有规定的，一律不得开展随机抽查。第二，"双随机"能够有效压缩监管部门与电子商务经营者之间的双向寻租空间，降低"监管俘获"的发生概率。第三，"一公开"能够有效推行监管平台及相应的信息系统建设，打破相关部门之间的数据壁垒，克服市场监管的"信息瓶颈"。第四，"一公开"要求及时公示抽查情况，有效推动社会监督，促进信用体系的建设，提高电子商务经营者的违法成本。[1]

（六）标准指引

互联网的本质特征是互联互通，要求信息流、物流、资金流信息交换时数据的无缝衔接，而电子商务具有跨地域、跨领域、跨行业、跨部门的特点，因此，电子商务市场监管应采用标准指引的方式，建立并完善电子商务标准体系，提高市场参与主体和监管主体的标准化意识，鼓励以企业为主体，联合高校和科研机构研究制订电子商务关键技术标准和规范，推进电子商务市场监管的标准化进程。目前已有的标准指引包括：第一，专业术语标准。第二，基础技术性标准，又可分为电子商务系统标准和信息描述相关标准。第三，运输服务标准，又可分为电子商务模式标准、交易安全标准、电子商务服务质量标准、与电子商务信用相关之标准。第四，支撑服务标准。

目前在我国，除某些技术性标准外，与电子商务相关的标准一般为推荐性标准，旨在为电子商务领域提供法律法规以外的建议性标准和准则[2]，促使市场有序发展，各方利益得到有效保护。

---

〔1〕赵旭东主编：《电子商务法学》，高等教育出版社2019年版，第299页。

〔2〕凌斌主编：《电子商务法》，中国人民大学出版社2019年版，第77页。

第六节　电子商务的协同共治模式

协同共治，是指监管部门、行业组织、电子商务平台经营者等市场参与者，为解决共同问题进行互动，并作出决策的治理模式。根据《电子商务法》第 7 条的规定，国家建立符合电子商务特点的协同管理体系，推动形成有关部门、电子商务行业组织、电子商务平台经营者、消费性用户等共同参与的电子商务市场治理体系。前文已对电子商务的市场监管主体展开详细论述，此处不做赘述。本节重点从行业自律和平台治理两个维度，对电子商务行业组织及电子商务平台经营者在协同治理模式中发挥的作用进行介绍。

一、行业自律

电子商务行业组织是由电子商务领域的单位和个人组成的，经政府机构核准登记注册成立的非营利性社团组织，其业务活动受政府机构的指导和监督管理，其设定、变更及撤销需要得到业务主管部门的批准，并报民政部门登记。[1] 以电子商务协会为例，其主要职责是推动信息化及电子商务应用与发展进程；营造电子商务应用、发展的环境和氛围；凝聚人才、共谋发展、促进行业的管理和自律；在政府和企业之间、企业与企业之间、企业与社会之间发挥纽带和桥梁作用，推进信息化及电子商务广泛应用与发展等。根据《电子商务法》第 8 条的规定，电子商务行业组织按照本组织章程开展行业自律，建立健全行业规范，推动行业诚信建设，监督、引导本行业经营者公平参与市场竞争。

（一）电子商务行业组织的职责

1. 建立健全行业规范

规范的行业秩序是行业持续健康发展的保障，如果电子商务行业无法营造可信的交易环境、建立公平的市场秩序，则可能出现"劣币驱逐良币"的问题，不仅损害其他经营者、消费性用户的合法权益，还会损害整个行业的商业信誉、创

---

〔1〕赵旭东主编：《电子商务法学》，高等教育出版社 2019 年版，第 301 页。

新活力及发展前景。因此，电子商务行业组织应当通过建立健全行业规范，推动行业诚信建设，以维护行业经营者的共同利益。行业规范因基于共识机制而形成，具有更高的可信赖性和可接受性，并且电子商务行业组织可随时根据市场需求，灵活调整行业规范，能够更好地服务于电子商务市场的发展。电子商务行业组织依法制定的章程、标准、公约、规则等行业规范，对组织成员有约束力。

例如，2018 年 9 月中国电子商务协会和中国营养保健食品协会主办的反欺诈反虚假宣传电商联盟启动并发布公约；2017 年中国电子商务协会移动电商促进会发起制定《新微商行业十大公约》；2017 年中国电子商务协会 B2B 行业分会指导发布《中国 B2B 电子商务行业自律公约》；2001 年中国互联网协会发布《互联网行业自律公约》。[1]

2. 按照组织章程开展行业自律

电子商务行业组织应当按照组织章程，从事前、事中、事后三个维度进行自我约束和自我规范。电子商务行业组织应当监督、指导、规范组织成员的商品交易行为及服务提供行为，促使其依法进行电子商务活动，提升其电子商务服务质量和能力。组织成员违反行业规范的，电子商务行业组织有权依照组织章程规定的程序要件和具体行业规范的实质要件对上述行为作出处理。

3. 建立行业内电子商务信用评价制度

电子商务行业组织应当建立行业内电子商务信用评价制度，对信用良好的组织成员给予奖励，对信用不佳的组织成员给予警示，对信用不良的组织成员予以清退，淘汰严重侵害他人权益的电子商务经营者，维护健康、有序、高效的电子商务市场秩序。电子商务行业组织还应当推进电子商务经营者信用评价的互通、互联、互认，实现与政府部门信用监管的联通、联动、共享，协助监管部门根据电子商务经营者的信用情形确定重点监管对象。

目前电子商务领域，电子商务行业组织的信用评价体系建设已形成规模，在此基础上对其体系建设及具体规则予以确认并肯定，有助于为可信交易环境的形成奠定基础。

4. 开展电子商务行业相关问题的研究

电子商务行业组织应当对电子商务行业整体的发展状况、规范实施所面临的问题、市场发展所面临的挑战等进行研究。可通过研讨会等方式在组织内部进行

〔1〕赵旭东主编：《电子商务法学》，高等教育出版社 2019 年版，第 302 页。

交流，也可通过行业建议等方式向监管部门提出意见建议，并将研究成果以调研报告、统计报告、年鉴等方式发布，使组织成员及时了解行业情况、监管动态，准确把握政策导向、市场前景。

5. 监督、引导组织成员公平参与市场竞争

电子商务行业组织应当监督、引导组织成员依法依规开展电子商务活动，遵守商业伦理，开展公平竞争，维护市场秩序。对于从事不正当竞争行为或滥用市场支配地位，排除、限制竞争的组织成员，电子商务行业组织有权依照组织章程规定的程序要件和具体行业规范的实质要件对上述行为作出处理，构成犯罪的，移送公安机关处理。

6. 维护行业成员权益及行业整体利益

电子商务行业组织是监管部门与电子商务经营者之间的桥梁，一方面代表电子商务经营者的利益与监管部门对话，将电子商务经营者的诉求转达给监管部门；另一方面将监管部门的监管动态及时传达给电子商务经营者，并配合监管部门开展行业治理。因此，电子商务行业组织应当切实发挥桥梁纽带作用，维护行业成员权益及行业整体利益。具体而言，电子商务行业组织应当为其组织成员提供信息、技术、管理、培训等服务[1]；协调组织成员之间的关系，维持利益共同体的稳定与持久；接受请求并调解组织成员之间的纠纷，协助其维护合法权益；代表组织成员与监管部门联系、沟通，并反映组织成员的意见、诉求；在外部因素损害组织成员利益时，协助其追索经济损失等。例如，在有关电子商务法律制度的制定、修改、实施过程中，电子商务行业组织有权代表全体组织成员，就相关问题提出意见和建议。[2]

现有的电子商务法律规范总体上承认行业组织在治理体系中的地位，但明确授权较少，且大部分法律规范将行业组织的功能限定在上述六个方面。虽然行业组织的组成单位及领导成员均出自于电子商务行业，具有更强的专业性，有权根据专业知识和实务经验提供更专业的行业认证和更具有针对性的处罚措施，但现有的电子商务法律规范对上述认证、处罚的效力尚未完全认可。

（二）电子商务行业自律的依据

电子商务行业组织依法制定的章程、标准、公约、规则等行业规范，对组织

---

〔1〕朱晓娟编著：《电子商务法》，中国人民大学出版社 2019 年版，第 173 页。

〔2〕赵旭东主编：《电子商务法学》，高等教育出版社 2019 年版，第 302 页。

成员有约束力。签订或加入行业规范的行为，属于共同行为，即两个以上当事人并行的意思表示达成一致而成立的民事法律行为。根据《上海市电子商务行业协会章程》第 10 条、第 11 条的规定，电子商务经营者申请加入必须具备下列条件：（1）自愿加入本会;（2）承认本会章程;（3）本行业同业企业以及其他相关经济组织;（4）应持有工商营业执照等相关证件。电子商务经营者提交入会申请书后，经理事会授权的秘书处审核同意，并发给同意吸收入会的有关证书，则加入该电子商务行业协会。根据民事法律行为的生效要件，行为人具有相应的行为能力、当事人的意思表示真实、不违反法律或行政法规的强制性规定、不违背公序良俗，共同行为满足上述要件即生效，这意味着加入行业组织的特定当事人即电子商务经营者受该行业规范的约束，其权利义务的具体内容以章程为准。

（三）电子商务行业自律的意义

行业组织维护的是行业发展的根本利益。行政监管侧重公共管理和社会稳定；行业自律侧重行业利益。行政监管针对违规结果进行事后处理，具有相对滞后性；行业自律贴近市场需求，进行过程管理，具有针对性和及时性。灵活、适时、民主的行业自律一方面可以弥补行政监管的疏漏，另一方面也与权威、强制、独立的政府监管相结合。[1] 二者功能的相互配合与有机结合，有利于社会利益与行业目标的平衡。

因此，应当建立行业自律与行政监管的联动机制，具体内容如下：第一，监管部门应当建立与电子商务行业组织的沟通协调制度；第二，监管部门可以授权电子商务行业组织制定相关标准，并通过执法行为客观上提升标准效力；第三，电子商务行业组织自治平台应当与监管部门网络平台对接，以实现信息的联通、联动、共享。

目前我国大部分电子商务行业组织是在政府的"指导"下成立的，独立性不强，过于依赖政府权威，发挥的作用不大，仅在政府授意之下开展少数市场规制活动，很难真正维护行业整体利益。[2] 现有的电子商务行业组织既不代表电子商务经营者，又不属于政府监管部门，无法充分发挥行业自律的价值，因此应鼓励电子商务经营者自发成立电子商务行业组织，真正代表其发声并促进其发展。

---

〔1〕赵旭东主编：《电子商务法学》，高等教育出版社 2019 年版，第 19 页。
〔2〕沈岿、付宇程、刘权等：《电子商务监管导论》，法律出版社 2015 年版，第 156—157 页。

二、平台经营者的自治

网络用户在电子商务平台注册的过程实质上是双方缔结服务合同的过程，网络用户通过浏览内容、点击确认完成服务合同的缔结，服务合同由电子商务平台经营者单方拟定，在表现形式上属于格式合同，双方通过该合同明确其权利和义务，实践中双方签署的往往并非单一合同而是一揽子协议。下文所述自治的权力正是基于上述服务合同中平台用户对自身权利的让渡。

网络平台是组织生产力的新型主体，在数字经济时代承担着维护网络市场秩序、保障用户权益的公共职能。网络平台对其用户，特别是对平台内经营者，具有强大的支配力和影响力，此种平台权力属于典型的私权力。网络平台行使私权力有助于减少平台内经营行为的负外部性，弥补政府规制能力的不足，但其私权力也容易遭到滥用。除了要借助市场竞争机制和传统私法规范约束平台私权力，还有必要引入公法原理及其价值要求，对平台私权力进行适度干预。网络平台制定和实施规则时，应遵循基本的程序正义和实体正义标准。法院应对平台滥用私权力的行为进行必要的司法审查。立法者应根据权责利相统一的原则，科学合理地设置平台责任。[1]

（一）平台经营者自治的特点

1.平台经营者具有多重身份

平台经营者为经营性用户提供商品或服务交易的网络场所，具有网络信息服务提供者、电子商务活动组织者、交易信息和交易场所的提供者、广告发布者等多重身份，因此其有义务承担与其身份相适应的管理职能，即一方面为平台内经营性用户和消费性用户提供网络信息服务，另一方面应承担平台内商品或服务交易的秩序管理义务。平台经营者应当建立可信的网络交易环境，履行安全保障义务，具体内容可类比线下服务场所的经营者所应当承担的安全保障义务，即公共场所的管理者、群众性活动的组织者对进入其场所或者参与其活动的人所承担的

---

[1] 刘权：《网络平台的公共性及其实现——以电商平台的法律规制为视角》，载《法学研究》2020年第2期。

保障其人身、财产安全的义务。[1]

2. 管理对象主要指平台内经营性用户

平台经营者的自治管理对象主要是指平台内经营性用户。经营性用户在实现其营利性目标的过程中可能会与消费性用户、其他经营性用户产生利益冲突，这种利益冲突不可能完全靠自我约束和市场调节解决。市场自治是为了发展，但应规范发展，不能以损害消费性用户的权益为代价，也不能以损害其他经营性用户的正当竞争利益为代价，因此需要平台经营者对上述利益冲突进行调处，调处不能时则需要监管部门的介入。

对经营性用户的电子商务行为进行管理不仅是基于服务协议和交易规则的权利让渡，也是基于权利与义务相对应原则，即平台经营者通过向经营性用户收取信息服务费、交易手续费等方式获取利益，也应当肩负起管理经营性用户的电子商务活动，维持网络交易环境的安全可信，保障电子商务市场公平有序的义务。

除经营性用户外，平台经营者根据服务协议和交易规则还对消费性用户享有规制权。

3. 管理活动受法律、法规调整

从自治与监管的关系来说，自治是相对于外部监管而言的，本意是自由、自主决定和自我管理，其中自治是市场发展的前提和根本。但为防止平台经营者利用自身的技术优势、资本优势、市场优势、信息优势等损害经营性用户的公平竞争权益，平台经营者的自治管理活动应当受到法律、法规的调整和限制。以处理决定公示制度为例，平台经营者根据服务协议和交易规则对经营性用户或消费性用户的违法违规行为作出处理后，应当及时公示处理决定；经营性用户或消费性用户不服上述处理决定的，可向监管部门进行投诉，也可提起民事违约之诉或侵权之诉。再以平台规则修改程序为例，平台经营者修改服务协议和交易规则时，应尊重经营性用户和消费性用户对修订过程的参与权，充分征求其意见，从程序上避免平台经营者利用优势地位随意修改平台规则，损害经营性用户和消费性用户正当权益。

4. 管理活动具有准公法的属性

平台经营者根据服务协议和交易规则对经营性用户或消费性用户违法违规行为的处理决定，效力范围限于平台内部，但平台系典型的双边市场，所涉经营性用户及消费性用户众多，该处理决定能够影响较大范围的市场经营秩序，加之处

---

[1] 王利明主编：《民法》（第 7 版），中国人民大学出版社 2018 年版，第 644 页。

理决定作出者与处理决定接受者之地位存在明显差别，因此该处理决定已带有准公法的色彩。以此观之，平台经营者的自治管理活动已带有准公法的属性，平台内的商品或服务交易秩序也带有公共性的特征。以淘宝等大型平台经营者为例，其通过支付、物流等交易辅助服务功能的完善，已建立了完整的治理体系并形成闭环的治理生态。自治管理活动的准公法属性鲜明，平台经营者既对平台内经营者具有控制能力和管理能力，其本身的影响力也早已超出经营活动本身，具有极大的参与市场治理的潜能，是维系电子商务市场交易秩序的重要力量。

（二）平台经营者自治的依据

平台经营者对平台内经营性用户和消费性用户的自治管理有以下两个权力来源：

第一，服务协议和交易规则。网络用户通过浏览协议、点击同意的方式完成注册，且网络用户注册时同意的往往是一揽子协议，包括服务协议和交易规则，网络用户注册后在平台上从事经营活动则定性为经营性用户，从事生活消费活动则定性为消费性用户。通过上述缔约过程，服务协议和交易规则以网络用户明示同意的方式对其发生效力，平台经营者有权根据上述规则管理经营性用户和消费性用户的行为，此处管理权来源于双方约定。

第二，法律的授权或强制要求。以《第三方电子商务交易平台服务规范》第6.3条规定为例：（1）对涉嫌违法经营的经营性用户，平台经营者有权根据服务协议和交易规则暂停或终止其交易；（2）对违法经营的经营性用户，平台经营者有权根据服务协议和交易规则作出处理决定，并应当将该决定在平台内公示。该规定实质上是法律对平台经营者自治管理的授权。以《电子商务法》为例，第二章第二节专门规定了平台经营者的法定义务，在要求平台经营者承担法定义务的同时，实际上也赋予平台经营者在履行上述法定义务的范围内对经营性用户、消费性用户的自治管理权力。因此，法律的强制要求也属于自治管理的权力来源。需要注意的是，立法在要求平台经营者承担大量强制性义务的同时，也应尊重其作为双边市场自身控制违法行为的动机与实践以及采取技术措施的可能性，不应过分增加其运营成本[1]。

在法律没有明确规定其监管具体措施的情形下，通过合同约定落实具体的监管手段和措施，从民事法律关系上确立相应的权利义务，实现监督管理的目的，

---

[1] 赵旭东主编:《电子商务法学》，高等教育出版社 2019 年版，第 79 页。

是普遍采用的方式。[1] 服务协议和交易规则正是通过上述路径，实现平台经营者的自治管理。因此，下文重点分析服务协议和交易规则的内容及效力。

1. 服务协议和交易规则的内容

服务协议，是平台经营者单方制定的，调整平台经营者与平台内经营性用户、消费性用户之间的网络信息服务法律关系的规则，具体可分为平台经营者与平台内经营者签订的入驻协议、平台经营者与消费性用户签订的注册协议。上述协议明确了平台经营者与平台内经营性用户、消费性用户之间权利义务的具体内容，即平台经营者应当为经营性用户提供经营场所、交易撮合等基础性信息服务与技术支持，并可提供广告发布及电子支付等扩展性信息服务与技术支持；平台经营者应当为消费性用户提供网络信息服务。

交易规则有广义和狭义之分，狭义的交易规则是平台经营者制定的调整平台内经营性用户与消费性用户之间的商品或服务交易关系的规则，具有约束所有用户的作用与功能。广义的交易规则不仅对平台内经营性用户和消费性用户有约束作用，还对平台外特定权利人的利益具有影响。典型的狭义交易规则有平台进入和退出规则、商品和服务质量保障规则、消费者权益保护规则、个人信息保护规则等；典型的广义交易规则为知识产权保护规则，其不仅影响平台内经营性用户和消费性用户的权益，还影响平台外知识产权权利人的权益。不论是狭义的交易规则还是广义的交易规则，均突破了合同的相对性，这也是平台经营者自治管理具有准公法属性的表现，平台经营者单方制定该交易规则，平台内的经营性用户和消费性用户均须遵守《第三方网络零售平台为入驻商户提供的基本服务》的相关规定。实践中，平台经营者与经营性用户还会签订经营规约，以约束经营行为；平台经营者与消费性用户还会签订用户守则，以约束用户行为。交易规则的内容规制可见《网络零售第三方平台交易规则制定程序规定（试行）》第 6 条的规定。[2]

---

[1] 赵旭东主编：《电子商务法学》，高等教育出版社 2019 年版，第 305 页。

[2] 交易规则应当包含下列具体规则：（1）基本规则：包括交易成立规则、交易履行规则等。（2）责任及风险分担规则：包括承担民事责任的情形或者免除责任的情形、风险分担的情形等。（3）知识产权保护规则：包括侵权判断标准、侵权处罚规则等。（4）信用评价规则：包括评价标准、虚假评价处罚规则等。（5）消费者权益保护规则：包括质量担保规则、权利担保规则等。（6）信息披露规则：包括经营性用户身份信息、经营信息的公示规则等。（7）防范和制止违法信息规则：包括虚假宣传的辨识标准、处罚措施等。（8）交易纠纷解决规则。（9）交易规则适用的规定：包括适用对象、适用范围和有效期限等规定。（10）规则的修改规定：包括修改程序、修改方式等规定。

以淘宝规则为例，淘宝规则是没有强制力干预、自发形成的制度规则，是平台经营者、经营性用户与消费性用户在长期的交易活动中多方利益博弈的结果，依靠平台经营者、经营性用户、消费性用户三方的相互约束和利益机制发生作用，现有规则已涵盖经营性用户从注册到交易完成和售后服务的全过程，形成一套完整的治理体系。

2. 服务协议和交易规则的效力

本质上，服务协议、交易规则等属于平台经营者自治的范畴，但鉴于平台经营者相较于其内部经营性用户和消费性用户所处的明显优势地位，加之平台经营者处在维护交易秩序、保护双方合法利益的第一线，《电子商务法》突破私法自治原则，对服务协议、交易规则的内容和程序进行限制。此外，监管部门应当对平台经营者的自治管理权力进行限制和引导，而对于服务协议、交易规则的内容、程序进行规制，就成为限制和引导的关键一环。

平台经营者利用其优势地位与网络用户签订服务合同，即服务协议和交易规则，从而获得自治权力，出于自身利益的考量，平台经营者在服务协议和交易规则中设定的自治权力旨在谋求平台经营者的最大化利益，对于经济成本高、管理难度大的问题，平台经营者往往会选择回避，因此需要法律对服务协议、交易规则的内容进行限制，强制要求平台经营者承担该类问题的治理责任，否则极易引发平台经营者之间的恶性竞争，损害消费性用户权益，危害电子商务市场秩序，甚至可能引发平台经营者利用自治权力反向加重经营性用户责任、缩小经营性用户权利的问题，激化经营性用户和平台经营者之间的矛盾。

目前，直接规范电子商务平台的法律法规有《电子商务法》《网络零售第三方平台交易规则制定程序规定（试行）》《网络交易平台合同格式条款规范指引》。《网络零售第三方平台交易规则制定程序规定（试行）》中规定了平台规则的分类、规则的公示、征求意见和备案等内容，特别是对制定程序进行了全面规定。服务协议和交易规则的效力可从以下几个维度分析判断：

第一，平台经营者不得：（1）对于进入和退出平台的条件设置不合理的限制。（2）对于经营行为设置不合理的限制，即不得通过服务协议或交易规则条款，或利用技术手段，对经营性用户的交易价格、交易对象、销售区域、销售方式等进行不合理限制或者附加不合理条件，不得利用其优势地位迫使经营性用户与其签订独家销售协议或增设不合理的商业条件。否则，该限制条款因违反法律法规的效力性强制规定而无效。

第二，平台经营者不得通过服务协议或交易规则作出排除或限制经营性用户或消费性用户权利、减轻或免除自身责任、加重经营性用户或消费性用户责任等不公平、不合理的规定，不得利用上述规则并借助技术手段强制交易。否则，该条款因满足《民法典》关于格式条款的无效情形而无效。

第三，服务协议、交易规则对经营性用户或消费性用户产生法律约束力的前提是用户的同意，而同意的前提是用户的知晓。根据《第三方电子商务交易平台服务规范》第 5.7 条第 3 款的规定，平台经营者应当采用技术等手段引导网络用户完整阅读用户协议，以显著方式提请用户注意用户协议中与其有重大利害关系的内容。否则，该条款对用户不生效。

第四，平台经营者应当在首页的显著位置持续公示服务协议和交易规则或上述信息的链接标识，否则应承担行政责任，但服务协议和交易规则若不具有其他合同无效情形，应认定为有效。

第五，考虑到电子商务中用户众多、分布较广的现实情况，《电子商务法》采取了意见反馈为主、协商为辅的模式。[1] 根据《网络交易管理办法》第 24 条第 2 款的规定，平台经营者修改服务协议或交易规则，应当遵循公开、连续、合理的原则，修改内容应当至少提前 7 日予以公示并通知经营性用户，经营性用户不接受修改内容的有权退出平台。平台经营者修改服务协议或交易规则时未履行上述公示义务和通知义务的，应当承担行政责任，但服务协议和交易规则若不具有其他合同无效情形，应认定有效。

第六，"全国电子商务信息管理分析系统"是对服务协议和交易规则进行备案管理的监管系统，通过要求平台经营者进行规则备案，实现对平台经营者自治权力的限制和引导。根据《网络零售第三方平台交易规则制定程序规定（试行）》，平台经营者对其服务协议和交易规则未按要求备案的，应承担"限期改正"或"警告"等行政责任。但服务协议和交易规则若不具有其他合同无效情形，应认定有效。

第七，平台经营者不得利用服务协议、交易规则以及技术等手段，向经营性用户收取不合理费用，否则因违反法律法规的管理性强制规定而应承担行政责任，服务协议和交易规则若不具有其他合同无效情形，应认定有效。

第八，平台经营者不得利用服务协议、交易规则以及技术等手段，约定消费

---

〔1〕赵旭东主编：《电子商务法学》，高等教育出版社 2019 年版，第 91 页。

性用户支付价款后交易合同不成立。服务协议、交易规则含有上述内容的，所涉条款无效。

司法机关应当肯定平台经营者通过服务协议和交易规则进行自治管理的方式，因为自治管理权限本质是基于上述规则的权力让渡，有助于构建可信交易环境，维护网络交易秩序，发挥自治管理作用。但在援引该服务协议或交易规则的具体条款解决纠纷时，应当根据《电子商务法》《电子签名法》《民法典》等规定对该条款的合法性进行审查，若该条款不存在违法性问题，则可作为纠纷解决的依据。

3. 服务协议和交易规则的规制

上述对服务协议和交易规则效力的分析，正是基于法律法规对服务协议和交易规则的实体规制，下文重点介绍法律法规对服务协议和交易规则的程序规制，并以《网络零售第三方平台交易规则制定程序规定（试行）》为主要依据（见表1）。

表1 《网络零售第三方平台交易规则制定程序规定（试行）》

规制内容	具体条文
公开征求意见程序	第七条：网络零售第三方平台经营者制定或修改的交易规则，应当在网站主页面醒目位置公开征求意见，并应采取合理措施确保交易规则的利益相关方及时、充分知晓并表达意见，通过合理方式公开收到的意见及答复处理意见，征求意见的时间不得少于7日。 第八条：符合下列情形之一的交易规则，可以不公开征求意见：（一）为符合法律法规要求修改的交易规则；（二）根据省级人民政府有关部门要求，为保护消费者权益，需紧急采取措施的交易规则。 第九条：网络零售第三方平台经营者应在交易规则实施前7日在网站醒目位置予以公开，涉及商业秘密的除外。
过渡程序	第十条：网络零售第三方平台经营者制定、修改、实施的交易规则对网络零售经营者和消费者有重大影响的，应制定合理过渡措施。
提示、说明程序	第十一条：网络零售第三方平台经营者应当主动采取合理的方式保障利益相关方全面、方便地了解所实施的交易规则的内容，并提请其注意有关免除或限制网络零售第三方平台经营者或者利益相关方责任的内容。网络零售第三方平台经营者应当按照利益相关方的要求，在收到申请之日起7日内以合理方式对交易规则作出说明。

规制内容	具体条文
规则备案程序	第十二条：网络零售第三方平台经营者应在交易规则实施 7 日内自行登录网络零售第三方平台交易规则备案系统，提交本规定所列交易规则、征求的公众意见及意见答复处理情况。 第十三条：网络零售第三方平台经营者对其交易规则进行修改时，应按本规定第十二条的要求将修改部分重新备案。 第十四条：商务主管部门通过网络零售第三方平台交易规则备案系统免费提供已备案交易规则的公开查询服务。
外部监督程序	第十五条：任何单位和个人可通过网络零售第三方平台交易规则备案系统向网络零售第三方平台经营者所在地省级商务主管部门举报违反本规定的交易规则。省级商务主管部门确定举报内容属于本部门职责的应依法及时处理，不属于本部门职责的应及时移送相关部门。 第十六条：国家鼓励行业组织开展行业规范自律，对已备案的交易规则提出意见，建立与网络零售第三方平台经营者的互动机制，推进第三方平台交易规则的标准化与规范化。

《网络零售第三方平台交易规则制定程序规定（试行）》根据其字面规定主要适用于网络零售平台，团购、众筹、生活服务平台等并不属于零售平台，可以通过修订该程序规定，明确将其他类平台纳入适用范围，或者规定其他类平台参照适用该程序规定。[1]

（三）平台经营者自治的措施

网络商品或服务交易秩序是否规范、有序，直接关系到电子商务能否健康、持续发展。因此，平台经营者应当根据服务协议和交易规则，于商户入驻、商品展示、广告发布、商品搜索、交易支付、物流配送、售后服务的整个流程，采取以下具体措施进行自治管理。

1. 进行资质审查

根据《电子商务法》第 27 条的规定，平台经营者应当要求申请进入平台进行经营活动的网络用户提供身份信息、联系方式信息和行政许可信息，此处不仅涉及已经进行工商登记的网络用户，还涉及豁免工商登记的网络用户。根据《第三方电子商务交易平台服务规范》第 6.1 条的规定，通过第三方交易平台从事商

---

[1] 凌斌主编：《电子商务法》，中国人民大学出版社 2019 年版，第 255 页。

品交易及有关服务行为的自然人，需要向平台经营者提出申请，提交身份证明文件或营业执照、经营地址及联系方式等必要信息；通过第三方交易平台从事商品交易及有关服务行为的法人和其他组织，需要向平台经营者提出申请，提交营业执照或其他获准经营的证明文件、经营地址及联系方式等必要信息。

资质审查的目的是确保经营行为的可追溯，由特定的现实主体承担责任，以降低网络交易风险。为了保障交易安全，维护市场秩序，塑造良好商誉，平台经营者应当根据服务协议和交易规则对上述三类信息进行核验，以完成资质审查，确认入驻经营性用户的真实身份和合法资质。资质审查后，平台经营者还需要将经营性用户提供的信息建立档案予以妥善保存，并定期核验经营性用户的上述信息，如若上述信息发生变化则需要及时更新档案信息。

但平台经营者仅负有形式审查义务，即审查经营性用户提供的经营许可证件或类似资格证明文件、身份信息、联系方式信息等是否齐全，并不审查上述信息是否真实，而且关于行政许可信息的审查范围应当限于法律规定的违禁品名录及特许经营事项，如烟酒、医药、化妆品等。通过接入企业信息公示系统等监管平台，平台经营者有能力审查经营性用户提供的资质证明文件的真实性，此时可要求平台经营者承担实质审查义务。因为单纯的形式审查很容易让资质审查制度的设计目的落空，甚至可能助长文件造假制假之风。[1] 目前部分监管部门已构建上述核验渠道，将有效帮助平台经营者履行实质审查义务。但平台经营者仅负有上述三类信息的审查义务，并不负有产品来源保证义务，平台经营者已审查商标权证、商标使用许可或经销权证书等即可完成资质审查，无须对产品不属于正品或经营性用户无权销售的行为承担法律责任。

2. 定期核验更新

定期核验更新属于弹性比较大的原则性规定，需要根据上述信息更新的频率和概率，以及重新核验的流程与复杂程度，由监管部门根据具体情况综合确定。[2] 在经营性用户的经营过程中，可能相关资质已经取消或者授权期已届满，经营性用户失去销售相关商品或提供相应服务的资格，如果继续从事经营活动将损害消费性用户的权利，破坏电子商务市场秩序。因此，平台经营者应当定期核验更新平台内经营性用户的身份信息和经营性信息，重点核验经营资质、授权期限、资

---

〔1〕赵旭东主编：《电子商务法学》，高等教育出版社 2019 年版，第 84—85 页。

〔2〕吴旭华、褚霞编著：《中华人民共和国电子商务法原理、实务及案例》，法律出版社 2019 年版，第 114 页。

质证明等信息，并将上述信息及时在平台上公布，以便消费性用户及时了解经营性用户的具体情况。在实务中，可以通过与相关主管机构（如市场监督管理部门）的数据交换与对接更加有效地完成定期核验更新工作。

3. 开展信用评价

随着电子商务的不断发展，提供信用评价途径已成为平台经营者的法定义务，平台经营者根据服务协议和交易规则提供信用评价服务有助于其自治管理作用及消费性用户监督作用的发挥。

平台经营者应当根据服务协议和交易规则建立健全信用评价制度，公示信用评价规则，为消费性用户提供信用评价的途径，不得删除消费性用户的评价。消费性用户的信用评价需具备"三性"，即合法性、真实性和相关性。平台经营者有权对违反上述"三性"的信用评价采取删除等措施，有权对信用不良的经营性用户采取暂停服务或终止服务等合理管制措施。平台经营者有权根据服务协议和交易规则对经营性用户采取虚构交易、编造用户评价等方式进行虚假或引人误解的商业宣传、欺骗或误导消费者的行为进行处理，以确保信用评价的客观性和真实性。

4. 进行违规处理

平台经营者应当采取合理可行的技术措施和管理措施，监督经营性用户的交易活动。根据《电子商务法》第 59 条的规定，平台经营者应当建立便捷、有效的投诉、举报机制，公开投诉、举报方式等信息，及时受理并处理投诉、举报。平台经营者通过上架商品的审查并辅以上述举报制度，发现经营性用户的违法违规行为。根据《电子商务法》第 13 条、第 29 条的规定，此处所指的违法违规行为乃是销售或提供不符合保障人身、财产安全要求和环境保护要求的商品或服务，销售违禁商品或提供违规服务。

对于上述行为，平台经营者有权要求该经营性用户限期改正，或者根据服务协议和交易规则及时采取警示、暂停或终止服务、关闭店铺、删除信息、下架、封号等惩戒措施，以防止损失的扩大，并及时公示上述处理决定。对上述处理决定予以公示，一方面有助于利益相关者及时知情，并且采取相应的补救措施；另一方面有助于警示其他的经营性用户诚实守信地开展经营活动，提醒消费性用户审慎选择交易对象。部分违法违规行为，如缺少行政许可或销售违禁商品、提供违规服务，通过技术手段即可发现；但部分违法违规行为，如销售或提供的商品或服务不符合保障人身、财产安全的要求或环境保护的要求，依赖消费性用户投诉等途径才可发现。对于前述情形，平台经营者应承担较高的注意义务，而对于后述情形，平台经营者承担合理的注意义务即可。

对于违禁商品，《禁毒法》《野生动物保护法》《野生植物保护条例》《枪支管理法》《危险化学品安全管理条例》《民用爆炸物品安全管理条例》《刑法》等对销售行为的行政责任和刑事责任有明确规定。对于违规提供的服务，《刑法》等对提供行为的刑事责任也有明确规定。除上述法律规定外，基于自治管理权力，平台经营者也有权根据服务协议和交易规则对上述违法违规行为采取必要的处置措施。根据《电子商务法》第 29 条的规定，平台经营者发现平台内经营性用户依法应取得相关行政许可但未取得行政许可从事经营，或者销售或提供的商品或服务不符合保障人身、财产安全的要求或环境保护的要求，或者销售或提供法律、行政法规禁止交易的商品或服务，应当依法采取必要的处置措施，并向有关主管部门报告。以淘宝平台为例，其对违禁商品和违规服务的处置措施规定在《淘宝禁售商品管理规范》及其附件一《禁发商品名录及对应违规处理》中。

除此之外，根据《互联网信息服务管理办法》的规定，平台经营者发现经营性用户或消费性用户发布、传播违法信息时，应当立即停止传输，保存有关记录，并向国家有关机关报告。尽管《互联网信息服务管理办法》要求平台经营者监管并报告的信息多为涉及国家安全的信息，但"含有其他法律、行政法规禁止的内容的"这一兜底条款为平台经营者监管更多信息提供了依据。

5. 保护知识产权

随着平台经营者对平台上信息的掌控力度逐步增强，《电子商务法》强制其建立知识产权保护机制。考虑到成本效益原则，因保护知识产权而产生的成本可以通过管理费等方式分摊给经营性用户，而经营性用户可以通过服务费等方式分摊给消费性用户，最终由全社会共同承担保护知识产权的成本，能够以个体的较低成本实现整体的较高效益。

根据《电子商务法》第 41 条、《第三方电子商务交易平台服务规范》第 6.8 条、《网络交易管理办法》第 27 条的规定，平台经营者应当建立知识产权保护规则，通过服务协议和交易规则要求经营性用户遵守《商标法》《反不正当竞争法》《企业名称登记管理规定》等法律、法规、规章的规定，不得侵犯他人的注册商标专用权、企业名称权等权利，并与知识产权权利人加强合作，依法保护知识产权。根据《电子商务法》第 44 条的规定，平台经营者应当及时受理知识产权投诉并根据服务协议和交易规则对知识产权侵权行为作出处理，还应当公示知识产权人的通知、经营性用户的声明及平台经营者的处理结果。公示上述信息的目的在于保证知识产权"通知—删除"机制得以公正执行，保证利益相关主体的知情权，同时有利于对知识产权权利人、平台经营者、经营性用户的监督。

知识产权权利人认为其知识产权受到侵害的，有权通知平台经营者采取删除、屏蔽、断开链接、终止交易和服务等必要措施，通知应当包括构成侵权的初步证据。平台经营者接到知识产权权利人通知后，应当及时采取必要措施，并将该通知转送经营性用户。[1] 平台经营者接到经营性用户的声明后，应当将声明转送知识产权权利人，并告知其有权向主管部门投诉或向法院起诉。以商标权为例，知识产权权利人可向国家市场监督管理总局的商标评审委员会申请宣告商标无效；以专利权为例，知识产权权利人可向专利复审委员会申请宣告专利无效。应当注意的是，平台经营者在处理知识产权纠纷中只是发挥有限的阶段性作用，仅作为中转的媒介沟通知识产权权利人与经营性用户，采取的是暂时性措施，涉及的是初步性证据，平台经营者通过设立制度和机制来保护知识产权，其无权对实体性权益作出定夺，一旦双方的实体性权益产生对抗，应当移交司法机关和行政机关处理。

实践中可能产生的问题是，是否通知只要提供了初步证据，平台经营者就应当转通知经营性用户。"通知—删除"规则本质上服务于知识产权的保护，因此初步证据应当足以引起平台经营者合理怀疑，以免恶意通知干扰经营性用户的正常经营活动。但不同平台经营者在采取具体措施时的判断标准和措施不同，即"打假"的松紧程度不一致，在平台经营者既是运动员又是裁判员的情况下，存在滥用管理权力的风险，因此法律应当介入并设定知识产权保护规范，引导平台经营者遵守并实施。

平台经营者通过与平台内经营性用户事前签订服务协议和交易规则，促使其履行知识产权保护义务；通过处置涉嫌知识产权侵权的经营性用户，控制损失范围，威慑其他经营性用户；通过协助知识产权权利人维权，及时弥补损失，维护电子商务市场秩序。通过上述措施，知识产权的事前预防、事中治理、事后追责的保护体系得以建立。

---

[1] 朱晓娟编著：《电子商务法》，中国人民大学出版社 2019 年版，第 66—67 页。

6. 解决消费纠纷

根据《第三方电子商务交易平台服务规范》第 6.5 条的规定，平台经营者有权通过"保证金"制度先行赔付消费性用户的交易损失，保证金的提取数额，管理、使用和退还办法等由平台经营者和经营性用户双方明确约定，保证金的金额、使用方式须报送平台住所所在地市场监督管理部门备案并公示，平台经营者应当定期公开保证金的使用情况。保证金制度作为解决消费纠纷的前置程序，对于保护消费性用户的合法权益具有重要作用。

在解决消费纠纷的过程中，平台经营者存管的交易记录和相关电子支付数据属于关键证据，但因涉及经营性用户的经营信息和消费性用户的个人隐私，平台经营者往往会拒绝相关调取申请，但若交易一方已提起诉讼，平台经营者应当配合其调取相关信息，以履行对司法机关的配合义务。平台经营者根据服务协议和交易规则进行的调解在本书第十章会展开论述，此处不做赘述。

（四）平台经营者自治的意义

平台经营者旨在为经营性用户提供从事电子商务活动的场所，经营性用户、消费性用户和平台经营者已构成平台内的治理生态。从经济学的角度看，市场监督应有三个环节：进入过程、生产过程、产品流通过程，而平台经营者自治管理的着力点在于进入监管和流通监管。

电子商务活动灵活性、高频性、流动性的特点，使得违法违规行为的发现和及时处置变得更加困难，平台经营者作为监管部门对电子商务活动管控的重要抓手，其自治管理在电子商务市场监管中发挥着不可或缺的作用。利用平台经营者整合信息、促成交易、规范行为是时代所选择、网络所促成、发展所需要的特定电子商务市场发展方式。

平台经营者的自治管理是以服务协议和交易规则为载体，管理经营性用户的经营行为和消费性用户的消费行为，通过对上述行为的规制实现对市场秩序的维护和参与主体权益的保障。平台经营者的管理权力本质上来源于平台用户的权力让渡，在一定程度上是平台用户与平台经营者意思自治的体现，是以自我治理降低监管成本，从而实现整体效益的最大化。同时，平台经营者对于行政监管有数据提供与支撑作用，行政监管应基于上述数据采取"多放少管、多予少取"的原则，尊重、引导平台经营者的自治，建立以"服务、共治"为核心的监管体系。行政监管应当给平台经营者创新商业模式、探索自治实现的方式留下充分的空间，行政监管只是实现电子商务繁荣发展的手段之一，而不是唯一手段，也不是最终目的。[1] 平台自治和行业自治应当作为电子商务市场监管的常态。

三、消费性用户的维权监督

监督权，是指消费性用户享有对商品和服务以及权益保障工作进行批评、建议、检举、控告的权利。根据《消费者权益保护法》第 15 条的规定，消费性用户有权检举、控告电子商务经营者侵害其权益的行为，有权检举、控告国家机关及其工作人员的违法失职行为，有权对保护消费者权益工作提出批评、建议。

消费性用户是交易活动的直接参加者，最了解经营活动中存在的问题，保障消费性用户监督权的行使，有助于直接切入违法违规行为，并有针对性地解决问题，其保护的不仅是当事人的权利，更是消费群体的权益。作为协同治理模式的重要组成部分，消费性用户的维权监督发挥着不可或缺的市场治理作用。

根据《电子商务法》第 59 条的规定，平台经营者应当建立消费性用户投诉、举报机制，以保障消费性用户的监督权和获得救济权。除向平台经营者投诉外，消费性用户还可以通过消费者协会进行维权，或者向监管部门进行投诉，或者向法院提起诉讼，或者通过社交媒体进行揭露。除直接存在利害关系的纠纷外，消费性用户还可就明显的违法违规行为，向监管部门进行举报。

---

[1] 高富平:《中国电子商务立法研究》，法律出版社 2015 年版，第 95 页。

第十章

电子商务争议解决

第一节　电子商务争议解决概述

一、电子商务争议解决的特点

（一）争议解决方式多元化

目前我国电子商务平台均已发展出自己的争议解决机制，消费者可以通过这些平台内部的争议解决机制解决电子商务中的纠纷，这些机制可以是广义的机制，即相关当事人投诉或者质询机制；也可以是狭义的机制，即允许当事人直接在平台上提起类似诉讼的维权程序，由平台对争议进行裁判，并自动在平台上执行有关裁决。除以上解决机制外，我国《电子商务法》第 60 条规定："电子商务争议可以通过协商和解，请求消费者组织、行业协会或者其他依法成立的调解组织调解，向有关部门投诉，提请仲裁，或者提起诉讼等方式解决。"传统的诉讼和仲裁对于电子商务纠纷而言，存在成本高、效率低的问题，但诉讼与仲裁是最为有效的、权威的纠纷解决途径，具有不可替代的功能。对于不同类别的纠纷，不同解决机制各有优势，因此，我国《电子商务法》确立了适应电子商务特点的多元化纠纷解决机制。

（二）传统争议解决方式的理念与电子商务发展不相适应

由于网络的跨区域性，纠纷当事人可能身处不同的地区甚至国家，这就需要一个跨地域的纠纷解决平台，二者很难有办法坐下来面对面地进行协商和调解。非诉纠纷解决方式与我国电子商务发展的现实不相符合，网络环境中，购物产生的纠纷往往是因为销售者的过错，如虚假宣传、商品存在瑕疵等，这种情况下销售者缺乏和解的诚意，双方又只能借助远程工具进行沟通，主动权在销售者一方，很难达成和解。在我国，人民调解在处理一般的民商事纠纷特别是邻里纠纷、熟人纠纷时发挥着其他解决方式不可替代的作用。也就是说，调解主要解决的是近距离的当事人之间的生活类纠纷。传统的仲裁制度主要是处理大额纠纷，并且其适用领域也是有限的。我国《仲裁法》第 4 条规定："当事人采用仲裁方式解决纠纷，应当双方自愿，达成仲裁协议。没有仲裁协议，一方申请仲裁的，仲裁委员会不予受理。"这就是说申请仲裁需先有仲裁合意，而电子商务合同主要是点击成立的格式合同，要不要仲裁，在何地仲裁，完全由销售者掌握。

（三）争议解决的地域管辖复杂

网络空间的虚拟化、全球化、非中心化打破了主权疆域的界限，使法院的管辖权面临诸多困境。电子商务的跨地域性使传统诉讼管辖依据发生了动摇。首先，网络空间本身无边界可言，它是一个全球性系统，无法将它像物理空间那样分割成许多区域，这动摇了以"地域"为基础的管辖权标准。判断网上活动发生的具体地点和确切范围并将其对应到某一特定司法区域之内存在很多困难，这种情况不仅影响司法管辖权的确定，而且会产生大量管辖权冲突。[1] 其次，以行为为基础确定管辖地如侵权行为地、合同履行地等在电子商务环境下会更有难度，因为电子商务交易具有复杂性，履行地或者侵权行为地可能有多个地方或者具有较大的扩散性。因此，应当以当事人意思自治为首要原则确定管辖权，允许当事人在电子商务多个连接点中选择管辖法院。

二、电子商务争议解决的机制

（一）按照解决争议的机构与主体划分

《电子商务法》第 60 条规定："电子商务争议可以通过协商和解，请求消费者组织、行业协会或者其他依法成立的调解组织调解，向有关部门投诉，提请仲裁，或者提起诉讼等方式解决。"根据这一规定，按照电子商务争议解决机构或参与主体对电子商务争议解决机制进行划分，包括当事人之间达成和解、请求调解机构调解、提请仲裁、提起诉讼。除了以上争议解决方式外，电子商务经营者还自建了许多线上争议解决机制。

（二）按照解决争议的路径划分

按照电子商务争议解决路径，电子商务争议解决方式分为在线争议解决方式和

---

〔1〕郭鹏主编：《电子商务法》（第 2 版），北京大学出版社 2017 年版，第 292 页．

线下争议解决方式。一般有三类，第一类是全线上机制，即全部程序均在线上完成，完全没有线下部分的模式。较有代表性的是淘宝的大众评审机制，以及美国发展出的人工智能争议解决机制等。第二类是部分线上机制，即只有部分程序在线上进行，没有完全取代线下审理或者调解的机制，往往最终的裁判结果也可能需要在线下执行。主流的"线上仲裁、线上法庭、互联网法院"都是这种模式，目前较为普遍。第三类是全线下机制，即完全没有线上成分的传统诉讼、仲裁或调解机制。《电子商务法》除了对电子商务平台经营者建立在线争议解决机制作出原则性规定外，并没有对其他在线争议解决方式进行具体规定。对此，应适用《民事诉讼法》《仲裁法》《人民调解法》等法律、法规、司法解释及行业规范中有关在线争议解决的规定。

第二节　电子商务争议的和解与调解

一、和解

和解是指当事人双方在诉讼过程中，自行协商、达成协议、解决纠纷的诉讼行为，属于私力救济行为。和解贯穿于纠纷解决机制的全过程，在纠纷解决的任何阶段都可以通过和解而终止其他的纠纷解决方式。由于电子商务交易具有公开化的特征，任何人都可以通过平台查看相关的交易记录。一般而言，根据交易规则，网络交易平台赋予网络交易双方互评的权利，这些公开的评价体系的建立，有利于促进交易双方采取和解的方式解决纠纷。当事人之间达成和解协议后可以申请法院确认并制作调解协议书。如果一方当事人和解后反悔的，可以通过其他的纠纷解决方式解决纠纷。

二、调解

调解是指中立的第三方在当事人之间调停疏导，帮助交换意见，提出解决建议，促使双方化解矛盾的活动。在我国，调解主要有四种形式：诉讼调解（法院在诉讼过程中的调解）、行政调解（行政机关在执法过程中的调解）、仲裁调解（仲裁机关在仲裁过程中的调解）和人民调解（群众性组织即人民调解委员会的调解）。

《电子商务法》规定的争议解决方式中，调解和诉讼、仲裁并列，因此，其调解机构不包括法院和仲裁机构。这里所称的调解是狭义的调解，即仅包含行政调解和人民调解。

（一）调解原则

任何调解均需要遵循一定的原则，电子商务争议解决的调解也需要遵循以下原则：第一，自愿原则，调解在本质上是一种以双方当事人的合意为核心要素的纠纷解决方式，这种合意是私法上意思自治原则在纠纷解决领域的延伸。调解自愿原则是指在纠纷解决过程中，当事人自愿决定是否接受调解，也可以随时退出调解程序，并自愿决定是否同意调解方案。第二，合法原则，是指进行调节应当按照法定的程序进行，达成调解协议的内容必须具有合法性，不得违反法律、行政法规的禁止性规定。调解协议不得侵害国家利益、社会公共利益以及第三人的利益。第三，事实清楚、分清是非原则。对电子商务纠纷进行调解，应当在事实清楚、是非分明的基础上进行。

（二）调解机构

根据《电子商务法》的规定，目前我国电子商务争议解决中的调解机构主要有行业协会、消费者组织以及其他依法成立的调解组织。如人民调解委员会、商事调解组织以及拥有调解职责的行政机关等。这些机构在电子商务纠纷解决中发挥着越来越重要的作用。

1. 行业协会

行业协会是相关行业依法成立的非营利性社团组织。《电子商务法》确立了行业协会具有调解解决电子商务争议的资格，是行业协会参与电子商务协调治理的重要方面。行业协会的类型多种多样，由于线上和线下融合的特点，电子商务争议可能发生在各个产业或行业，这里的行业协会不仅包括电子商务或者互联网企业组成的行业协会，如中国电子商会、中国互联网协会等，还有其他各个行业的协会，只要该行业成员之间或者该行业成员与他人之间发生电子商务争议，相关行业组织就有根据当事人的意愿调解电子商务争议的资格。

2. 消费者组织

消费者组织即消费者保护团体，是指依法成立的对商品和服务进行社会监督，从而保护消费者合法权益的社会团体的总称。《消费者权益保护法》第 36 条规定："消费者协会和其他消费者组织是依法成立的对商品和服务进行社会监督的保护消费者合法权益的社会组织。"目前，我国依照法律规定成立的消费者组织是中国消费者协会和各地方的消费者协会。按照《消费者权益保护法》第 37 条规定："消费者协会履行下列公益性职责：……（五）受理消费者的投诉，并对投诉事项进行调查、调解。"第 39 条规定："消费者和经营者发生消费者权益争议的，可以通过下列途径解决：（一）与经营者协商和解；（二）请求消费者协会或者依法成立的其他调解组织调解；（三）向有关行政部门投诉；（四）根据与经营者达成的仲裁协议提请仲裁机构仲裁；（五）向人民法院提起诉讼。"以上条文明确赋予消费者组织在消费者与经营者发生纠纷时在当事人自愿的前提下通过调解解决纠纷的资格，此规定的适用范围也包括电子商务争议的解决。

3. 其他依法成立的调解组织

《电子商务法》规定，调解解决电子商务争议的主体还包括其他依法成立的调解组织。经双方当事人同意，其他依法成立的调解组织也可以对电子商务纠纷进行调解处理。按照我国现行法律和建立调解组织的实践，其他依法成立的调解组织主要包括以下几种类型：

（1）商事调解组织。在我国，传统的非诉调解主要是人民调解和行政调解。随着经济的发展和商事纠纷的增加，一些地方成立了独立的商事调解组织，如上海经贸商事调解中心（SCMC）是经上海市商务委员会、上海市社团管理局批准，于 2011 年 1 月 8 日正式成立的独立第三方商事调解机构，是全国第一家专业从事商事纠纷调解的机构。2018 年由北京台资企业协会成立的北京涉台商事纠纷调解中心也是类似的机构。商事调解的规则由商事调解组织制定，调解规则不得违背国家的法律法规，成立登记时应经过主管部门审核。对于商事调解协议，如果一方不愿履行，则只能通过诉讼的方式解决。只有双方对调解协议确认后，调解协议才具有约束力。

（2）人民调解委员会。人民调解委员会是指村民委员会和居民委员会下设的调解民间纠纷的群众组织，在基层人民政府和人民法院指导下进行工作。《人民调解法》规定，人民调解委员会是依法设立的调解民间纠纷的群众性组织。村民委员会、居民委员会设立人民调解委员会。企业事业单位根据需要设立人民调解委员会。经人民调解委员会调解达成调解协议的，可以制作调解协议书。当事人认为无需制作调解协议书的，可以采取口头协议方式，人民调解员应当记录协议内容。经人民调解委员会调解达成调解协议后，双方当事人认为有必要的，可以自调解协议生效之日起 30 日内共同向人民法院申请司法确认，人民法院应当及时对调解协议进行审查，依法确认调解协议的效力。人民法院依法确认调解协议有效，一方当事人拒绝履行或者未全部履行的，对方当事人可以向人民法院申请强制执行。人民法院依法确认调解协议无效的，当事人可以通过人民调解方式变更原调解协议或者达成新的调解协议，也可以向人民法院提起诉讼。

（3）履行调解职责的行政机关。根据《工商行政管理部门处理消费者投诉办法》，履行市场监督管理权的行政机关，接受消费者投诉的处理程序是：工商行政管理部门受理消费者投诉后，当事人同意调解的，工商行政管理部门应当组织调解，并告知当事人调解的时间、地点、调解人员等事项。调解由工商行政管理部门工作人员主持。经当事人同意，工商行政管理部门可以邀请有关社会组织以及专业人员参与调解。工商行政管理部门在调解过程中，应当充分听取消费者权益争议当事人的陈述，查清事实，依据有关法律、法规，针对不同情况提出争议解决意见。在当事人平等协商基础上，引导当事人自愿达成调解协议。当事人达成协议的，应当制作调解书。调解书应当由当事人及调解人员签名或者盖章，并加盖工商行政管理部门印章，由当事人各执一份，工商行政管理部门留存一份归档。有管辖权的工商行政管理部门应当在受理消费者投诉之日起 60 日内终结调解；调解不成的应当终止调解。需要进行鉴定或者检测的，鉴定或者检测的时间不计算在 60 日内。

第三节　电子商务争议的投诉、举报机制

一、含义

（一）电子商务纠纷的投诉

电子商务纠纷的投诉是指当事人通过网络购买商品或者接受服务，与电子商务经营者发生争议，向有关部门或机构反映经营者违法、侵权事实，并请求维护

其权益、解决争议的行为。受理投诉的有关部门或者机构根据事实，依照法律、法规和规章，依据各自的职责，公正合理地予以处理。

（二）电子商务纠纷的举报

电子商务纠纷的举报是指任何主体发现电子商务经营者涉嫌违法违规经营，向拥有相关职责的机构反映经营者违法违规经营事实的行为。受理举报的机构进行调查以后，在各自的职权范围内，依法作出相应的处理。

二、主体

（一）投诉、举报主体

一般而言，投诉、举报的主体是电子商务纠纷的一方当事人，包括电子商务合同的一方当事人和权益因此商务活动受到损害的当事人。投诉举报的主体多数情形下是消费者，有时也包括经营者。根据《电子商务法》的规定，电子商务平台经营者通过协议或者技术手段限制交易、附加不合理条件、进行不合理收费的，经营者也可以投诉。举报的主体则包括任何机构、组织和自然人，不以权益受到侵害的当事人为限。

（二）受理投诉、举报的主体

（1）电子商务经营者。《电子商务法》第59条规定："电子商务经营者应当建立便捷、有效的投诉、举报机制，公开投诉、举报方式等信息，及时受理并处理投诉、举报。"该规定将投诉、举报的受理主体扩大到电子商务经营者，按照这一规定，各种电子商务主体都应承担建立投诉、举报机制的义务。实践中，电子商务交易者建立的投诉、举报机制大致分为两种：一种是各类电子商务经营者面向消费者或者其他社会公众设立的就其自身提供的服务进行投诉、举报的机制。此种投诉、举报机制是经营者内部设立相应的机构或者渠道，对其业务活动进行的一种监督或者约束，属于市场自治中的经营者自律行为。另一种是电子商务平台经营者面向其他平台内经营者进行投诉、举报的机制。此种投诉、举报是电子商务平台经营者对平台内经营者的约束，属于市场自治中的他律机制。《电子商务法》规定电子商务经营者应当建立投诉、举报机制，这就意味着建立投诉、举报机制是电子商务经营者的法定义务，而不是可以自愿选择是否建立的事项。这一规定有利于保护消费者权益，维护电子商务市场秩序，促进电子商务规范健康发展。

（2）行业组织。实践中，一些行业组织基于其章程的规定，受理其成员或者其他当事人的投诉、举报。例如，中国互联网协会的章程规定，其业务范围之一就是受理网上不良信息及不良行为的投诉和举报，协助相关部门开展不良信息处理处置工作，净化网络环境。中国认证认可协会制定的《行业自律投诉举报受理处理实施办法》明确了投诉、举报机制。随着行业组织作用的不断增强，其受理投诉、举报的行业资质范围日益扩大。

（3）消费者组织。《消费者权益保护法》第37条规定，消费者协会履行公益性职责包括受理消费者的投诉，并对投诉事项进行调查、调解。因此，在电子商务争议中，消费者协会也是受理消费者投诉的主体。

（4）行政管理部门。《工商行政管理部门处理消费者投诉办法》规定了履行市场监督管理权的行政机关，接受消费者投诉的资格，并详细规定了相关行政管理部门在接受消费者投诉、举报后的处理程序。《消费者权益保护法》第39条规定，消费者和经营者发生消费维权争议时，可以通过向有关部门投诉解决。受理投诉、解决当事人的争议是政府部门履行职责的重要方面。具体到电子商务纠纷的投诉、举报，也应按照相应的职权划分确定受理投诉、举报的部门。按照相关的法律法规和部门职责划分的有关规定，电子商务争议系消费者的权益、知识产权保护方面的投诉、举报事项，应由市场监督管理部门受理。但涉及行政许可，销售、提供法律禁止销售的商品或者服务等违法行为的，以及对主管部门职责另有规定的，由相应的审批、许可和主管部门受理。

三、处理程序

（一）市场监督管理部门处理投诉、举报的程序

根据《市场监督管理投诉举报处理暂行办法》的规定，市场监督管理部门处理投诉举报，适用本办法。因此对电子商务纠纷的投诉、举报也应遵守此规定。

该办法规定了投诉举报的途径，即向市场监督管理部门提出投诉举报的，应

当通过市场监督管理部门公布的接收投诉举报的互联网、电话、传真、邮寄地址、窗口等渠道进行。消费者投诉应当提供下列材料：（1）投诉人的姓名、电话号码、通讯地址；（2）被投诉人的名称（姓名）、地址；（3）具体的投诉请求以及消费者权益争议事实。投诉人采取非书面方式进行投诉的，市场监督管理部门工作人员应当记录以上信息。委托他人代为投诉的，除提供本办法第 9 条第 1 款规定的材料外，还应当提供授权委托书原件以及受托人身份证明。授权委托书应当载明委托事项、权限和期限，由委托人签名。投诉人为两人以上，基于同一消费者权益争议投诉同一经营者的，经投诉人同意，市场监督管理部门可以按共同投诉处理。投诉由被投诉人实际经营地或者住所地县级市场监督管理部门处理。

对电子商务平台经营者以及通过自建网站、其他网络服务销售商品或者提供服务的电子商务经营者的投诉，由其住所地县级市场监督管理部门处理。对平台内经营者的投诉，由其实际经营地或者平台经营者住所地县级市场监督管理部门处理。上级市场监督管理部门认为有必要的，可以处理下级市场监督管理部门收到的投诉。下级市场监督管理部门认为需要由上级市场监督管理部门处理本行政机关收到的投诉的，可以报请上级市场监督管理部门决定。对同一消费者权益争议的投诉，两个以上市场监督管理部门均有处理权限的，由先收到投诉的市场监督管理部门处理。市场监督管理部门，应当自收到投诉之日起 7 个工作日内作出受理或者不予受理的决定，并告知投诉人。

市场监督管理部门经投诉人和被投诉人同意，采用调解的方式处理投诉，但法律、法规另有规定的，依照其规定。鼓励投诉人和被投诉人平等协商，自行和解。市场监督管理部门可以委托消费者协会或者依法成立的其他调解组织等单位代为调解。经现场调解达成调解协议的，市场监督管理部门应当制作调解书，但调解协议已经即时履行或者双方同意不制作调解书的除外。调解书由投诉人和被投诉人双方签字或者盖章，并加盖市场监督管理部门印章，交投诉人和被投诉人各执一份，市场监督管理部门留存一份归档。未制作调解书的，市场监督管理部门应当做好调解记录备查。

（二）其他机构受理投诉、举报的处理程序

消费者协会、行业组织、电子商务经营者受理投诉、举报的处理程序基本相同，一般都按照其章程或者相应的交易规则处理。按照《消费者协会受理消费者投诉

工作导则》的规定，消费者协会的投诉、举报处理程序主要如下：

（1）投诉的依据。受理投诉的依据包括国家有关法律、行政法规和部门规章；有关地方性法规；有关国家标准、行业标准、地方标准和企业标准；消费者协会受理投诉规范性文件和其他有关规范性文件；消费者与经营者签订的书面合同或协议以及双方认可的口头协议；经营者对外公开的有关承诺；民商事活动惯例等。

（2）投诉的审查和受理。对于消费者的投诉，消费者协会应当对投诉者和被投诉者的主体资格及投诉内容进行审查，决定是否受理；消费者协会应当在收到投诉材料之日起 7 个工作日内决定是否受理，特殊情况需要延长审查期限的，应及时告知消费者，延长期不得超过 7 个工作日。符合受理投诉规定的，予以受理，并告知消费者。需要由其他消费者协会或有关部门处理的，转给其他消费者协会或有关部门处理，并告知消费者；或者告知消费者向其他消费者协会或有关部门投诉。不符合受理投诉规定的，不予受理，并书面告知消费者及理由，将投诉材料退回消费者。

（3）调查。对已受理的投诉，要及时调查，认真研究，充分听取争议双方陈述，严格收集和审查相关证据，对争议问题进行核实，准确判断定性。必要时，消费者协会可向投诉方、被投诉方及其他有关人员发出投诉调查（调解）通知书，明确告知被投诉方自接到通知之日起 7 个工作日内应就相关投诉事项向消费者协会作出答复。投诉方接到通知，无正当理由，逾期不到消费者协会指定地点接受调查的，可视为投诉撤回，消费者协会存档备案。对被投诉方无正当理由推诿、拖延，拒不接受消费者协会依法调查的，消费者协会应及时告知消费者，并可通过履行反映建议、揭露批评、支持诉讼等其他法定公益性职责处理。

（4）鉴定、检测。在解决投诉争议过程中，经与争议双方协商，消费者协会可就投诉事项涉及的商品和服务质量问题，委托具备资格的检测人或鉴定人检测、鉴定，并督促检测人或鉴定人出具检测报告或鉴定意见。所需费用由当事人书面约定垫付，责任方承担。如双方均有责任的，按责任大小分担费用。

（5）投诉事项的调解。消费者协会组织调解的地点一般应在消费者协会办公室，消费者协会参加调解人员一般为二人以上，情节简单的也可一人，调解过程应进行记录。调解人员是争议双方当事人的近亲属或与当事人有利害关系，可能影响投诉调解公正处理的，应当回避。必要时，应向投诉方和被投诉方发出书面投诉调查（调解）通知书。通过调解达成协议的，由调解主持人填写投诉调解协议书。一些当即履行的简单投诉，可不制作调解协议书，记录在案。由于争议双方分歧过大，无法达成一致意见，调解不成的，由调解主持人填写投诉终止调解通知书，同时告知双方解决消费争议的其他渠道。投诉调解协议书在争议双方签字后，由调解主持人签名并加盖消费者协会投诉专用章，一式三份，交争议各方和消费者协会留存。消费者协会在调解过程中，出现以下情况，应终止调解，存档备案，并告知相关当事人：投诉方撤回投诉的；争议一方或双方已向法院起诉、申请仲裁或行政调解的；争议一方或双方接到调解通知书后，无正当理由不参加调解的；被投诉方明确表示不接受调解，或者在消费者协会发出投诉调查（调解）通知书和催办函后在规定期限仍不予答复的等。消费者协会受理投诉后，一般应在 40 个工作日内结束调查调解。对疑难、复杂的投诉，调查调解时间可适当延长，但延长时间不得超过 20 个工作日。

第四节　电子商务争议的诉讼

一、概述

　　电子商务诉讼，是指由电子商务纠纷引发的诉讼。电子商务争议发生后，当事人可以选择协商和解、调解、诉讼等方式解决争议，但协商与调解并非提起诉讼的前置条件。电子商务诉讼可以终局性地解决电子商务争议，在维护网络安全、化解纠纷、服务和保障互联网经济发展方面有重要的意义。[1] 电子商务诉讼案件主要是依托互联网发生的纠纷，具有虚拟性、跨空间性、去中心化和高度自治性等特征。互联网时代，电子商务纠纷越来越多，但由于互联网的特殊性，电子商务纠纷在审理时面临身份认定难、举证难等问题。法院在审理电子商务纠纷案件时应该充分利用网络技术解决电子商务交易中产生的纠纷，这可以极大地节省诉讼成本，发生纠纷的当事人即使相隔较远，也可以通过网络进入诉讼程序。

---

[1] 赵旭东主编：《电子商务法学》，高等教育出版社 2019 年版，第 322 页。

二、电子商务争议诉讼在线解决机制的基本原则

(一) 当事人自愿选择

法院在线诉讼解决机制是传统审判方式信息化更新的产物，虽然是对传统审判的继承和发展，但线上的庭审方式与传统法庭审判存在极大差异。当事人对于网络审判的了解和熟悉仍需要时间，只有给予当事人充分的选择权，才能消除当事人对法院在线审判方式的抵触和不信任。我国民事法律规则赋予纠纷当事人自由选择纠纷解决方式的权利，在线审判方式的特殊性使人们对其公正性和安全性要求更高，加上我国目前的技术尚不成熟，所以更应该遵循当事人自愿选择的原则。当事人可以在了解法院在线纠纷解决机制的规则、特点、优势、运作后，根据具体情况决定是否通过法院在线审判解决纠纷。在具体操作中，法院在线网络法庭应该设置诉前提示，就法院在线审判的运作流程和审判结果的效力等，设置在线智能、人工语音提示或文字提示，确保当事人全面了解在线诉讼阶段的程序规则和有关诉讼权利。除此之外，当事人对于法院在线诉讼解决机制的选择权限应该比传统更宽，当事人如果认为已经开始的在线审判不能保障自身权益的实现，应当允许转为线下审判，以消除当事人因对新的审判机制不了解而产生选择上的顾虑。

(二) 庭审严肃性

法庭在线争端解决机制开展于虚拟的网络平台，传统庭审现场的严肃性因为一屏之隔可能被削弱。虽然现在建立起来的一些远程审判，当事人必须到远程审理点，还有法庭工作人员参与，能保证庭审的严肃性，但目前我国的技术不完善，法院在线审理点十分有限，仍需要当事人通过视频语音系统应诉。因此，人们对线上庭审是否能保证庭审的严肃性仍有疑问。为此，法院在线审判应确立严肃性原则：首先，严格遵守审判程序的要求，开庭审理案件的环节应该更为严格，特别是开庭前准备、休庭、案件宣判等程序不能任意省去。其次，视频审判中法庭的布置也应该与现实法庭一样，比如，法官的庭审背景应有国徽和严肃的背景色调，还有法槌等庭审工具。最后，对法官开庭审判的衣着、坐姿、庭审态度都必须严格要求，而诉讼当事人和诉讼参与人在庭审过程中也应在拍摄区域内

遵守法庭纪律。

（三）公正效率

效率优势是法院在线诉讼解决机制受到推崇的原因之一，但法所追求的最高价值是实现社会的公平、正义。为避免虚拟化的庭审片面追求诉讼的效率而疏忽正义的实现，我们必须在适用法院在线诉讼解决机制时，明确以公正与效率兼顾作为基本原则。电子商务纠纷在线诉讼机制在应对纠纷时具有信息不对称的缺陷，纠纷主体更渴望在诉讼中得到平等对待、公平裁决。因此，在线诉讼机制应该在保护消费者权益的同时也保障经营者的合法诉求，不因虚拟化的庭审而简化庭审的程序，更不能剥夺传统庭审过程中的申请回避、管辖权异议、申请鉴定等诉讼权利。

三. 电子商务争议在线解决机制的基本诉讼要素考量

（一）案件适用范围

目前，我国法院在线诉讼解决机制的研究和运用仍处于探索阶段，在制度建设和技术水平上仍存在许多不足之处，无法保证有限的制度建设能解决所有民事纠纷，以及技术缺陷带来的信息安全隐患，因此，对于复杂多样的电子商务纠纷案件不宜过度扩大其适用范围。在电子商务纠纷案件中，法院在线诉讼解决机制目前只能适用于法律关系简单、案件事实清楚、争议不大的民事案件。对于疑难复杂的电子商务纠纷案件仍应坚持运用传统的庭审模式解决。对于适合运用简易程序的电子商务纠纷、争议不大的电子商务纠纷、小额电子商务纠纷以及事实清楚的二审电子商务纠纷案件等都可以适用法院在线诉讼解决机制解决纠纷。

（二）管辖权的确定

民事诉讼管辖的确定，不仅是为了方便当事人参加诉讼，也是平衡法院分工，保证审判结果有效执行的重要规则。我国的民事诉讼确立了以地域管辖为主的管辖规则，当事人选择以诉讼形式解决纠纷的，必须遵守"原告就被告"的原则，而"被告就原告"只是法律的例外规定。事实上，在传统的法院审判中，现有的管辖权规则在解决管辖权分配上也存在许多问题，多头管辖和无法院管辖的情况并不少见，极大制约了我国纠纷的有效解决和司法审判管理。而对于电子商务纠纷来说，由于其与传统的一般线下纠纷不同，纠纷当事人的适格、被告的确定、侵权发生地、合同履行地等都比一般的民事纠纷难界定。如果仍依照传统的"原告就被告"原则来确定管辖法院，势必困难重重，原告甚至可能因为无法知道被告是谁而无从维权，低效率的救济机制根本无法适应电子商务市场的瞬息万变。因此，法院在线诉讼解决机制的管辖权规则应该在原有规定的基础上作出改变，根据不同的电子商务纠纷类型规定相应的管辖规则。

针对一般的网络购物案件，基于产品合同出现的货不对版、退款、退货等纠纷，如果双方当事人在纠纷产生前或纠纷产生后，达成相关管辖协议，则依照双方协议来确定管辖法院。当然，当事人在一般的纠纷案件中，必须遵循我国协议管辖的规定。

但对于电子商务纠纷案件，当事人间的协议管辖应该在原有规定的基础上作出一定的变动，不再限定合同纠纷当事人只可以选择被告住所地、合同履行地、合同签订地等的人民法院进行管辖，双方当事人认为能够有效解决电子商务纠纷的法院都可以作为协议管辖的法院。法院在线诉讼解决机制对技术设备以及专业知识要求较高，我国中西部地区整体发展水平不如东部地区，全国范围的法院广域网又没有建设完成，而我国中西部地区的网民大量增加，网络购物纠纷案件逐年上涨。如果按照传统协议管辖的规定选择管辖法院，这对于那些可以选择的解决纠纷的法院都在西部地区的当事人来说，十分不利。所以，就我国法院在线诉讼解决机制目前发展的程度来说，分配在线法院管辖权并不必要作出过于苛刻的要求。

此外，在网络购物中无论是电子商务合同纠纷还是侵权纠纷，在无协议管辖的情况下，纠纷双方当事人应打破"原告就被告"的规定，原告和被告所在地的线上和线下法院均可管辖。如果双方同时在不同法院起诉，则先立案法院为管辖法院，对于一些特殊案件，则以有利于消费者的法院管辖为原则确立管辖权。在大量的网络购物中，消费者和网络经营者在交易过程中信息是不对称的，消费者想要拿起法律武器维护自己的合法权益难上加难。因此，在电子商务纠纷中一味追求"原告就被告"原则，就可能"葬送"大部分消费者的诉讼权利。

我国已就网络侵权案件的管辖问题出台了相关的司法解释。其中包括2000年颁布的《最高人民法院关于审理涉及计算机网络著作权纠纷案件适用法律若干问题的解释》，以及 2001 年颁布的《最高人民法院关于审理涉及计算机网络域名民事纠纷案件适用法律若干问题的解释》。在电子商务纠纷的侵权案件中，对于侵权行为地和被告住所地的选择可以参照这两部司法解释进行确定。

四、电子商务争议诉讼在线审理程序

传统案件的审理是通过线下的方式进行的，基于我国网络交易纠纷案件数量的增多及此类案件的特殊性，电子商务诉讼开始向线上审理方向发展，提交诉状、证据材料、授权委托手续，送达开庭通知书等一系列操作均在线上进行，形成了线下审理和在线审理方式的结合。在线诉讼解决机制虽然依据传统审判的程序规则进行，但因为添加科技因素而表现出特殊性。目前，我国虽然还没有形成全国性的法院在线诉讼操作规则，但浙江省高级人民法院批准设立的浙江电子商务网上法庭的运作水平和实践经验已具有相当高的水平。以下通过对其模式的介绍，阐释电子商务争议诉讼在线审理程序。

（一）发起诉讼阶段

在进入诉讼之前，纠纷当事人要提起诉讼，需要进行实名注册认证，并绑定纠纷发生所在平台账号，按照自己在电子商务交易中网上注册的交易身份起诉，并在线填写电子起诉书。以淘宝交易为例，买家可以通过支付宝账号发起诉讼，电子平台在得到注册用户授权后，可以自动调取涉案的商品信息、物流信息、维权信息等证据材料，便于审判人员在开庭审理案件前全面了解案件信息，形成心证，大大提高审判的效率。随后，网上法庭提供法院在线诉讼须知，确保当事人了解庭审流程和操作程序。纠纷当事人可以自愿选择是否起诉，对确定起诉的，网络平台会根据之前调取的信息，自动计算赔付金额、起诉请求等，让当事人更方便、快捷地获取诉讼信息。

（二）诉讼调解阶段

原告起诉后，法院电子系统会将原告的起诉信息通过电子方式送达给被诉方，被告也需要通过注册账户查询被诉信息。原告在系统中点击确认起诉后，在线法院的审判人员依据当事人提交的材料在线确认是否立案，并将处理结果以电子形式通知当事人，法院确认立案的，在进入审判程序之前，在线法庭提供案前调解程序，当事人可以根据意愿选择是否进行诉前调解。浙江电子商务网上法庭还引入八位资深的调解员，通过之前的网上电子起诉信息，可以全面快速了解纠纷当事人的案件情况，从而更好地进行调解。

（三）法院立案阶段

当调解不成功或当事人不愿意诉前调解的，原告的电子诉状将正式提交到网上法庭，法院按照我国民事诉讼法的立案规定，审查起诉是否成立，对于符合立案规定的案件，原告只要在线完成诉讼费用的缴纳，便能实现案件的线上立案。法院通过电子送达的方式向被告发送应诉通知书。在立案阶段，网上法庭仍按照传统的审判规则开展立案活动，保障当事人管辖异议、证据交换等诉讼权利的完全行使。

（四）法院在线审判阶段

在庭审阶段，浙江电子商务网上法庭通过法院网络视频技术开展庭审活动。在庭审前除了完成传统的开庭准备工作外，法院还增加了告知当事人关于网络庭审的程序流程的特殊性的事项，保证当事人能更全面地了解法院在线诉讼解决机制的特点，充分尊重当事人选择解纷机制的权利，也为后续在线审判工作的顺利开展做好准备。进入审判程序后，庭审过程仍与线下审判一致，需要开展法庭调查、法庭辩论、案件评议和宣告判决等诉讼活动。此外，与线下庭审相比较，法院更应该重视当事人在线诉讼阶段的诉讼权利和诉讼义务的实现，制定相应的庭审规则，保证在线庭审的严肃性和公正性。

第五节　电子商务争议的仲裁

一、概述

电子商务仲裁，是指通过仲裁的方式解决电子商务争议。电子商务仲裁具有一裁终局的特点，有利于当事人之间纠纷的快速解决。技术的发展推动电子商务仲裁在线上进行，在线仲裁成为电子商务仲裁的趋势。

二、我国电子商务在线仲裁的现行机制

我国对仲裁机构的设立有明确规定，根据《仲裁法》，仲裁委员会由市级人民政府组织有关部门和商会统一组建，只有依仲裁法设立的仲裁机构才有权受理仲裁案件，其裁决才有强制执行力。这表明我国法定仲裁机构的网上仲裁是传统仲裁在网络环境下的一种应用，具有与线下仲裁同等的性质和效力。目前，我国已经开始网上仲裁的机构有中国国际经济贸易仲裁委员会，其于 2000 年成立在线仲裁机构。2009 年，为了独立、公正、高效、经济地仲裁经济贸易争议，中国国际贸易促进委员会与中国国际商会制定了《中国国际经济贸易仲裁委员会网上仲裁规则》（以下简称《网上贸易仲裁规则》）。其规定的主要运行机制如下：

（一）文件的提交、发送与传输

《网上贸易仲裁规则》第 10 条规定了文件在不同情况下的发送方式。有关仲裁的一切文书、通知、材料等，仲裁委员会秘书局采用电子邮件、电子数据交换、传真等方式发送给当事人或者其授权的代理人。根据案件程序进行的具体情况，仲裁委员会秘书局或者仲裁庭也可以决定采用或者辅助采用常规邮寄和特快专递或者秘书局 / 仲裁庭认为适当的其他方式向当事人发送文件。向仲裁委员会提交的有关仲裁申请、答辩、书面陈述、证据及其他与仲裁相关的文件和材料，当事人应当采用电子邮件、电子数据交换、传真等方式。根据案件的具体情况，仲裁委员会秘书局或者仲裁庭有权要求当事人、当事人也可以在征得仲裁委员会秘书局或者仲裁庭的同意后采用或者辅助采用常规邮寄和特快专递等其他方式提交文件。

《网上贸易仲裁规则》第 11 条和第 12 条规定了案件文件发送与回复的要求。关于案件文件的发送应当符合下列要求：（1）仲裁委员会仲裁院向一方当事人发送的文件，可以同时向另一方当事人传送副本。（2）任何一方当事人或者其代理人均不得与仲裁员进行单方联络。当事人与仲裁庭之间的所有联络均应当通过仲裁委员会仲裁院进行。（3）文件发送方有义务为其发送的文件保留记录，以记载有关文件发送的具体事实和情况，供有关当事方查阅，并用以制作相应的报告。（4）当发送文件的一方当事人收到通知，被告知未收到其所发送的文件时，或者

发送文件的当事人自己认为未能成功地发送有关文件时，该当事人应当立即将有关情况通知仲裁委员会仲裁院。此后，任何文件的发送与回复均应当依照仲裁委员会仲裁院的指示进行。（5）任何一方当事人如变更其通讯方式或地址，或者更新其他联络信息，均应当及时通知仲裁委员会仲裁院。

《网上贸易仲裁规则》第 13 条规定了认定收到的情况。除非当事人另有约定或者仲裁庭另有决定，本规则规定的所有文件于下列情况下应当视为已经为收件人所收到：（1）通过网络以电子方式发送的，收件人指定特定系统接收数据电文的，以数据电文进入该特定系统的时间为准；未指定特定系统的，以数据电文进入收件人任何系统的首次时间为准。（2）通过传真方式发送的，以发送确认书上显示的日期为准。（3）通过邮寄或者邮政快递方式发送的，以查询单上记载的日期为准。（4）通过其他有效方式发送的，以该方式下文件为收件人所实际收到或者应当收到的日期为准。

（二）仲裁程序

《网上贸易仲裁规则》第 18 条和第 19 条规定了申请人和被申请人提交文件的要求及受理的程序。按照仲裁委员会设定并在仲裁委员会网上争议解决中心网站上公布的"仲裁申请书格式"及"仲裁申请书提交指南"的要求向仲裁委员会提交由申请人及 / 或申请人授权的代理人签名及 / 或盖章的仲裁申请书。仲裁委员会秘书局收到仲裁申请书之日起 5 日内，认为符合受理条件的，应当受理，并书面通知当事人；认为不符合受理条件的，应当书面通知当事人不予受理，并说明理由。

（三）仲裁审理方式

《网上贸易仲裁规则》第 32 条、第 33 条和第 34 条对仲裁开庭审理的方式做了规定。除非当事人约定或者仲裁庭认为有必要开庭审理，仲裁庭只依据当事人提交的书面材料和证据对案件进行书面审理。开庭审理的案件，仲裁庭应当采用以网络视频会议及其他电子或者计算机通信形式所进行的网上开庭方式；根据案件的具体情况，仲裁庭也可以决定采用常规的现场开庭方式。开庭审理的案件，仲裁庭应当确定开庭的日期、时间和地点（如有必要）以及庭审方式。仲裁委员会秘书局应当在开庭日前 12 日将开庭通知发送双方当事人。当事人有正当理由的，可以请求延期开庭，但应当在开庭日前 5 日以书面形式向仲裁庭提出；是否延期，由仲裁庭决定。第一次开庭审理后的开庭审理日期及延期后开庭审理日期的通知，不受上述 12 日的限制。

第六节　电子商务平台在线争议解决机制

一、概述

（一）在线纠纷解决机制产生的背景

电子商务的发展为商家提供了无限商机，也使得消费者足不出户就能在全球市场进行消费。然而，网络上的商务活动也会产生纠纷，甚至会因为网络技术的运用而产生更多的纠纷。如果这些纠纷无法及时得到解决，消费者就会对电子商务的可靠性产生怀疑，致使电子商务失去生命力。对电子商务中产生的纠纷，仅仅凭借以国家和地区为基础的司法制度来解决是远远不够的。以国家和地区为基础的司法制度同具有全球性与开放性的网络之间，必然存在难以完全调和的矛盾。基于此，诉讼外纠纷解决机制为解决电子商务争议开拓了新的途径。西方国家尤其是美国，一直在不遗余力地推行和发展替代诉讼的争议解决办法，以缓解司法诉讼过于沉重的压力。将这些替代诉讼的争议解决机制用于电子商务纠纷就成为一种自然的选择。网络技术的发展和运用，实践中推动推出各种在线争议解决机制产生，使得电子商务争议解决更加具有针对性和灵活性。

（二）在线纠纷解决机制概念

在线纠纷解决机制（ODR）是替代性纠纷解决机制（ADR）在网络纠纷解决中的应用。和传统的调解等替代性纠纷解决机制不同，网络技术手段的运用，使替代性纠纷解决机制的方法和经验延伸到电子商务环境中，在互联网环境下解决纠纷。所以，有学者认为 ADR 是将纠纷带出了法庭，ODR 是将 ADR 带到了每个当事人的电脑。关于在线纠纷解决机制的含义，国际社会还未形成共识，没有形成一个"放之四海而皆准"的定义。从广义上讲，ODR 是指利用互联网进行全部或主要程序的各种争议解决方式的总称，主要包括网上协商、网上调解和网上仲裁。根据美国联邦贸易委员会、欧盟、经济合作与发展组织及全球电子商务论坛所下的定义，ODR 是指涵盖了所有网络上由非法庭但公正的第三人，解决企业和消费者间因电子商务合同所产生的争执的所有方式。[1]

（三）在线纠纷解决机制优势

与传统的电子商务纠纷解决机制相比较，在线纠纷解决机制的优势主要表现为：

（1）解决纠纷方式的灵活性。电子商务孕育了各种新的商业模式，就不同的商业模式而言，在线争议解决机制提供者设计出了相应的纠纷解决机制，从而保证由此产生的纠纷的灵活解决。

（2）处理争议的效率性。通过 ODR 解决争议，无论是争议的提交，还是解决争议的过程，直至最后的和解或者裁决，这一切都是线上进行，信息的交换几乎是即时的，由此提高争议解决的效率。

（3）解决争议的经济性。对于电子商务中产生的纠纷，当事人未必愿意付出较高的成本，尤其是当消费者要面对较高的诉讼费或者律师费时，而大多数 ODR 对消费者采取了免费或者降低费用的政策，以此吸引消费者采用 ODR 的方式解决纠纷。

（4）克服了管辖权和法律适用的问题。电子商务纠纷的一大难题就在于网络的无国界性模糊了传统的地域概念，使得传统的国际私法的管辖权规则和法律适用规则面临改革的紧迫性，但目前还没有公认的可适用规则。而 ODR 机制由于采用了灵活的制定规则与选择规则的方式，减少了线下法院程序可能产生的法律及管辖权的争议。

二、电子商务平台在线争议解决机制模式及实践

（一）在线协商机制

1. 在线协商机制概述

在线协商，又称在线和解，是指利用互联网技术进行的协商。通过当事人之间私下的交流和沟通，往往可以在节约大量社会成本的前提下将纠纷解决。可以

---

〔1〕高富平主编：《在线交易法律规制研究报告》，北京大学出版社 2005 年版，第 79 页。

说，协商这种自助寻求纠纷解决的办法，针对一些特定的案件是很有效的。为了发挥协商的优势，很多在线纠纷解决机构将协商转移到了网络上，通过网站以及相关程序的设计为当事人提供一个既安全又便利的在线协商平台。相比当事人之间私下的协商，在线纠纷解决机构提供的在线协商服务，既能够提供更加安全的协商环境，也可以有效保证协商结果的执行，更利于纠纷的解决。

在线协商的主要机制包括：第一，在线协商是在互联网上运行的。从程序的启动至纠纷解决协议的达成全部在线上完成。第二，在线协商要借助互联网技术，整个程序的进行由电脑程序控制。其运行过程大致是：申请人在线提交案件、阐述案情并提出第一次要价；在线协商网站通知对方当事人（被申请人），且邀请被申请人对申请人的要价作出回应；被申请人若愿意通过这种方式解决则作出出价；如果被申请人的出价高于申请人的要价，则依据申请人的要价解决争议，纠纷获得解决；如果申请人的要价在规定的范围内高于或等于被申请人的出价，则依据要价和出价的平均价解决纠纷；如果申请人的要价高于被申请人的出价，且高出部分大于规定范围，则争议未获得解决。第三，在线协商由纠纷双方自己解决争议而无须第三方的干涉，网站实质上仅提供了一个交流平台，这也是在线协商和在线调解最大的不同。[1]

2. 在线协商机制在我国的具体实践

我国最具代表性的电子商务纠纷在线协商机构是上海浦东新区网购纠纷协调服务平台。该平台是一个电子商务可信交易环境门户网站，由上海市浦东新区商务委和民政局推动成立的浦东电子商务行业协会负责运行，是一个第三方公共服务机构，依据政府的授权和委托承担电子商务可信交易环境建设，兼具公信力与市场灵活性。平台为电子商务市场提供公益性基础服务，其性质是"服务的服务，第三方的第三方"。平台为网络消费者提供服务（该网站称之为快速纠纷解决服务），其宗旨是快速解决电子商务在线交易纠纷，遵循行业标准，联合业界专业人员，为企业及其消费者提供包括在线法律咨询、消费投诉、和解在内的一站式电子商务纠纷处理服务，使企业和消费者无须进行法律诉讼就能快捷解决电子商务纠纷。但是其受理范围也有一定的限制，只受理消费者与通过平台验证并加入电子商务可信交易生态圈的电子商务企业之间，通过在线交易产生的投诉与纠纷。

根据该平台的在线协商规则，采用该平台解决纠纷需满足一定条件。纠纷各

---

[1] 鞠晔：《B2C 电子商务中消费者权益的法律保护》，法律出版社 2013 年版，第 146 页。

方当事人主体适格，其身份信息真实、客观并明确，属于该平台认定电商、网站或平台的注册用户；有明确的退、换、赔、修等诉求；当事人申请后，秘书处会形成电子文档，并在 24 小时内予以处理；若材料审查合格，值班律师会以在线方式（平台网络或电子邮件）通知被申请人；值班律师可向被投诉人或被申请人等提供法律建议或意见，或向他们提供共同的和解方案，以便达成和解协议。[1]该平台自上线以来解决了大量的电子商务纠纷。

在线协商机构在在线协商中可以起到第三方媒介的作用，可以很好地联系商家参与协商。在线协商通过相关程序的设计，可以使当事人摒弃传统协商以自我为中心的姿态，清楚地认识到迅速解决争议是最重要的，在处理电子商务领域纠纷时具有独特的优势。并且在线协商能够充分发挥当事人的意思自治，具有很强的灵活性和自主性。不过，在线协商解决争议的范围有限，一般只涉及对价款的争议，不对具体责任进行划分。

（二）在线调解机制

1. 在线调解机制概述

当电子商务纠纷产生后，当事人之间协商无法达成协议时，选择中立的第三人来进行在线调解便是一个很好的尝试。在线调解通常是申请人向在线调解机构提交调解申请，在线调解机构会及时通知被申请人，并询问其是否愿意参加在线调解，如果被申请人愿意，则纠纷当事人可以合意从调解员名单中选定一位，或者由机构指定一位开始调解程序。

可以从以下几个方面来认识在线调解：首先，在本质上，在线调解与传统调解是相同的，都是由中立的第三人即调解员，努力帮助当事人达成解决纠纷的协议的一种程序；其次，在线调解是借助互联网进行的调解，从程序的发起到调解协议的达成全部在线上完成；最后，在线调解要借助各种网络技术。其基本运行过程大概是：争议双方在纠纷发生后，向在线调解服务机构提交争议，在线调解服务机构借助网络技术营造一个虚拟的调解场所，在由当事人选出的或机构委派的在线调解员的主导下，综合运用网络交流手段，提交争议、追踪案件进展以及与当事人进行交流以解决纠纷。

目前，已经有不少国家开展这方面的实践，其中比较著名的调解程序是"在

---

〔1〕参见浦东新区网购纠纷协调服务平台，http://www.shodr.org/。

线欧姆巴兹"（Online Ombuds Office），又被称作"在线监察办公室"，是由美国马萨诸塞大学科技与纠纷解决中心设立的一个项目。其运行原理如下：调解员根据一方当事人在线发出的调解请求，以电子邮件的方式向对方当事人询问是否愿意进行调解，并传达与调解有关的事项（如调解事宜、解决纠纷的程序等）；对方当事人同意后，调解程序开始启动，当事人分别提出自己的请求和主张，调解员根据双方的说明，进一步提炼出争议的事实和焦点；其间调解员和当事人需要经过多次交涉，除非双方当事人同意，否则不能作出决定。若当事人之间最终无法达成合意，则调解程序终止。该项目在开始设立的两周内就收到了两百多个调解申请。

调解的物理空间的变化是在线调解与传统调解最大的不同，传统调解的空间是现实存在的，而在线调解的空间是互联网空间。现实空间到虚拟空间的转变并不意味着调解的根本属性的改变。在线调解同样需要信息传递，调解员和纠纷当事人可以像在现实空间中一样对话。在线调解需借助一定的网络通信媒介，来保证这种有效的交互式的信息传递。在线调解机制必须符合程序公正的标准。保证在线调解程序公正性的核心是服务提供机构和调解员必须免受任何既定利益的影响，保持独立性和中立性。

2. 在线调解机制在我国的运用

中国在线争议解决中心（China ODR，以下简称"中心"）成立于 2004 年 6 月。[1]其由北京德法智诚咨询公司和中国电子商务法律网共同发起成立，宗旨是切实加强我国电子商务法律服务，保障电子商务消费者的合法权益，改变我国电子商务纠纷得不到及时解决的局面。在线调解是其服务的主要模式，电子邮件与聊天室是其主要的沟通方式。该中心的网上调解规则规定，在双方当事人同意的基础上受理各种类型的在线争议案件，遵循意思自治、正义、公平和公正的原则，快速有效地帮助当事人化解纠纷。若当事人无其他约定，则依据中心的调解规则进行调解。其基本调解步骤是：第一，调解申请。任何一方纠纷当事人若想申请在线调解，需登录该网站填写案件表格，该网站会做一个基本情况审查，符合条件的，会以电子邮件的方式及时通知对方当事人，若被申请方同意调解，则会启动相关调解程序。第二，调解员的确定。中国在线争议解决中心会提供一份调解员名单，供双方当事人进行选择，若当事人三日内无法达成选定调解员的共同意见，中心

---

[1] 中国在线争议解决中心，http://www.chinaodr.com/。

会指定一位调解员。第三，在线调解。调解员会利用电子邮件、聊天室或者视频会议等方式，在中心平台上进行调解，如若遇到复杂案件，也会采用一些离线辅助方式。第四，调解终止。调解过程中，任何一方当事人均可终止相关程序，但须向调解员提交一份书面声明；调解员也可以在无法达成和解协议的情况下，书面声明终止调解程序。若调解成功，在听取当事人的意见后，由调解员制作调解书。调解书没有强制执行力，当事人可再次申请仲裁或诉讼。

目前，电子商务纠纷在线调解是我国在线纠纷解决机制中应用较为广泛的一种方式。由于结合了调解的高效性和当事人已经熟悉的互联网，在线调解很适合解决电子商务纠纷，其目前也是使用频率最高的在线纠纷解决机制类型。

（三）在线仲裁机制

1. 在线仲裁机制概述

在线仲裁是一种利用互联网技术资源提供专业知识和仲裁服务的网上替代性争议解决方法。作为一种纠纷解决方式，在线仲裁与传统仲裁的运行规则和裁判原理并没有本质上的区别，二者的不同之处主要在于传递信息的载体和方法。因此，在线仲裁是传统仲裁借助信息技术的优势而拓展出来的一种仲裁方式。

以在线仲裁裁决的结果是否具有司法强制执行力为标准，在线仲裁可分为约束性的和非约束性的；约束性的在线仲裁是指其裁决书有司法强制执行力，受到国家法律的认可，其效力相当于传统仲裁的法律效力；非约束性在线仲裁是指其裁决书并未得到法律的认可，不具有司法强制执行力，仅具有类似合同的效力，它的约束力来自于契约责任，是无法申请法院强制执行的。[1] 我国电子商务纠纷的在线仲裁是指非约束性的在线仲裁，虽然这种方式的裁决结果无法得到司法强制力保护，但是在实践中，可以利用网络社区的相关机制（如被执行人的名誉等）来强制执行。

在线仲裁是比在线调解更为正式和规范的一种在线纠纷解决方式，因此，在线仲裁的有效开展需要满足更为严格的要求：第一，在线仲裁和实体仲裁的适用是一样的，都需要当事人之间的约定，在线仲裁有效的条件就是双方当事人之间订立了合法有效的仲裁协议。考虑到在实际操作中当事人未必完全了解仲裁协议的内容，在线仲裁服务机构一般都会在其网页上发布或者通过其他宣传渠道免费

---

〔1〕李虎:《网上仲裁法律问题研究》，中国民主法制出版社 2005 年版，第 32 页。

提供仲裁协议的范本，给当事人参考。第二，有关仲裁文书的制作。仲裁文书包括证据材料和格式仲裁申请书，应当将这些材料以电子文本的格式提交给在线仲裁庭。第三，借助网络信息技术远程开庭。根据案件的争议金额和复杂程度，从网络视讯电话和网上聊天中选择一种方式作为解决纠纷的手段。网络视讯电话是一种模拟的面对面的仲裁，有利于当事人之间的沟通交流、证人证言的提供，其一般应用于较为复杂的案件中。而纠纷金额较小的简易案件一般采用网络聊天的方式。第四，作出裁决结果。经过相关程序，案件进入最后的阶段，仲裁员需要根据双方争议、事实，选择适用法律，对有关纠纷作出裁决。第五，电子档案的管理。在线仲裁网站都会建有专门的电子档案管理系统，在案件结束后，以电子形式对案件有关的材料进行归档保存，以备查询方便。

由加拿大蒙特利尔大学法学院设立的萨博仲裁庭（Cyber Tribunal Arbitration），是当前全球范围内比较先进的在线仲裁组织，其设立的最初目的是通过在线仲裁解决电子商务中产生的一些纠纷。萨博仲裁庭的仲裁员里既有法官也有一些技术人士或专业人士，他们在解决电子商务纠纷和运用网络信息技术方面拥有丰富的技能和实践经验。该仲裁庭以国际商会仲裁院仲裁规则、联合国贸易发展会议仲裁规则为参照，兼顾在线仲裁的特殊性，制定自己的在线仲裁规则；并规定凡是规则没有规定的事项，参照联合国贸易发展会议的仲裁规则，其规则的特点是强制性通信格式，凡有强制性格式，当事人必须使用该格式；如果没有，当事方可以通过电子邮件或者其他方式和秘书处或者仲裁庭取得联系。秘书处在收到仲裁申请书后 5 日内进行审查是否属于仲裁庭管辖范围。两个星期内向被申请人传送相关通知和申请人的仲裁申请书。如果秘书处认为该争议适合调解解决，它会建议双方进行调解，当事人须在两天内决定是否接受，如果接受则仲裁终止，开始调解程序，如果调解失败，申请方必须提交新的仲裁申请才能启动新的仲裁。另外，该仲裁庭仲裁员由其秘书处指定，但须经过当事人的确认，并且当事人有权约定案件所适用的法律，案件审理结束后 30 日内作出裁决，当事人不得上诉。案件的材料都会存入相关系统，当事人和仲裁员只有使用其秘书处提供的密码才能访问。

2. 在线仲裁机制在我国的具体实践

中国国际经济贸易仲裁委员会（以下简称"贸仲会"）成立于 1956 年 4 月，附设于中国国际贸易促进委员会，是世界上主要的常设商事仲裁机构之一。[1] 贸

---

〔1〕 中国国际经济贸易仲裁委员会，http://www.cietac.org/。

仲会在全国辐射范围广泛，除北京总会外，在天津、上海、重庆、深圳等重要的经济区均设有分会或仲裁中心。仲裁委员会依据独立、公正的原则，根据当事人的约定受理各种合同性或非合同性的经济贸易等争议案件，以仲裁方式解决纠纷。2000年12月，贸仲会根据国内外域名管理机构的授权，设立"网上争议解决中心"，主要提供互联网域名纠纷的在线仲裁服务，是我国域名纠纷在线仲裁的主要践行者。

该中心也正在努力探索电子商务纠纷的在线仲裁解决，针对我国大量电子商务纠纷及其他经济贸易争议快速解决的需求，于2009年5月1日推出《中国国际经济贸易仲裁委员会网上仲裁规则》，其中第1条明确规定："为以在线方式独立公正、高效经济地仲裁契约性或非契约性的经济贸易等争议，特制定本规则。本规则适用于解决电子商务争议，也可适用于解决当事人约定适用本规则的其他经济贸易争议。"该规则为真正快速、经济、高效地解决大量小额电子商务纠纷，在普通程序之外，根据纠纷金额大小，设置了简易程序和快速程序。这是我国电子商务纠纷在线解决机制的一个重大发展，具有标志性意义。

借助域名在线仲裁的经验，贸仲会网上争议解决中心正在积极探索适合我国国情的电子商务纠纷在线仲裁的道路，以期为广大电子商务纠纷的当事人提供完善的网上在线仲裁服务。总的来说，在线仲裁在我国并不能说是成功，因为只有一家机构就域名抢注与网址抢注提供纠纷解决服务，能够提供在线仲裁服务的机构数量少之又少，争议解决的范围也非常有限。尽管在线仲裁的发展在现阶段受到多种因素的制约，我国还没有真正建立电子商务在线仲裁机制，但其在解决电子商务纠纷方面所具有的优势也是不容否定的，双方当事人不会受到时间和地域的限制，节省了金钱和精力。随着电子商务的繁荣和各项配套设施的完善，在线仲裁将会得到更广泛的应用。

此外，我国还有一些在线纠纷解决服务机构，如深圳市众信网，其提供电子商务纠纷在线协商和在线调解方面的服务。但是与发达国家相比，我国在电子商务发展的成熟度和在线纠纷解决方式的发展进程上都显逊色与滞后，我国提供电子商务纠纷在线解决服务的机构还很少，与我国大量的电子商务纠纷形成了鲜明的对比。面对越来越多的电子商务纠纷，我国在传统的解决方式外，正在尝试与发展在线解决方式。

第七节 电子商务争议中的证据法律制度

一、概述

（一）电子证据概念

电子证据，是指以通过计算机存储的材料和证据证明案件事实的一种手段，它最大的功能是存储数据，综合、连续地反映与案件有关的资料数据，是一种介于物证与书证之间的独立证据。在我国，电子数据是民事诉讼法确立的证据种类，但并未对电子证据的定义作出明确的规定。2018 年 7 月，广州市南山区人民法院关于《互联网电子数据证据的举证、认证规程（试行）》第 1 条规定："本规程所称互联网电子数据证据，是指当事人在民商事诉讼过程中向法院提交的，在互联网环境中使用短信、电子邮件、QQ、微信、支付宝或者其他具备通讯、支付功能的软件所产生的，能够有形地表现所载内容，并可以随时调取查用的数据信息（以下简称电子证据），包括但不限于：（一）使用通讯功能生成的对话记录，包括文字、静态和动态图片、文本文件、音频、视频、网络链接；（二）使用微信朋友圈功能发布的文字、图片、音频、视频、网络链接，其中文字包括评论和点赞；（三）使用支付、转账、红包功能产生的支付转账信息。"

（二）电子证据特征

电子证据与其他证据种类一样，能够证明案件的真实情况，它们存在共同的属性，但电子数据作为科学技术发展并运用到一定阶段的产物，又具有不同于其他种类证据的特点：

（1）高科技性。电子证据的科技含量高，蕴藏的信息极为丰富，一张光盘存储的图像可以连续播放几个小时。电子证据必须借助计算机技术和存储技术等，离开了高科技的技术设备，电子证据无法保存和传输。从电子证据所依赖的设备、存储信息的介质、传输手段、收集和审查鉴定判断上来看，电子证据从产生到运用，各个环节都离不开"高、精、尖"科学技术的支持。电子证据与其他证据相比其技术含量高，未经过计算机专业培训的人员难以辨别和认识。

（2）多样性。电子证据与传统证据相比，具有形式多样性。计算机或者其他电子设备表现出的信息内容往往不是单一的数据、图像或声音，而是数据、声音、图像、图形、动画、文本的结合。这种以多媒体形式存在的电子证据使得电子证据更加具有综合性和多样性特点，它不仅可以直接在计算机上显示，也可以扫描、打印或者冲洗出来。

（3）脆弱性和易破坏性。传统的书证以纸张、布帛及其他可以记载的物质为载体，传统的物证主要借助于各种物质，传统证人证言主要靠人的记忆，而电子证据是以数据或信息的形式表现的，是非连续的。由于对计算机等数字设备的依赖性，电子证据在形成、传输环节容易被破坏，很可能无法反映真实情况。不过，现代信息技术已经实现数据恢复功能，只要具备足够的技术和设备，被删除或者被格式化的数据都能够恢复，从这个角度讲，电子证据比传统证据更具备稳定性特点。

（4）动态传输性和形象生动性。电子证据具有动态传输性，传统证据大多是以静态的方式来反映案件事实，只能反映案件事实的某个片段或者个别情况。而电子证据能够再现与案件有关的文字、图像、数据和信息，生动形象地展现案件事实，并且它所反映的事实是一个动态连续的过程，能够较直观地再现情景，所以也具有形象生动性。

二、电子证据分类

（一）根据电子证据存储系统不同的分类

（1）存储在计算机系统中的电子证据。即数据是人为输入或者计算机系统自动生成的，采用电磁技术或者光存储等现代计算机存储技术存储于计算机特写介质上，并且能够通过计算机真实、形象地再现其记录内容。这些证据资料经常表现为电子文档、软盘、U盘，或者计算机系统自动生成并记录的文件（如计算机操作系统的日志记录等）。

（2）电子数据除了可以记录在计算机系统中之外，还可以存储在其他类似计算机系统之中。实践中，很多案件的这类证据对于事实的认定起到了关键的作用，例如手机短信，就是存储在计算机系统之外的。但仔细追究起来，它们又很难被归入传统的七种证据形式之中，而且这种数据除了存储方式与上述第一类电子资料有差别外，其他特征几无二致。正因为如此，国外现有的为数不多的关于电子证据的立法中，几乎都把存储在类似计算机系统中的电子资料纳入电子证据立法之中。

（二）根据电子证据运行系统环境的分类

（1）封闭系统。是指由独立的某一台计算机组成的计算机系统，或者由多台以局域网方式连接的计算机组成的系统。其特点是计算机系统不向外界开放，用户相对固定，即便多台计算机同时介入数据交换过程，借助监测手段也可以迅速跟踪查明电子证据的来源。

（2）开放系统。是指由多台计算机组成的广域网、城域网和校园网系统，其特点是证据来源不确定。常见的开放系统电子证据有电子邮件、电子公告、电子聊天证据等。

（3）双系统。是"封闭系统"与"开放系统"的合称。如果某一种电子证据不仅经常在封闭系统中出现，而且经常在开放系统中出现，那么可将这种电子证据称为"双系统中的电子证据"，常见的有电子签名等。

（三）根据电子证据形成过程中所处环境的分类

（1）数据电文证据。是指数据电文正文本身，即记载法律关系发生、变更与灭失的数据，如电子邮件的正文。

（2）附属信息证据。是指对数据电文生成、存储、传递、修改、增删而引起的记录，如电子系统的日志记录、电子文件的属性信息等，它的作用主要在于证明电子数据的真实性。

（3）系统环境证据。是指数据电文运行所处的硬件和软件环境，即某一电子数据在生成、存储、传递、修改、增删的过程中所依靠的电子设备环境，尤其是硬件或软件名称和版本。

上述三种证据的证明作用是不同的。数据电文证据主要用于证明法律关系或待证事实，它是主要证据；附属信息证据主要用于证明数据电文证据的真实可靠；

系统环境证据则主要用于在庭审时或鉴定时显示数据电文的证据，以确保该数据电文证据以其原始面目展现。

（四）根据电子证据形成方式的分类

（1）电子设备生成证据。是指完全由电子计算机等设备自动生成的证据。这种电子证据的最大特点是完全基于计算机等设备的内部命令运行，其中没有掺杂人的任何意志。电子设备生成证据的准确性相当高，影响电子设备生成证据证明力大小的因素主要是其准确性。

（2）电子设备存储证据。是指纯粹由电子计算机等设备录制人类的信息而来的证据，如对他人电话交谈进行秘密录音得来的证据，又如由人将有关合同条文输入计算机形成的证据等。对此类证据证明力大小的判断，除了要考虑计算机等设备的准确性外，还要考虑录入时是否发生了影响录入准确性的因素等。

（3）电子设备混成证据。即计算机存储兼生成证据，是指由电子计算机等设备录制人类的信息后，再根据内部指令制动运行而得来的证据。由于这类证据兼有上述两种证据的性质，因此对其可采性和证明力的判断要复杂得多。

三、电子证据的立法现状

（一）国际组织有关电子证据的立法状况

国际组织已认识到电子数据的重要价值，针对电子数据作为新的证据类型在理论和实践中存在的种种问题进行了深入的调查分析，制定了相应的电子证据规则。

联合国国际贸易法委员会在解决电子商务活动中遇到的电子证据法律难题方面作出了突出贡献。1996年，联合国大会通过《电子商务示范法》。2000年9月，联合国国际贸易法委员会在电子商务工作组第37次会议上通过了《电子签名示范法》，随后配套发布了《示范法颁布指南》。2005年11月，联合国大会第60届会议通过了《联合国国际合同使用电子通信公约》。20世纪60年代起，国际商会就开始关注电子证据问题。1987年9月，国际商会执行委员会通过了《电传交换贸易数据统一行为规则》，目的是建立一套国际公认的行为准则供EDI用户及系统经营者使用。1990 年 4 月，国际商会对《国际贸易术语解释通则》进行第五次修订，并于同年 7 月 1 日生效。这些规则对电子单证的法律地位问题作出了明确的规定。

(二) 外国关于电子证据的立法

英国于 1968 年颁布了第一部规范电子证据的成文证据法《民事证据法》，2000 年公布了《电子通信法案》的征求意见稿，根据该法案，法律诉讼程序可采用电子签名作为证据。美国 1965 年的《统一证据法规则》和 1997 年的《联邦证据规则》规定，电子计算机储存的数据如果在正常的、正规的业务中做成，并于业务完成时或稍后输入的，可以作为传闻证据规则的例外被采用。加拿大 1998 年颁布的《统一电子证据法》是世界上第一部电子证据法典。法国 2000 年颁布的《使证据适应信息技术发展的法律》承认了电子签名。日本 2000 年颁布的《电子签名与认证服务法》在一定程度上丰富了民事诉讼中的电子证据规则。

(三) 我国电子证据立法

我国关于电子证据立法起步较晚，2004 年以前，我国并没有关于电子证据的单独立法，只是在各个单行法中涉及电子证据的内容。如《合同法》第 11 条规定："书面形式是指合同书、信件和数据电文（包括电报、电传、传真、电子数据交换和电子邮件）等可以有形地表现所载内容的形式。"从立法目的以及体系解释来看，该条规定还不承认电子证据作为单独的证据种类，而仅将其作为合同的一种形式，属于书证的一种。此外，2001 年《最高人民法院关于民事诉讼证据的若干规定》将电子邮件、计算机数据等规定为证据形式。2004 年 8 月通过的《电子签名法》确定了电子签名的法律地位及效力。而我国真正将电子证据作为一种独立的证据种类进行立法是在 2012 年《民事诉讼法》第 63 条。2019 年 8 月修正的《电子签名法》对电子证据也有所涉及。《民法典》第 469 条规定："书面形式是合同书、信件、电报、电传、传真等可以有形地表现所载内容的形式。以电子数据交换、电子邮件等方式能够有形地表现所载内容，并可以随时调取查用的数据电文，视为书面形式。"司法解释中，《最高人民法院关于互联网法院审理案件若干问题的规定》第 11 条对电子证据真实性的认定等相关问题进行了规定。《最高人民法院关于民事诉讼证据的若干规定》第 93 条、第 94 条，对电子证据真实性认定标准作出了明确规定；第 14 条对电子数据类型范围作出规定；第 23 条对收集电子证据原件认定作出规定。

四、电子证据的认定

电子证据的认证规则是对电子证据认证方式方法的规范。只有通过研究和完善电子证据的认证规则，才能够更好地指导法律工作中对于电子证据的审查判断，指导司法实践中对电子证据的正确适用，从而为司法审判工作服务。电子证据的认证，是证据运行过程中取证、举证、质证和认证的最后环节，它的重要性不言而喻。没有取证、举证和质证，认证就会成为无本之木和空中楼阁。但归根结底，取证、举证和质证都是为认证服务的。离开认证整个环节，司法证明就成了一句空话，司法证明的任务就无法完成。[1]

电子证据的认证一般包含两个方面的内容：一是电子证据的可采性或者说适格性，即符合什么样条件的电子证据能够被采纳；二是电子证据的证明力大小。

（一）电子证据可采性认定

我国在电子证据的可采性认定上存在立法空白，只能通过参照相关的司法解释和部门规章对此加以理解和认定。以下是国外的相关立法和国内的相关法律对电子证据的可采性的规定。

1. 电子证据的真实性认定

真实性，可以理解为非假、非伪造、真实的原物等。真实性所体现的是证据本身与事实相符的程度。我国三大诉讼法对证据的要求是，证据必须经过查证属实，才能作为定案的根据。与真实性相关的法律规定如下：

（1）国内的相关立法规定。《民事诉讼法》第 70 条规定，书证应当提交原件。物证应当提交原物。提交原件或者原物确有困难的，可以提交复制品、照片、副本、节录本。《最高人民法院关于民事诉讼证据的若干规定》第 93 条规定："人民法院对于电子数据的真实性，应当结合下列因素综合判断：（一）电子数据的生成、存储、传输所依赖的计算机系统的硬件、软件环境是否完整、可靠；（二）电子数据的生成、存储、传输所依赖的计算机系统的硬件、软件环境是否处于正常运行状态，或者不处于正常运行状态时对电子数据的生成、存储、传输是否有影响；

---

[1] 何家弘主编：《刑事审判认证指南》，法律出版社 2002 年版，第 1 页。

（三）电子数据的生成、存储、传输所依赖的计算机系统的硬件、软件环境是否具备有效的防止出错的监测、核查手段；（四）电子数据是否被完整地保存、传输、提取，保存、传输、提取的方法是否可靠；（五）电子数据是否在正常的往来活动中形成和存储；（六）保存、传输、提取电子数据的主体是否适当；（七）影响电子数据完整性和可靠性的其他因素。人民法院认为有必要的，可以通过鉴定或者勘验等方法，审查判断电子数据的真实性。"该法第 94 条规定："电子数据存在下列情形的，人民法院可以确认其真实性，但有足以反驳的相反证据的除外：（一）由当事人提交或者保管的于己不利的电子数据；（二）由记录和保存电子数据的中立第三方平台提供或者确认的；（三）在正常业务活动中形成的；（四）以档案管理方式保管的；（五）以当事人约定的方式保存、传输、提取的。电子数据的内容经公证机关公证的，人民法院应当确认其真实性，但有相反证据足以推翻的除外。"提交外文书证，必须附有中文译本。

（2）国外的相关立法规定。英美法系中的鉴证规则（Authentication Rule）指出，用于证明案件事实的必须至少在形式上或表面上是真实的，完全虚假或者伪造的证据不得被采纳。

电子证据的真实性认定是可采性认定规则中最为核心和重要的部分。电子证据所具有的特殊性，使得电子证据容易遭到破坏或伪造而产生被篡改、被删除等问题。因此，在一些疑难案件中，计算机鉴定专家也不一定能够十分准确地得出鉴定结论，而如何立法更是难上加难。

2. 电子证据的关联性认定

在诉讼活动中，作为证据采纳标准之一的关联性必须是对案件事实具有实质性证明意义的关联性，即证据必须在逻辑上与待证事实之间具有证明关系。美国《联邦证据规则》第 401 条规定："有关联性的证据指具有下述盖然性的证据，即任何一项对诉讼裁判结案有影响的事实的存在。有此证据将比缺乏此证据时更为可能或更无可能。"电子证据的关联性认定与其他传统证据的关联性认定，并无本质差异。如电子证据的关联性应当体现出三个方面的内容：其一，关联性的存在是客观的，而不是主观想象的，主观上强制认为电子证据与某案件具有必然的联系，这是错误的。其二，关联性可以体现出多种与案件事实相应的联系，如因果联系、时间和空间联系、偶然和必然的联系等。其三，电子证据与案件事实的联系能够为人所感知和认识。所以关联性认定标准可以定义为：如果所提供的电子证据能够对案件事实加以证明，则法院应当认为该电子证据与案件事实具有关联性。

3. 电子证据的合法性认定

合法性是指证据的取证主体、形式及收集程序或提取方法必须符合法律的有关规定。[1] 合法性认定是证据可采性认定的又一重要方面。即使证据满足了真实性和关联性，但如果不合法，那么一样不可以被法庭所采纳。我国在证据法规则中存在有限的非法排除规则，其在三大诉讼中均有所体现。《最高人民法院关于执行〈中华人民共和国刑事诉讼法〉若干问题的解释》明确规定："严禁以非法的方法收集证据。凡经查证确实属于采用刑讯逼供或者威胁、引诱、欺骗等非法的方法取得的证人证言、被害人陈述、被告人供述，不能作为定案的根据。"《最高人民法院关于未经对方当事人同意私自录制其谈话取得的资料不能作为证据使用的批复》规定："未经对方当事人同意私自录制其谈话，系不合法行为，以这种手段取得的录音资料，不能作为证据使用。"《最高人民法院关于执行〈中华人民共和国行政诉讼法〉若干问题的解释》第30条规定，被告及其诉讼代理人在作出具体行政行为后自行收集的证据，不能作为认定被诉具体行政行为合法的依据。合法性认定主要体现在收集主体的合法性认定和收集程序的合法性认定两个方面。电子证据的收集，是举证责任人或者证明的主体按照法律规定的程序和方法采集、提取、调用电子证据的整个过程。

(二) 电子证据证明力认定

1. 概述

证明力，在民事诉讼中也称"证据力"，指的是证据对于案件事实有无证明作用及证明作用如何。[2] 在诉讼活动中运用证据时，存在法定证据和自由心证两种制度。我国实行实事求是的证据制度，这种证据制度与以上两种证据制度并不相同，其充分扩大了法官对于证据的运用，在法律没有明文规定某种证据证明力的情况下，法官也可依照其自由理性判断证据的证明力，从而充分发挥证据的证明价值。因此，可以推断只要法律没有明文规定电子证据的证明力，法官就可以对电子证据的证明力加以自由理性的判断，从而在诉讼中实现自由心证。我国电

[1] 蒋平、杨莉莉编著：《电子证据》，人民公安大学出版社2007年版，第166页。
[2] 卞建林主编：《证据法学》，中国政法大学出版2002年版，第55页。

子证据的证明力问题，并没有法律的明文规定。

　　电子证据的证明力认定规则在国外的法律规定中有所体现，如《菲律宾电子证据规则》"规则 7"第 1 条规定："在评价电子文件的证明力时，应当考虑以下因素：（a）在具体环境与存在相关协议的情况下，生成、存储、传达电子文件的方法或方式的可靠性，这些方法或方式包括但不限于输入与输出程序以及为保证电子数据信息的准确性和可靠性而进行的控制、检测与稽查；（b）识别电子文件发件人方法的可靠性；（c）电子文件赖以记录或存储的信息与交流系统的完整性，这些系统包括但不限于所使用的硬件、计算机程序或软件以及程序错误；（d）证人或登录者对该交流信息与信息系统的熟悉程度；（e）进入电子数据信息或电子文件赖以存在的信息与交流系统的信息的属性和品质；或者（f）法庭认为将影响电子数据信息或电子文件准确性或完整性的其他因素。"[1]

　　电子证据的证明力认定是电子证据认证的核心问题，它所要解决的是电子证据对于案件事实有无证明作用及证明作用如何的问题。它一方面要解决的是对电子证据的可靠性程度和完整性程度的认定，另一方面则是判断电子证据的证明力大小。

　　2. 电子证据的可靠性认定

　　对于电子证据的可靠性认定，一般可分为两种认定方式：一种是采用正面的积极的认证方式，即通过有证据证明电子证据在形成、存储、收集、保全等各个环节的真实可靠性，来确保电子证据的可靠性。在一些国家往往通过设立一些标准，来降低收集电子证据可靠性证据的难度，即当电子证据符合一定的标准即可证明其真实可靠。采用正面的积极的认证方式，就需要对电子证据形成的各个环节加以仔细审查，以确保电子证据在每一环节的真实可靠性。这种可靠性审查，既包含对人为因素的审查，也包含对生成电子证据的载体或系统的稳定和可靠性等因素的审查。在我国诉讼法中，任何证据都必须经过查证属实，才能作为定案根据。对电子证据可靠性认定的另一种方法是推断法，即通过证明其他事实的可靠性来证明电子证据的可靠性。如通过认定某一电子证据所依赖的计算机系统具有可靠性，推定该电子证据具有可靠性；通过认定某一电子证据系由不利的一方当事人保存或提供，推定该电子证据具有可靠性；通过某一电子证据系在正常的业务活动中生成并保管，推定该电子证据具有可靠性等。我国《电子签名法》第 8 条

〔1〕刘颖、李静：《加拿大电子证据法对英美传统证据规则的突破》，"中国民商法律网学者论坛"，2009 年 10 月 18 日。

规定:"审查数据电文作为证据的真实性,应当考虑以下因素:(一)生成、储存或者传递数据电文方法的可靠性;(二)保持内容的完整性方法的可靠性;(三)用以鉴别发件人方法的可靠性;(四)其他相关因素。"

3. 电子证据的完整性认定

完整性与可靠性均是能够反映电子证据有无证明力和证明力大小的主要依据,但是两者存在差别。一方面,不完整的电子证据并不一定不具有可靠性,而完整的电子证据并不一定就具有可靠性。另一方面,完整的电子证据不一定具有证明力,而不完整的电子证据也可能具有证明力。完整性只能说明在电子证据可靠性的前提下,其比不完整的电子证据证明力更强。

完整性是考察电子证据证明力的一个特殊指标。完整性共有两层意义:一是电子证据本身的完整性,指数据的内容保持完整并且未被改动。二是电子证据所依赖的计算机系统的完整性,主要表现为:第一,记录该数据的系统必须处于正常的运行状态;第二,在正常运行状态下,系统对相关过程必须有完整的记录;第三,该数据记录必须是在相关活动的当时或即后制作的。[1] 在电子证据的完整性认定上,电子证据的特殊性决定了完整收集和保全电子证据的困难程度,它依赖于收集和保全电子证据的过程是否能够做到全面、准确、及时。一方面,要求能够在有效时间内针对电子证据或其所依存的系统,采取积极有效的技术措施,保障快速准确地收集和保全电子证据,包括动态信息的完整性和静态信息的完整性保障;另一方面,区别对待单机系统和网络系统环境下的电子证据的收集和保全,防止在网络系统环境下数据的丢失,有效阻止被收集方利用远程操控而对电子证据造成的各种篡改、删除等情况。总之,电子证据的完整性认定,从技术上讲具有很高的难度。

4. 电子证据证明力大小的认定

判断电子证据的证明力大小关键在于:一是可否被采信,二是关联性强弱。电子证据的证明力大小可基于这两点进行判断,而这种判断是基于个案的审查判断,讨论电子证据这个大概念的证明力强弱没有意义。例如,书证也会存在书写材料被添加、涂改、仿造等情况,视听资料也会存在真伪问题、原始性问题等,但我们不能因此断定书证和视听资料证明力低下。因为这些证据还需要经过鉴定机构对其真伪进行鉴定和识别,才能确保其真实可靠性从而被法院所采信。同样,

---

[1] 何家弘:《证据法学》,法律出版社 2019 年版,第 25—26 页。

不能仅因为电子证据容易被删除、被篡改、容易灭失否认其证明力。它同样需要经过鉴定和识别，也需要我们的收集机关和保全机关采用合法有效的办法，及时准确地将电子证据加以收集和保全，从而确保电子证据的真实性、可靠性和完整性，进而具有可采性。在电子证据具有可采性的基础上，判断电子证据与案件的关联程度，关联性强则证明力强，关联性弱则证明力弱。所以，电子证据的证明力大小，是以电子证据的可采性、关联性为前提的。

● 案例研析

中文在线诉京东商务公司侵犯作品信息网络传播权纠纷案

【基本案情】

2018 年，北京市东城区人民法院（以下简称"东城法院"）就中文在线数字出版集团股份有限公司（以下简称"中文在线"）诉北京京东叁佰陆拾度电子商务有限公司（以下简称"京东商务公司"）侵犯作品信息网络传播权纠纷案作出一审判决，认定京东商务公司的行为构成侵权，判令京东商务公司赔偿中文在线经济损失 11 万余元。京东商务公司提起上诉。庭审过程中，原被告双方就多个焦点问题展开了辩论，其中在京东商务公司是否实施了侵权行为问题上，双方产生了较大分歧。

【裁判结果】

对于该焦点问题，东城法院认为，由于中文在线提交了通过第三方电子存证平台固定的对"京东阅读"内容进行录屏的电子数据，那么，要认定侵权行为的发生，应该首先对中文在线的固证、存证的方式是否符合电子数据的规定进行认定。尽管被告主张证据保全过程中显示的存证机构为个人，缺乏公信力，且文件创建时间与保全时间不一致，不能保证取证过程的真实性，但是根据在案证据，存证机构已经通过了权威机关的检验认证，具有相应资质。此外，保全及创建时间分别代表了取证开始时间及创建数据提取包的时间，该内容与数据保全证书及录屏内容能够互相印证，在被告未提供相反证据的情况下，对该抗辩理由不予采纳。中文在线提交的电子数据在生成、储存方法以及保持内容完整性方法等方面较为可靠，法院对其真实性予以确认，认定京东商务公司在其经营的涉案 App 中提供了四部涉案作品的在线阅读服务，侵犯了中文在线的信息网络传播权，判令京东商务公司赔偿中文在线经济损失 11 万余元。该案是东城法院首次采用区块链云取证数据对知识产权案件进行判决，也是北京首例已判决的区块链存证案。该案中，中文在线通过第三方存证平台对京东商务公司的侵权事实进行取证，并通过区块链储存电子数据的方式证明电子数据的完整性及未被篡改性。东城法院在审理中，明确了如何对区块链电子存证的效力予以认定。这对于今后法院推广使用区块链电子存证具有一定参考和借鉴意义。

"抖音短视频"诉"伙拍小视频"著作权权属、侵权纠纷案

【基本案情】

2018 年 10 月 30 日，北京互联网法院公开开庭审理北京互联网法院挂牌成立后受理的第一起案件——"抖音短视频"诉"伙拍小视频"著作权权属、侵权纠纷案。该案原告北京微播视界科技有限公司诉称："抖音短视频"平台上发布的"5·12，我想对你说"短视频，由涉案短视频创作者"黑脸 V"独立创作完成，应作为作品受到著作权法保护。原告对于涉案短视频享有独家排他的信息网络传播权等权利。而被告百度在线网络技术（北京）有限公司、北京百度网讯科技有限公司未经原告许可，擅自将涉案短视频在其拥有并运营的"伙拍小视频"上传播并提供下载服务。原告认为二被告未经许可擅自传播的行为给原告造成了极大的经济损失，故提起诉讼，请求法院判令二被告在百度网网站首页及"伙拍小视频"客户端首页显著位置连续 24 小时刊登声明，消除影响；赔偿原告经济损失 100 万元、合理支出 5 万元；并承担诉讼费用。

【裁判结果】

本案采用在线审理模式开庭审理，双方当事人通过远程登录北京互联网法院电子诉讼平台的方式参加诉讼。庭审全程采用语音自动识别系统进行记录，法庭内未设书记员席。整个庭审过程顺畅有序，信号传输无任何卡顿，涉案视频的播放、庭审笔录的自动生成以及远端的庭审笔录电子签名等技术，有效节约了当事人的诉讼成本，提升了庭审效率，带给当事人良好的参诉体验。